Haftung von Einigungsstellenmitgliedern

Europäische Hochschulschriften

European University Studies

Publications Universitaires Européennes

Reihe II **Rechtswissenschaft**

Series II Law

Série II Droit

Band/Volume **5800**

Julia Pfrogner

Haftung von Einigungsstellenmitgliedern

PL ACADEMIC RESEARCH

Bibliografische Information der Deutschen Nationalbibliothek
Die Deutsche Nationalbibliothek verzeichnet diese Publikation in der Deutschen Nationalbibliografie; detaillierte bibliografische Daten sind im Internet über http://dnb.d-nb.de abrufbar.

Zugl.: München, Univ., Diss., 2015

D 19
ISSN 0531-7312
ISBN 978-3-631-67112-2 (Print)
E-ISBN 978-3-653-06411-7 (E-Book)
DOI 10.3726 /978-3-653-06411-7

PL Academic Research ist ein Imprint der Peter Lang GmbH.
Peter Lang – Frankfurt am Main · Bern · Bruxelles · New York · Oxford · Warszawa · Wien

Diese Publikation wurde begutachtet.

www.peterlang.com

Meinen Eltern

Vorwort

Die vorliegende Arbeit wurde im Wintersemester 2015/2016 von der Juristischen Fakultät der Ludwig-Maximilians-Universität als Dissertation angenommen. Literatur und Rechtsprechung sind bis August 2015 berücksichtigt.

Meinem Doktorvater Herrn Professor Dr. Volker Rieble möchte ich nicht nur für die hervorragende Betreuung danken, sondern insbesondere dafür, dass er in mir den Wunsch geweckt hat, diese Arbeit überhaupt zu schreiben. Herrn Professor Dr. Richard Giesen danke ich für die zügige Erstellung des Zweitgutachtens und die Denkanstöße im Doktorandenkolleg.

Mein besonderer Dank gilt Frau Eva Heup und Herrn Dr. Dieter Keidel für ihre Unterstützung und ihre wertvollen Anregungen zu dieser Arbeit.

Meinen Kollegen am ZAAR möchte ich nicht nur für die spannende und lehrreiche Zusammenarbeit, sondern vor allem für die stets aufmunternden Worte in schwierigen Phasen und die lustige Zeit, danken.

Gewidmet ist die Arbeit meinen Eltern, die mich immer bedingungslos in allem unterstützt und begleitet haben. Meiner Schwester und meiner Oma danke ich für den emotionalen Rückhalt. Besonderer Dank gebührt meinen Großeltern, die mich finanziell unterstützt haben und mich dazu motiviert haben, dem Vorbild meines Opas zu folgen.

München, im Oktober 2015 Julia Pfrogner

Gliederung

Inhaltsverzeichnis

Abkürzungsverzeichnis

AiB	Arbeitsrecht im Betrieb
AuR	Arbeit und Recht
bzw.	beziehungsweise
EStG	Einkommensteuergesetz in der Fassung der Bekanntmachung vom 8. Oktober 2009 (BGBl. I S. 3366, ber. I 2009 S. 3862); zuletzt geändert durch Art. 4 und 5 Gesetz zur Anpassung der Abgabenordnung an den Zollkodex der Union und zur Änderung weiterer steuerlicher Vorschriften vom 22. 12. 2014 (BGBl. I S. 2417)
ggf.	gegebenenfalls
mwN	mit weiteren Nachweisen

Im Übrigen wird verwiesen auf:
Kirchner, Abkürzungsverzeichnis der Rechtssprache, 7. Auflage 2013

§ 1. Bedeutung der Haftung

Zur Beilegung von Meinungsverschiedenheiten zwischen Arbeitgeber und Betriebsrat ist bei Bedarf gemäß § 76 BetrVG eine betriebliche Einigungsstelle zu bilden. Das Amt als Einigungsstellenmitglied ist nicht uninteressant. Betriebsangehörige Beisitzer können sich durch die Mitwirkung in der Einigungsstelle betriebliche Anerkennung verschaffen und, je nach Gegenstand des Verfahrens, von ihrem eigenen Verhandlungsergebnis profitieren. Für betriebsfremde Einigungsstellenmitglieder, insbesondere den Vorsitzenden, ist die Mitwirkung in der Einigungsstelle eine durchaus lukrative Nebentätigkeit. Der Vorsitzende kann Stundensätze von 50 bis 350 Euro[1] oder Tagessätze zwischen 2.000 und 3.000 Euro[2] verlangen. Für Beisitzer werden regelmäßig 7/10 des Vorsitzendenhonorars für angemessen erachtet.[3]

Aber überwiegen die Vorzüge dieses Amtes auch bei einer drohenden persönlichen Haftung?

Da die Entscheidung der Einigungsstelle die Einigung der Betriebsparteien ersetzen kann (§ 76 Abs. 5 S. 1, Abs. 6 S. 2 BetrVG), liegt eine ausgewogene und fehlerfreie Entscheidung im Interesse aller Parteien. Dem Fehlerrisiko kann einerseits durch eine entsprechende Verfahrensgestaltung vorgebeugt werden.[4] Andererseits bietet die Klage zur Feststellung der Unwirksamkeit des Einigungsstellenspruchs vor dem Arbeitsgericht eine nachträgliche Kontrollmöglichkeit.[5] Diese beiden Varianten wurden in der Literatur und auch in der Rechtsprechung bereits ausführlich behandelt.[6] Ob und wie die handelnden Einigungsstellenmitglieder für Schäden haften, ist dagegen weitgehend unbehandelt und soll daher Gegenstand dieser Arbeit sein.

---

1 *Däubler*, Rn. 952; *Berg*, in: D/K/K/W, BetrVG, § 76a Rn. 31 (100-300 Euro).

2 *Wenning-Morgenthaler*, Rn. 499; LAG Hessen vom 11.6.2012 – 16 TaBV 204/11 – juris hielt sogar ein Honorar von 25.000 Euro für eine gut 13-stündige Einigungsstelle für noch angemessen.

3 Auch wenn das Gesetz dafür keinen Anhaltspunkt gibt, wird die frühere Praxis von den Gerichten akzeptiert: BAG vom 12.2.1992 – 7 ABR 20/91 – NZA 1993, 605, 607; vom 14.2.1996 – 7 ABR 24/95 – NZA 1996, 1225, 1226.

4 Gegenstand beispielsweise bei: *Schönfeld*, Das Verfahren vor der Einigungsstelle; *Friedemann,* Das Verfahren der Einigungsstelle für Interessenausgleich und Sozialplan; *Hennige*, Das Verfahrensrecht der Einigungsstelle.

5 Insbesondere zur Ermessenskontrolle: *Rieble*, Die Kontrolle des Ermessens der betriebsverfassungsrechtlichen Einigungsstelle; *Fiebig*, Der Ermessensspielraum der Einigungsstelle.

6 Vgl. Fn. 4, 5; zur Rechtsprechung bzgl. Verfahrensfehlern nur BAG vom 27.6.1995 – 1 ABR 3/95 – NZA 1996, 161; vom 11.2.1992 – 1 ABR 51/91 – NZA 1992, 702; zur Rechtsprechung bzgl. Ermessensfehlern nur vom 26.5.1988 – 1 ABR 11/87 – NZA 1989, 26; vom 9.11.2010 – 1 ABR 75/09 – NZA-RR 2011, 354.

Rechtsprechung zur Haftung von Einigungsstellenmitgliedern gibt es bisher keine. Zwar versuchte ein Arbeitgeber gegen die Honorarforderung eines Einigungsstellenmitglieds mit einer Schadensersatzforderung aufzurechnen.[7] Er scheiterte aber mangels Pflichtverletzung des Einigungsstellenmitglieds. Das BAG musste folglich zu einer Haftung von Einigungsstellenmitgliedern nicht Stellung nehmen.

Die Pflichtwidrigkeit von Ermessensfehlern scheint das BAG vielmehr abzulehnen. Im Zusammenhang mit der Beteiligungsfähigkeit der Einigungsstelle stellt es folgende Behauptung auf:

> *„Die Feststellung, die Einigungsstelle habe bei ihrer Entscheidung die Grenzen ihres Ermessens überschritten, beinhaltet von daher keinen irgendwie gearteten Vorwurf der Pflichtwidrigkeit, der die Einigungsstelle oder ihre Mitglieder in ihren Rechten berühren und ihnen Anlaß geben könnte, sich gegen diesen Vorwurf zu verteidigen."*[8]

Diese Aussage muss geprüft werden. Die arbeitsgerichtliche Kontrolle des Einigungsstellenspruchs lässt möglicherweise den Eindruck entstehen, sie könne Schäden verhindern, sodass sich die Frage nach einer Haftung erübrigt.[9] Doch können weder Verfahrensvorschriften Fehler verhindern, noch kann die arbeitsgerichtlich Kontrolle Schäden infolge eines Fehlers immer vollständig vermeiden oder ausgleichen. Zudem hat die Feststellung der Unwirksamkeit des Spruchs keinen Einfluss auf Schäden infolge von Nebenpflichtverletzungen.

Der Einflussbereich der Einigungsstelle beschränkt sich nicht auf Arbeitgeber und Arbeitnehmer des Betriebs. Anspruchsberechtigte können auch andere Unternehmen eines Konzerns sein. Ein Einigungsstellenspruch, der sich auf die finanzielle Leistungsfähigkeit des Betriebs auswirkt, kann zudem Auswirkungen auf Vertragspartner des Betriebs haben. Insbesondere im Insolvenzfall könnte daher die Haftung der Einigungsstellenmitglieder gegenüber Vertragspartnern des Betriebs relevant werden.

Ob Betriebsratsmitglieder, die von Arbeitnehmern auf Schadensersatz in Anspruch genommen werden, einen Regressanspruch gegen Einigungsstellenmitglieder haben, wird nachfolgend nicht geprüft,[10] denn bei einer Haftung der Betriebsratsmitglieder gegenüber Arbeitnehmern spielt die Einigungsstelle üblicherweise keine Rolle. Klassischer Fall einer Pflichtverletzung der Betriebsratsmitglieder ist, dass diese aus Scheu vor einer Auseinandersetzung mit dem Arbeitgeber gerade von der Anrufung der Einigungsstelle absehen und den Arbeitgeberwünschen zu Lasten der Arbeitnehmer nachgeben.

Der Bedeutungsgehalt der Haftung erschöpft sich nicht in der reinen Schadensersatzhaftung. Haftung meint nicht nur den sanktionierenden Rechtszwang, dem der Schuldner unterworfen ist, wenn er seinen Pflichten nicht entspricht. Haftung

---

7 BAG vom 13.11.1991 – 7 ABR 70/90 – NZA 1992, 459, 461 f.

8 BAG vom 28.4.1981 – 1 ABR 53/79 – AP BetrVG 1972 § 87 Vorschlagswesen Nr. 1.

9 *Schipp*, NZA 2011, 271.

10 Zum Verhältnis Betriebsratshaftung und Einigungsstellenhaftung aber noch unter § 7 B.

ist auch das Leistensollen des Schuldners oder das Einstehenmüssen für die Folgen eigener oder fremder Handlungen, für Sach- oder Rechtsmängel oder für andere Ausfälle.[11] Hier soll Haftung verstanden werden als das Einstehenmüssen für Handlungen, aufgrund derer der eine dem anderen zur Erfüllung oder zum Schadensersatz verpflichtet ist.[12]

Dass die nach außen handelnden Mitglieder eines Gremiums mit einer persönlichen Haftung für Verbindlichkeiten rechnen müssen, hat das BGH-Urteil zur Haftung von Betriebsratsmitgliedern gezeigt.[13]

Die Literatur, soweit sie sich mit der Haftung der Einigungsstellenmitglieder beschäftigt, äußert Bedenken hinsichtlich einer unbeschränkten Haftung aufgrund der neutralen Stellung der Einigungsstelle als Einrichtung zur Streitbeilegung. Ob diese Bedenken gerechtfertigt sind und Haftungseinschränkungen erforderlich sind, muss geprüft werden.

Schließlich soll die strafrechtliche Verantwortung im Überblick dargestellt werden.

Anhand einiger Beispiele soll zunächst die Relevanz der Frage nach der Haftung von Einigungsstellenmitgliedern veranschaulicht werden. Die Liste ist nicht abschließend. Es sollen nur einige interessante Konstellationen aufgegriffen werden, auf die im Laufe der Arbeit Bezug genommen wird.

A. Beispiele für Belastungen des Arbeitgebers durch die Einigungsstelle

1. Der Arbeitgeber zahlt Sozialplanabfindungen im Glauben an die Wirksamkeit des Einigungsstellenspruchs aus. Später stellt sich aufgrund eines Verfahrensfehlers die Unwirksamkeit des Spruchs heraus. Der neu verhandelte Sozialplan sieht geringere Abfindungen oder eine andere Verteilung des Gesamtvolumens vor.
2. In einem von der Einigungsstelle aufgestellten Sozialplan richtet sich die Höhe der Abfindung unter anderem nach der Dauer der Beschäftigung. Elternzeit soll jedoch nicht berücksichtigt werden. Das Arbeitsgericht stellt die Unwirksamkeit der Ausnahmeklausel fest. Im Übrigen ist der Sozialplan aber wirksam. Durch die nun erforderliche Berücksichtigung der Erziehungszeiten erhöht sich das Gesamtsozialplanvolumen.[14]
3. Die Einigungsstelle stimmt einer technischen Einrichtung zur Überwachung der Arbeitnehmer nicht zu. Dem Arbeitgeber entsteht ein Schaden durch nicht aufklärbare Diebstähle der Arbeitnehmer.
4. Die Einigungsstelle entscheidet über eine Schulungsveranstaltung für Betriebsratsmitglieder während des Weihnachtsgeschäfts. Die beiden Beisitzer auf Betriebsratsseite stimmen für die Schulung. Auf Arbeitgeberseite stimmt

---

11 Zu den verschiedenen Bedeutungsgehalten der Haftung: *Gernhuber*, S. 64 f.

12 So zu Handlungen des Betriebsrats: *Ocker*, S. 149.

13 BGH vom 25.10.2012 – III ZR 266/11 – NZA 2012, 1382.

14 Vgl. BAG vom 21.10.2003 – 1 AZR 407/02 – NZA 2004, 559.

ein Beisitzer gegen die Schulung, der andere enthält sich. Infolge der Freistellung einiger Betriebsratsmitglieder für die Schulung können Aufträge nicht rechtzeitig erfüllt werden.

5. Es wird eine Einigungsstelle zur Entscheidung über die Anordnung von Überstunden gebildet.
   a) Die Einigungsstelle lehnt Überstunden ab.
   b) Der Vorsitzende verzögert die Entscheidung, indem er einen Sitzungstermin erst zwei Wochen nach der Anrufung anberaumt.

   Der Arbeitgeber kann daraufhin einen Auftrag nicht oder nur verspätet erfüllen und muss ggf. eine Vertragsstrafe zahlen.
6. Die Einigungsstelle verändert die Lage der täglichen Arbeitszeit dahingehend, dass der Arbeitgeber die gesetzlichen Ladenöffnungszeiten nicht mehr voll ausschöpfen kann. Dadurch kommt es zu Umsatzeinbußen.[15]
7. Der Arbeitgeber macht erfolgreich die Ermessensfehler/Rechtsfehler der Einigungsstelle vor dem Arbeitsgericht geltend. Das Verfahren verursacht Kosten.
8. Nach Feststellung der Unwirksamkeit des Einigungsstellenspruchs durch das Arbeitsgericht wird eine neue Einigungsstelle errichtet bzw. die alte fortgesetzt. Es entstehen weitere Sachkosten und Vergütungsansprüche für Einigungsstellenmitglieder.
9. Der Einigungsstellenvorsitzende gibt in einer Pressemitteilung Auskunft über Geschäftsgeheimnisse/Finanzsituation/Umstrukturierungsmaßnahmen des Betriebs. Aus Angst vor Entlassungen wandern hochqualifizierte Fachkräfte vorzeitig ab. Zusätzlich wird der Ruf des Betriebs geschädigt und der Aktienkurs fällt.
10. Die Betriebsparteien haben jeweils zwei Beisitzer bestellt. Auf Betriebsratsseite wurde ein Betriebsratsmitglied bestellt und ein Rechtsanwalt. Der Einigungsstellenvorsitzende und der Rechtsanwalt haben mit dem Arbeitgeber einen Haftungsausschluss für leichte Fahrlässigkeit vereinbart. Im Verfahren lehnen die Beisitzer auf Betriebsratsseite und der Vorsitzende die Anordnung von Überstunden leicht fahrlässig ab. Der Arbeitgeber macht Schadensersatzansprüche gegen die drei pflichtwidrig abstimmenden Einigungsstellenmitglieder geltend.

B. Beispiele für die Belastung der Arbeitnehmer durch die Einigungsstelle

11. Die Einigungsstelle lehnt die Zuweisung einer Werkswohnung aus sachwidrigen oder rechtswidrigen Gründen ab. Der Arbeitnehmer hat infolgedessen höhere Ausgaben für die Miete.
12. Die Einigungsstelle stimmt einer technischen Einrichtung zur Überwachung der Arbeitnehmer aus unsachgemäßen Gründen zu. Der Arbeitnehmer fühlt sich in seinem Persönlichkeitsrecht beeinträchtigt.

---

15 Vgl. BAG vom 31.8.1982 – 1 ABR 27/80 – NJW 1983, 953.

13. Die Einigungsstelle führt einen Schichtbetrieb ein. Ein Arbeitnehmer erleidet aufgrund der Belastung durch den Schichtbetrieb gesundheitliche Schäden.
14. Die Unwirksamkeit eines von der Einigungsstelle aufgestellten Sozialplans wird gerichtlich festgestellt. Bis zum Abschluss des neuen wirksamen Sozialplans verschlechtert sich die wirtschaftliche Situation des Unternehmens, sodass die Abfindungen deutlich niedriger ausfallen.

C. Beispiele für Ansprüche von externen Vertragspartnern

15. Der Einigungsstellenvorsitzende mietet den Tagungsraum eines 5-Sterne-Hotels für die Sitzungen der Einigungsstelle an. Im Betrieb hätte ein Konferenzraum zur Verfügung gestanden. Der Hotelinhaber verlangt die Miete.
16. Die Einigungsstelle beauftragt ohne Absprache mit dem Arbeitgeber einen Sachverständigen
    a) Die Beisitzer verfügen über ausreichende Sachkunde.
    b) Die Besitzer benötigen die Fachkenntnis, um eine angemessene, ermessensfehlerfreie Entscheidung treffen zu können.

    Der Sachverständige verlangt sein Honorar.

D. Beispiele für Ansprüche in der Insolvenz

17. Nach Eröffnung eines Insolvenzverfahrens wird die Einigungsstelle angerufen. Der beschlossene Sozialplan überschreitet die Obergrenze des § 123 Abs. 1 InsO. Der Insolvenzverwalter zahlt die Abfindungen aus, ohne den Spruch gerichtlich anzufechten. Rückforderungen scheitern aufgrund Entreicherung der Arbeitnehmer. Die Insolvenzgläubiger nehmen den Insolvenzverwalter auf Schadensersatz in Anspruch, weil sich durch die Auszahlungen die Insolvenzmasse verringert hat.
18. Nach Eröffnung des Insolvenzverfahrens wird die Einigungsstelle zur Aufstellung eines Sozialplans angerufen. Der beschlossene Sozialplan nimmt gleichheitswidrig einzelne Arbeitnehmer aus dem Sozialplan heraus.
    a) Noch vor Abschluss des Verteilungsverfahrens erheben die ausgeschlossenen Arbeitnehmer Leistungsklage auf Zahlung von Sozialplanabfindungen.
    b) Nach Abschluss des gesamten Verteilungsverfahrens erheben die ausgeschlossenen Arbeitnehmer Leistungsklage auf Zahlung von Sozialplanabfindungen.

E. Beispiele für die Strafbarkeit von Einigungsstellenmitgliedern

19. Der Einigungsstellenspruch über einen Sozialplan sieht Sonderabfindungen für Betriebsratsmitglieder vor. Der Arbeitgeber zahlt die Abfindungen aus.

20. Ein Richter kandidiert für das Amt als Einigungsstellenvorsitzender. Er fordert für eine Tätigkeit im Sinne des Arbeitgebers eine im Vergleich zu den Beisitzern doppelt so hohe Vergütung.[16]
21. Der Einigungsstellenvorsitzende rechnet für die Vor- und Nachbereitung der Sitzungen 50 Stunden ab. Tatsächlich sind aber nur 10 Stunden angefallen.

16 Vgl. LAG München vom 11.01.1991 – 2 TaBV 57/90 – LAGE § 76a BetrVG 1972 Nr. 1.

§ 2. Pflichtenstellung der Einigungsstelle und ihrer Mitglieder

Entscheidend für die Haftung der Einigungsstellenmitglieder ist zunächst die Rechtsnatur der Einigungsstelle. Aus ihr ergibt sich die persönliche Pflichtenstellung der Einigungsstelle und ihrer Mitglieder. Diese entscheidet wiederum über eine geeignete Haftungsgrundlage. Die Art der Rechtsbeziehung zwischen Schädiger und Geschädigtem ist entscheidend dafür, ob eine vertragliche oder vertragsähnliche Haftung in Betracht kommt, oder nur die für „Jedermannsbeziehungen" greifende deliktische Haftung.

A. Rechtsnatur der Einigungsstelle

I. Organ zur Streitbeilegung

Die Aufgabe der Einigungsstelle ist gemäß § 76 Abs. 1 S. 1 BetrVG die Beilegung von Meinungsverschiedenheiten zwischen Arbeitgeber und Betriebsrat. Zu unterscheiden ist das zwingende Einigungsstellenverfahren gemäß § 76 Abs. 5 S. 1 BetrVG, bei dem der Spruch die Einigung der Betriebsparteien ersetzt, und das freiwillige Einigungsstellenverfahren gemäß § 76 Abs. 6 BetrVG, bei dem der Spruch nur verbindlich ist, wenn sich die Betriebsparteien ihm vorher unterwerfen oder ihn nachträglich annehmen. Die Einigungsstelle ist kein Organ, das für eine juristische Person, wie das Unternehmen, handelt und diese nach außen vertritt, sondern hat eine Schlichtungs- und Entscheidungsfunktion für den Betrieb, für den sie gebildet wurde.

Während die Rechtsprechung die Einigungsstelle als „betriebsverfassungsrechtliches Hilfsorgan eigener Art" bezeichnet,[17] verwendet die Literatur häufig den Begriff des „Schlichtungsorgans"[18] oder der „Schlichtungsstelle"[19]. Der Begriff „Schlichtung" wird teils als Oberbegriff für eine außergerichtliche Streitbeilegung verwendet. Die Definition der „Schlichtung" als Hilfeleistung zur Beendigung einer Gesamtstreitigkeit durch Abschluss einer Gesamtvereinbarung[20] orientiert sich jedoch am Leitbild des Tarifvertragsrechts. Sie geht von einer freiwilligen Schlichtung aus. Die schlichtende Stelle leistet aufgrund der freiwilligen Vereinbarung der Tarifpartner Hilfe

---

17 BAG vom 18.1.1994 – 1 ABR 43/93 – NZA 1994, 571, 572; BVerfG vom 18.10.1986 – 1 BvR 1426/83 – NZA 1988, 25, 26.

18 *Spengler/Herbert,* in: Spengler/Hahn/Pfeiffer, Einigungsstelle, § 8 Rn. 2; *Fitting,* BetrVG, § 76 Rn. 52; *Berg,* in: D/K/K/W, BetrVG, § 76 Rn. 45; *Joussen,* S. 81.

19 *Richardi,* in: Richardi, BetrVG, § 76 Rn. 6; *Berg,* in: D/K/K/W, BetrVG, § 76 Rn. 2,

20 *Hueck/Nipperdey,* Lehrbuch des Arbeitsrechts II (7. Auflage) S. 722 (mwN); *Kreutz/Jacobs,* in: GK-BetrVG, § 76 Rn. 5.

zum Abschluss eines Tarifvertrages.[21] Die Freiwilligkeit ist ein nicht wegzudenkendes Wesensmerkmal des Schlichtungsbegriffs.[22] Dieses Verständnis der Schlichtung trifft auf den ersten Blick nur auf das freiwillige Einigungsstellenverfahren gemäß § 76 Abs. 6 BetrVG zu. Dem tritt *Schmitt-Rolfes* mit der Begründung entgegen, dass das verbindliche Einigungsstellenverfahren nur das Arbeitskampfverbot der Betriebsparteien kompensiere.[23] Es sei notwendig, um die Mitbestimmung nicht leerlaufen zu lassen, wenn eine Einigung nicht zustande kommt. Die Freiwilligkeit werde durch das verbindliche Einigungsstellenverfahren nicht berührt, da die Kooperationsmaxime tragende Grundlage bleibe. Auch das mehrstufige Verfahren bei der Abstimmung, das erst auf letzter Stufe eine Mehrheitsentscheidung unter Mitwirkung des neutralen Vorsitzenden zulässt, sei auf Freiwilligkeit angelegt.

Damit ist zwar gezeigt, dass dem Einigungsstellenverfahren ein Schlichtungsgedanke zugrunde liegt. Er wird im Hinblick auf das verbindliche Einigungsstellenverfahren aber nur eingeschränkt verwirklicht. Insbesondere was das Abstimmungsverfahren betrifft, bedarf es in der Realität meist der Mitwirkung des Vorsitzenden, dessen Stimme dann entscheidend ist.[24]

Nach anderer Definition ist Schlichtung die Beilegung einer Regelungsstreitigkeit.[25] Unterteilt man, wie ein Großteil der Literatur, die Zuständigkeit der Einigungsstelle in Rechts- und Regelungsstreitigkeiten,[26] wird auch diese Definition der Tätigkeit der Einigungsstelle nicht gerecht.[27] Gegen eine solche Unterteilung spricht, dass es auch bei den vermeintlichen Rechtsstreitigkeiten einen Entscheidungsspielraum i.S.e. Beurteilungsspielraums gibt. Dieser besteht nur, anders als das Rechtsfolgeermessen, auf Tatbestandsebene in der Ausfüllung unbestimmter Rechtsbegriffe.[28]

Die verschiedenen Auffassungen zur Unterscheidung von Rechts- und Regelungsstreitigkeiten sollen aber nicht dazu führen, dass mit dem Begriff der Schlichtung der Zuständigkeitsbereich der Einigungsstelle auf Regelungsstreitigkeiten eingegrenzt wird. Um auch Missverständnissen aufgrund der tarifvertraglichen Prägung des Schlichtungsbegriffs vorzubeugen, sollte die Einigungsstelle als Organ zur Streitbeilegung bezeichnet werden.

21 *Kreutz/Jacobs*, in: GK-BetrVG, § 76 Rn. 5.
22 *Schmitt-Rolfes*, S. 159.
23 *Schmitt-Rolfes*, S. 160 ff.
24 *Sitzenfrei*, in: Spengler/Hahn/Pfeiffer, Einigungsstelle, § 12 Rn. 217.
25 *Joussen*, S. 16; *Kreutz/Jacobs*, in: GK-BetrVG, § 76 Rn. 9 ff.
26 *Richardi*, in: Richardi, BetrVG, § 76 Rn. 27; *Fitting*, BetrVG, § 76 Rn. 111 f.; *Berg*, in: D/K/K/W, BetrVG, § 76 Rn. 14; *Kania*, in: ErfK, § 76 BetrVG Rn. 2.
27 So *Kreutz/Jacobs*, in: GK-BetrVG, § 76 Rn. 12, die die Entscheidung über Rechtsfragen aus dem Bereich der Schlichtung ausdrücklich ausnehmen.
28 *Rieble*, Einigungsstelle, S. 173 ff.; *Rieble*, BB 1991, 471, 472 ff.; *Schmitt-Rolfes*, S. 136 ff.

II. Privatrechtliche Einrichtung

Die Frage, ob die Tätigkeit der Einigungsstelle eine hoheitliche oder eine privatrechtliche ist, hat erhebliche Auswirkungen auf die Haftungsgrundlage. Die Staatshaftung gemäß Art. 34 GG i.V.m. § 839 BGB setzt eine hoheitliche Tätigkeit voraus.[29] Bei einer privatrechtlichen Tätigkeit kann die Einigungsstellenmitglieder eine persönliche Haftung treffen.

1. *Kein Gericht*

Die Einigungsstelle ist kein Gericht i. S. des Art. 92 GG.[30] Sie wird auf betrieblicher Ebene errichtet und gehört daher keinem staatlichen Rechtsprechungsapparat an.[31] Die Mitglieder der Einigungsstelle sind nicht sachlich unabhängig, da sie jederzeit entlassen werden können.[32] Der Spruch der Einigungsstelle ist kein Akt rechtsprechender Gewalt. Er kann nicht in Rechtskraft erwachsen und ist nicht vollstreckbar. Eine zwangsweise Durchsetzung des Spruchs ist nur möglich, nachdem eine Entscheidung des Arbeitsgerichts herbeigeführt wurde, § 85 Abs. 1 ArbGG.[33]

2. *Keine Behörde*

Im Betriebsverfassungsrecht zeigt sich die Wechselbeziehung zwischen Staat und Gesellschaft besonders deutlich: Gemeinwohl vermischt sich mit Privatinteresse, Kollektivgewalt mit Individualrecht.[34] Dennoch ist die Betriebsverfassung dem Privatrecht zuzuordnen. Die staatliche Intervention in Form der Errichtung einer Betriebsverfassung wurde notwendig, weil die bisherige Aufgabentrennung zwischen Staat und Gesellschaft Missstände wie soziale Ungleichheit, ja sogar Unfreiheit verursachte. Dem Arbeitgeber wurde „sein“ herrschaftliches Privatrecht entzogen. Stattdessen wurde den Arbeitnehmern eine selbstverantwortliche Mitgestaltung im Sinne einer „Organisation der Freiheit auf Gegenseitigkeit“ möglich gemacht.[35] Die Vertragsmacht des Arbeitgebers wurde zu Gunsten der Mitbestimmung durch die Arbeitnehmer eingeschränkt. Die Ebene des Privatrechts wurde dadurch aber gerade nicht verlassen. Vielmehr ist die Betriebsverfassung privatrechts- und vertragsrechtsakzessorisch.[36]

---

29 Für eine hoheitliche Tätigkeit der Einigungsstelle *Küchenhoff*, BetrVG, § 76 Anm. 3.

30 BVerfG vom 18.10.1986 – 1 BvR 1426/83 – NZA 1988, 25, 26; *Kreutz/Jacobs*, in: GK-BetrVG, § 76 Rn. 83.

31 *Obermayer*, DB 1971, 1715, 1720.

32 *Friedemann*, Rz. 77 f.

33 *Leipold*, in: FS Schnorr von Carolsfeld, S. 273, 280; *Joussen*, S. 80 f.

34 *Reichold*, S. 410.

35 *Reichold*, S. 433 ff.

36 *Reichold*, S. 399 ff., 486 ff.

Ebenso wird die Einigungsstelle nicht hoheitlich tätig, sondern als rein privatrechtliche Einrichtung.[37] Sie ist keine Behörde. Auch wenn das Gesetz ein rechtlich geordnetes Verfahren zur Beilegung von Meinungsverschiedenheiten aufstellt, ist die Einigungsstelle nicht in die staatliche Verwaltungsorganisation eingegliedert.[38] Ihre Kosten trägt gemäß § 76a Abs. 1 BetrVG der Arbeitgeber. Die Tätigkeit der Einigungsstelle ist keine überbetriebliche, dem Staat obliegende Aufgabe. Die Einigungsstelle dient der Beilegung innerbetrieblicher Meinungsverschiedenheiten und entscheidet über Angelegenheiten, die in die Kompetenz der Betriebspartner fallen.[39] Aus der arbeitsgerichtlichen Bestellung des Vorsitzenden, wenn sich die Betriebsparteien nicht einigen können, lässt sich nicht der Schluss ziehen, die Tätigkeit der Einigungsstelle sei eine staatliche Aufgabe.[40] Ihre Zusammensetzung wird vorrangig von den Betriebspartnern bestimmt.[41] Der Vorsitzende wird nur subsidiär vom Arbeitsgericht bestellt, falls sich die Betriebsparteien nicht einigen. Sind sie mit der Entscheidung des Gerichts nicht einverstanden, können sie die Einigungsstelle jederzeit gemeinsam auflösen.[42]

Folgt man indes dem Vorschlag *Franckens*[43] und bestellt den Einigungsstellenvorsitzenden, wenn sich die Betriebsparteien nicht einigen können, gemäß des Geschäftsverteilungsplans des Arbeitsgerichts, in dessen Bezirk der Betrieb liegt, ist der Einigungsstellenvorsitz eine richterliche Dienstaufgabe. Die Einigungsstelle als solche wird dadurch nicht zum Gericht, sondern bleibt eine privatrechtliche innerbetriebliche Einrichtung.[44] Ein vollstreckbares Urteil wird nicht gefällt. Dennoch wird der Vorsitzende in diesem Fall als Amtsträger in Erfüllung seiner Amtspflicht tätig, sodass eine Staatshaftung gemäß Art. 34 GG i.V.m. § 839 Abs. 1 BGB eintritt. Eine persönliche Haftung wäre in diesem Fall nicht gerechtfertigt, da sich der Richter der Dienstpflicht nicht entziehen kann und sich, anders als bei der Bestellung durch Einigung der Betriebsparteien, nicht freiwillig für die Tätigkeit und die damit verbundenen Risiken entscheiden kann. An der Rechtsnatur der Tätigkeit der Beisitzer ändert der Vorschlag *Franckens* indes nichts. Sie sind weiterhin privatrechtlich tätig und daher gegebenenfalls persönlich haftbar. Aus haftungsrechtlicher Perspektive überzeugt der streitige Einigungsstellenvorsitz als richterliche Dienstaufgabe nicht. Bei gleicher Tätigkeit entschiede allein die Art der Bestellung über Staatshaftung oder persönlicher Haftung. Zudem hat der Bestellungsakt auch Auswirkungen auf die Beisitzer. Wegen der Subsidiarität der

---

37 *Hennige*, S. 164; *Schipp*, NZA 2011, 271, 273; *Richardi*, in: Richardi, BetrVG, § 76 Rn. 7; *Berg*, in: D/K/K/W, BetrVG, § 76 Rn. 2; *Joussen*, S. 81, *Schönfeld*, Einigungsstelle, S. 30.

38 *Kreutz/Jacobs*, in: GK-BetrVG, § 76 Rn. 84.

39 *Friedemann*, Rz. 76; *Kreutz/Jacobs*, in: GK-BetrVG, § 76 Rn. 84.

40 So aber *Küchenhoff*, BetrVG, § 76 Anm. 3.

41 *Bischoff*, S. 151 f.

42 *Lepke*, BB 1977, 49.

43 *Francken*, in: FS Löwisch, S. 129, 135 ff.

44 *Francken*, in: FS Löwisch, S. 129, 137.

Staatshaftung gemäß § 839 Abs. 1 S. 2 BGB, haften die Beisitzer vorrangig vor dem Vorsitzenden. Dieses Ergebnis entspricht nicht der Verteilung der Verantwortung innerhalb der Einigungsstelle.

3. *Keine Beleihung*

Obermayer qualifiziert die Einigungsstelle als Beliehene.[45] Sie sei wegen ihrer privatrechtlichen Struktur zwar keine Behörde im engeren Sinn. Dennoch übe sie eine hoheitliche Tätigkeit aus, da sie eine verbindliche Entscheidung treffe.

Ein Beliehener nimmt die ihm übertragenen öffentlichen Aufgaben unter Einsatz hoheitlicher Befugnisse wahr.[46] Konfliktlösung ist aber nicht notwendigerweise Staatsaufgabe. In einer Demokratie geht die staatliche Macht auf den Souverän „Volk" zurück. Ebenso wenig wie der Betriebsrat hoheitliche Macht ausüben kann, weil er nur von den Beschäftigten, nicht vom gesamten Volk gewählt wird und auch nur deren Interessen repräsentiert,[47] kann auch die Einigungsstelle keine öffentlichen Aufgaben wahrnehmen. Sie wird von den Betriebsparteien bestellt und übt als Vertragshilfeorgan Hilfs- und Ersatzfunktionen für diese aus.[48] Ob Konfliktlösung Staatsaufgabe ist, richtet sich danach, welche Rechtsnatur die Tätigkeit im konfliktfreien Normalfall hätte. Mit der Einführung der betrieblichen Mitbestimmung wurden die früher dem Arbeitgeber allein zustehenden Kompetenzen dem Arbeitgeber und Betriebsrat gemeinsam zugewiesen.[49] Hintergrund der Einigungsstellentätigkeit ist also ein privatrechtlicher. Ihr wurden gerade keine öffentlichen Aufgaben übertragen. Einer Beleihung steht zudem die Weisungsfreiheit der Einigungsstellenmitglieder entgegen.[50]

III. Abgrenzung zu anderen Mechanismen der Streitbeilegung

1. *Sozialrechtliche Schiedseinrichtungen*

Schiedseinrichtungen sind besonders im Sozialrecht häufig anzutreffen.[51] Es existieren Schiedsämter (z.B. § 89 SGB V), Schiedsstellen (z.B. § 80 SGB XII) und Schiedspersonen (z.B. § 76 Abs. 6 SGB XI). Schiedsämter und Schiedsstellen sind wie die Einigungsstelle kollegiale Entscheidungsgremien, die aufgrund der paritätischen Vertretung der Vertragsparteien und dem unparteiischen Vorsitzenden in ihrer Besetzung vergleichbar mit der Einigungsstelle sind. Die sozialrechtlichen Schiedseinrichtungen sind zusätzlich mit zwei weiteren neutralen Mitgliedern besetzt. Ihre

45 *Obermayer*, DB 1971, 1715, 1720.
46 BVerwG vom 26. 8. 2010 – 3 C 35/09 – NVwZ 2011, 368 Rn. 21; *Wöstmann*, in: Staudinger, BGB (2012), § 839 Rn. 44.
47 *Kolbe*, S. 88.
48 *Joussen*, S. 87; *Richardi*, in: Richardi, BetrVG, § 76 Rn. 6.
49 *Fiebig*, Einigungsstelle, S. 26; *Reichold*, S. 434.
50 *Kolbe*, S. 89.
51 §§ 89, 114 SGB V, § 78g SGB VIII, § 76 SGB XI, § 80 SGB XII.

Entscheidung ersetzt die Einigung der Parteien. Sie wirkt schuldrechtlich zwischen den bestellenden Institutionen und normativ gegenüber den Mitgliedern der Institutionen.[52] Entsprechend ersetzt der Einigungsstellenspruch die Betriebsvereinbarung und hat wie diese gemäß § 77 Abs. 4 BetrVG normative Wirkung. Zusätzlich kann er schuldrechtliche Elemente enthalten, die die Betriebsparteien berechtigen und verpflichten.[53] Die gerichtliche Kontrolldichte sowohl des Schiedsspruchs als auch des Einigungsstellenspruchs ist im Hinblick auf den Kompromisscharakter der Entscheidungen eingeschränkt. Überprüft wird, ob grundlegende verfahrensrechtliche Anforderungen eingehalten werden, zwingendes Recht der Entscheidung entgegensteht und der Gestaltungsspielraum eingehalten wurde.[54]

Der Unterschied liegt aber in der Art der von den Schlichtungsstellen jeweils wahrzunehmenden Aufgaben. Bei den sozialrechtlichen Schiedseinrichtungen stehen sich Körperschaften des öffentlichen Rechts gegenüber. Die Schiedseinrichtungen nehmen, wie die sie bestellenden Körperschaften, öffentliche Aufgaben wahr und sind daher zumindest als Behörde im verfahrensrechtlichen Sinne zu qualifizieren.[55] Dementsprechend haften die Körperschaften, die das Mitglied in das Schiedsamt berufen haben.[56]

Die Einigungsstelle wird indes von den Betriebspartnern zur Beilegung innerbetrieblicher Meinungsverschiedenheiten angerufen und nimmt, ebenso wenig wie die Betriebspartner selbst, öffentliche Aufgaben wahr. Sie wird rein privatrechtlich tätig.[57] Für ihre Mitglieder kommt eine persönliche Haftung in Betracht.

2. *Schiedsgericht*

Das schiedsrichterliche Verfahren ist in §§ 1025 ff. ZPO geregelt. Das Schiedsgericht wird aufgrund privatautonomer Vereinbarung der Parteien gemäß § 1029 Abs. 1 ZPO tätig.[58] Davon zu trennen ist der Schiedsrichtervertrag.[59] Er bezeichnet das Rechtsverhältnis zwischen dem Schiedsrichter und sämtlichen Parteien. Er regelt Rechte und Pflichten des Schiedsrichters und ist damit Haftungsgrundlage.[60] Die Schiedsrichterhaftung ist Vertragshaftung gemäß §§ 280 ff. BGB.[61]

---

52 *Schnapp*, GesundheitsR 2014, 193, 202.
53 *Richardi*, in: Richardi, BetrVG, § 77 Rn. 59.
54 *Schnapp*, GesundheitsR 2014, 193, 203.
55 Im organisationsrechtlichen Sinn werden sie indes als Einrichtungen „sui generis der Selbstverwaltung" eingeordnet, *Sproll*, in: Krauskopf, SozKV, § 89 SGB V Rn. 8; *Schnapp*, GesundheitsR 2014, 193, 196.
56 *Sproll*, in: Krauskopf, SozKV, § 89 SGB V Rn. 8.
57 Oben § 2A.II.
58 *Joussen*, S. 18.
59 *Voit*, in: Musielak/Voit, ZPO, § 1035 Rn. 20.
60 Zur Haftungsprivilegierung des Schiedsrichters unten § 5 C. II. 1. b.
61 *Münch*, in: MünchKommZPO (2013), Vorbem. §§ 1034 ff. Rn. 28.

Die Einigungsstelle wird nicht aufgrund einer privatautonomen Vereinbarung tätig, sondern kraft gesetzlicher Anordnung zur Beilegung von Meinungsverschiedenheiten, § 76 Abs. 1 BetrVG. Ein Rechtsverhältnis zwischen den Betriebsparteien, das dem der Schiedsvereinbarung entspricht, gibt es folglich nicht. Entscheidend für die Haftung ist jedoch das Rechtsverhältnis zwischen Schiedsrichter/Einigungsstelle und den Parteien. Ob es ein mit dem Schiedsrichtervertrag vergleichbares Rechtsverhältnis zwischen Einigungsstelle und Betriebsparteien gibt, wird unter § 2 C. und § 2 D. geprüft.

Das Schiedsgericht tritt an die Stelle des staatlichen Richters. Seine Entscheidung hat gemäß § 1055 ZPO die Wirkung eines rechtskräftigen gerichtlichen Urteils.

Hier zeigt sich ein gravierender Unterschied zur Einigungsstelle. Der Spruch der Einigungsstelle ist weder der Rechtskraft fähig, noch kann er wie ein Urteil vollstreckt werden.[62] Für seine zwangsweise Durchsetzung muss eine Entscheidung des Arbeitsgerichts gemäß § 85 Abs. 1 ArbGG herbeigeführt werden.[63] Der Spruch der Einigungsstelle kann gemäß § 76 Abs. 7 BetrVG nicht den Rechtsweg ausschließen.[64] Die Einigungsstelle ersetzt nicht den staatlichen Richter, sondern die Einigung der Betriebsparteien.[65] Ihre Entscheidung hat daher keine prozessrechtliche Wirkung, sondern vertragsersetzende Wirkung.[66]

Das Schiedsgericht entscheidet wie der Richter über Rechtsfragen und wendet dabei das geltende Recht an.[67] Die Ausübung von Ermessen ist für ein Schiedsgericht atypisch. Für die Einigungsstelle ist die Ermessensausübung hingegen charakteristisch.[68]

Die Einigungsstelle wird zudem anders als das Schiedsgericht nicht aufgrund einer privatautonomen Vereinbarung tätig, sondern kraft gesetzlicher Anordnung zur Beilegung von Meinungsverschiedenheiten, § 76 Abs. 1 BetrVG.

Da die Einigungsstelle kein Schiedsgericht ist und auch nicht mit einem solchen vergleichbar ist, bestehen keine Bedenken im Hinblick auf § 101 ArbGG, der im arbeitsgerichtlichen Verfahren Schiedsgerichte nur in bestimmten Fällen zulässt.

3. Drittleistungsbestimmung, insbes. Schiedsgutachter

Bei Meinungsverschiedenheiten zwischen Arbeitgeber und Betriebsrat ist die Einigungsstelle zur schlichtenden Vertragsergänzung berufen, vergleichbar einem Dritten, dem die Leistungsbestimmung i.S.d. §§ 317 bis 319 BGB obliegt. Einer Unterwerfung unter die Leistungsbestimmung bedarf es aber nur beim freiwilligen

62 *Sprenger*, BB 2010, 2110, 2112.

63 *Leipold*, in: FS Schnorr von Carolsfeld, S. 273, 280; *Joussen*, S. 80 f.

64 *Friedemann*, Rz. 79.

65 *Schipp*, NZA 2011, 271, 273.

66 Vgl. *Rieble*, in: Staudinger, BGB (2015), § 317 Rn. 30 für die Abgrenzung von Schiedsgutachten und Schiedsgericht.

67 *Joussen*, S. 18.

68 *Schipp*, NZA 2011, 271, 273.

Einigungsstellenverfahren. Bei der zwingenden Mitbestimmung erfolgt die Unterwerfung von Gesetzes wegen.[69]

Das Schiedsgutachten als Fall der Drittleistungsbestimmung ist in seiner Wirkung vergleichbar dem Einigungsstellenspruch. Beide unterscheiden sich vom Schiedsgericht durch ihre mangelnde Rechtskraft und ihre vertragsersetzende Wirkung.[70] Der Schiedsgutachter wird ebenso wie die Einigungsstelle als neutraler Dritter zur Klärung eines Streits für beide Seiten tätig.[71]

Inhaltlich werden Schiedsgutachten meist in zwei Gruppen unterteilt:[72]

- Das Schiedsgutachten im weiteren (oder uneigentlichen) Sinne meint die rechtsgestaltende Bestimmung der Leistung unter Nutzung eines Ermessensspielraums. Auf dieses sind §§ 317-319 BGB unmittelbar anwendbar.
- Beim Schiedsgutachten im engeren (oder eigentlichen) Sinne stellt der Schiedsgutachter nur bestimmte Tatsachen oder Tatbestandsmerkmale fest. Auf dieses sind §§ 317-319 BGB entsprechend anwendbar.

Unterteilt man entgegen der hier vertretenen Auffassung die Zuständigkeit der Einigungsstelle in eine für Rechtsstreitigkeiten und eine für Regelungsstreitigkeiten,[73] wäre der Spruch der Einigungsstelle in Regelungsstreitigkeiten mit dem Schiedsgutachten im weiteren Sinne vergleichbar. Bei Rechtsstreitigkeiten entspräche der Spruch aufgrund seiner bloßen Feststellungswirkung, ob bestimmte Voraussetzungen erfüllt sind, dem Schiedsgutachten im engeren Sinne.

Bei Schiedsgutachten ist die Unterteilung in Rechts- und Regelungsstreitigkeiten ebenso wie bei der Einigungsstelle abzulehnen. Der Schiedsgutachter hat auch bei der Feststellung von Tatsachen und Tatbestandsmerkmalen einen eigenen Beurteilungsspielraum. Der Beurteilungsspielraum besteht auf Tatbestandsebene, der Ermessensspielraum hingegen auf Rechtsfolgenebene. Es gibt nicht nur eine „einzig richtige Entscheidung". Andernfalls bedürfte es des Schiedsgutachters von vorneherein nicht.[74] Der Beurteilungs- bzw. Ermessensspielraum ist für den Schiedsgutachter charakteristisch. Er unterscheidet sowohl Einigungsstelle als auch Schiedsgutachter vom Schiedsgericht.

Während die Drittleistungsbestimmung gemäß § 317 Abs. 1 BGB nur im Zweifel nach billigem Ermessen zu treffen ist, schreibt § 76 Abs. 5 S. 3 BetrVG dies für die Einigungsstelle zwingend vor. Hinsichtlich der gerichtlichen Überprüfung des Spruchs sieht § 76 BetrVG gegenüber der Drittleistungsbestimmung Spezialvorschriften vor.

---

69 *Würdinger*, in: MünchKommBGB (2012), § 317 Rn. 19; *Koch*, in: Schaub, Arbeitsrechts-Handbuch, § 232 Rn. 50; *Joussen*, S. 81 ff., 213 f.: zumindest für Regelungsstreitigkeiten.

70 *Rieble*, in: Staudinger, BGB (2015), § 317 Rn. 29 ff.

71 *Rieble*, in: Staudinger, BGB (2015), § 317 Rn. 18; *Joussen*, S. 101.

72 BGH vom 26.4.1991 – V ZR 61/90 – NJW 1991, 2761, 2761; *Rieble*, in: Staudinger, BGB (2015), § 317 Rn. 19 f.; *Hager*, in: Erman, BGB, § 317 Rn. 7 f.; *Volmer*, BB 1984, 1010, 1011 (jeweils mwN).

73 Dazu § 2 A. I.

74 *Rieble*, in: Staudinger, BGB (2015), § 317 Rn. 24 ff.

Das betrifft zum einen den Maßstab, der für eine Verbindlichkeit bzw. Wirksamkeit der Bestimmung anzulegen ist. Gemäß § 319 Abs. 1 S. 1 BGB ist eine Bestimmung nicht verbindlich, wenn sie offenbar unbillig ist. Der Kontrollmaßstab ist hier im Vergleich zur gerichtlichen Überprüfung des Einigungsstellenspruchs eingeschränkt. Gemäß § 76 Abs. 5 S. 4 BetrVG können die Betriebsparteien die „Überschreitung der Grenzen des Ermessens" geltend machen. Eine Einschränkung auf „offenbare Unbilligkeit" erfolgt hier nicht.

Die Drittleistungsbestimmung ist bei offenbarer Unbilligkeit von Gesetzes wegen unverbindlich. Eine Einrede oder Klage muss nicht erhoben werden.[75] Damit das Gericht die Unwirksamkeit eines Einigungsstellenspruchs mit Rückwirkung extunc feststellen kann, müssen die Betriebsparteien die Überschreitung der Grenzen des Ermessens gerichtlich geltend machen.[76] Die Entscheidung des Arbeitsgerichts hat feststellende Wirkung, keine Gestaltungswirkung.[77] Doch obwohl der Spruch unwirksam und nicht nur aufhebbar ist,[78] gibt es für Ermessensfehler im Einigungsstellenverfahren, anders als bei der Drittleistungsbestimmung, eine Klagelast der Parteien. Unterbleibt eine Anfechtungsklage innerhalb der Frist des § 76 Abs. 5 S. 4 BetrVG, können Ermessensfehler nicht mehr geltend gemacht werden und der Spruch gilt diesbezüglich als wirksam.

Gemäß § 319 Abs. 1 S. 2 BGB trifft bei offenbarer Unbilligkeit der Leistungsbestimmung des Dritten, Nichtleistung oder Verzögerung das Gericht die Bestimmung durch Urteil. Eine solche Entscheidungskompetenz kommt dem Arbeitsgericht bei Einigungsstellensprüchen nicht zu. Es darf nicht an Stelle der Einigungsstelle eine eigene Ermessensentscheidung treffen.[79] Es gibt im Einigungsstellenverfahren kein richterliches Ersatzgutachten.

4. *Mediation*

Ziel der Mediation ist eine Einigung der Parteien. Gemäß § 1 Abs. 1 MediationsG streben die Parteien mithilfe eines oder mehrerer Mediatoren freiwillig und eigenverantwortlich eine einvernehmliche Beilegung ihres Konflikts an. Der Mediator unterstützt die Parteien auf dem Weg zu ihrer eigenen Lösung und leitet das

---

75 *Rieble*, in: Staudinger, BGB (2015), § 319 Rn. 20.

76 *Fitting*, BetrVG, § 76 Rn. 160; *Kreutz/Jacobs*, in: GK-BetrVG, § 76 Rn. 171 f.; *Berg*, in: D/K/K/W, BetrVG, § 76 Rn. 151.

77 BAG vom 6.5.2003 – 1 ABR 11/02 – NZA 2004, 108, 110; vom 4.5.1993 – 1 ABR 57/92 – NZA 1993, 856, 857; *Fitting*, BetrVG, § 76 Rn. 143; *Kreutz/Jacobs*, in: GK-BetrVG, § 76 Rn. 146.

78 Ausführlich hierzu *Kreutz/Jacobs*, in: GK-BetrVG, § 76 Rn. 146, 170 f.; **A.A.** *Leipold*, in: FS Schnorr von Carolsfeld, S. 273, 296; *Dütz*, S. 92 ff. 99 ff.; *Richardi*, in: Richardi, BetrVG, § 76 Rn. 135; widersprüchlich hierzu ist in Rn. 135 hingegen wieder von Feststellung der Unwirksamkeit, nicht von Aufhebung die Rede.

79 *Fitting*, BetrVG, § 76 Rn. 161; *Kreutz/Jacobs*, in: GK-BetrVG, § 76 Rn. 174; *Berg*, in: D/K/K/W, BetrVG, § 76 Rn. 151; *Richardi*, in: Richardi, BetrVG, § 76 Rn. 136.

Verfahren. Kennzeichnend für die Mediation sind die Freiwilligkeit des Verfahrens sowie die Eigenverantwortlichkeit der Parteien.[80] Dem Vermittler kommt keine Entscheidungsgewalt zu. Insbesondere hinsichtlich letzterem unterscheidet sich die Mediation entscheidend von der Streitbeilegung durch die Einigungsstelle. Mit Anrufung der Einigungsstelle geben die Betriebsparteien ihre Eigenverantwortlichkeit auf. Sie übertragen die Entscheidungsmacht einem Dritten, der Einigungsstelle. Dies gilt sogar für das freiwillige Einigungsstellenverfahren, wenn sich die Parteien dem Spruch der Einigungsstellen noch nicht im Voraus unterworfen haben, sondern seine Wirkung von der nachträglichen Unterwerfung der Parteien abhängig ist. Denn auch in diesem Fall ist es die Entscheidung eines Dritten, der sich die Parteien unterwerfen, nicht wie bei der Mediation ihre eigene. Die Parteien entscheiden nur hinsichtlich des „ob“ der Unterwerfung eigenverantwortlich, nicht hinsichtlich des „wie“ der Regelung. Der Mediator überlässt hingegen auch den Inhalt der Einigung vollständig den Parteien. Er macht nicht einmal einen unverbindlichen Vorschlag, für den sich die Parteien entscheiden können.[81]

IV. Zwischenergebnis

Die Einigungsstelle wird als Organ zur Streitbeilegung privatrechtlich tätig, sodass eine persönliche Haftung der Einigungsstellenmitglieder möglich ist. Sie ist eine innerbetriebliche Einrichtung sui generis. Der Einigungsstellenspruch ähnelt hinsichtlich Wirkung und Inhalt der Entscheidung eines Schiedsgutachters. Der Kontrollmaßstab hinsichtlich der Wirksamkeit der Entscheidung ist umfassender als bei Schiedsgutachten, die Entscheidungskompetenz des überprüfenden Gerichts indes beschränkt auf die Feststellung der Unwirksamkeit.

B. Keine Analogie zur Haftung für private Ämter

Belling versteht die Beziehung zwischen Betriebsrat und Belegschaft als Treuhandverhältnis. Der Betriebsrat nehme die fremden Rechte und Interessen der Belegschaft gegenüber dem Arbeitgeber wahr und handle daher im Fremdinteresse, nicht im Eigeninteresse.[82] Aus dem Treuhandverhältnis leitet er das Bedürfnis nach einer Schadensersatzhaftung ab, da die treuhänderischen Rechtspflichten andernfalls wertlos wären. Das gilt auch für die Einigungsstelle. Sie agiert vergleichbar einem Treuhänder, indem sie die Belange des Betriebs und der betroffenen Arbeitnehmer berücksichtigt und daher im fremden Interesse als Treuhänder für den Arbeitgeber und den Betriebsrat handelt. Die Tatsache, dass die Einigungsstelle den Interessen zweier verschiedener Parteien gerecht werden muss, spricht nicht zwingend gegen

80 *Hopt/Steffek*, S. 12.
81 *Hopt/Steffek*, S. 17.
82 *Belling*, Die Haftung des Betriebsrats, S. 132 ff.

eine Treuhand. Insofern besteht eine gewisse Vergleichbarkeit mit dem Insolvenzverwalter, der ebenfalls verschiedenen Interessen gerecht werden muss.[83]

Das Treuhandverhältnis als solches vermag eine Haftungsgrundlage jedoch nicht zu begründen. Aufgrund der Regelungslücke im BetrVG greift *Belling* für die Haftung der Betriebsratsmitglieder gegenüber den Arbeitnehmern auf die Vorschriften über die Haftung für private Ämter analog zurück (§ 1833 BGB, § 1691 Abs. 1 BGB[84], §§ 1915, 1833 BGB, § 2219 BGB, § 1985 BGB, § 154 ZVG, § 82 KO, § 41 VglO, §§ 92 Abs. 1, 42 VglO, § 89 KO bzw. § 44 VglO[85]).[86] *Belling* hält das Betriebsratsamt für vergleichbar mit einem privaten Amt. Der Betriebsrat gleiche die mangelnde Dispositionsfähigkeit eines Rechtssubjekts (der Belegschaft) aus und diene dem sozialen Schutz.[87]

Das Einigungsstellenamt ist indes nicht mit einem privaten Amt vergleichbar. Die von *Belling* herausgearbeiteten Strukturmerkmale privater Ämter treffen auf die Einigungsstelle nicht zu.[88] Sie dient nicht dem Ausgleich einer mangelnden oder eingeschränkten Dispositionsfähigkeit, sondern ersetzt die Einigung zweier voll handlungs- und dispositionsfähigen Parteien. Es sollen nicht Störungen der Privatautonomie ausgeglichen werden, sondern schlichtende Vertragsergänzung ermöglicht werden. Die Einigungsstelle dient nicht der Fürsorge eines Schutzbedürftigen, sondern ist dem Ausgleich widerstreitender Interessen verpflichtet.

Im Verhältnis der Einigungsstellenmitglieder zu den Betriebsparteien handelt es sich nicht um eine amtsspezifische Beziehung sondern um eine vertragstypische Beziehung. So sieht auch *Belling* im Verhältnis des Betriebsrats zum Arbeitgeber eine vertragstypische Beziehung, die sich im Abschluss von Betriebsvereinbarungen und Regelungsabreden zeige.[89] Das lässt sich auf den Spruch der Einigungsstelle übertragen, der die Wirkung einer Betriebsvereinbarung hat. Die Rechtsgrundlage für eine Haftung der Einigungsstellenmitglieder ist daher aus einer vertraglichen oder vertragsähnlichen Rechtsbeziehung abzuleiten.

C. Pflichtenstellung gegenüber dem Arbeitgeber

Die Pflichtenstellung der Einigungsstellenmitglieder gegenüber dem Arbeitgeber entscheidet über die Haftungsgrundlage. Das BAG geht von einer betriebsverfassungsrechtlichen Rechtsbeziehung zwischen Einigungsstellenmitgliedern und

83 *Ehricke*, in: MünchKommInsO (2013), § 74 Rn. 18; *Graeber*, in: MünchKommInsO (2013), § 56 Rn. 148.
84 Weggefallen.
85 VglO und KO wurden durch InsO ersetzt. Haftung des Insolvenzverwalters jetzt § 60 InsO.
86 *Belling*, Die Haftung des Betriebsrats, S. 137.
87 *Belling*, Die Haftung des Betriebsrats, S. 170 ff.
88 Ausführlich dazu *Belling*, Die Haftung des Betriebsrats, S. 141 ff.
89 *Belling*, Die Haftung des Betriebsrats, S. 356.

Arbeitgeber aus.[90] Die Literatur geht indes zum Teil von einem rein vertraglichen Schuldverhältnis zwischen Arbeitgeber und Einigungsstellenmitgliedern aus.[91]

I. Probleme einer rein vertraglichen Rechtsbeziehung

Um ein vertragliches Schuldverhältnis zu begründen, braucht es zwei übereinstimmende Willenserklärungen der Vertragsparteien, §§ 145, 147 BGB. Während diese bei der Beisitzerbestellung durch den Arbeitgeber und der Bestellung des Vorsitzenden, wenn sich Arbeitgeber und Betriebsrat auf seine Person einigen, grundsätzlich angenommen werden können, fällt es bei der Beisitzerbestellung durch den Betriebsrat und der gerichtlichen Bestellung des Vorsitzenden schwer, eine Willenserklärung des Arbeitgebers zu bejahen.

1. Beisitzerbestellung durch Betriebsrat

Die Beisitzer der Betriebsratsseite werden vom Betriebsrat bestellt. Der Arbeitgeber kann diese weder vorschlagen, noch ablehnen.[92] Die Bestellung erfolgt somit ohne die für den Vertragsschluss erforderliche Willenserklärung des Arbeitgebers.

Ein Vertragsverhältnis zwischen Arbeitgeber und Betriebsratsbeisitzern kommt auch nicht über eine gesetzlich begründete Verpflichtungsermächtigung des Betriebsrates zustande.[93] Eine Verpflichtungsermächtigung bedeutet, dass der Ermächtigte durch rechtsgeschäftliches Handeln im eigenen Namen auf den Rechtskreis des Ermächtigenden einwirken kann.[94] Diese Konstruktion wird im deutschen Recht überwiegend als systemwidrig abgelehnt.[95] Im Rahmen des § 185 BGB ist nur die Ermächtigung zu Verfügungsgeschäften anerkannt. Eine Verpflichtungsermächtigung widerspricht dem Offenkundigkeitsprinzip der Stellvertretung und dem Selbstbestimmungsrecht des Geschäftspartners. Zwar könnte bei der Einigungsstelle eine Sondersituation bestehen. Da der Betriebsrat nicht vermögensfähig ist, wäre für die vom Betriebsrat bestellten Beisitzer von Anfang an „offenkundig“ und in deren Interesse, dass ein Vertrag mit dem Arbeitgeber besteht. Dann würde nur dem

---

90 BAG vom 15.12.1978 – 6 ABR 64/77– DB 1979, 1467, 1468; vom 27.7.1994 – 7 ABR 10/93 – NZA 1995, 545, 546; zustimmend: *Hunold*, NZA 1999, 785, 786; *Spengler/Herbert* in: Spengler/Hahn/Pfeiffer, Einigungsstelle, § 2 Rn. 58, § 8 Rn. 1; *Friedemann*, Rz. 351; *Fitting*, BetrVG, § 76 Rn. 48; *Richardi*, in: Richardi, BetrVG, § 76 Rn. 144; *Ehrich/Fröhlich*, Einigungsstelle, S. 25.

91 *Berg*, in: D/K/K/W, BetrVG, § 76 Rn. 41; *Kreutz/Jacobs*, in: GK-BetrVG, § 76 Rn. 87; *Schack*, S. 26; *Lepke*, BB 1977, 49, 50.

92 *Schönfeld*, Einigungsstelle, S. 86.

93 So aber *Gaul*, S. 237.

94 BGH vom 21. 12. 1960 – VIII ZR 89/59 – NJW 1961, 499, 500.

95 Vgl. nur *Gursky*, in: Staudinger, BGB (2009) § 185 Rn. 108; *Bayreuther*, in: MünchKommBGB (2012), § 185 Rn. 31; BGH vom 21. 12. 1960 – VIII ZR 89/59 – NJW 1961, 499, 500.

Arbeitgeber ein Vertragspartner aufgedrängt, den der Betriebsrat als Ermächtigter auswählt. Da die Verpflichtungsermächtigung gesetzlich begründet sein soll, kann sich der Arbeitgeber nicht wie im Stellvertretungsrecht durch Entzug der Vertretungsmacht wehren. Die Verpflichtungsermächtigung verstößt daher zumindest aus Sicht des Arbeitgebers gegen die Vertragsfreiheit. Im Übrigen stammt diese Konstruktion aus einer Zeit vor der Einführung des § 76a BetrVG.[96] Sie ermöglichte die Begründung eines Vergütungsanspruchs der Beisitzer auf Betriebsratsseite gegen den Arbeitgeber. Mit Inkrafttreten des gesetzlichen Vergütungsanspruches gemäß § 76a BetrVG im Jahre 1989 hat sich dieser Zweck erledigt und das Bedürfnis nach einer gesetzlichen Verpflichtungsermächtigung besteht nicht mehr.

2. *Gerichtliche Bestellung des Vorsitzenden*

Können sich die Betriebsparteien nicht auf einen Vorsitzenden einigen, wird dieser gemäß § 76 Abs. 2 S. 2 BetrVG gerichtlich bestellt. Ein Vertragsverhältnis wäre hier nur anzunehmen, wenn die gerichtliche Bestellung das Angebot des Arbeitgebers ersetzen würde, das der Vorsitzenden annimmt.[97] Dagegen spricht, dass die Bestellung des Vorsitzenden durch das Arbeitsgericht gemäß § 99 ArbGG auch gegen den Willen des Arbeitgebers möglich ist. Dem Arbeitgeber würde daher ein Vertragspartner aufgedrängt. Das verstößt gegen die Privatautonomie.[98] Die Kontrahentenwahlfreiheit ist eng mit der Abschlussfreiheit verwandt und ist wesentlicher Bestandteil der Vertragsfreiheit.[99] Das Argument, die gesamte Betriebsverfassung schränke die Privatautonomie des Arbeitgebers ein, kann diesen Verstoß nicht rechtfertigen.

Zudem kann die gerichtliche Bestellung die Willenserklärung des Arbeitgebers zum Vertragsschluss nicht ersetzten. § 99 ArbGG enthält anders als § 894 Abs. 1 ZPO gerade keine gesetzliche Ermächtigung für die Fiktion einer Willenserklärung.[100]

3. *Zwischenergebnis*

Auch wenn sich im Verhältnis zu den arbeitgeberseitigen Beisitzern und dem einvernehmlich bestellten Vorsitzenden grundsätzlich eine vertragliche Rechtsbeziehung bejahen lässt, darf es für die Haftung nicht auf die Art der Bestellung oder die bestellte Person ankommen. Rechtsgrundlage für die Haftung muss vielmehr eine Rechtsbeziehung sein, die unterschiedslos für alle Einigungsstellenmitglieder gilt.

---

96 In Kraft getreten am 1.1.1989: Gesetz zur Änderung des Betriebsverfassungsgesetzes, über Sprecherausschüsse der leitenden Angestellten und zur Sicherung der Montan-Mitbestimmung vom 20.12.1988, BGBl. I S. 2312.

97 So *Sprenger*, BB 2010, 2110.

98 *Joost* in: MüHbArbR, § 232 Rn. 95.

99 *Busche*, S. 67 ff.

100 Vgl. *Schack*, S. 30.

II. Trennung zwischen betriebsverfassungsrechtlicher und vertraglicher Rechtsbeziehung

Wie beim GmbH-Geschäftsführer oder Vorstandsmitglied muss auch in der Betriebsverfassung streng zwischen dem organschaftlichen Rechtsverhältnis einerseits und dem schuldrechtlichen Anstellungsvertrag andererseits unterschieden werden (Trennungstheorie).[101]

Mit der Bestellung zum Geschäftsführer oder Vorstand entsteht sofort ein Rechtsverhältnis zur Gesellschaft. Die mit der Organstellung verbunden Rechte und Pflichten ergeben sich aus dem Gesetz und sind maßgeblich für eine Haftung.[102] Der Anstellungsvertrag ergänzt und konkretisiert die organschaftlichen Pflichten nur.[103] Er besteht neben dem organschaftlichen Rechtsverhältnis, ist aber nicht zwingend erforderlich.[104] Auch wenn sich der Geschäftsführer im Anstellungsvertrag zusätzlich nochmal schuldrechtlich dazu verpflichtet, die Pflichten aus der Organstellung wahrzunehmen, kommt diesem haftungsrechtlich keine eigene Bedeutung zu.[105]

Entsprechend dazu entsteht in der Betriebsverfassung mit der Anrufung der Einigungsstelle sofort ein betriebsverfassungsrechtliches Schuldverhältnis mit ihren Mitgliedern. Allein dieses ist als Haftungsgrundlage entscheidend. Daneben kann ein vertragliches Schuldverhältnis vereinbart werden, das das betriebsverfassungsrechtliche Schuldverhältnis konkretisiert.

Nicht überzeugend ist insoweit der Ansatz *Ockers*[106] bezüglich der Pflichtenstellung des Betriebsrats. Zwar zieht auch er eine Parallele zur Bestellung und Anstellung des GmbH-Geschäftsführers. Die *Bestellung* des Betriebsrats erfolge durch die Wahl der Arbeitnehmer. Dabei handle es sich um einen einseitigen körperschaftlichen Akt. Die *Anstellung* begründe schuldrechtliche Beziehungen zwischen Belegschaft und Betriebsrat. Sie sei ein gesetzliches Schuldverhältnis, das durch die Bestellung begründet werde. *Ocker* unterscheidet zwar zwischen *Bestellung* und *Anstellung*, setzt sie aber letztlich nicht um. Mit der Bestellung (Wahl) entsteht nach seiner Auffassung gleichzeitig die Anstellung (gesetzliches Schuldverhält-

---

101 Für Geschäftsführer: BGH vom 28.5.1990 – II ZR 245/89 – NJW 1990, 1123, 1124; vom 11.10.2010 – II ZR 266/08 – NJW 2011, 920 Rn. 7; *Jaeger*, in: MünchKommGmbhG (2012), § 35 Rn. 248; *Oetker*, in: Henssler/Strohn, Gesellschaftsrecht, § 35 GmbHG Rn. 6; *Baumann*, in: Oppenländer/Trölitzsch, GmbH-Geschäftsführung, § 13 Rn. 1; für Vorstand: BGH vom 29.5.1989 – II ZR 220/88 – NJW 1989, 2683, 2683; *Dauner-Lieb*, in: Henssler/Strohn, Gesellschaftsrecht, § 84 AktG Rn. 2; *Spindler*, in: MünchKommAktG (2014), § 84 Rn. 10.

102 *Baumann*, in: Oppenländer/Trölitzsch, GmbH-Geschäftsführung, § 13 Rn. 4; *Spindler*, in: MünchKommAktG (2014), § 84 Rn. 9.

103 *Haas/Ziemons*, in: Michalski, GmbHG, § 43 Rn. 5.

104 *Baumann*, in: Oppenländer/Trölitzsch, GmbH-Geschäftsführung, § 13 Rn. 1.

105 *Fleischer*, in: MünchKommGmbHG (2012), § 43 Rn. 8; *Haas/Ziemons*, in: Michalski, GmbHG, § 43 Rn. 5 f.

106 *Ocker*, S. 131 ff.

nis), mit einer Abberufung endet die Anstellung. Überzeugender wäre es, wenn die Bestellung (Wahl) des Betriebsrats bereits das gesetzliche Schuldverhältnis begründet. Daneben können vertragliche Rechtsbeziehungen beispielsweise in Form von Betriebsvereinbarungen[107] oder vertraglichen Vereinbarungen mit einzelnen Arbeitnehmern bestehen. Nur so gibt es tatsächlich eine Trennung zwischen Bestellung (=Anrufung der Einigungsstelle/Wahl des Betriebsrats) und dem sie ausgestaltenden vertraglichen Schuldverhältnis (Anstellungsverhältnis), das zwar möglich aber nicht notwendig ist.

1. *Betriebsverfassungsrechtliches Schuldverhältnis als Organverhältnis*

a. *Rechte und Pflichten aus dem BetrVG*

Das BAG anerkennt, dass das betriebsverfassungsrechtliche Rechtsverhältnis, das mit Anrufung der Einigungsstelle entsteht, eine organschaftliche Stellung der Einigungsstellenmitglieder begründet.[108] Die Einigungsstelle ist zwar kein Vertretungsorgan des Unternehmens wie der Geschäftsführer oder der Vorstand. Sie tritt weder nach außen auf, noch bildet sie den Willen der Gesamtheit des Betriebs ab.[109] Sie trifft eine autonome Entscheidung, die nicht einer Einigung der Betriebsparteien entspricht, sondern diese ersetzt. Sie ist aber ein betriebsverfassungsrechtliches Organ zur Streitbeilegung. Die daraus folgende betriebsverfassungsrechtliche Pflichtenstellung ist vergleichbar mit der organschaftlichen Pflichtenstellung eines GmbH-Geschäftsführers oder Vorstands.

Die Rechte und Pflichten der Einigungsstellenmitglieder ergeben sich ohne die Notwendigkeit eines vertraglichen Schuldverhältnisses hinreichend aus dem BetrVG. Das BAG stützt sich zur Begründung nur auf § 76a Abs. 3 BetrVG[110] und sieht sich damit der Kritik ausgesetzt, dass es sich dabei nur um eine Sonderregelung für die Vergütungsbemessung handle.[111] Für betriebsangehörige Beisitzer besteht demgegenüber ein Recht auf Freistellung von der beruflichen Tätigkeit gemäß § 76a Abs. 2 i.V.m. § 37 Abs. 2 BetrVG. Neben der Kostentragungs- bzw. Freistellungspflicht gibt es aber weitere gesetzliche Vorschriften, die Rechte und Pflichten der Einigungsstellenmitglieder regeln. Dazu zählt die Pflicht der Einigungsstelle zum Tätigwerden aus § 76 Abs. 3 BetrVG. Die Schutzbestimmungen aus § 78 BetrVG vor Störungen bei der Ausübung der Tätigkeit, Benachteiligungen und Begünstigungen verleihen den Einigungsstellenmitgliedern Rechte. Die Einigungsstellenmitglieder schulden aus ihrer betriebsverfassungsrechtlichen Rechtstellung die Beilegung

---

107 *Ocker*, S. 168, 149 Beispiele 7-9.

108 BAG vom 15.12.1978 – 6 ABR 64/77– DB 1979, 1467, 1468.

109 Dies wird für die Organstellung üblicherweise gefordert: *Reiß*, S. 46; *Krause*, BB 1951, 677, 678.

110 BAG vom 27.7.1994 – 7 ABR 10/93 – NZA 1995, 545, 546; vom 15.12.1978 – 6 ABR 64/77– DB 1979, 1467, 1468.

111 *Sprenger*, BB 2010, 2110.

von Meinungsverschiedenheiten mittels eines wirksamen, ermessensfehlerfreien Spruchs. Diese Pflicht trifft jedes einzelne Mitglied, nicht nur die Einigungsstelle als solche. Die Mitglieder müssen sich so verhalten, dass die Einigungsstelle nach außen rechtmäßig auftritt.[112] Sie müssen ihre Stimme verfahrens-, rechts- und ermessensfehlerfrei abgeben.

b. Wirkung der gerichtlichen Bestellung

Vergleicht man die arbeitsgerichtliche Bestellung des Vorsitzenden mit der Notbestellung eines Vorstandsmitglieds beim eingetragenen Verein gemäß § 29 BGB oder bei der Aktiengesellschaft gemäß § 85 AktG, spricht das Ergebnis für ein organschaftliches Rechtsverhältnis. Für die amtsgerichtliche Bestellung eines Vorstandsmitglieds ist allgemein anerkannt, dass diese nur ein organschaftliches Rechtsverhältnis begründet, nicht dagegen einen vertraglichen Anstellungsvertrag.[113] So kann auch die arbeitsgerichtliche Bestellung des Vorsitzenden nur seine organschaftliche Stellung in Form eines betriebsverfassungsrechtlichen Rechtsverhältnisses begründen. Ein vertragliches Schuldverhältnis zwischen Vorsitzendem und Arbeitgeber erfordert zusätzlich zum gerichtlichen Bestellungsakt zumindest konkludente übereinstimmende Willenserklärungen der beiden Parteien.

c. Verpflichtung gegenüber beiden Betriebsparteien

Für eine organschaftliche Stellung der Einigungsstellenmitglieder spricht zudem, dass die Beisitzer nicht allein den Interessen der sie bestellenden Partei verpflichtet sind, sondern zur Konfliktlösung im beiderseitigen Interesse. § 76 Abs. 5 S. 3 BetrVG richtet sich an alle Einigungsstellenmitglieder und verlangt, dass die Beschlüsse unter angemessener Berücksichtigung sowohl der Belange des Betriebs als auch der betroffenen Arbeitnehmer zu fassen sind. Alle Mitglieder müssen somit die Interessen beider Parteien berücksichtigen, nicht nur die Interessen ihres jeweiligen Bestellers. Folglich verhalten sie sich nicht pflichtwidrig, wenn sie einem Argument der Gegenseite folgen. Das zeigt auch die fehlende Weisungsgebundenheit.[114]

2. Zusätzliches fakultatives Anstellungsverhältnis

Neben dem betriebsverfassungsrechtlichen Schuldverhältnis kann ein weiteres, vertragliches Schuldverhältnis zwischen Arbeitgeber und Einigungsstellenmitgliedern geschlossen werden.

---

112 Vgl. für Betriebsratsmitglieder *Belling*, Die Haftung des Betriebsrats, S. 223 ff.

113 *Spindler*, in: MünchKommAktG (2014), § 85 Rn. 24; *Weber*, in: Hölters, AktG, § 85 Rn. 11; widersprüchlich: *Hadding*, in: Soergel, BGB (2000), § 29 Rn. 13 einerseits, Rn. 14 andererseits.

114 BAG vom 29.1.2002 – 1 ABR 18/01 – AP Nr. 19 zu § 76 BetrVG 1972 Einigungsstelle, unter B. I. 2. b) cc); *Krasshöfer*, in: Düwell, BetrVG, § 76 Rn. 18.

Bei einer übereinstimmenden Bestellung des Vorsitzenden und der Bestellung der Beisitzer auf Arbeitgeberseite fallen die Entstehung des betriebsverfassungsrechtlichen Schuldverhältnisses und der Vertragsabschluss bezüglich des zusätzlichen Anstellungsverhältnisses regelmäßig zusammen. Bei der gerichtlichen Bestellung des Vorsitzenden und den vom Betriebsrat bestellten Beisitzern wird das zusätzliche Vertragsangebot des Arbeitgebers erst zugehen, nachdem bereits das betriebsverfassungsrechtliche Schuldverhältnis durch die gerichtliche Bestellung oder den Bestellungsakt des Betriebsrats entstanden ist.[115]

Im Anstellungsverhältnis bietet sich für die Einigungsstellenmitglieder die Möglichkeit mit dem Arbeitgeber eine vertragliche Haftungsbeschränkung zu vereinbaren.[116] Mit dem Vorsitzenden und den betriebsfremden Beisitzern kann der Arbeitgeber zudem eine Vergütungsvereinbarung schließen.

Bei betriebsfremden Einigungsstellenmitgliedern ist das Anstellungsverhältnis wegen der gesetzlich vorgesehenen Vergütung ein entgeltlicher Geschäftsbesorgungsvertrag mit dienstvertraglichem Charakter gemäß § 675 BGB.[117]

Bei betriebsangehörigen Beisitzern kann aufgrund der gesetzlich angeordneten Unentgeltlichkeit gemäß § 76a Abs. 2 BetrVG ein Anstellungsvertrag in Form eines Auftrags geschlossen werden.[118] Der ursprüngliche Vertrag mit dem Arbeitgeber (Arbeitsvertrag bei Arbeitnehmern, Dienstvertrag bei Geschäftsführern und Vorstandsmitgliedern) besteht unabhängig vom betriebsverfassungsrechtlichen Schuldverhältnis und einem eventuellen Anstellungsvertrag fort.

Das Anstellungsverhältnis ist kein Werkvertrag gemäß § 623 BGB, da die Einigungsstelle keinen Erfolg schuldet. Sie muss keinen Beschluss mit bestimmtem Inhalt hervorbringen, sondern schuldet nur ein Tätigwerden, um die ordnungsgemäße Durchführung und einen erfolgreichen Abschluss des Verfahrens zu ermöglichen.[119] Geschuldet ist „nur" das eigene verfahrens-, rechts- und ermessensfehlerfreie Handeln.

Mangels persönlicher Abhängigkeit der Einigungsstellenmitglieder kommt auch ein Arbeitsvertrag nicht in Betracht.[120] Sie sind weder fachlich, zeitlich oder örtlich weisungsgebunden, noch organisatorisch in den Betriebsablauf eingebunden. Der Vorsitzende ist vielmehr selbst dafür verantwortlich, Ort und Zeit des Einigungsstellenverfahrens zu organisieren. Die Tätigkeit der Einigungsstelle hat mit dem üblichen Betriebsablauf beim Arbeitgeber nichts zu tun.[121]

---

115 Zur Annahme der Bestellung unter aufschiebender Bedingung, dass der Arbeitgeber auf gewisse Forderungen eingeht unter § 5 C. II. 3. b.

116 Dazu unten § 5 C. II. 3.

117 *Sprenger*, BB 2010, 2110, 2110; *Gaul*, S. 236; *Berg*, in: D/K/K/W, BetrVG, § 76 Rn. 41; *Kreutz/Jacobs*, in: GK-BetrVG, § 76 Rn. 87; *Schönfeld*, Einigungsstelle, S. 87.

118 *Berg*, in: D/K/K/W, BetrVG, § 76 Rn. 41; *Kreutz/Jacobs*, in: GK-BetrVG, § 76 Rn. 87; *Schönfeld*, Einigungsstelle, S. 87; *Schipp*, NZA 2011, 271.

119 *Schack*, S. 19 f., 38 f.; *Schönfeld*, DB 1988, 1996, 2000.

120 *Richardi/Fischinger*, in: Staudinger, BGB (2010), Vorbem. §§ 611 Rn. 232 ff.

121 *Schack*, S. 36.

III. Zwischenergebnis

Zwischen dem Arbeitgeber und sämtlichen Einigungsstellenmitgliedern besteht ein betriebsverfassungsrechtliches Schuldverhältnis. Dieses entspricht dem organschaftlichen Rechtsverhältnis im Gesellschaftsrecht und dient als Haftungsgrundlage. Daneben ist eine Ausgestaltung durch ein vertragliches Schuldverhältnis möglich, aber nicht zwingend erforderlich, da sich alle wesentlichen Rechte und Pflichten bereits aus dem Gesetz ergeben.

D. Pflichtenstellung gegenüber dem Betriebsrat

I. Kein vertragliches Schuldverhältnis mangels umfassender Rechtsfähigkeit

Denkbar ist von vorneherein nur ein vertragliches Schuldverhältnis des Betriebsrats mit dem Vorsitzendem und den Beisitzern auf Betriebsratsseite, da er nur insofern an der Bestellung überhaupt beteiligt ist und eine Willenserklärung abgeben kann.

Der Betriebsrat kann aber einen Vertrag nur schließen, wenn er rechtsfähig ist. Nach der Rechtsprechung des BGH ist er rechtsfähig, soweit er vermögensfähig ist. Steht ihm nach dem BetrVG ein Freistellungsanspruch gegenüber dem Arbeitgeber zu, muss er auch in der Lage gewesen sein, die Verpflichtung zu begründen, von der er freigestellt werden soll.[122] Bei der Bestellung der Beisitzer entstehen, sofern es sich um betriebsfremde Beisitzer handelt, Vergütungsansprüche. Diese sind aber keine Kosten des Betriebsrates i.S.d. § 40 Abs. 1 BetrVG, von denen er freigestellt werden müsste. Der Vergütungsanspruch der betriebsfremden Beisitzer gegen den Arbeitgeber folgt direkt aus § 76a Abs. 3 BetrVG. Es handelt sich um Kosten der Einigungsstelle. Der Betriebsrat ist also nicht vermögensfähig, soweit es um die Bestellung der Beisitzer geht. Es besteht kein Anlass von der grundsätzlichen Rechtsunfähigkeit des Betriebsrates abzuweichen.[123]

Eine Vertragsbeziehung könnte allenfalls zu einzelnen Betriebsratsmitgliedern bestehen, da diese als natürliche Personen rechtsfähig sind. *Lepke* lehnt das mit dem Argument ab, dass dann die einzelnen Betriebsratsmitglieder unmittelbar und persönlich für das Honorar haften würden.[124] Diese Ansicht überzeugt nach Einführung des § 76a Abs. 3 BetrVG nicht mehr. Es fehlt aber an einer entsprechenden Willenserklärung des Betriebsratsmitglieds, selbst einen Vertrag schließen zu wollen. Das handelnde Betriebsratsmitglied (meist der Betriebsratsvorsitzende) wird in der Regel nur in Ausführung des Betriebsratsbeschlusses, also für den Betriebsrat, handeln.

---

122 BGH vom 25. 10. 2012 – III ZR 266/11 – NZA 2012, 1382 Rn. 16.

123 So auch *Lepke*, BB 1977, 49, 50.

124 *Lepke*, BB 1977, 49, 50.

Für den Willen zur persönlichen Verpflichtung bedarf es insbesondere im Hinblick auf die Ehrenamtlichkeit der Betriebsratstätigkeit eines eindeutigen Hinweises.[125]

II. Gesetzliches Schuldverhältnis aus § 179 BGB

Zu einzelnen Betriebsratsmitgliedern kann allenfalls ein gesetzliches Schuldverhältnis gemäß § 179 BGB entstehen. Zu denken ist hier an den Fall, dass der Betriebsrat einen betriebsfremden Beisitzer bestellt und die der Bestellung zu Grunde liegende Beschlussfassung im Betriebsrat nicht ordnungsgemäß war. Bestehen beispielsweise nicht geheilte Ladungsfehler oder hat der Betriebsrat einen Beschluss gefasst ohne beschlussfähig zu sein, fehlt dem Betriebsratsmitglied, das den Beisitzer bestellt, die notwendige Vertretungsmacht. Die Bestellung zum Beisitzer ist damit unwirksam und ein Vergütungsanspruch gegenüber dem Arbeitgeber gemäß § 76a Abs. 3 BetrVG entsteht nicht. Bleibt eine Genehmigung der Bestellung durch den Betriebsrat aus, haftet das handelnde Betriebsratsmitglied, meist der Betriebsratsvorsitzende, gemäß § 179 Abs. 1 BGB für die Vergütung. Aus dem gesetzlichen Schuldverhältnis haftet aber nicht nur das handelnde Betriebsratsmitglied für die Vergütung, sondern hat auch umgekehrt einen Anspruch auf ordnungsgemäße Leistung gegenüber dem bestellten Einigungsstellenmitglied bzw. auf Schadensersatz bei Pflichtverletzung. Denn wenn das Einigungsstellenmitglied gegenüber dem handelnden Betriebsratsmitglied Erfüllung wählt, legt es seinen Anspruch mit dem Inhalt fest, dass ihm das zu gewähren ist, was es bei einem wirksamen Vertrag hätte fordern können. Dementsprechend muss das Einigungsstellenmitglied auch das leisten, was es bei einem wirksamen Vertrag zu leisten hätte.[126]

§ 179 BGB kann ein gesetzliches Schuldverhältnis, das als Haftungsgrundlage taugt, aber nur im Verhältnis zu einem Betriebsratsmitglied begründen, das ohne ordnungsgemäßen Betriebsratsbeschluss handelt.

III. Betriebsverfassungsrechtliches Schuldverhältnis

Das BAG geht von einer besonderen betriebsverfassungsrechtlichen Rechtsbeziehung zwischen den Betriebspartnern aus, an der die Einigungsstellenmitglieder durch ihre Bestellung beteiligt werden. Aus diesem Rechtsverhältnis leitete das BAG (§ 76a BetrVG existierte zu diesem Zeitpunkt noch nicht) einen Vergütungsanspruch der Beisitzer gegen den Arbeitgeber her.[127] Fraglich ist aber, welche Folgerungen das BAG für das Rechtsverhältnis zwischen Beisitzern und Betriebsrat ziehen wollte. Probleme bereitet dabei folgender Satz des BAG:

---

125 OLG Frankfurt vom 21.9.2011 – 1 U 184/10 – juris Rn. 17; *Dommermuth-Alhäuser/Heup*, BB 2013, 1461, 1462; zu einer Haftung der Betriebsratsmitglieder gemäß § 179 Abs. 1 BGB analog unten § 4 B. III. 1.

126 BGH vom 20.11.1970 – IV ZR 1188/68 – NJW 1971, 429, 430; vom 19.11.2003 – XII ZR 68/00 – NJW 2004, 774,

127 BAG vom 15.12.1978 – 6 ABR 93/77 – AP BetrVG 1972 § 76 Nr. 6 unter III. 2. b).

„Damit wird aber nicht etwa ein besonderes Rechtsverhältnis zwischen dem Betriebsrat und dem Beisitzer begründet, aus dem der Betriebsrat in Anspruch genommen werden und von den daraus entstehenden Verpflichtungen er Freistellung vom Arbeitgeber verlangen könnte.“[128]

Teilweise wird daraus gefolgert, dass ein Rechtsverhältnis zwischen Betriebsrat und den von ihm bestellten Beisitzern nicht bestehe.[129] Richtigerweise sagt das BAG aber nur, dass aus diesem besonderen Rechtsverhältnis kein Vergütungsanspruch gegenüber dem Betriebsrat folgt. Ob im Übrigen Rechtsbeziehungen zwischen Beisitzern und dem sie bestellenden Betriebsrat bestehen, wird nicht erörtert.[130] Da die Einigungsstellenmitglieder nach Auffassung des BAG an dem besonderen betriebsverfassungsrechtlichen Rechtsverhältnis zwischen den Betriebspartnern beteiligt sind, muss für das Verhältnis der Einigungsstellenmitglieder zum Betriebsrat das Gleiche wie im Verhältnis zum Arbeitgeber gelten.

Die Frage nach einem Rechtsverhältnis ist von der Frage der Kostentragungspflicht zu trennen. Der Vergütungsanspruch gegenüber dem Arbeitgeber ist nun in § 76a BetrVG gesetzlich geregelt. Andere Ansprüche zwischen Betriebsrat und Einigungsstellenmitgliedern können sich aus dem betriebsverfassungsrechtlichen Schuldverhältnis ergeben. Soweit das BetrVG dem Betriebsrat Rechte und Pflichten gegenüber der Einigungsstelle und ihrer Mitglieder einräumt, kann dieser Subjekt eines Schuldverhältnisses sein. Abgesehen von der alleinigen Kostentragungspflicht des Arbeitgebers, bestehen die Rechte und Pflichten der Einigungsstellenmitglieder gegenüber dem Betriebsrat ebenso wie gegenüber dem Arbeitgeber. Zu erinnern ist an die Pflicht zum Tätigwerden gemäß § 76 Abs. 3 BetrVG und das Benachteiligungs- und Behinderungsverbot des § 78 BetrVG. Für die Organstellung auch gegenüber dem Betriebsrat spricht, dass die Beisitzer nicht nur den Interessen der sie bestellenden Partei verpflichtet sind, sondern gemäß § 76 Abs. 5 S. 3 BetrVG zur Konfliktlösung im beiderseitigen Interesse.[131] Es muss daher mit den gleichen Argumenten wie im Verhältnis zum Arbeitgeber ein betriebsverfassungsrechtliches Schuldverhältnis aller Einigungsstellenmitglieder zum Betriebsrat angenommen werden.[132]

Zu diesem Ergebnis kommt letztlich auch *Schack* mit seinem dreiseitigen Schuldverhältnis zwischen Arbeitgeber, Betriebsrat und Einigungsstellenvorsitzendem.[133] Ähnlich wie beim zivilrechtlichen Prozessrechtsverhältnis und dem zivilprozessualen Schiedsgerichtsverfahren bestehe zwischen den Parteien ein gleichrangiges Verhältnis, im Verhältnis zum (Schieds-)Gericht bzw. der Einigungsstelle ein Über-, Unterordnungsverhältnis. Der Vorsitzende sei damit Schuldner gegenüber beiden

---

128 BAG vom 15.12.1978 – 6 ABR 93/77 – AP BetrVG 1972 § 76 Nr. 6 unter III. 2. b).
129 So *Kreutz/Jacobs*, in: GK-BetrVG, § 76 Rn. 88; *Ehrich/Fröhlich*, Einigungsstelle, S. 31.
130 *Schönfeld*, Einigungsstelle, S. 88.
131 Oben § 2 C. II. 1. c.
132 Oben § 2 C. II. 1.
133 *Schack*, S. 24 f.: er selbst geht aber von einem vertraglichen Schuldverhältnis aus.

Parteien. Die alleinige Kostentragungspflicht des Arbeitgebers stehe dem nicht entgegen. Es sei möglich, dass bestimmte Rechte und Pflichten nur zwischen zwei Parteien bestehen. Dieser Ansatz lässt sich auch auf die Beisitzer übertragen, denn die Einigungsstelle nimmt in ihrer Gesamtheit (bestehend aus Vorsitzendem und Beisitzern) eine mit dem Gericht vergleichbare Position ein.

Schönfeld hält ein Rechtsverhältnis zwischen Betriebsrat und Besitzern für erforderlich, um eine Einflussnahme des Betriebsrats insbesondere die Abberufung der von ihm bestellten Beisitzer zu ermöglichen.[134] Diese Auffassung setzt voraus, dass den Einigungsstellenmitgliedern ein eigenes subjektives Recht zur Beschlussfassung zusteht. Handelt es sich um eine bloße Rechtsmacht der Einigungsstellenmitglieder, kann ihnen diese jederzeit auch ohne Rechtsverhältnis zu den Betriebsparteien entzogen werden.[135] Von einer bloßen Rechtsmacht ist auszugehen, wenn die Einigungsstellenmitglieder nicht im eigenen Interesse oder aus eigenem Recht tätig werden, sondern als „Vertragshelfer". Dafür spricht, dass sie Meinungsverschiedenheiten für die Betriebsparteien beilegen, also im fremden Interesse tätig sind. Andererseits haben betriebsfremde Einigungsstellenmitglieder einen Vergütungsanspruch, sodass sie auch im eigenen Interesse tätig werden. Denn mit der Abberufung entfällt gleichzeitig (zumindest teilweise) ihr Vergütungsanspruch. Das spricht für ein subjektives Recht zur Vollendung des Einigungsstellenverfahrens. Betriebsangehörige Beisitzer haben zwar keinen Vergütungsanspruch. Dennoch ist auch bei ihnen von einem subjektiven Recht und nicht einer bloßen Rechtsmacht auszugehen. Als Betriebsangehörige gestalten sie im Einigungsstellenverfahren gewissermaßen ihre eigene Rechtsstellung, da das Ergebnis des Verfahrens für den Betrieb wirkt, dem sie persönlich angehören. Das Abberufungsrecht des Betriebsrats hinsichtlich seiner Beisitzer folgt somit aus dem betriebsverfassungsrechtlichen Schuldverhältnis.

IV. Kein zusätzliches fakultatives Anstellungsverhältnis

Im Unterschied zur Rechtsbeziehung zwischen Arbeitgeber und Einigungsstelle kann der Betriebsrat mangels diesbezüglicher Rechtsfähigkeit neben der betriebsverfassungsrechtlichen Rechtsbeziehung keinen Vertrag zu deren Ausgestaltung schließen. Hierfür gibt es auch kein Bedürfnis. Vergütungsfragen müssen ohnehin nur mit dem Arbeitgeber geklärt werden, da dieser alleine die Kosten dafür trägt.[136]

---

134 *Schönfeld*, Einigungsstelle, S. 88 f.

135 So bei der Drittleistungsbestimmung: *Rieble*, in: Staudinger, BGB (2015), § 315 Rn. 84 ff.

136 Auch die Vereinbarung einer Haftungsbeschränkung ist nur im Verhältnis zum Arbeitgeber erforderlich, da eine Haftung gegenüber dem Betriebsrat mangels Schadens nicht in Betracht kommt: unten § 3 B. III. 1.

V. Zwischenergebnis

Die Teilrechtsfähigkeit des Betriebsrats umfasst nicht die Fähigkeit zur rechtsgeschäftlichen Bestellung der Einigungsstellenmitglieder. Da sich Rechte und Pflichten der Einigungsstellenmitglieder auch gegenüber dem Betriebsrat aus dem BetrVG ergeben, besteht ein betriebsverfassungsrechtliches Rechtsverhältnis. Aufgrund der Teilrechtsfähigkeit kann der Betriebsrat dieses Rechtsverhältnis nicht näher vertraglich ausgestalten.

E. Pflichtenstellung gegenüber den Arbeitnehmern

Das Verhältnis der Einigungsstelle gegenüber der Belegschaft wird in der bisherigen Literatur zur Einigungsstelle stark vernachlässigt. Meist werden nur die Rechtsbeziehungen der Einigungsstellenmitglieder zu den Betriebspartnern diskutiert. Sofern das Verhältnis zu den Arbeitnehmern überhaupt angesprochen wird, wird ein Vertragsverhältnis ohne weitere Begründung abgelehnt.[137] Tatsächlich ist ein Vertragsschluss mangels Willenserklärungen der Arbeitnehmer abzulehnen.

I. Kein Vertrag zu Gunsten Dritter

Ein Schuldverhältnis lässt sich nicht über einen Vertrag zu Gunsten Dritter konstruieren. Voraussetzung dafür wäre ein vertragliches Schuldverhältnis zwischen Arbeitgeber und Einigungsstellenmitgliedern, in dem den Arbeitnehmern das Recht eingeräumt wird, von der Einigungsstelle eine Leistung unmittelbar zu fordern, § 328 BGB. Zwischen Arbeitgeber und Einigungsstellenmitgliedern besteht aber zunächst nur ein betriebsverfassungsrechtliches Schuldverhältnis. Dieses kann kein Vertrag zu Gunsten Dritter sein. Der Wortlaut des § 328 Abs. 1 BGB fordert einen „Vertrag". Ein gesetzliches Schuldverhältnis reicht nicht aus, wie auch die Stellung des Vertrages zu Gunsten Dritter im „Abschnitt 3: Schuldverhältnisse aus Verträgen" zeigt. Sofern das betriebsverfassungsrechtliche Schuldverhältnis vertraglich näher ausgestaltet wird, ist in der Regel nicht davon auszugehen, dass der Arbeitgeber den Arbeitnehmern darin eigene Rechte einräumen will. Gegenstand dieses Vertrags ist das Rechtsverhältnis zwischen Arbeitgeber und Einigungsstellenmitgliedern. Beim Vertragsschluss dürften die Parteien eigene Rechte der Arbeitnehmer kaum in Erwägung ziehen.

II. Kein Vertrag mit Schutzwirkungen zu Gunsten Dritter

Für einen Vertrag mit Schutzwirkung zu Gunsten Dritter reicht bereits ein gesetzliches Schuldverhältnis aus. Die Bezeichnung „Vertrag mit Schutzwirkung zu Gunsten Dritter" ist missverständlich. Die Schutzwirkung zu Gunsten Dritter ist

137 *Künzl*, in: Germelmann/Matthes/Prütting, ArbGG, Einigungsstellenverfahren Rn. 420.

auch im vorvertraglichen Bereich anerkannt und seit der Schuldrechtsreform in § 311 Abs. 3 BGB geregelt.[138] Wenn ein vorvertragliches Schuldverhältnis ausreicht, um eine Schutzwirkung zu begründen, genügt auch das gesetzliche Schuldverhältnis. Insofern ist die Bezeichnung von *Brox/Walter* als „Schuldverhältnis mit Schutzwirkung zu Gunsten Dritter“[139] deutlicher. Das betriebsverfassungsrechtliche Schuldverhältnis zwischen Arbeitgeber und Einigungsstellenmitgliedern entfaltet indes keine Schutzwirkung zu Gunsten der Arbeitnehmer,[140] da die erforderliche „Leistungsnähe“ fehlt. „Leistungsnähe“ meint, dass der Dritte den Gefahren des Schuldverhältnisses ebenso ausgesetzt sein muss wie der Gläubiger.[141] Der Arbeitnehmer kommt mit dem Spruch der Einigungsstelle aber nur mittelbar in Berührung, wenn der Arbeitgeber diesen ausführt. Trotz der normativen Wirkung muss der Spruch vom Arbeitgeber umgesetzt werden. Er vollzieht sich nicht selbst. Eine unmittelbare Leistungsberührung besteht nicht.[142]

Das BAG erkennt bei einem vom Betriebsrat abgeschlossenen Anwaltsvertrag zur Verhandlung eines Interessenausgleichs und Sozialplans eine Schutzwirkung zu Gunsten der Arbeitnehmer ebenfalls nicht an.[143] Es sei bei Verhandlungen über einen Interessenausgleich und Sozialplan nicht unüblich, dass die Individualinteressen einzelner Arbeitnehmer widerstreiten. Eine Schutzwirkung zu Gunsten der jeweiligen Individualinteressen könne daher nicht angenommen werden. Sofern die Einigungsstelle zur Aufstellung eines Sozialplans angerufen wurde, kann dieses Argument eins zu eins übertragen werden. Aber auch in anderen Angelegenheiten der Einigungsstelle können nicht stets alle Individualinteressen der einzelnen Arbeitnehmer berücksichtigt werden, sodass auch hier das betriebsverfassungsrechtliche Schuldverhältnis zwischen den Einigungsstellenmitgliedern und den Betriebsparteien keine Schutzwirkung zu Gunsten der Arbeitnehmer entfaltet.

III. Keine vom Betriebsrat abgeleitete Pflichtenstellung

Zwischen Einigungsstellenmitgliedern und Arbeitnehmer kann allenfalls ein vom Betriebsrat abgeleitete Pflichtenstellung bestehen. Ist der Betriebsrat den Arbeitnehmern gegenüber verpflichtet, könnten diese Amtspflichten auch die Einigungsstellenmitglieder treffen, die im Einigungsstellenverfahren an die Stelle des Betriebsrats treten.

---

138 BGH vom 28.1.1976 – VIII ZR 246/74 – NJW 1976, 712; *Brox/Walter*, § 33 Rn. 6; *Looschelders*, SR AT, § 9 Rn. 161.

139 *Brox/Walter*, § 33.

140 *Worzalla*, in: HWGNRH, BetrVG, § 76 Rn. 80.

141 *Brox/Walter*, § 33 Rn. 8; *Looschelders*, SR AT, § 9 Rn. 165.

142 BGH vom 6.5.2008 – XI ZR 56/07 – NJW 2008, 2245, 2247; vom 24.1.2006 – XI ZR 384/03 – NJW 2006, 830 Rn. 53.

143 BAG vom 24.8.2006 – 8 AZR 414/05 – NZA 2007, 51, 52.

Belling versteht § 75 BetrVG als drittbezogene Amtspflicht, die dem Schutz der Arbeitnehmer dient.[144] Als Haftungsgrundlage zieht er die Haftungsbestimmungen für private Ämter analog heran.[145] *Triebel* leitet direkt aus § 75 BetrVG ein gesetzliches Schuldverhältnis zwischen Betriebsrat und den einzelnen Arbeitnehmern her.[146] Er begründet dies mit dem individualrechtlichen Charakter der Norm.

Folgt man diesen Ansätzen, könnte auch die Einigungsstellenmitglieder eine von den Betriebsratsmitgliedern abgeleitet Pflichtenstellung treffen.

Zweifelhaft ist aber schon, ob § 75 BetrVG tatsächlich als individualrechtliche Norm zu qualifizieren ist. Bei *Triebels* Ansicht stellt sich zusätzlich die Frage ob man allein aufgrund einer individualrechtlichen Norm auf ein Schuldverhältnis schließen kann.

1. § 75 BetrVG als kollektivrechtliche Norm

Die Frage, ob § 75 BetrVG individualrechtliche Norm ist oder nur kollektivrechtlich wirkt, wird üblicherweise bei der Frage nach der Schutzgesetzqualität i.S.d. § 823 Abs. 2 BGB diskutiert.

Ein Schutzgesetz i.S.d. § 823 Abs. 2 BGB ist eine Norm, die nach Zweck und Inhalt wenigstens auch dem Schutz von Individualinteressen dient. Ausreichend ist es, wenn der Individualschutz Nebenzweck der Vorschrift ist. Die Möglichkeit, dass Individualschutz durch das Befolgen der Norm als Reflex objektiv erreicht werden kann, genügt dagegen nicht.[147]

Diejenigen, die § 75 BetrVG als Schutzgesetz verstehen,[148] argumentieren damit, dass sich die Vorschrift zwar direkt nur an den Arbeitgeber und Betriebsrat (und auch die Einigungsstelle) richte. Sie verleihe aber auch dem einzelnen Arbeitnehmer das individuelle Recht nach diesen Grundsätzen behandelt zu werden.

Überzeugender ist es hingegen § 75 BetrVG nur als Organisationsgesetz zu verstehen, das nicht dem Individualschutz dient. Geschützt wird nicht ein bestimmtes Rechtsgut oder Interesse, sondern umfassend die Beachtung der Grundsätze von Recht und Billigkeit.[149] Dabei handelt es sich lediglich um eine Wiederholung der selbstverständlichen Pflicht zur Beachtung der Rechtsordnung.[150] Für die Qualifizierung als Schutzgesetz ist die Vorschrift nicht hinreichend bestimmt.[151] Ein

---

144 *Belling*, Die Haftung des Betriebsrats, S. 196 ff.

145 *Belling*, Die Haftung des Betriebsrats, S. 137 ff.

146 *Triebel*, S. 60 ff.

147 BGH vom 3.2.1987 – VI ZR 32/86 – NJW 1987, 1818 (mwN).

148 BAG vom 5.4.1984 – 2 AZR 513/82 – NZA 1985, 329, 331; *Kania*, in: ErfK, BetrVG, § 75 Rn. 12; *Fitting*, BetrVG, § 75 Rn. 177; *Berg*, in: D/K/K/W, BetrVG, § 75 Rn. 147; *Krasshofer*, in: Düwell, BetrVG, § 75 Rn. 58; *Löwisch*, AuR 1972, 359, 361.

149 *Rosset*, S. 137 f.; *Richardi*, in: Richardi, BetrVG, § 75 Rn. 53; *Kreutz*, in: GK-BetrVG, § 75 Rn. 150 f.; *Fritsch*, BB 1992, 701, 707.

150 *V. Hoyningen-Huene*, in: MüHbArbR, § 214 Rn. 34.

151 *Worzalla*, in: HWGNRH, BetrVG, § 75 Rn. 44.

allgemeiner Grundsatz kann nicht Schutzgesetz sein.[152] Würde man § 75 Abs. 1 BetrVG als Schutzgesetz verstehen, würde das gesamte Individualarbeitsrecht auf diesem Wege deliktsrechtlich unterfangen.[153] Zudem sind die Arbeitnehmer nicht als Berechtigte in der Vorschrift genannt.[154]

§ 75 BetrVG ist daher als reine Amtspflicht zu verstehen, die keine subjektiven Rechte der Arbeitnehmer begründet.[155] Sie hat lediglich kollektivrechtlichen Charakter. Sie dient weder als Anspruchsgrundlage, noch vermittelt sie einen Beseitigungs- oder Unterlassungsanspruch. Das Argument *Triebels*, dass der Schutz der Arbeitnehmer nur verwirklicht werden könne, wenn man ihnen auf der Grundlage des § 75 BetrVG einen Schadensersatzanspruch zugestehe,[156] überzeugt nicht. Der Arbeitnehmer ist ausreichend über die vertraglichen Ansprüche gegen den Arbeitgeber und das AGG geschützt. Der zusätzliche Schutz des § 75 BetrVG kann dagegen nur mittelbar vom Arbeitgeber oder Betriebsrat durch Beseitigungs- und Unterlassungsansprüche gerichtlich durchgesetzt werden.[157]

2. *Kein gesetzliches Schuldverhältnis aus § 75 BetrVG*

Ein gesetzliches Schuldverhältnis lässt sich aus § 75 BetrVG auch dann nicht ableiten, wenn man die Vorschrift als Schutzgesetz und daher als individualrechtliche Pflicht verstehen würde.

Der Vergleich mit § 839 BGB zeigt, dass ein Schutzgesetz keinen zwingenden Rückschluss auf ein Schuldverhältnis zulässt. § 839 BGB fordert für die Haftung die Verletzung der „einem Dritten gegenüber obliegenden Amtspflicht". *Blankenagel* entwickelte für § 839 BGB ein dreiteiliges Haftungssystem.[158] Die „Amtspflicht gegenüber einem Dritten" könne nur als (Haupt- oder Neben-) Pflicht eines Rechtsverhältnisses bestehen. Insoweit handle es sich um eine Rechtsverhältnishaftung. Daneben erfasse § 839 BGB auch die rein deliktische Haftung bei allgemeinen Verhaltenspflichten. Diese Verhaltenspflichten schützen auch die Allgemeinheit und sind vergleichbar mit Schutzgesetzen i.S.d § 823 Abs. 2 BGB. Dritte Fallgruppe ist die Haftung wegen einer Überwachungsmonopolstellung. Dies zeigt, dass Schutzgesetz und drittschützende Amtspflicht nicht das Gleiche sind. Ein Rechtsverhältnis kann nur bei einer drittschützenden Amtspflicht bejaht werden, nicht dagegen bei dem weniger weit reichenden Schutzgesetz. Selbst wenn man daher in § 75 BetrVG ein

152 BAG vom 25.4.2001 – 5 AZR 368/99 – NZA 2002, 1211, 1213.
153 *Kreutz,* in: GK-BetrVG, § 75 Rn. 151.
154 *Rieble,* in: DFL, BetrVG, § 75 Rn. 2
155 So: BAG vom 3.12.1985 – 4 ABR 60/85 – AP BAT § 74 Nr. 2; *Kreutz,* in: GK-BetrVG, § 75 Rn. 23, 105; *Rieble,* in: DFL, BetrVG, § 75 Rn. 2; *Fitting,* BetrVG, § 75 Rn. 24; *Kania,* in: ErfK, § 75 Rn. 1; *Richardi,* in: Richardi, BetrVG, § 75 Rn. 9, 53; *Wiese,* NZA 2006, 1, 4.
156 *Triebel,* S. 60 ff.
157 *Kreutz,* in: GK-BetrVG, § 75 Rn. 149.
158 *Blankenagel,* DVBl. 1981, 15, 20 ff.

Schutzgesetz sieht, folgt daraus kein Schuldverhältnis. § 75 BetrVG müsste drittschützende Amtspflicht sein. Eine solche setzt nach der Auffassung von *Blankenagel* eine die allgemeinen Verhaltenspflichten überschreitende Annäherung voraus.[159] Eine solche Annäherung zwischen Betriebsratsmitgliedern und Belegschaft ist allenfalls in personellen Angelegenheiten denkbar. Im Zuständigkeitsbereich der Einigungsstelle geht es überwiegend um Regelungen mit kollektivem Bezug, in denen es eine Annäherung an einzelne Arbeitnehmer nicht gibt. Eine Annäherung der Einigungsstellenmitglieder an betroffene Arbeitnehmer kann ausnahmsweise bei der Regelung eines konkreten Einzelfalls angenommen werden. Relevant ist hier die Festlegung des Urlaubs für einzelne Arbeitnehmer gemäß § 87 Abs. 1 Nr. 5 BetrVG sowie die Zuweisung und Kündigung von Wohnräumen gemäß § 87 Abs. 1 Nr. 9 BetrVG.[160] Hier ist der einzelne Arbeitnehmer individualisierbar und unter Umständen im Einigungsstellenverfahren auch anzuhören. Diese Annäherung erzeugt eine gewisse Sonderverbindung zwischen Einigungsstellenmitgliedern und Arbeitnehmer.

Zweifelhaft bleibt aber auch in diesen Fällen, ob der Regelungsgehalt des § 75 BetrVG ausreicht, um ein Schuldverhältnis zu begründen. Die Rechtsprechung zum nachbarlichen Gemeinschaftsverhältnis zeigt, dass für ein gesetzliches Schuldverhältnis mehr erforderlich ist, als eine gegenseitige Pflicht zur Rücksichtnahme. Der BGH hat dort ein Schuldverhältnis abgelehnt, weil die §§ 905 ff. BGB nur eine einschränkende und ausgleichende Bedeutung haben, nicht dagegen eine selbständige Grundlage für Rechte und Pflichten begründen. Der Nachbar habe nur allgemeine Ansprüche aus Eigentum und die allgemeinen Verkehrssicherungspflichten.[161]

Ähnliches gilt für § 75 BetrVG. Auch diese Vorschrift ist keine selbständige Grundlage für Rechte und Pflichten. Die Pflicht zur Behandlung nach den Grundsätzen von Recht und Billigkeit hat keinen eigenen Regelungsgehalt. Sie ist die Wiederholung der selbstverständlichen Pflicht zur Beachtung der Rechtsordnung.[162] Soweit die Benachteiligungsverbote in § 75 Abs. 1 BetrVG denen des AGG entsprechen, haben auch sie keine eigenständige Bedeutung. § 75 BetrVG erweitert den Katalog der Benachteiligungsgründe im Vergleich zu § 1 AGG zwar um die Abstammung oder sonstige Herkunft, Nationalität und politische oder gewerkschaftliche Betätigung. Abstammung und sonstige Herkunft sind aber von einer weiten Auslegung des Merkmals „ethnischer Herkunft" in § 1 AGG umfasst.[163] Das Merkmal der Nationalität steht in Übereinstimmung mit dem absoluten Verbot jeder Diskriminierung aus Gründen der Staatsangehörigkeit in

---

159 *Blankenagel*, DVBl. 1981, 15, 21.
160 *Kania*, in: ErfK, § 87 BetrVG Rn. 6.
161 BGH vom 25.11.1964 – V ZR 185/62 – NJW 1965, 389, 390 f.
162 *V. Hoyningen-Huene*, in: MüHbArbR, § 214 Rn. 34.
163 *Kreutz*, in: GK-BetrVG, § 75 Rn. 55, 57.

Art. 18 AEUV.[164] Die politische Betätigung steht in Übereinstimmung mit Art. 21 GrCh.[165] Das Verbot zur Benachteiligung wegen gewerkschaftlicher Betätigung findet sich bereits in Art. 9 Abs. 3 GG.[166] Auch hinsichtlich der Diskriminierungsverbote kommt § 75 BetrVG daher kaum eigener Regelungsgehalt zu. Die freie Entfaltung der Persönlichkeit gemäß § 75 Abs. 2 S. 1 BetrVG erfährt ihren Schutz über § 823 Abs. 2 BGB i.V.m. dem allgemeinen Persönlichkeitsrecht. Die Pflicht zur Förderung der Selbständigkeit und Eigeninitiative in § 75 Abs. 2 S. 2 BetrVG ist Ermessensrichtlinie, die insbesondere die weitgehende Übertragung von Entscheidungsbefugnissen in bestimmten Angelegenheiten an die einzelnen Arbeitnehmer rechtfertigt.[167] Aus dieser Vorschrift lässt sich ein Recht der Arbeitnehmer ohnehin nur schwerlich ableiten, da es nur um eine Förderungspflicht, nicht um eine Handlungspflicht geht.

3. *Zwischenergebnis*

§ 75 BetrVG ist eine kollektivrechtliche Norm, aus der sich keine individuellen Ansprüche der Arbeitnehmer herleiten lassen. Eine Amtspflicht trifft daher weder den Betriebsrat, noch – von ihm abgeleitet – die Einigungsstelle. Ein (vom Betriebsrat abgeleitetes) Schuldverhältnis lässt sich aus § 75 BetrVG auch dann nicht ableiten, wenn § 75 BetrVG Schutzgesetz wäre. Es bedürfte einer Annäherung der Parteien im oben genannten Sinn, die über allgemeine Verhaltenspflichten hinausgeht. Eine solche fehlt zumindest im Zuständigkeitsbereich der Einigungsstelle. Zudem bietet der Regelungsgehalt des § 75 BetrVG keine selbständige Grundlage für Rechte und Pflichten.

IV. Kein gesetzliches Schuldverhältnis aus §§ 76 Abs. 5 S. 3, 112 Abs. 5 S. 1 BetrVG

Auch § 76 Abs. 5 S. 3 BetrVG und § 112 Abs. 5 S. 1 BetrVG eignen sich nicht zur Begründung eines gesetzlichen Schuldverhältnisses. Zwar könnte der Wortlaut „betroffene Arbeitnehmer" für eine Individualbeziehung der Einigungsstelle zu den einzelnen Arbeitnehmern sprechen. Aufgrund des Ermessensspielraums hinsichtlich der Frage, *wie* die Belange der betroffenen Arbeitnehmer zu berücksichtigen sind, haben die Arbeitnehmer aber schon keinen Anspruch auf eine bestimmte oder bestimmbare Leistung. Da die Arbeitnehmer anders als die Betriebsparteien auch

---

164 *Kreutz,* in: GK-BetrVG, § 75 Rn. 61.

165 *Kreutz,* in: GK-BetrVG, § 75 Rn. 76; die GrCh richtet sich gemäß Art. 51 Abs. 1 freilich nur an Organe, Einrichtungen und sonstige Stellen der Union sowie an die Mitgliedsstaaten bei der Durchführung des Rechts der Union.

166 *Kreutz,* in: GK-BetrVG, § 75 Rn. 77; *Kania,* in: ErfK, BetrVG, § 75 Rn. 7; *Richardi,* in: Richardi, BetrVG, § 75 Rn. 29.

167 *Kania,* in: ErfK, BetrVG, § 75 Rn. 11.

nicht das Recht haben, die Ermessensfehler gemäß § 76 Abs. 5 S. 4 BetrVG gerichtlich geltend zu machen, fehlt es für ein Schuldverhältnis ferner am Erfordernis der Durchsetzbarkeit der Forderung.[168]

V. Zwischenergebnis

Zwischen Einigungsstellenmitgliedern und Belegschaft besteht keine besondere Rechtsbeziehung, die über eine allgemeine Jedermannbeziehung hinausgeht.

F. Pflichtenstellung gegenüber Konzernunternehmen und bei Unternehmensspaltungen

Da Arbeitgeber i.S.d. § 76 BetrVG nur derjenige ist, der die Einigungsstelle bestellt, müssen Unternehmen, die in einem Konzern verflochten sind oder durch Unternehmensspaltungen entstehen, gesondert betrachtet werden.

I. Einigungsstelle auf Konzernebene

Gemäß § 76 Abs. 1 S. 1 BetrVG wird eine Einigungsstelle auch zur Beilegung von Meinungsverschiedenheiten zwischen Arbeitgeber und Konzernbetriebsrat gebildet. Für das BetrVG gilt aufgrund der Verweisung in § 54 Abs. 1 S. 1 BetrVG der aktienrechtliche Konzernbegriff des § 18 Abs. 1 AktG. Maßgeblich ist, dass ein herrschendes und ein oder mehrere abhängige Unternehmen unter der einheitlichen Leitung des herrschenden Unternehmens zusammengefasst sind. Die Verweisung erfasst nur den Unterordnungskonzern in § 18 Abs. 1 AktG, nicht den Gleichordnungskonzern in § 18 Abs. 2 AktG. Hinsichtlich der Pflichtenstellung der Einigungsstellenmitglieder ist zwischen derjenigen gegenüber dem herrschenden Unternehmen und derjenigen gegenüber den beherrschten Unternehmen des Konzerns zu unterscheiden. Ein betriebsverfassungsrechtliches Schuldverhältnis entsteht durch Bestellung. Entscheidend ist daher, wer dem Konzernbetriebsrat auf Arbeitgeberseite entgegentritt.

Der Konzernbetriebsrat könnte einerseits mit den einzelnen Unternehmen jeweils eine Einzelvereinbarung treffen, die nur für das konkrete Unternehmen gilt. Andererseits kann der Konzernbetriebsrat mit der Konzernobergesellschaft verhandeln. Der Gesetzgeber geht von einem Konzernarbeitgeber aus, der dem Konzernbetriebsrat gegenüber tritt, ebenso wie das Unternehmen dem Gesamtbetriebsrat gegenüber tritt. Der Konzern ist aber keine rechtliche, sondern eine tatsächliche Einheit, die aus selbständigen Unternehmen besteht. Der Konzern selbst kann kein Arbeitgeber sein.[169]

Dass Verhandlungspartner des Konzernbetriebsrats die Konzernmutter ist, ist dennoch anerkannt. Der Ausschuss für Arbeit und Sozialordnung geht im

---

168 *Nolting*, S. 138 ff.
169 *Joost*, in: MüHbArbR, § 227 Rn. 60.

schriftlichen Bericht über den Entwurf eines BetrVG von einer Behandlung der Angelegenheiten mit der „Konzernleitung“ aus.[170] Ebenso hält die Rechtsprechung des BAG die Konzernobergesellschaft für den Verhandlungs- und Vertragspartner des Konzernbetriebsrats.[171] Umstritten ist indes die Folgefrage, ob die Konzernbetriebsvereinbarung zwischen Konzernmutter und Konzernbetriebsrat auch für die beherrschten Unternehmen unmittelbar gilt.

Weil der Konzern keine rechtliche Einheit, sondern nur eine tatsächliche Einheit ist, wird zum Teil gefolgert, dass die Konzernleitung, die eine Konzernbetriebsvereinbarung schließt, nur für sich selbst handelt und nicht für den Konzern.[172]

Franzen hält indes den Konzern selbst für den Konzernarbeitgeber. Ihm sei durch das BetrVG eine originäre betriebsverfassungsrechtliche Arbeitgeberfunktion zugeordnet, die ihm für das Betriebsverfassungsrecht eine (Teil-)Rechtsfähigkeit gewähre. Der Konzern handle durch das Leitungsorgan des herrschenden Konzernunternehmens und könne Betriebsvereinbarungen mit Wirkung für den gesamten Konzern abschließen.[173]

Zum gleichen Ergebnis kommen Autoren, die zwar nicht den Konzern als Arbeitgeber anerkennen, aber der Konzernleitung die Rechtssetzungsmacht zum Abschluss von Konzernbetriebsvereinbarungen mit unmittelbarer und zwingender Wirkung für die beherrschten Unternehmen zugestehen.[174] Auch das BAG erkennt die unmittelbare und zwingende Wirkung von Konzernbetriebsvereinbarungen für die beherrschten Unternehmen an.[175]

Begründet wird dies damit, dass die Konzernebene andernfalls keine eigene praktische Bedeutung hätte. Das speziellere betriebsverfassungsrechtliche Konzernrecht überlagere die allgemeinen Leitungs- und Zurechnungsmechanismen des Gesellschaftsrechts.[176] Das Gesetz verweist in §§ 59 Abs. 1 i.V.m. § 51 Abs. 5 BetrVG auf die Rechte und Pflichten des Betriebsrats. Der Gesetzgeber gehe daher davon aus, dass die Konzernbetriebsvereinbarung die gleiche Wirkung entfalte wie die Einzelbetriebsvereinbarung. Sie gelte für den Bereich unmittelbar und zwingend, für den sie abgeschlossen wurde. Bei der Konzernbetriebsvereinbarung sind das alle Unternehmen des Konzerns.[177] *Nick* rechtfertigt und begründet die unmittelbare und zwingende Wirkung der Konzernbetriebsvereinbarungen mit dem Autonomieverlust der beherrschten Unternehmen. Er sei die Ursache dafür, dass auch

---

170 Schriftlicher Bericht des Ausschusses für Arbeit und Sozialordnung über den Entwurf eines BetrVG, BT-Drs. VI/2729, S. 26.

171 BAG vom 12.11.1997 – 7 ABR 78/96 – NZA 1998, 497, 498.

172 *Joost*, in: MüHbArbR, § 227 Rn. 60.

173 *Franzen*, in: GK-BetrVG, § 58 Rn. 11; Anerkennung des „Konzernarbeitgebers“ auch bei *Fitting*, BetrVG, § 58 Rn. 34.

174 *Kort*, NZA 2009, 464, 470; *Hanau*, ZGR 1984, 468, 483; *Bachner*, NZA 1995, 256, 259; *Schwab*, NZA-RR 2007, 337, 341; *Nick*, S. 173 ff.

175 BAG vom 22.1.2002 – 3 AZR 554/00 – NZA 2002, 1224, 1227

176 *Franzen*, in: GK-BetrVG § 58 Rn. 14; *Fitting*, BetrVG, § 58 Rn. 36.

177 *Bachner*, NZA 1995, 256, 257.

betriebsverfassungsrechtliche Befugnisse auf die Konzernspitze verlagert würden.[178] Ähnlich ist der Ansatz von *Hanau*, wonach die betriebsverfassungsrechtliche Rechtsetzungsmacht der abhängigen Unternehmen und deren Einzel- bzw. Gesamtbetriebsräte in den Fällen des § 58 Abs. 1 BetrVG kraft Gesetzes auf Konzernbetriebsrat und Konzernleitung übergeht.[179]

Nach anderer Auffassung kann eine mit der Konzernspitze verhandelte Konzernbetriebsvereinbarung für die beherrschten Unternehmen nur unmittelbar gelten, wenn diese direkt an der Vereinbarung beteiligt waren oder eine entsprechende Abschlussvollmacht erteilt haben.[180] Andernfalls würde die Selbständigkeit der einzelnen Unternehmen konterkariert.[181] Die Betriebsvereinbarung wäre ein Vertrag zu Lasten Dritter.[182]

Wieder andere differenzieren nach der Art des Konzerns und lassen eine unmittelbare Wirkung beim Vertragskonzern aufgrund des Weisungsrechts zu, nicht dagegen beim faktischen Konzern.[183] *Martens* differenziert schließlich zwischen horizontalen und vertikalen Regelungen.[184] Vertikale Vereinbarungen, die die Rechtsbeziehung zwischen der Konzernspitze und den Arbeitnehmern in Konzernunternehmen regeln, könnten nur mit unmittelbarer Wirkung durch die Konzernspitze abgeschlossenen werden und müssten daher zulässig sein. Horizontale Regelungen könnten gleichlautend auch mit einzelnen Konzernunternehmen abgeschlossen werden, weshalb die Konzernspitze hierfür einer entsprechenden Vertretungsmacht bedürfe. Dagegen ist einzuwenden, dass Betriebsvereinbarungen das Arbeitsverhältnis unmittelbar und zwingend gestalten, zwischen Konzernspitze und Arbeitnehmern der beherrschten Unternehmen aber gerade kein Arbeitsverhältnis besteht.[185]

Auf die freiwillige Übernahme der Konzernbetriebsvereinbarung durch die beherrschten Unternehmen oder ihre Beteiligung am Abschluss der Vereinbarung darf es aber nicht ankommen. Verweigern diese die Übernahme oder Mitwirkung, könnten sie den Konzernbetriebsrat entmachten. Die Konzernleitung wäre dann auf den „good will" der Konzernunternehmen angewiesen. Zur effektiven Interessenwahrnehmung ist der Konzernbetriebsrat auf die normative Wirkung der Konzernbetriebsvereinbarung angewiesen.[186]

Daraus folgt, dass die Konzernmutter, im Falle von Meinungsverschiedenheiten mit dem Konzernbetriebsrat, für die Bestellung der Einigungsstelle zuständig ist.

---

178 *Nick*, S. 179 ff.
179 *Hanau*, ZGR 1984, 468, 483.
180 *Annuß*, in: Richardi, BetrVG, § 58 Rn. 42; *Joost*, in: MüHbArbR, § 227 Rn. 60 ff.; *Windbichler*, Arbeitsrecht im Konzern, S. 362 f.
181 *Joost*, in: MüHbArbR, § 227 Rn. 62 f.; *Martens*, ZfA 1073, 297, 310.
182 *Windbichler*, RdA 1999, 146, 151.
183 *Wetzling*, S. 198 ff.; *Konzen*, RdA 1985, 65, 76 f.
184 *Martens*, ZfA 1073, 297, 307 ff.
185 *Franzen*, in: GK-BetrVG, § 58 Rn. 16.
186 *Franzen*, in: GK-BetrVG § 58 Rn. 14; *Nick*, S. 165, 175.

Der Spruch der Einigungsstelle hat unmittelbare und zwingende Wirkung für alle Unternehmen des Konzerns.

Die Pflichtenstellung der Einigungsstellenmitglieder gegenüber der sie bestellenden Konzernmutter entspricht derjenigen beim Einzelunternehmen. Durch die Bestellung entsteht ein betriebsverfassungsrechtliches Schuldverhältnis.

Fraglich ist aber, ob ein solches auch gegenüber den beherrschten Unternehmen entsteht. Sie wirken an der Bestellung der Einigungsstellen nicht mit. Da der Spruch der Einigungsstelle aber die Einigung der Konzernmutter mit den Konzernbetriebsrat ersetzt und damit wie die Konzernbetriebsvereinbarung unmittelbare und zwingende Wirkung für die beherrschten Unternehmen entfaltet, muss auch die Bestellung der Einigungsstelle durch die Konzernmutter unmittelbar für und gegen die beherrschten Unternehmen gelten. Mit dem Bestellungsakt entsteht ein betriebsverfassungsrechtliches Schuldverhältnis auch zwischen den Einigungsstellenmitgliedern und den beherrschten Unternehmen. Die Organstellung gegenüber den Konzerntöchtern ergibt sich aus dem BetrVG, das auch in diesem Verhältnis Rechte und Pflichten statuiert. Die Einigungsstelle hat gemäß § 76 Abs. 5 S. 3 BetrVG die Belange des Betriebs zu berücksichtigten. Beim Sozialplan hat sie gemäß § 112 Abs. 5 S. 1 BetrVG auf die wirtschaftliche Vertretbarkeit für das Unternehmen zu achten. Diese Pflichten bestehen in erster Linie gegenüber den Einzelunternehmen, die vom Spruch der Einigungsstelle betroffen sind. Umstritten ist nur der umgekehrte Fall, ob die Konzernlage für die wirtschaftliche Vertretbarkeit des Sozialplans zu berücksichtigen ist.[187] Die Pflicht, betriebsangehörige Beisitzer von der Arbeitsleistung unter Fortzahlung der Vergütung freizustellen, trifft bei der Einigungsstelle auf Konzernebene auch die an ihrer Bestellung nicht beteiligten Tochterunternehmen, wenn der Beisitzer ihrem Unternehmen angehört, § 76a Abs. 2 S. 2 BetrVG. Die unmittelbare Wirkung des Einigungsstellenspruchs gegenüber den Tochterunternehmen sowie die betriebsverfassungsrechtlichen Rechte und Pflichten zwischen Einigungsstellenmitgliedern und Tochterunternehmen zeigen, dass mit der Bestellung der Einigungsstelle durch die Konzernmutter ein betriebsverfassungsrechtliches Schuldverhältnis nicht nur im Verhältnis zu ihr selbst, sondern auch gegenüber den Tochterunternehmen begründet wird. Ein organschaftliches Rechtsverhältnis besteht auch im Verhältnis zu den Tochterunternehmen.

II. Einigungsstelle auf Ebene der Konzerntochter

Wird in einem Konzern auf Ebene einer Tochtergesellschaft eine Einigungsstelle gebildet, entsteht das betriebsverfassungsrechtliche Schuldverhältnis zwischen den Einigungsstellenmitgliedern und der Tochtergesellschaft. Muttergesellschaft und Schwestergesellschaften sind an der Anrufung der Einigungsstelle nicht beteiligt. Mangels unmittelbarer und zwingender Wirkung des Einigungsstellenspruchs auf Ebene der Konzerntochter für andere Unternehmen des Konzerns, wirkt

187 *Nick*, S. 223 ff; *Tholuck*, S. 71 ff.; *Annuß*, in: Richardi, BetrVG, § 112 Rn. 145 ff.

die Bestellung der Einigungsstelle nicht unmittelbar für und gegen die anderen Konzernunternehmen. Das BetrVG normiert keine Rechte und Pflichten der Einigungsstellenmitglieder im Verhältnis zu den anderen Konzernunternehmen. Zu ihnen entsteht daher kein betriebsverfassungsrechtliches Schuldverhältnis.

Die Schwestergesellschaften werden mit dem Spruch der Einigungsstelle ohnehin kaum in Berührung kommen. Bei der Konzernmutter ist das hingegen nicht ausgeschlossen. Insbesondere finanzielle Belastungen der Tochtergesellschaft wirken sich gegebenenfalls auf die Konzernmutter aus.

Gemäß § 302 AktG ist die Konzernobergesellschaft bei einem Beherrschungs- oder Gewinnabführungsvertrag verschuldensunabhängig zur Verlustübernahme verpflichtet. Anders als §§ 317, 318 AktG und die Haftung wegen existenzvernichtendem Eingriffs, knüpft § 302 AktG nicht an eine konkrete nachteilige Einflussnahme des herrschenden Unternehmens an.[188] Die Verlustübernahmepflicht besteht unabhängig von der Ursache des Verlusts. Daher kann ein zur Übernahme verpflichtender Verlust aufgrund eines Einigungsstellenspruchs entstehen, der das beherrschte Unternehmen finanziell überfordert.

Ferner gibt es die Möglichkeit rechtsgeschäftlich eine Einstandspflicht der Konzernobergesellschaft in Form einer Patronatserklärung zu vereinbaren.[189] Die Konzernobergesellschaft kann sich in einer harten Patronatserklärung gegenüber der Konzerntochter dazu verpflichten, für die nötige finanzielle Ausstattung der Tochtergesellschaft zu sorgen.[190] In der Regel werden solche Patronatserklärungen für den Fall der Überschuldung und Zahlungsunfähigkeit abgegeben.[191]

Ein Verstoß gegen die Geheimhaltungspflicht von Betriebs- und Geschäftsgeheimnissen kann ebenfalls die Konzernmutter betreffen.

Das betriebsverfassungsrechtliche Schuldverhältnis zwischen Einigungsstellenmitgliedern und Tochtergesellschaft könnte Schutzwirkung zu Gunsten der Konzernobergesellschaft haben. Voraussetzung ist, dass sich die Konzernmutter in bestimmungsgemäßer Leistungsnähe befindet, dass die Tochtergesellschaft ein Einbeziehungsinteresse hat, dass die Einigungsstellenmitglieder die Leistungsnähe der Konzernmutter erkennen konnten und diese schutzbedürftig ist.[192]

Der BGH hat im Fall der Kirch-Gruppe die vertragliche Schutzwirkung eines Kreditvertrags zu Gunsten anderer Konzernunternehmen abgelehnt.[193] Es fehle einerseits an der Leistungs- bzw. Einwirkungsnähe. Allein die gesellschaftsrechtli-

---

188 *Emmerich*, in: Emmerich/Habersack, Aktien- und GmbH-Konzernrecht, § 302 Rn. 30; *Koch*, in: Hüffer, AktG, § 302 Rn. 6.

189 *Emmerich*, in: Emmerich/Habersack, Aktien- und GmbH-Konzernrecht, § 302 AktG Rn. 7.

190 *Emmerich*, in: Emmerich/Habersack, Aktien- und GmbH-Konzernrecht, § 302 Rn. 8 ff.; *Horn*, in: Staudinger, BGB (2012), vor §§ 765-778 Rn. 451.

191 BGH vom 20.9.2010 – II ZR 296/08 – NJW 2010, 3442.

192 *Vieweg*, in: Staudinger, Eckpfeiler (2014), J. Rn. 81 ff.; *Gottwald*, in: MünchKommBGB (2012), § 328 Rn. 178 ff.

193 BGH vom 24.1.2006 – XI ZR 384/03 – NJW 2006, 830 Rn. 55 ff.

che Beteiligung könne eine solche nicht begründen. Nach dem konzernrechtlichen Trennungsprinzip hafte nur das vertragsschließende Konzernunternehmen für die Verbindlichkeiten aus dem Vertrag, nicht aber die übrigen Konzernunternehmen. Daraus folge, dass diesen auch keine Rechte aus dem Vertrag zustehen. Der streitgegenständliche Kreditvertrag berühre andere Konzerngesellschaften nur mittelbar. Andererseits sei die Konzernobergesellschaft nicht schutzbedürftig. Der Schadensersatzanspruch der Konzerntochter komme der Konzernobergesellschaft mittelbar ebenso zugute.[194]

Offenbaren die Mitglieder einer Einigungsstelle auf Ebene der Konzerntochter Betriebs- und Geschäftsgeheinisse der Konzernmutter, entfaltet das betriebsverfassungsrechtliche Schuldverhältnis zwischen Einigungsstellenmitgliedern und Konzerntochter keine Schutzwirkung zu Gunsten der Konzernmutter. Es fehlt die Leistungsnähe, da die Konzernmutter mit dem betriebsverfassungsrechtlichen Schuldverhältnis bei der Verletzung von Geheimhaltungspflichten nur mittelbar in Berührung kommt.

Die gesetzliche Verlustausgleichspflicht und die vertragliche Einstandspflicht treffen die Konzernmutter indes unmittelbar. Die Leistungsnähe lässt sich hier nicht leugnen. Freilich entsteht eine Zahlungspflicht nicht bei jedem für die Konzerntochter nachteiligen Spruch, sondern erst, wenn sich ein Jahresfehlbetrag i.S.d. § 302 AktG ergibt oder sich die in der rechtsgeschäftlichen Einstandspflicht vereinbarten Bedingungen tatsächlich verwirklichen. Bei Schäden der Konzerntochter, die unterhalb dieser Schwelle bleiben, ist die Konzernmutter nicht zum Ausgleich verpflichtet.

Doch wie im Fall der Kirchgruppe ist auch hier die Konzernobergesellschaft nicht schutzbedürftig. Schadet ein Einigungsstellenspruch der Konzerntochter, kann diese aus dem betriebsverfassungsrechtlichen Schuldverhältnis gegen die Einigungsstellenmitglieder vorgehen.[195] Dieser Schadensersatzanspruch der Tochtergesellschaft kommt der Konzernobergesellschaft mittelbar zugute. Er gleicht den Schaden der Konzerntochter aus, sodass die Einstandspflicht der Konzernmutter entfällt. Ist die Konzernmutter nicht schutzbedürftig, hat auch die Konzerntochter kein Interesse, die Konzernmutter in die Schutzwirkung des betriebsverfassungsrechtlichen Schuldverhältnisses einzubeziehen.

III. Unternehmensspaltung in Betriebs- und Anlagegesellschaft

Anders ist die Situation bei der Spaltung eines Unternehmens in eine Betriebsgesellschaft und eine Anlagegesellschaft. Beschränkt sich die Anlagegesellschaft im Wesentlichen auf die Verwaltung der ihr übertragenen Vermögensteile, überlässt sie diese der Betriebsgesellschaft zur Nutzung und sind an den an der Spaltung beteiligten Rechtsträgern im wesentlichen dieselben Personen beteiligt, haftet die

194 BGH vom 24.1.2006 – XI ZR 384/03 – NJW 2006, 830 Rn. 58.

195 Ausführlich hierzu unten § 3 B. I.

Anlagegesellschaft gemäß § 134 Abs. 1 S. 1 UmwG auch für die Forderungen der Arbeitnehmer der Betriebsgesellschaft aus einem Sozialplan, der binnen fünf Jahren nach der Spaltung begründet wurde, als Gesamtschuldnerin. Da die Arbeitnehmer arbeitsvertraglich der Betriebsgesellschaft zugeordnet werden, ist eine Einigungsstelle auf dieser Ebene zu bestellen. Zur Anlagegesellschaft entsteht daher kein betriebsverfassungsrechtliches Schuldverhältnis.

Sie ist aber in die Schutzwirkung des betriebsverfassungsrechtlichen Schuldverhältnisses zwischen Betriebsgesellschaft und Einigungsstelle, sofern es um die Verhandlung eines Sozialplans geht, einbezogen.[196] Wegen der Haftungsbestimmung in § 134 UmwG kommt die Anlagegesellschaft mit dem Sozialplan bestimmungsgemäß in Berührung. Sie ist anders als die Arbeitnehmer nicht nur mittelbar vom Sozialplan betroffen. Die Anlagegesellschaft kann von den Arbeitnehmern gemäß § 134 UmwG unmittelbar in Anspruch genommen werden, während der Sozialplan gegenüber Arbeitnehmern erst Wirkung entfaltet, wenn der Arbeitgeber ihn durchführt bzw. durch Leistungsklage der Arbeitnehmer zur Durchführung gezwungen wird.

Die Betriebsgesellschaft hat ein Interesse an der Einbeziehung der Anlagegesellschaft. § 134 Abs. 1 UmwG regelt nicht nur einen Haftungsdurchgriff, sondern erlaubt auch einen Bemessungsdurchgriff, d.h. bei der Dotierung des Sozialplans darf auch auf die wirtschaftliche Lage der Anlagegesellschaft abgestellt werden, weil der Betriebsgesellschaft aufgrund der Spaltung das Vermögen entzogen wurde.[197] Der Sozialplan ist demnach entsprechend höher zu dotieren, als wenn es allein auf die wirtschaftlich Lage der Betriebsgesellschaft ankäme. Daher hat die Betriebsgesellschaft ein Interesse daran, dass auch die Anlagegesellschaft bei Pflichtverletzungen der Einigungsstellenmitglieder Schadensersatz verlangen kann.

Für die Einigungsstellenmitglieder ist die Leistungsnähe der Anlagegesellschaft erkennbar. Für sie stellt die Haftung gegenüber der Anlagegesellschaft keine unbillige Härte dar. Vor der Spaltung hätten sie dem gesamten Unternehmen auf Schadensersatz gehaftet. Der Umfang der Haftung erweitert sich nach der Spaltung nicht. Es gibt lediglich zwei Anspruchsberechtigte, die aber insgesamt nicht mehr fordern können, als das Unternehmen ohne Spaltung hätte fordern können. Der Schaden aufgrund des Einigungsstellenspruchs verteilt sich nur auf Anlagegesellschaft und Betriebsgesellschaft.

Die Anlagegesellschaft ist schutzbedürftig. Sie haftet gesamtschuldnerisch neben der Betriebsgesellschaft für die Sozialplanforderungen. Häufig wird sie aber der Großteil der Haftung alleine treffen, da die Betriebsgesellschaft die Forderungen mangels eigenen Vermögens nicht erfüllen können wird. Sie muss ebenso wie die Betriebsgesellschaft davor geschützt werden aufgrund eines fehlerhaften Sozialplans in Anspruch genommen zu werden. Ein eigener vertraglicher Schadensersatzanspruch

196 Zu den Voraussetzungen eines Vertrags mit Schutzwirkung zu Gunsten Dritter: *Vieweg*, in: Staudinger, Eckpfeiler (2014), J. Rn. 81 ff.; *Gottwald*, in: MünchKommBGB (2012), § 328 Rn. 178 ff.

197 BAG 15. 3. 2011 – 1 ABR 97/09 – NZA 2011, 1112, 1114 f.

gegen die Einigungsstellenmitglieder steht der Anlagegesellschaft nicht zu. Der Schadensersatzanspruch der Betriebsgesellschaft gegen die Einigungsstellenmitglieder kann nur den Schaden der Betriebsgesellschaft beseitigen. Finanzielle Forderungen, die über das Vermögen der Betriebsgesellschaft hinausgehen, treffen indes nur die Anlagegesellschaft. Die Möglichkeit zur Anfechtung des Einigungsstellenspruchs lässt die Schutzbedürftigkeit der Anlagegesellschaft nicht entfallen, sondern ist erst im Rahmen des Mitverschuldens ggf. anspruchsmindernd zu berücksichtigen.[198]

In § 134 UmwG zeigt sich der gravierende Unterschied zu anderen konzernrechtlichen Verlustausgleichspflichten. § 134 UmwG regelt eine Außenhaftung der Anlagegesellschaft, während §§ 302, 311, 317 AktG oder eine Patronatserklärung nur eine Innenhaftung im Konzern regeln. Gemäß § 134 UmwG kann die Anlagegesellschaft unmittelbar von den aus dem Sozialplan berechtigten Arbeitnehmern in Anspruch genommen werden, ohne dass ihr ein etwaiger Schadensersatzanspruch der Betriebsgesellschaft gegen die Einigungsstellenmitglieder zu Gute kommt. Bei den konzernrechtlichen Verlustausgleichpflichten ist für die Feststellung des Verlusts der Schadensersatzanspruch gegen die Einigungsstellenmitglieder als Forderung im Vermögen des geschädigten Unternehmens zu berücksichtigen, sodass das zum Verlustausgleich verpflichtete Unternehmen mittelbar am Schadensersatzanspruch teilhat.

Das betriebsverfassungsrechtliche Schuldverhältnis zwischen Einigungsstellenmitgliedern und Betriebsgesellschaft entfaltet daher Schutzwirkung zu Gunsten der Anlagegesellschaft.

IV. Zwischenergebnis

Wird eine Einigungsstelle auf Konzernebene errichtet, besteht ein betriebsverfassungsrechtliches Schuldverhältnis der Einigungsstellenmitglieder auch zu den Konzerntöchtern. Das folgt aus der unmittelbaren Wirkung des Einigungsstellenspruchs gegenüber den Tochterunternehmen sowie den betriebsverfassungsrechtlichen Rechten und Pflichten zwischen Einigungsstellenmitgliedern und Tochterunternehmen.

Bei einer Einigungsstelle auf Ebene der Konzerntochter besteht das betriebsverfassungsrechtliche Schuldverhältnis nur zur Konzerntochter und entfaltet keine Schutzwirkung zu Gunsten anderer Konzernunternehmen.

Wegen der gesamtschuldnerischen Haftung von Betriebs- und Anlagegesellschaft für Sozialplanverbindlichkeiten ist die Anlagegesellschaft in die Schutzwirkung des betriebsverfassungsrechtlichen Schuldverhältnisses zwischen Einigungsstellenmitgliedern und Betriebsgesellschaft einbezogen.

198 Hierzu unten § 3 F. II. 3.

G. Pflichtenstellung gegenüber Vertragspartnern

Die Einigungsstelle tritt als betriebliche Einrichtung zur Streitbeilegung nicht nach außen auf. Eine Ausnahme sind Verträge, die die Einigungsstelle im eigenen Namen, vertreten durch ihren Vorsitzenden, schließt. In Betracht kommen Verträge über den Kauf von Sachmitteln oder die Anmietung von Räumen, die die Einigungsstelle für ihre Tätigkeit benötigt. Relevant ist auch die Hinzuziehung von Sachverständigen und Zeugen.[199]

I. Einigungsstelle als Vertragspartner

Um Vertragspartner sein zu können, muss die Einigungsstelle rechtsfähig sein.

Gemäß § 10 S. 1 HS. 2 ArbGG ist die Einigungsstelle im arbeitsgerichtlichen Verfahren beteiligtenfähig. Im Zivilprozessrecht richtet sich die Parteifähigkeit nach der Rechtsfähigkeit, § 50 Abs. 1 ZPO. Dass der Gesetzgeber die ausdrückliche Regelung der Beteiligtenfähigkeit für die Einigungsstelle für erforderlich hielt, könnte gegen eine (umfassende) Rechtsfähigkeit der Einigungsstelle sprechen.[200]

Die Frage nach der Rechtsfähigkeit des Betriebsrats wurde, anders als die der Einigungsstelle, in der Rechtsprechung bereits erörtert.

1. Teilrechtsfähigkeit des Betriebsrat

Die Teilrechtsfähigkeit des Betriebsrats ist sowohl in der Rechtsprechung des BAG als auch der des BGH anerkannt. Das BAG hat bereits im Jahre 1986 angedeutet, dass der Betriebsrat allenfalls im Rahmen der ihm gesetzlich zugewiesenen Aufgaben berechtigt und verpflichtet werden könne.[201] Später hat es dem Betriebsrat eindeutig die Fähigkeit zugesprochen, Inhaber vermögensmäßiger Rechtspositionen zu sein, soweit er innerhalb des ihm vom BetrVG zugewiesenen Wirkungskreises tätig wird.[202] Dem Betriebsrat stehe aus § 40 Abs. 1 BetrVG ein Freistellungsanspruch gegenüber dem Arbeitgeber zu. Im Rahmen dessen sei der Betriebsrat vermögensfähig.

Dem ist auch kürzlich der BGH gefolgt und hat die Rechtsfähigkeit des Betriebsrats anerkannt, soweit dieser vermögensfähig ist.[203] Aus dem Freistellungsanspruch folge, dass der Betriebsrat sich auch entsprechend verpflichten können muss, da es andernfalls keine Pflicht gebe, von der er befreit werden könnte. Der Freistellungsanspruch aus § 40 Abs. 1 BetrVG ist durch den Grundsatz der Erforderlichkeit beschränkt. Erfasst werden alle Kosten, deren Aufwendung der Betriebsrat im Zeitpunkt der Verursachung nach dem Gebot der vertrauensvollen, dem Wohle des Betriebes

---

199 Ausführlich hierzu unten § 4 B. III. 3.

200 Vgl. *Matthes/Schlewing*, in: Germelmann/Matthes/Prütting, ArbGG, § 10 Rn. 25.

201 BAG vom 24.4.1986 – 6 AZR 607/83 – NZA 1987, 100, 101.

202 BAG vom 13. 5. 1998 - 7 ABR 65/96 – NZA 1998, 900, 901; vom 24. 10. 2001 - 7 ABR 20/00 – NZA 2003, 53, 54; vom 29. 9. 2004 – 1 ABR 30/03 – NZA 2005, 123, 124.

203 BGH vom 25.10.2012 – III ZR 266/11 – NZA 2012, 1382.

und seiner Arbeitnehmer dienenden Zusammenarbeit zwischen Arbeitgeber und Betriebsrat für erforderlich halten durfte.[204] Überschreitet der Betriebsrat beim Vertragsschluss diese Grenze, kommt kein wirksamer Vertrag zustande. Dieser wäre für den Vertragspartner ohnehin wertlos, da der Betriebsrat seine Verbindlichkeit mangels Freistellungsanspruch gegenüber dem Arbeitgeber nicht erfüllen könnte.

Der Betriebsrat ist daher nur rechtsfähig, soweit die durch den Vertragsschluss entstehenden Kosten für die Tätigkeit des Betriebsrats erforderlich sind. Diese Entscheidung des BGH erging zur Haftung für die Honorarforderung eines Beratungsunternehmens. Sie lässt sich aber auch auf andere Fälle, bei denen der Betriebsrat Verträge mit Dritten schließt, übertragen.[205] Das zeigt die Formulierung des BGH, eine partielle Rechtsfähigkeit des Betriebsrates bestehe „insbesondere bei der Hinzuziehung von Beratern nach § 111 S. 2 BetrVG".

2. *Teilrechtsfähigkeit der Einigungsstelle*

Eine mit § 40 Abs. 1 BetrVG vergleichbare Kostentragungspflicht des Arbeitgebers findet sich für die Einigungsstelle in § 76a Abs. 1 BetrVG. Auch ihr steht ein Freistellungsanspruch gegen den Arbeitgeber zu, sodass sie insofern vermögensfähig ist. Aus der Vermögensfähigkeit folgt die Rechtsfähigkeit im selben Umfang.

Der Grundsatz der Erforderlichkeit der Kosten gilt auch für die Einigungsstelle.[206] Erforderlichkeit und Verhältnismäßigkeit sind allgemeine Grundsätze des BetrVG, die sich in §§ 20 Abs. 3 S. 2, 37 Abs. 2, 37 Abs. 6 S. 1 40 Abs. 2 BetrVG zeigen. Es gilt der Maßstab des § 40 Abs. 1 BetrVG.[207] Entscheidend ist, ob die Kosten im Zeitpunkt der Verursachung bei gewissenhafter Überlegung und verständiger und ruhiger Abwägung der Umstände von einem vernünftigen Dritten als erforderlich angesehen werden konnten.[208] Es ist eine gemischt objektiv-subjektive Betrachtungsweise anzulegen.[209] Erforderlich sind Kosten, wenn sie zur sachgerechten und vernünftigen Erledigung des Einigungsstellenverfahrens notwendig sind.[210]

Innerhalb dieses Rahmens kann die Einigungsstelle, ebenso wie der Betriebsrat, wirksame Verträge schließen, aus denen sie selbst berechtigt und verpflichtet wird.

---

204 BAG vom 27.9.1974 – 1 ABR 67/73 – AP BetrVG 1972 § 40 Nr. 8; vom 18.4.1967 – 1 ABR 11/66 – NJW 1967, 2377, 2378; *Wedde*, in: D/K/K/W, BetrVG, § 40 Rn. 5; *Weber*, in: GK-BetrVG, § 40 Rn. 13; *Thüsing*, in: Richardi, § 40 Rn. 6 ff.

205 *Schwarze*, JA 2013, 467, 469; zumindest für die Beauftragung eines Rechtsanwalts auch *Fitting*, BetrVG, § 1 Rn. 211.

206 *Berg*, in: D/K/K/W, BetrVG, § 76a Rn. 9; *Kreutz/Jacobs*, in: GK-BetrVG, § 76a Rn. 9; BAG vom 13.11.1991 – 7 ABR 70/90 – NZA 1992, 459, 461.

207 BAG vom 13.11.1991 – 7 ABR 70/90 – NZA 1992, 459; BAG vom 13.11.1991 – 7 ABR 70/90 – NZA 1992, 459, 461 f.

208 BAG vom 13.11.1991 – 7 ABR 70/90 – NZA 1992, 459, 461 f.; *Wedde*, in: D/K/K/W, BetrVG, § 40 Rn. 5; *Weber*, in: GK-BetrVG, § 40 Rn. 13.

209 *Kreutz/Jacobs*, in: GK-BetrVG, § 76a Rn. 10.

210 BAG vom 13.11.1991 – 7 ABR 70/90 – NZA 1992, 459, 461.

Die Einigungsstelle wird alleiniger Vertragspartner. Zur Erfüllung der Verbindlichkeit kann die Einigungsstelle ihren Freistellungsanspruch gegen den Arbeitgeber abtreten. Nach der Rechtsprechung des BGH zum Betriebsrat ist sogar die Verpflichtung zur Zahlung eines Entgelts möglich, da sich der Freistellungsanspruch nach Abtretung ohnehin in einen Zahlungsanspruch wandelt.[211]

II. Einigungsstellenmitglieder als Vertragspartner

Die Einigungsstellenmitglieder werden in der Regel nicht selbst Vertragspartner. Hierfür fehlt es an einer entsprechenden Willenserklärung des Einigungsstellenmitglieds, sich selbst verpflichten zu wollen. Es will nur für die Einigungsstelle handeln.[212]

III. Zwischenergebnis

Soweit der Einigungsstelle ein Freistellungsanspruch gegen den Arbeitgeber gemäß § 76a Abs. 1 BetrVG zusteht, ist sie rechtsfähig und kann Verträge im eigenen Namen schließen.

H. Ergebnis

Aufgrund der privatrechtlichen Rechtsnatur der Einigungsstelle können ihre Mitglieder persönlich auf Leistung in Anspruch genommen werden oder für Pflichtverletzungen haften. Grundlage der Haftung ist ein Schuldverhältnis, soweit ein solches besteht, oder Deliktsrecht.

Mit der Bestellung der Einigungsstelle entsteht zwischen den Einigungsstellenmitgliedern und dem Arbeitgeber sowie dem Betriebsrat ein betriebsverfassungsrechtliches Schuldverhältnis.

Bei Bestellung einer Einigungsstelle auf Konzernebene entsteht ein betriebsverfassungsrechtliches Schuldverhältnis der Einigungsstellenmitglieder sowohl gegenüber der sie bestellenden Konzernmutter als auch gegenüber den Konzerntöchtern, da diese aus dem Spruch unmittelbar und zwingend verpflichtet werden. Das betriebsverfassungsrechtliche Schuldverhältnis zwischen Einigungsstellenmitgliedern und Konzerntochter entfaltet keine Schutzwirkung zu Gunsten der Konzernmutter. Bei der Betriebsspaltung indes entfaltet das betriebsverfassungsrechtliche Schuldverhältnis zwischen Einigungsstellenmitgliedern und Betriebsgesellschaft Schutzwirkung zu Gunsten der Anlagegesellschaft.

Zwischen Einigungsstellenmitgliedern und Arbeitnehmern besteht kein Schuldverhältnis.

Die Einigungsstelle ist im Rahmen des § 76a Abs. 1 BetrVG rechtsfähig und insoweit selbst Vertragspartner.

---

211 BGH vom 25.10.2012 – III ZR 266/11 – NZA 2012, 1382 Rn. 31.

212 Vgl. für Betriebsratsmitglieder *Dommermuth-Alhäuser/Heup*, BB 2013, 1461, 1462

§ 3. Innenhaftung

Innenhaftung ist die Haftung gegenüber den Betriebsparteien, die die Einigungsstelle bestellt haben. Im Konzern kann sich die Haftung gegenüber Unternehmen erweitern, die selbst nicht an der Bestellung der Einigungsstelle mitgewirkt haben.

A. Einigungsstellenmitglieder als Anspruchsgegner

Entsteht durch den Spruch der Einigungsstelle ein Schaden, so stellt sich für den Geschädigten die zentrale Frage, gegen wen er vorgehen kann. In Betracht kommen die Einigungsstelle selbst oder die Einigungsstellenmitglieder. Wie die Erörterung zur Pflichtenstellung gezeigt hat, richten sich die gesetzlichen Pflichten nicht nur an die Einigungsstelle selbst, sondern auch an jedes einzelne Mitglied, mit dem ein betriebsverfassungsrechtliches Schuldverhältnis begründet wurde.

Will der Geschädigte gegen die Einigungsstelle vorgehen, müsste diese rechts- und vermögensfähig sein. Sie ist rechts- und vermögensfähig, soweit ihr Befugnisse aus dem BetrVG zustehen.[213] § 76a BetrVG regelt, dass der Arbeitgeber die Kosten der Einigungsstelle zu tragen hat. Darunter lässt sich ein Schadensersatzanspruch nicht subsumieren. Die Verursachung von Schäden gehört nicht zum ordentlichen Wirkungskreis der Einigungsstelle. Da eine Haftung der Einigungsstelle gesetzlich nicht geregelt ist, ist sie insoweit nicht vermögensfähig. Die Einigungsstelle selbst scheidet daher als Anspruchsgegner aus.

Die Einigungsstelle trifft auch keine Schadensersatzhaftung aus unerlaubter Handlung, da sie mangels Rechtsfähigkeit nicht deliktsfähig ist. Die Begehung unerlaubter Handlungen gehört nicht zu den vom BetrVG eingeräumten Rechtspositionen, sodass ein „Teildeliktsfähigkeit“ nicht in Betracht kommt.[214]

Selbst bei einer umfassenden Rechtsfähigkeit[215] ist die Einigungsstelle als Anspruchsgegner für Schadensersatzansprüche überwiegend ungeeignet. Da sie nur in den Grenzen des § 76a Abs. 1 BetrVG vermögensfähig ist, scheiden Schadensersatzansprüche gegen die Einigungsstelle, die auf Geld gerichtet sind, aus.

Sie kann allenfalls auf Naturalrestitution in Anspruch genommen werden. Bei der Naturalrestitution stellt sich aber ein vollstreckungsrechtliches Problem. Wegen der Vermögenslosigkeit der Einigungsstelle ist die Verhängung eines Zwangsgeldes gemäß § 888 ZPO zur Durchsetzung des Anspruchs nicht möglich.[216] Dieses Vollstreckungshindernis nimmt das BAG im Zusammenhang mit Unterlassungsansprüchen gegen den Betriebsrat zum Anlass, diesen den Sinn und Zweck abzusprechen und

---

213 § 2 G. I. 2.

214 Zur Deliktsfähigkeit des Betriebsrats: *Fitting*, BetrVG, § 1 Rn. 210.

215 Zur Kritik an der Teilrechtsfähigkeit noch unten § 4 B. III. 2. a.

216 *Rieble/Wiebauer*, ZfA 2010, 63, 154.

hat, unter anderem auf dieses Argument gestützt, seine bisherige Rechtsprechung zu Unterlassungsansprüchen aus § 74 Abs. 2 S. 3 BetrVG aufgegeben.[217] Ein Unterlassungsanspruch sei nicht geboten, da er wegen der Vermögenslosigkeit des Betriebsrats nicht vollstreckbar wäre. Ansprüche auf Naturalrestitution gegen die Einigungsstelle als Gremium könnte man aus dem gleichen Grund ablehnen. Überzeugend ist das Argument aber nicht. Beim negatorischen Beseitigungs- und Unterlassungsanspruch geht es um die Beseitigung einer Beeinträchtigung und nicht um den Ausgleich eines eingetretenen Nachteils. Die Vermögensfähigkeit spielt für einen Unterlassungsanspruch somit keine Rolle.[218] Ebenso spielt die Vermögensfähigkeit für die Naturalrestitution keine Rolle.

Zumindest wenn durch die Naturalrestitution (wie in den meisten Fällen) der Schaden nicht behoben werden kann, kommt nur eine persönliche Haftung der Einigungsstellenmitglieder in Betracht.[219]

B. Mögliche Anspruchsgrundlagen

Vorab sollen mögliche Anspruchsgrundlagen für eine Schadensersatzhaftung der Einigungsstellenmitglieder dargestellt werden.

I. Arbeitgeber

1. Klage auf Leistung

Die Einigungsstellenmitglieder trifft aus dem betriebsverfassungsrechtlichen Schuldverhältnisses die Hauptleistungspflicht zur Beilegung von Meinungsverschiedenheiten zwischen Arbeitgeber und Betriebsrat. Dies setzt ein Tätigwerden im Sinne einer ordnungsgemäßen Durchführung des Verfahrens und der Beschlussfassung voraus.[220] Gemäß § 76 Abs. 3 S. 1 BetrVG hat die Einigungsstelle unverzüglich tätig zu werden. Der Arbeitgeber hat einen Anspruch auf schnelle und wirksame Beschlussfassung, sofern eine einvernehmliche Lösung in der Einigungsstelle nicht gefunden werden kann.

Bleibt die Einigungsstelle untätig, sei es, weil der Vorsitzende keine Sitzung einberuft, sei es, dass einzelne Mitglieder die Verhandlung oder Abstimmung verweigern[221], kann der Arbeitgeber auf Erfüllung klagen. Als unvertretbare Handlung kann der Anspruch gemäß § 888 ZPO mittels Zwangsgeld oder Zwangshaft durchgesetzt werden.[222]

---

217 BAG vom 17.3.2010 – 7 ABR 95/08 – NZA 2010, 1133 Rn. 28.
218 *Thüsing*, in: Richardi, BetrVG, Vor § 26 Rn. 11.
219 Für den Betriebsrat *Weber*, DB 1992, 2135, 2136.
220 *Schönfeld*, Einigungsstelle, S. 105 f.
221 Zur Enthaltung ausführlich unten § 3 C. I. 4. a.
222 *Triebel*, S. 96.

2. *Schadensersatz aus betriebsverfassungsrechtlichen Schuldverhältnis*

Hauptanspruchsgrundlage für den Schadensersatzanspruch ist § 280 Abs. 1 BGB. Das Schuldverhältnis zwischen dem Arbeitgeber und den Einigungsstellenmitgliedern besteht in Form eines betriebsverfassungsrechtlichen Schuldverhältnisses.[223] Dieses gesetzliche Schuldverhältnis regelt die Pflichten der Einigungsstellenmitglieder bereits umfassend, kann aber ggf. um vertragliche Pflichten ergänzt werden.

a. *Schadensersatz neben der Leistung*

Der Schadensersatz neben der Leistung ist vom Schadensersatz statt der Leistung abzugrenzen. Unterschieden wird danach, ob bei ordnungsgemäßer Nacherfüllung der Schaden vermieden werden kann. Kann der Schaden durch Nacherfüllung nicht kompensiert werden, handelt es sich um Schadensersatz neben der Leistung.[224]

Gegenstand des Schadensersatzes neben der Leistung sind Schlechtleistung oder die Verletzung von Schutz- oder Rücksichtnahmepflichten.[225] Ist ein Spruch unwirksam oder ermessensfehlerhaft, handelt es sich um eine Schlechtleistung.[226] Schäden infolge dieser Schlechtleistung können nicht durch eine Nacherfüllung kompensiert werden. Das Schadensersatzverlangen lässt den primären Anspruch auf einen wirksamen, ermessensfehlerfreien Spruch unberührt.

b. *Schadensersatz statt der Leistung*

Beim Schadensersatz statt der Leistung gemäß §§ 280 Abs. 1, 3, 281 BGB kann der Schaden durch ordnungsgemäße Nacherfüllung vermieden werden. Diese Anspruchsgrundlage ist vor allem relevant, wenn bei einer Nichtleistung der Einigungsstellenmitglieder Abhilfe geschafft werden muss. Der Schadensersatz tritt dann an die Stelle der primären Leistung.

Der Arbeitgeber muss gemäß § 281 Abs. 1 S. 1 BGB eine angemessene Frist zur Leistung erfolglos gesetzt haben. Diese Fristsetzung ist gemäß § 281 Abs. 2 BGB entbehrlich, wenn die Einigungsstellenmitglieder – insbesondere der Vorsitzende – die Leistung ernsthaft und endgültig verweigern oder besondere Umstände vorliegen, die unter Abwägung der beiderseitigen Interessen die sofortige Geltendmachung des Schadensersatzanspruchs rechtfertigen.

Um Schadensersatz statt der Leistung geht es auch, wenn sich das Bedürfnis nach einem fehlerfreien Einigungsstellenspruch erledigt hat. So bezieht sich in den Beispielen 4 und 5a) der Spruch nur auf einen konkreten Zeitraum. Ist das Weihnachtsgeschäft vorbei oder wurde der Auftrag nicht erteilt, besteht kein Interesse

---

223 § 2 C. II. 1.

224 *Kaiser*, in: Staudinger, Eckpfeiler (2014), I. Rn. 188.

225 *Kaiser*, in: Staudinger, Eckpfeiler (2014), I. Rn. 185 f.

226 *Schipp*, NZA 2011, 271, 272.

mehr an dem Einigungsstellenspruch. Der Zweck des Einigungsstellenverfahrens kann nicht mehr erreicht werden, sodass Unmöglichkeit gemäß § 275 Abs. 1 BGB eintritt.[227] Da bei einem solchen absoluten Fixgeschäft die Nacherfüllung gemäß § 275 Abs. 1 BGB unmöglich ist, kann Schadensersatz gemäß §§ 280 Abs. 1, 3, 283 BGB ohne vorherige erfolglose Fristsetzung verlangt werden.

c. *Verzugsschaden*

Unter dem Gesichtspunkt der Nichtleistung kommt auch ein Schadensersatzanspruch gemäß §§ 280 Abs. 1, 2, 286 BGB in Betracht. Als Verzugsschäden können solche Schäden ersetzt werden, die aufgrund des verzögerten Abschlusses des Einigungsstellenverfahrens entstehen.[228]

Gemäß § 286 Abs. 1 BGB ist eine vorherige Mahnung des Arbeitgebers erforderlich. Verweigert der Vorsitzende die Schlussabstimmung, ist die Mahnung gemäß § 286 Abs. 2 Nr. 1 BGB entbehrlich.[229] Eine bereits terminierte Sitzung ist durchzuführen. Der Leistungszeitpunkt für die Schlussabstimmung ist kalendarisch festgelegt. Nicht entbehrlich ist die Mahnung bei der Einberufung der Sitzung und der Zuleitung des Beschlusses.[230]

3. *Haftung wegen Amtsniederlegung*

So wie die Übernahme des Amtes als Einigungsstellenmitglied freiwillig ist, kann es auch jederzeit niedergelegt werden.[231] Für betriebsangehörige Einigungsstellenmitglieder ergibt sich das Recht aus der entsprechend anwendbaren Vorschrift aus dem Auftragsrecht, § 671 Abs. 1 BGB. Für den Vorsitzenden und die betriebsfremden Beisitzer ist aufgrund ihres Vergütungsanspruchs § 627 Abs. 1 BGB aus dem Dienstvertragsrecht entsprechend anzuwenden.

Wird das Amt jedoch ohne wichtigen Grund zur Unzeit niedergelegt, ist gemäß § 671 Abs. 2 BGB bzw. § 627 Abs. 2 BGB der daraus entstehende Schaden zu ersetzten.

Ersatzfähig ist jedoch nur der Vertrauensschaden, da die Pflichtverletzung nicht die Amtsniederlegung als solche ist, sondern die fehlende Rücksicht auf die Interessen des Arbeitgebers bei der Wahl des Zeitpunkts.[232]

---

227 *Ernst*, in: MünchKommBGB (2012), § 275 Rn. 46.
228 *Schipp*, NZA 2011, 271, 273.
229 *Schipp*, NZA 2011, 271, 273; *Sprenger*, BB 2010, 2110, 2111.
230 *Sprenger*, BB 2010, 2110, 2111.
231 *Lepke*, BB 1977, 49, 51; *Schipp*, NZA 2011, 271, 272.
232 *Henssler*, in: MünchKommBGB (2012), § 627 Rn. 34; *Seiler*, in: MünchKommBGB (2012), § 671 Rn. 13; *Preis*, in: Staudinger, BGB (2012), § 627 Rn. 30, *Martinek*, in: Staudinger, BGB (2006), § 671 Rn. 17.

4. *Deliktische Haftung*

a. § 823 Abs. 1 BGB

Unproblematisch ist die deliktische Haftung der Einigungsstellenmitglieder gemäß § 823 Abs. 1 BGB bei einer Eigentumsverletzung des Arbeitgebers. Denkbar ist, dass die Einigungsstelle in Betriebsräumen tagt und bei dieser Gelegenheit das Eigentum des Arbeitgebers verletzt.

Das Vermögen des Arbeitgebers ist indes kein geschütztes Rechtsgut i.S.d. § 823 Abs. 1 BGB.[233] Eine Haftung gemäß § 823 Abs. 1 BGB kommt in Betracht, wenn ein sonstiges Rechtsgut i.S.d. § 823 Abs. 1 BGB verletzt wurde. Denkbar ist allenfalls ein Eingriff in den eingerichteten und ausgeübten Gewerbebetrieb.[234] Relevant ist hierfür nur Beispiel 5 und 6. Der Eingriff muss unmittelbar betriebsbezogen sein und sich gegen den Betrieb als solchen richten.[235] Der Entzug der Arbeitsleistung eines einzelnen Arbeitnehmers oder einer im Verhältnis zur Gesamtbelegschaft geringen Zahl von Arbeitnehmern (Beispiel 4: Schulung einzelner oder mehrerer Betriebsratsmitglieder) richtet sich nicht gegen den Betrieb als solchen. Der Arbeitgeber wird durch den Entzug der Arbeitskraft nicht an der Durchführung des Betriebs gehindert.[236]

Für die Haftung des Betriebsrats wurde eine Haftung wegen Eingriffs in den eingerichteten und ausgeübten Gewerbebetriebs teilweise mit dem Argument einer fehlenden Außenstellung des Betriebsrats abgelehnt.[237] Entwicklungsgeschichtlich handle es sich bei den Eingriffen in den eingerichteten und ausgeübten Gewerbebetrieb um typische Wettbewerbssituationen, bei denen der Eingriff von außen auf den Gewerbebetrieb erfolgt. Der Betriebsrat sei aber Teil des Betriebs und könne ihm nicht als etwas Fremdes und Außenstehendes gegenüberstehen.

Das gilt auch für die Einigungsstelle. Diese ist trotz der faktischen Entscheidungsgewalt des unparteiischen Vorsitzenden kein betriebsfremdes Organ, sondern ein innerbetriebliches Schlichtungsorgan.[238]

Ob die Rechtsprechung einen Eingriff des Betriebsrats in den eingerichteten und ausgeübten Gewerbebetrieb mangels Außenstellung tatsächlich ablehnen wird bleibt abzuwarten. Nachdem das BAG seine Rechtsprechung zum Unterlassungsanspruch des Arbeitgebers gegen den Betriebsrat aus § 74 Abs. 2 BetrVG aufgegeben hat, bleibt als Anspruchsgrundlage für eine Unterlassung nun nur noch § 1004

---

233 *Wagner*, in: MünchKommBGB (2013), § 823 Rn. 247.

234 Vgl. für Betriebsrat: *Belling*, Die Haftung des Betriebsrats, S. 29; *Rosset*, S. 136.

235 BGH vom 9.12.1958 – VI ZR 199/57 – NJW 1959, 479, 480 f.; vom 10.12.2002 – VI ZR 171/02 – NJW 2003 1040, 1041 (mwN); *Wagner*, in: MünchKommBGB (2013), § 823 Rn. 257.

236 *Ocker*, S. 159.

237 *Krause*, BB 1951, 677, 677; *Triebel*, S. 132; *Reiß*, S. 110 f; **a.A.** *Ocker*, S. 157 ff.

238 *Spengler/Herbert* in: Spengler/Hahn/Pfeiffer, Einigungsstelle, § 8 Rn. 2, *Fitting*, BetrVG, § 76 Rn. 52; *Berg*, in: D/K/K/W, BetrVG, § 76 Rn. 2, 45; *Joussen*, S. 81; *Schönfeld*, Einigungsstelle, S. 30; *Leipold*, in: FS Schnorr von Carolsfeld, S. 273, 276 f.

BGB.[239] Das BAG hat einen Unterlassungsanspruch gemäß § 1004 Abs. 1 S. 2 BGB für den Fall, dass der Betriebsrat einen vom Arbeitgeber zur Verfügung gestellten E-Mail Account zu Zwecken des Arbeitskampfes nutzt, bejaht.[240] Solange das Eigentum des Arbeitgebers betroffen ist, gibt es kein Problem. Muss aber auf das grundsätzlich vom Schutzbereich des § 1004 BGB umfasste Recht am eingerichteten und ausgeübten Gewerbebetrieb zurückgegriffen werden, ist zu entscheiden, ob Arbeitskampfmaßnahmen des Betriebsrats als Teil des Betriebs ein Eingriff in den eingerichteten und ausgeübten Gewerbebetrieb sind.[241]

Jedenfalls wird es bei Handlungen der Einigungsstellenmitglieder i.d.R. an der Unmittelbarkeit des Eingriffs fehlen. Der Schaden entsteht nicht bereits durch den Spruch, sondern erst wenn der Arbeitgeber diesen durchführt.[242]

b. § 823 Abs. 2 BGB i.V.m. § 79 BetrVG

§ 79 BetrVG verpflichtet die Einigungsstellenmitglieder, Betriebs- und Geschäftsgeheimnisse, die ihnen als Mitglied der Einigungsstelle bekannt werden, geheim zu halten. § 79 BetrVG ist Schutzgesetz i.S.d. § 823 Abs. 2 BGB.[243] Die Vorschrift dient dem Wettbewerbsschutz des Arbeitgebers und damit seinen Vermögensinteressen.[244]

c. § 823 Abs. 2 BGB i.V.m. § 266 Abs. 1 StGB

Ist der Tatbestand der Untreue erfüllt, kommt eine deliktische Haftung gemäß § 823 Abs. 2 BGB i.V.m. § 266 Abs. 1 StGB in Betracht. Eine Vermögensbetreuungspflicht der Einigungsstellenmitglieder gegenüber dem Arbeitgeber ist aber nur anzunehmen, wenn dieser für die Kostendeckung i.S.d. § 76a Abs. 1 BetrVG den Einigungsstellenmitgliedern einen Vorschuss zur eigenen Verwaltung zur Verfügung stellt oder wenn die Existenz des Unternehmens durch die Handlung der Einigungsstellenmitglieder bedroht wird.[245]

d. § 826 BGB

Bei einer sittenwidrigen vorsätzlichen Schädigung durch Einigungsstellenmitglieder kommt ein Anspruch aus § 826 BGB in Frage, der auch den Ersatz eines reinen Vermögensschadens ermöglicht. Der Einigungsstellenspruch bzw. die Handlung

---

239 BAG vom 17.3.2010 – 7 ABR 95/08 – NZA 2010, 1133; vom 15.10.2013 – 1 ABR 31/12 – AP GG Art. 9 Arbeitskampf Nr. 181.

240 BAG vom 15.10.2013 – 1 ABR 31/12 – AP GG Art. 9 Arbeitskampf Nr. 181.

241 Bejahend, aber ohne auf die Außenstellung des Betriebsrats einzugehen: *Bauer/von Medem*, Anm. zu BAG vom 15.10.2013 – 1 ABR 31/12 – AP GG Art. 9 Arbeitskampf Nr. 181.

242 **A.A.** *Ocker*, S. 157 f.: Unmittelbarkeit sei nicht i.S.d. Kausalitätslehre zu verstehen.

243 *Kreutz/Jacobs*, in: GK-BetrVG, § 1 Rn. 82 f.; *Richardi*, in: Richardi, BetrVG, § 79 Rn. 38; *Buschmann*, in: D/K/K/W, BetrVG, § 79 Rn. 56; *Fitting*, BetrVG, § 79 Rn. 43.

244 *Oetker*, in GK-BetrVG, § 79 Rn. 67.

245 Ausführlich hierzu § 8 A. VII. 1 und § 8 B. II. 2. b.

der Einigungsstellenmitglieder wird jedoch selten gegen das Anstandsgefühl aller billig und gerecht Denkenden verstoßen.[246]

II. Konzernunternehmen und Unternehmensspaltung

1. *Konzerntochter*

Mit Bestellung der Einigungsstelle durch die Konzernmutter wird auch im Verhältnis zu den Konzerntöchtern ein betriebsverfassungsrechtliches Schuldverhältnis begründet,[247] das Grundlage für eine Schadensersatzhaftung sein kann.

Fraglich ist aber, ob der Konzerntochter aus dem betriebsverfassungsrechtlichen Schuldverhältnis auch ein Leistungsanspruch auf zügige und fehlerfreie Entscheidung zusteht. Dagegen könnte sprechen, dass die Konzernmutter und Konzernbetriebsrat die Einigungsstelle zur Beilegung ihrer eigenen Meinungsverschiedenheiten bestellen und die Konzerntöchter von der Entscheidung nur mittelbar betroffen sind. Haben die Konzerntöchter nicht die Ursache für die Meinungsverschiedenheiten gesetzt, sondern geht die mitbestimmungspflichtige Maßnahme von der Konzernspitze aus, könnte aus Sicht der Konzerntöchter das Interesse am zügigen und fehlerfreien Abschluss des Einigungsstellenverfahrens fehlen. Strebt beispielsweise die Konzernspitze eine unternehmensübergreifende Betriebsänderung gegen den Willen der einzelnen beherrschten Unternehmen an, haben die Konzerntöchter kein Interesse an der Leistung der Einigungsstelle als solcher. Die Einigungsstellenmitglieder wären den Tochtergesellschaften dann lediglich zum Schutz und zur Rücksichtnahme verpflichtet, da diesen wegen der unmittelbaren und zwingenden Wirkung des Spruchs ein Schaden unabhängig vom Leistungsanspruch entstehen kann (Schadensersatz neben der Leistung).

Umgekehrt kann Ursache für die Meinungsverschiedenheiten zwischen Konzernspitze und Konzernbetriebsrat auch die Initiative eines oder mehrerer beherrschter Unternehmen sein, wenn die Angelegenheit konzerneinheitlich geregelt werden muss. So kann in einem Unternehmen das Bedürfnis entstehen, ein IT-Sicherheitssystem zu installieren. Wenn wegen der konzernweiten Vernetzung einheitliche Sicherheitsstandards gesetzt werden müssen, ist die Entscheidung darüber eine konzerndimensionale Angelegenheit, für die der Konzernbetriebsrat zuständig ist.[248] Kommt eine Einigung zwischen Konzernspitze und Konzernbetriebsrat nicht zustande, haben auch die einzelnen Unternehmen ein Interesse an der zügigen, fehlerfreien Leistung der Einigungsstelle. Das von der Konzernspitze abgeleitete betriebsverfassungsrechtliche Rechtsverhältnis gewährt den einzelnen Unternehmen daher nicht nur Schadensersatz- sondern auch Leistungsansprüche. Für mögliche Anspruchsgrundlagen kann daher auf die Ausführungen zum Arbeitgeber unter § 3 B. I verwiesen werden.

---

246 BGH vom 25.5.1955 – VI ZR 6/54 – NJW 1955, 1274.

247 § 2 F. I.

248 *Franzen*, in: GK-BetrVG, § 58 Rn. 28; *Kort*, NZA 2011, 1319, 1224.

2. *Konzernmutter*

Zwischen Konzernmutter und den Mitgliedern einer Einigungsstelle auf Ebene der Tochtergesellschaft besteht kein betriebsverfassungsrechtliches Schuldverhältnis.[249] Das betriebsverfassungsrechtliche Schuldverhältnis zwischen Einigungsstellenmitgliedern und Tochtergesellschaft entfaltet keine Schutzwirkung zu Gunsten der Konzernmutter, da ein Schadensersatzanspruch der Tochtergesellschaft gegen die Einigungsstellenmitglieder die Einstandspflicht der Konzernmutter entfallen lässt.

Doch auch wenn eine Einstandspflicht der Konzernmutter besteht, weil die Tochtergesellschaft wegen ihres Mitverschuldens[250] keinen oder nur einen gekürzten Schadensersatzanspruch gegen die Einigungsstellenmitglieder hat, ist die Konzernmutter nicht schutzbedürftig. Zwar ist die Konzerntochter nicht Erfüllungsgehilfin der Konzernmutter, denn die Unternehmen eines Konzerns sind selbständig und haben ihren eigenen Tätigkeitsbereich. Die Konzernmutter schaltet diese nicht zur Erfüllung ihrer eigenen Verbindlichkeit i.S.d. § 278 BGB ein, sodass der Konzernmutter über § 278 BGB nicht das Verschulden der Konzerntochter zugerechnet werden kann. Die Konzernmutter hätte aber aufgrund ihres Beherrschungsvertrages auf die Konzerntochter einwirken müssen, um einen Ausschluss oder eine Kürzung des Anspruchs wegen Mitverschuldens zu verhindern.

Ein schutzwürdiges Einbeziehungsinteresse der Tochtergesellschaft besteht nicht. Kann die Tochtergesellschaft ihren Schadensersatzanspruch nicht erfolgreich gegen die Einigungsstellenmitglieder durchsetzen, weil diese nicht solvent sind oder die Pflichtverletzung nicht zu vertreten haben, könnte die Konzernmutter aufgrund eines eigenen Anspruchs ebenso wenig ihren Schaden ausgleichen. Ein Einbeziehungsinteresse bestünde nur, wenn der Anspruch aufgrund eines Mitverschuldens der Tochtergesellschaft ausgeschlossen oder gekürzt ist und dieses der Konzernmutter nicht entgegengehalten werden kann. Dieses Interesse ist aber nicht schutzwürdig, da die Tochtergesellschaft selbst diese Lage verursacht hat.

Gegen den Anspruch aus § 823 Abs. 1 BGB i.V.m. dem Recht am eingerichteten und ausgeübten Gewerbebetrieb kann bei der Konzernmutter nicht das Argument vorgebracht werden, der Spruch der Einigungsstelle sei kein betriebsfremder, von außen kommender Eingriff.[251] Im Verhältnis zur Konzernmutter ist die Einigungsstelle, die für ein anderes Unternehmen des Konzerns eingerichtet wurde, ein betriebsfremdes Organ. Der Eingriff müsste sich aber speziell gegen den Betrieb der Konzernmutter richten. Zudem scheitert der Anspruch mangels Unmittelbarkeit des Eingriffs, da der Arbeitgeber den Spruch erst durchführen muss. So entsteht im Beispiel 2 der Schaden nicht unmittelbar aufgrund des Einigungsstellenspruchs, sondern erst wenn die einzelnen Arbeitnehmer ihre Abfindung einfordern.

Der Schaden aufgrund der Verletzung von Geheimhaltungspflichten ist gemäß § 823 Abs. 2 BGB i.V.m. § 79 BetrVG ersatzfähig. Geheimhaltungspflichtige

---

249 § 2 F. II.

250 Unten § 3 F. I.

251 So unter § 3 B. I. 4. a.

Betriebs- und Geschäftsgeheimnisse sind auch solche anderer Unternehmen des Konzerns.

Ein Anspruch aus § 826 BGB dürfte die Ausnahme bleiben.

3. *Anlagegesellschaft*

Die Anlagegesellschaft ist in die Schutzwirkung des betriebsverfassungsrechtlichen Schuldverhältnisses zwischen Einigungsstellenmitgliedern und Betriebsgesellschaft einbezogen. Sie hat daher vertragliche Schadensersatzansprüche gemäß § 280 Abs. 1 BGB i.V.m. dem Vertrag mit Schutzwirkung zu Gunsten Dritter. Ansprüche bestehen nicht nur bei einer Verletzung von Schutzpflichten, sondern auch bei der Verletzung von Leistungspflichten. Da der Dritte in die vertragsgemäße Abwicklung des Hauptschuldverhältnisses vertraut, muss ihm einen Schadensersatzanspruch auch bei einer Schlechterfüllung mit Drittwirkung zustehen.[252] Die Anlagegesellschaft kann daher Schadensersatz neben der Leistung, statt der Leistung und Verzugsschäden geltend machen. Der Primäranspruch auf Tätigwerden der Einigungsstelle steht ihr hingegen nicht zu.

Hinsichtlich der deliktischen Anspruchsgrundlagen gilt das unter § 3 B. I. 4 zu den Anspruchsgrundlagen des Arbeitgebers Gesagte.

III. Betriebsrat

1. *Kein eigner Schaden*

Der Betriebsrat ist nicht vermögensfähig. Ihm kann kein Schaden entstehen.[253] Er muss allenfalls einen nicht gerechtfertigten Einigungsstellenspruch hinnehmen. Mangels Vermögenswert einer Abstimmungsniederlage kann diese nicht als Schaden geltend gemacht werden.[254]

Bei einer Amtspflichtverletzung des Betriebsrats besteht die Schadensersatzforderung der Arbeitnehmer nicht gegenüber dem Gremium, sondern gegenüber den einzelnen schuldhaft handelnden Mitgliedern.[255]

Mangels eigenen Schadens des Betriebsrats stellt sich die Frage nach einer Anspruchsgrundlage für eine Haftung der Einigungsstellenmitglieder ihm gegenüber nicht.

---

252 BGH vom 12.11.1979 – II ZR 174/77 – NJW 1980, 589, 590; vom 6.7.1965 – VI ZR 47/64 – NJW 1965, 1955, 1957; *Gottwald*, in: MünchKommBGB (2012), § 328 Rn. 175.

253 *Schipp*, NZA 2011, 271, 272; *Worzalla*, in: HWGNRH, BetrVG, § 76 Rn. 80; *Künzl*, in: Germelmann/Matthes/Prütting, ArbGG, Einigungsstellenverfahren Rn. 423; *Wenning-Morgenthaler*, Rn. 143.

254 *Schack*, S. 44.

255 *Triebel*, S. 110 ff., 119 ff.; *Belling*, Die Haftung des Betriebsrats, S. 286 ff.; zum Verhältnis der Betriebsratshaftung zur Einigungsstellenhaftung unter § 7B.

2. *Keine Drittschadensliquidation*

Er kann auch nicht den Schaden der Arbeitnehmer im Wege der Drittschadensliquidation geltend machen. Zwar fallen Schaden und Anspruch auseinander: Zwischen Einigungsstellenmitgliedern und Betriebsrat besteht ein betriebsverfassungsrechtliches Schuldverhältnis. Bei Verletzung der Pflichten aus diesem Rechtsverhältnis steht dem Betriebsrat grundsätzlich ein Anspruch aus § 280 Abs. 1 BGB zu. Der Schaden entsteht indes bei den Arbeitnehmern (Beispiele 11 ff.). Dieses Auseinanderfallen von Schaden und Anspruch ist aber nicht zufällig. Zufällig bedeutet, dass der Schaden aufgrund besonderer, dem Schädiger nicht erkennbarer Umstände auf einen anderen verlagert wird.[256] Bei der Einigungsstelle handelt es sich weder um besondere Umstände, die der Schadensverlagerung zu Grunde liegen, noch ist diese für den Schädiger nicht erkennbar. Der Schaden kann von vorneherein nur den Arbeitnehmern und nie dem Betriebsrat entstehen. Von einer „Verlagerung" kann nur gesprochen werden, wenn der Schaden zumindest auch einer anderen Person hätte entstehen können. Die Schadensverlagerung auf den Arbeitnehmer ist keine besondere Situation, sondern zwingend. Die Einigungsstellenmitglieder als Schädiger wissen von Anfang an, dass dem Betriebsrat kein Schaden entstehen wird, sondern allenfalls den Arbeitnehmern. Würde man die Drittschadensliquidation zulassen, würde sich das Haftungsrisiko der Einigungsstellenmitglieder erhöhen. Sie könnten für Schäden in Anspruch genommen werden, für die sie ohne Drittschadensliquidation nicht einstehen müssten. Zweck der Drittschadensliquidation ist aber gerade nicht eine Haftungserweiterung, sondern die Vermeidung einer ungerechtfertigten Entlastung des Schädigers.[257]

3. *Leistungsanspruch aus betriebsverfassungsrechtlichen Schuldverhältnis*

Bleibt die Einigungsstelle untätig, entsteht dem Betriebsrat zwar kein Vermögensschaden. Dennoch hat er, insbesondere wenn die Einigungsstelle auf Antrag des Betriebsrats bestellt wird, ein Naturalinteresse an der Entscheidung der Einigungsstelle. Dieses kann er ebenso wie der Arbeitgeber gerichtlich durch einen Leistungsanspruch auf Tätigwerden gegenüber dem untätigen Einigungsstellenmitglied durchsetzen. Der Leistungsanspruch auf einen wirksamen, ermessenfehlerfreien Spruch ergibt sich aus dem betriebsverfassungsrechtlichen Schuldverhältnis, das zwischen Betriebsrat und sämtlichen Einigungsstellenmitgliedern besteht.[258] Als unvertretbare Handlung kann der Anspruch gemäß § 888 ZPO mittels Zwangsgeld oder Zwangshaft durchgesetzt werden.[259]

---

256 *Looschelders*, SR AT, § 46 Rn. 1024.
257 *Oetker*, in: MünchKommBGB (2012), § 249 Rn. 289.
258 Oben § 2 D. III.
259 *Triebel*, S. 96.

4. *Anspruch auf Ersetzung des Vorsitzenden*

Unter einem untätigen Vorsitzenden leidet insbesondere der Betriebsrat, wenn er die Einigungsstelle einseitig beantragt hat. Dem Arbeitgeber dürfte es egal sein, dass die Einigungsstelle nicht tätig wird, wenn er ohnehin die vom Betriebsrat angestrebte Regelung nicht wünscht. Statt einer Leistungsklage auf Tätigwerden des bestellten Vorsitzenden kann der Wunsch nach einem anderen Vorsitzenden entstehen.

Einen unmittelbaren Anspruch auf Ersetzung des untätigen Vorsitzenden hat der Betriebsrat nicht. Der Austausch des Vorsitzenden erfolgt in zwei Schritten: Zunächst muss der bisherige Vorsitzende abberufen werden, dann muss ein neuer Vorsitzender bestellt werden. Die Abberufung setzt als *actus contrarius* zur Bestellung eine Einigung der Betriebsparteien voraus. Eine einseitige Abberufung ist nur über einen erfolgreichen Befangenheitsantrag einer Betriebspartei möglich.[260] Nach der Abberufung muss ein neuer Vorsitzender durch Einigung der Betriebsparteien oder gerichtlich gemäß § 99 ArbGG bestellt werden. Der Betriebsrat ist bei der Ersetzung des Vorsitzenden somit auf die Mitwirkung des Arbeitgebers zumindest im Hinblick auf die Abberufung des bestellten Vorsitzenden angewiesen. Zumindest nachdem dem Vorsitzenden eine Frist zur Leistung gesetzt wurde und diese erfolglos verstrichen ist, muss der Betriebsrat aber einen Anspruch auf Mitwirkung des Arbeitgebers bei der Abberufung des Vorsitzenden haben, da andernfalls der Zweck des Einigungsstellenverfahrens vereitelt würde.

C. Pflichten aus dem betriebsverfassungsrechtlichen Schuldverhältnis

Die Einigungsstellenmitglieder schulden aufgrund des betriebsverfassungsrechtlichen Schuldverhältnisses die Beilegung von Meinungsverschiedenheiten zwischen Arbeitgeber und Betriebsrat. Sie erfolgt in Form eines wirksamen, ermessensfehlerfreien Beschlusses der Einigungsstelle als Hauptleistung. Denkbare Haftungskonstellationen sind daher ein unwirksamer Spruch, ein ermessensfehlerhafter Spruch, eine verzögerte Leistung oder die schlichte Nichtleistung.[261]

Daneben sind Pflichtverletzungen denkbar, die den Spruch als solchen unberührt lassen und nur eine Art „Nebenschaden" verursachen. Dazu gehört die Geheimhaltungspflicht bezüglich Betriebs- und Geschäftsgeheimnissen, sowie Schutz- und Rücksichtnahmepflichten aus dem betriebsverfassungsrechtlichen Schuldverhältnis. Bei diesen Pflichten handelt es sich um Nebenpflichten gemäß § 241 Abs. 2 BGB. Ein zusätzliches vertragliches Schuldverhältnis kann weitere Pflichten normieren.

---

260 *Schaub*, NZA 2000, 1087, 1088.
261 *Schipp*, NZA 2011, 271, 272.

I. Haftung für den Spruch

1. *Unwirksamkeit des Spruchs*

Ein unwirksamer Spruch kann Meinungsverschiedenheiten nicht beseitigen und ist daher eine Pflichtverletzung in Form der Schlechtleistung. Ursache für einen unwirksamen Spruch können Verfahrensfehler (Beispiel 1) oder Rechtsfehler (Beispiel 2) sein. Die Betriebsparteien können die Feststellung der Unwirksamkeit des Spruchs wegen Verfahrens- und Rechtsfehler auch nach Ablauf der Frist des § 76 Abs. 5 S. 4 BetrVG beantragen.

a. Verfahrensfehler

Das Verfahren der Einigungsstelle ist im Gesetz sehr rudimentär geregelt. In § 76 Abs. 3 BetrVG finden sich nur Vorschriften zur mündlichen Beratung der Einigungsstelle, dem Abstimmungsvorgang sowie zur schriftlichen Niederlegung und Zuleitung der Beschlüsse.

Verfahrensvorschriften können gemäß § 76 Abs. 4 BetrVG auch in einer Betriebsvereinbarung festgesetzt werden. Verstöße gegen diese machen den Einigungsstellenspruch unwirksam, obwohl der Spruch der Einigungsstelle die Wirkung einer Betriebsvereinbarung hat und daher mit ihr auf einer Hierarchieebene steht. Grund hierfür ist die originäre Regelungskompetenz der Betriebsparteien. Die subsidiäre Regelungskompetenz der Einigungsstelle beschränkt sich auf den Freiraum, den die Betriebsparteien ihr gewähren.[262]

Darüber hinaus ergeben sich aus dem Rechtsstaatsgebot (Art. 20 Abs. 1, 3, Art. 28 Abs. 1 GG) und der Funktion der Einigungsstelle als Organ, das normative Regelungen erzeugt, gewisse Mindestanforderungen an das Verfahren.[263] Zweck des Verfahrensrechts ist es, die Mitwirkung und die Einflussnahme der Betriebspartner möglichst umfassend sicherzustellen. Daher sind einerseits Sanktionen bei Verstößen erforderlich, andererseits darf das Verfahrensrecht nicht zum Selbstzweck werden. Es darf nicht jeder kleine Fehler Auswirkungen auf die Wirksamkeit des Spruchs haben.[264]

Das spiegelt sich auch im öffentlichen Recht bei der Nichtigkeit und Anfechtbarkeit eines Verwaltungsaktes wieder. Ein Verwaltungsakt ist gemäß § 44 Abs. 1 VwVfG nichtig, wenn er an einem schwerwiegenden Fehler leidet und dies bei verständiger Würdigung aller in Betracht kommenden Umstände offensichtlich ist. Nicht einmal anfechtbar ist der Verwaltungsakt, wenn offensichtlich ist, dass die Verletzung von Verfahrensvorschriften die Entscheidung in der Sache nicht beeinflusst hat, § 46 VwVfG. Eine Art „Mittelweg" ist die Heilung von Verfahrensfehlern gemäß § 45 VwVfG.

---

262 *Hennige*, S. 252 f.

263 BAG vom 18.4.1989 – 1 ABR 2/88 – NZA 1989, 807, 808; *Schönfeld*, NZA Beil. 4/1988, 3, 8.

264 *Hennige*, S. 250 f.

Das BAG wird diesen Erwägungen gerecht, indem es für die Unwirksamkeit des Einigungsstellenspruchs einen Verstoß gegen *elementare* Verfahrensvorschriften fordert.[265]

aa. Gesetzlich geregelte Verfahrensvorschriften

§ 76 Abs. 3 S. 2 BetrVG fordert eine mündliche Beratung der Einigungsstelle. Dabei handelt es sich um eine grundlegende Verfahrensvorschrift, die sicherstellt, dass die jeweiligen Argumente ausgetauscht und hinterfragt wurden.[266] Dieser Prozess ist ein wesentlicher Bestandteil der Schlichtung. Ein Verstoß hiergegen hat die Nichtigkeit des Spruchs zur Folge und ist damit eine relevante Pflichtverletzung i.S.d. § 280 Abs. 1 BGB.

Umstritten ist, ob aus der Mündlichkeit der Beratung der allgemeine Grundsatz der Mündlichkeit folgt. Aus § 76 Abs. 3 S. 2 BetrVG lässt sich dieser nicht herleiten. Die Vorschrift betrifft nur den internen Beratungsvorgang *in* der Einigungsstelle, nicht das Verfahren *vor* der Einigungsstelle.[267] Der Grundsatz der Mündlichkeit wird teilweise aus dem Sinn und Zweck des Einigungsstellenverfahrens hergeleitet. Eine offene Aussprache der Beteiligten könne nur mündlich gewährleistet werden, nicht dagegen bei einer bloß schriftlichen Anhörung der Parteien.[268] Die Anhörung der Parteien ist aber eine Frage des rechtlichen Gehörs. Eine mündliche Anhörung ist nicht zwingend erforderlich.[269]

§ 76 Abs. 3 S. 3 BetrVG regelt das Beschlussverfahren. Dieses ist zwingend einzuhalten. Insbesondere ist auf die weitere Beratung vor der Beteiligung des Vorsitzenden an der Abstimmung hinzuweisen.[270] Ein Verstoß gegen diese Beschlussmodalitäten führt zur Nichtigkeit des Spruchs.[271] Das gleiche gilt für einen Verstoß gegen das Gebot der schriftlichen Niederlegung des Beschlusses und seiner Zuleitung gemäß § 76 Abs. 3 S. 4 BetrVG. Die normative Wirkung des Spruchs erfordert es aus Gründen der Rechtssicherheit, diese Formalien einzuhalten.[272] Die Pflicht zur Unterschrift und zur Zuleitung an die Betriebsparteien trifft aber nur den Einigungsstellenvorsitzenden, sodass auch nur er diese Pflicht verletzen kann.

Alle Verstöße gegen gesetzlich festgelegte Verfahrensvorschiften sind Pflichtverletzungen, da diese Vorschriften zwingend sind.[273]

---

265 BAG vom 27.6.1995 – 1 ABR 3/95 – NZA 1996, 161, 162; vom 9.5.1995 – 1 ABR 56/94, NZA 1996, 156, 159; vom 18.1.1994 – 1 ABR 43/93 – NZA 1994, 571.

266 *Hennige*, S. 254.

267 *Kreutz/Jacobs*, in: GK-BetrVG, § 76 Rn. 102; *Hennige*, S. 160.

268 *Pünnel*, AuR 1973, 257, 261; *Schönfeld*, NZA Beil. 4/1988, 3, 9.

269 *Kreutz/Jacobs*, in: GK-BetrVG, § 76 Rn. 102; *Hennige*, S. 160; *Gaul*, S. 251

270 *Hunold*, NZA 1999, 785, 789 f.

271 BAG vom 27.06.1995 – 1 ABR 3/95 – NZA 1996, 161; vom 18.04.1989 – 1 ABR 2/88 – NZA 1989, 807; *Hennige*, S. 255; **a.A.** *Hunold*, NZA 1999, 785, 790, der nur von einem Anfechtungsgrund ausgeht.

272 BAG vom 10.12.2013 – 1 ABR 45/12 – NZA 2014, 862, 863; *Hennige*, S. 256.

273 *Fitting*, BetrVG, § 76 Rn. 56, 58.

bb. Rechtliches Gehör

Das BAG anerkennt den Anspruch auf rechtliches Gehör als Verfahrensgrundsatz der Einigungsstelle unter Hinweis auf Art. 103 Abs. 1 GG.[274] Ursprünglich gestand es den Anspruch nur den Mitgliedern der Einigungsstelle, nicht dagegen den Betriebsparteien, zu.[275] Diese Ansicht begründete das BAG damit, dass die Betriebsparteien gerade durch ihre Beisitzer in der Einigungsstelle vertreten werden. Mittlerweile hat das BAG dieses Verständnis der Beisitzerrolle aufgegeben und erkannt, dass die Beisitzer nicht verlängerter Arm der jeweiligen Betriebspartei sind, sondern frei von Weisungen und mit einer gewissen inneren Unabhängigkeit bei der Schlichtung des Regelungsstreits mitwirken sollen.[276] Aus der Funktion der Einigungsstelle ergebe sich, dass die Mitglieder der Einigungsstelle die streitige Regelungsfrage, an der die Betriebsparteien gerade gescheitert sind, unabhängig von den Festlegungen der Betriebsparteien mit einer gewissen Distanz zu deren Positionen behandeln und entscheiden können. Es sei deshalb nicht nur sinnvoll, sondern notwendig, dass auch die Betriebsparteien vor der Einigungsstelle selbst zu Wort kommen. Sie müssten ihre unterschiedlichen Auffassungen zu der Regelungsfrage und Lösungsvorschläge zunächst ungefiltert selber darstellen können. Damit räumt nun auch das BAG, ebenso wie die Literatur[277] den Betriebsparteien selbst einen Anspruch auf rechtliches Gehör ein.

Da die Einigungsstelle gemäß § 76 Abs. 5 S. 3 BetrVG die Belange der Betriebsparteien zu berücksichtigen hat, sind die Aussagen der Parteien für die Entscheidung der Einigungsstelle von wesentlicher Bedeutung. Ein Verstoß gegen den Grundsatz des rechtlichen Gehörs hat die Nichtigkeit des Spruchs zur Folge.[278] Die Pflicht zur Gewährung rechtlichen Gehörs trifft nicht nur den Vorsitzenden, sondern die Einigungsstelle an sich. Daher können auch die Beisitzer ihre Pflicht verletzen, wenn sie die Anhörung der Parteien ablehnen.

Keine Verletzung des rechtlichen Gehörs ist die Nichtbescheidung von Sachaufklärungsanträgen. Hierbei kann es sich allenfalls um Rechts- oder Ermessensfehler mangels hinreichender Sachaufklärung handeln.[279]

---

274 BAG vom 4.7.1989 – 1 ABR 40/88 – NZA 1990, 29, 32; vom 11.2.1992 – 1 ABR 51/91 – NZA 1992, 702, 703.

275 BAG vom 11.2.1992 – 1 ABR 51/91 – NZA 1992, 702, 703.

276 BAG vom 27.6.1995 – 1 ABR 3/95 – NZA 1996, 161, 162; vom 18.1.1994 – 1 ABR 43/93 – NZA 1994, 571, 572.

277 *Fitting*, BetrVG, § 76 Rn. 69; *Richardi*, in: Richardi, BetrVG, § 76 Rn. 87; *Schönfeld*, NZA Beil. 4/1988, 3, 9; *Kreutz/Jacobs*, in: GK-BetrVG, § 76 Rn. 101.

278 BAG vom 11.2.1992 – 1 ABR 51/91 – NZA 1992, 702, 703; *Hennige*, S. 257.

279 BAG vom 29.1.2002 – 1 ABR 18/01 – AP Nr. 19 zu § 76 BetrVG 1972 Einigungsstelle, unter B. I. 2. c) bb).

cc. Öffentlichkeit

Die Verhandlung vor der Einigungsstelle ist nicht öffentlich, insbesondere auch nicht betriebsöffentlich.[280] Die öffentliche Verhandlung ohne Einverständnis der Betriebspartner macht den Spruch unwirksam.[281]

Indes folgt aus dem Grundsatz des rechtlichen Gehörs für die Betriebsparteien, dass die mündliche Verhandlung vor der Einigungsstelle parteiöffentlich ist.[282] Die Betriebsparteien müssen ihre Ansichten selbst vor der Einigungsstelle darstellen können, damit die Einigungsstelle sich ein Bild über den Streitstoff und die Lösungsmöglichkeiten machen kann.[283] Ein Ausschluss der Betriebspartner ist gleichzeitig eine Verletzung des rechtlichen Gehörs und führt zur Nichtigkeit des Spruchs.[284] Bei der mündlichen Schlussberatung und Beschlussfassung als solcher dürfen die Betriebsparteien dagegen nicht anwesend sein. Die für die Schlichtung erforderliche Unabhängigkeit der Einigungsstelle kann nur in Abwesenheit der Betriebsparteien erreicht werden. Da es sich bei der Nichtöffentlichkeit während der mündlichen Schlussberatung und Beschlussfassung um einen elementaren Grundsatz handelt, ist der Spruch bei einem Verstoß unwirksam.[285]

dd. Rechtzeitige Unterrichtung über Ort und Zeit

Nach der Rechtsprechung des BAG müssen die Mitglieder rechtzeitig und ordnungsgemäß über Ort und Zeit der Sitzungen unterrichtet und mit den notwendigen Unterlagen versehen werden.[286] Dies folgt aus der Funktion der Einigungsstelle als beschlussfassendem Gremium. Rechtzeitig ist die Unterrichtung, wenn eine ordnungsgemäße Vorbereitung auf die Sitzung noch möglich ist. Die Verantwortung für die rechtzeitige und ordnungsgemäße Unterrichtung trifft den Einigungsstellenvorsitzenden. Seine Aufgabe ist es, für einen ordnungsgemäßen Ablauf des Verfahrens zu sorgen. Sofern nicht bereits ein Termin abgesprochen wurde, muss der Vorsitzende die Beisitzer persönlich laden.[287] Schaltet er hierzu Dritte ein, kommt es darauf an, ob der Dritte Bote oder Ladungsbevollmächtigter ist. Im ersten Fall trägt der Vorsitzende weiterhin das Übermittlungsrisiko. Eine Ladungsvollmacht

280 *Faulenbach*, NZA 2012, 953, 955; *Kreutz/Jacobs*, in: GK-BetrVG, § 76 Rn. 107; **a.A.** *Berg*, in: D/K/K/W, BetrVG, § 76 Rn. 95.

281 *Heinze*, RdA 1990, 262, 266; **a.A.** *Hennige*, S. 258; auch unten § 3 C. II. 1. a.

282 BAG vom 18.4.1989 – 1 ABR 2/88 – NZA 1989, 807, 808; *Schönfeld*, NZA Beil. 4/1988, 3, 9; *Berg*, in: D/K/K/W, BetrVG, § 76 Rn. 96; *Richardi*, in: Richardi, BetrVG, § 76 Rn. 88; *Kreutz/Jacobs*, in: GK-BetrVG, § 76 Rn. 107; *Schönfeld*, Einigungsstelle, S. 148; **a.A.** *Krasshöfer*, in: Düwell, BetrVG, § 76 Rn. 22; *Hennige*, S. 194.

283 BAG vom 18.1.1994 – 1 ABR 43/93 – NZA 1994, 571, 572.

284 *Hennige*, S. 258; ähnlich *Friedemann*, Rz. 210 f., der die Parteiöffentlichkeit von vorneherein dem Grundsatz des rechtlichen Gehörs zuordnet.

285 BAG vom 18.1.1994 – 1 ABR 43/93 – NZA 1994, 571, 572.

286 BAG vom 27.6.1995 – 1 ABR 3/95 – NZA 1996, 161, 162.

287 *Fitting*, BetrVG, § 76 Rn. 57; *Kreutz/Jacobs*, in: GK-BetrVG, § 76 Rn. 100.

ist grundsätzlich möglich, muss aber ausdrücklich erteilt werden.[288] Die Höchstpersönlichkeit des Einigungsstellenamtes[289] schließt nur die Bestellung eines Verfahrensbevollmächtigen, nicht die eines Ladungsbevollmächtigten, aus.

Verletzt der Vorsitzende seine Ladungspflicht ist der Spruch unwirksam,[290] sofern die Pflichtverletzung nicht durch rügelose Einlassung des nicht geladenen Mitglieds geheilt wird.[291]

ee. Befangenheitsantrag

Wird auf einen Befangenheitsantrag nicht richtig reagiert, kann das ein Verfahrensfehler sein.

Da lediglich der Vorsitzende zur Unparteilichkeit verpflichtet ist, kann nur er wegen Befangenheit angelehnt werden, nicht dagegen die Beisitzer. Die Ablehnung des Vorsitzenden richtet sich nach den §§ 1036 ff. ZPO analog, soweit nicht Bestimmungen des BetrVG entgegenstehen. Aufgrund seiner gesetzlich vorgeschriebenen Unparteilichkeit ist der Vorsitzende vergleichbar mit dem Schiedsgericht.[292] Die rechtsstaatlichen Verfahrensgrundsätze fordern, dass die betroffene Partei zur Geltendmachung der Ablehnungsgründe nicht auf das Anfechtungsverfahren verwiesen wird, sondern jederzeit das Recht zur Ablehnung hat. Voraussetzung ist gemäß § 1036 Abs. 2 ZPO analog, dass berechtigte Zweifel an der Unparteilichkeit oder Unabhängigkeit des Vorsitzenden bestehen. Die Frist zur Geltendmachung der Ablehnungsgründe beträgt gemäß § 1037 Abs. 2 S. 1 ZPO analog zwei Wochen ab Kenntnis eines Umstands i.S.d. § 1036 Abs. 2 ZPO. Durch diese Neuregelung des schiedsgerichtlichen Verfahrens ist die frühere Rechtsprechung, die aus dem Rechtsgedanken des § 43 ZPO einen Verlust des Ablehnungsrechts bei Weiterverhandeln in Kenntnis eines Ablehnungsgrundes herleitete, überholt.[293]

Der Befangenheitsantrag muss von einer Betriebspartei gestellt werden, nicht von den Beisitzern, da nur die Rechtsstellung der Betriebsparteien betroffen ist. Die Beisitzer sind trotz gewisser Nähe unabhängig und weisungsfrei von den Betriebsparteien und können nicht Vertretern oder Bevollmächtigten gleichgesetzt werden.[294] Bei der Zweiwochenfrist des § 1037 Abs. 2 S. 1 ZPO kommt es auf die

---

288 BAG vom 27.6.1995 – 1 ABR 3/95 – NZA 1996, 161, 163.

289 *Fitting*, BetrVG, § 76 Rn. 50; *Kreutz/Jacobs*, in: GK-BetrVG, § 76 Rn. 109.

290 BAG vom 27.6.1995 – 1 ABR 3/95 – NZA 1996, 161, 162; *Berg*, in: D/K/K/W, BetrVG, § 76 Rn. 98.

291 BAG vom 27.6.1995 – 1 ABR 3/95 – NZA 1996, 161, 163.

292 BAG vom 9.5.1995 – 1 ABR 56/94 – NZA 1996, 156, 159; vom 11.9.2001 – 1 ABR 5/01 – NZA 2002, 572, 573.

293 So noch BAG vom 9.5.1995 – 1 ABR 56/94 – NZA 1996, 156, 159.

294 BAG vom 29.1.2002 – 1 ABR 18/01 – AP Nr. 19 zu § 76 BetrVG 1972 Einigungsstelle, unter B. I. 2. b) cc); *Krasshöfer*, in: Düwell, BetrVG, § 76 Rn. 18.

Kenntnis der Betriebsparteien an. Die Kenntnis der Beisitzer kann den Betriebsparteien nicht zugerechnet werden, da sie keine Vertreter sind.[295]

Für die Entscheidung über den Ablehnungsantrag wird das schiedsgerichtliche Verfahren von § 76 Abs. 3 BetrVG überlagert. Aus § 76 Abs. 3 BetrVG folgt, dass nur ein Abstimmungsvorgang ohne Beteiligung des Vorsitzenden zur Verfügung steht. Bei einem Patt wird kein weiterer Abstimmungsvorgang mit Beteiligung des Vorsitzenden durchgeführt. Der Antrag ist vielmehr abgelehnt, weil es an der für die Ablehnung erforderlichen Mehrheit fehlt.[296]

Übergeht die Einigungsstelle den Befangenheitsantrag und entscheidet sofort zur Sache, ist dies ein elementarer, nicht heilbarer Verfahrensfehler. Ein späterer Spruch, an dem der Vorsitzende beteiligt war, ist unwirksam.[297]

Dagegen ist nach einer Ablehnung des Befangenheitsantrags gemäß § 1037 Abs. 3 S. 2 ZPO analog die Fortsetzung unter Mitwirkung des Abgelehnten weiterhin möglich. Die Ablehnungsgründe werden dann nach Abschluss des Einigungsstellenverfahrens ausnahmsweise im Anfechtungsverfahren geprüft.[298]

Stellt sich die Befangenheit des Vorsitzenden erst nach Abschluss des Einigungsstellenverfahrens heraus, führt das zur Unwirksamkeit des Spruchs.[299] Der Vorwurf der Pflichtverletzung trifft in diesem Fall nur den Vorsitzenden, da er gegen seine gesetzlich vorgeschriebene Unparteilichkeit verstößt. Die Beisitzer sind nicht verpflichtet, über die Unparteilichkeit des Vorsitzenden zu entscheiden, solange kein Befangenheitsantrag der Betriebsparteien gestellt wurde.

ff. Wirksame Konstituierung der Einigungsstelle

Der Einigungsstellenvorsitzende hat zu prüfen, ob das Einigungsstellenverfahren ordnungsgemäß eingeleitet wurde. Diese Prüfung ist Teil des Untersuchungsgrundsatzes[300] und trifft den Einigungsstellenvorsitzenden als Leiter des Verfahrens. Er muss prüfen, ob die Betriebsparteien ordnungsgemäß durch die von ihnen bestellten Beisitzer „vertreten" werden. Die „Vertretung" ist nicht im Sinne einer rechtsgeschäftlichen Vertretung nach §§ 164 ff. BGB zu verstehen. Die Legitimation zur Interessenvertretung vor der Einigungsstelle wird bereits durch die Entsendung in die Einigungsstelle begründet. Diese Entsendung muss ordnungsgemäß sein. Beim Arbeitgeber ist besondere Aufmerksamkeit geboten, wenn das Insolvenzverfahren eröffnet wurde und das Verwaltungs- und Verfügungsrecht gemäß § 80 InsO auf den Insolvenzverwalter übergegangen ist. Nach der Eröffnung des Insolvenzverfahrens kann nur noch der Insolvenzverwalter anstelle des Arbeitgebers Beisitzer

---

295 *Krasshöfer*, in: Düwell, BetrVG, § 76 Rn. 18.

296 BAG vom 11.9.2001 – 1 ABR 5/01 – NZA 2002, 572, 574.

297 BAG vom 29.1.2002 – 1 ABR 18/01 – AP Nr. 19 zu § 76 BetrVG 1972 Einigungsstelle, unter B. I. 2. b) bb)

298 BAG vom 11.9.2001 – 1 ABR 5/01 – NZA 2002, 572, 575.

299 *Hennige*, S. 260.

300 Hierzu ausführlich unter § 4 B. III. 3. c. dd.

in die Einigungsstelle zum Abschluss eines Sozialplans entsenden.[301] Auf Seiten des Betriebsrats ist zu prüfen, ob der Betriebsrat wirksam gewählt wurde, noch im Amt ist und ob der Betriebsratsbeschluss zur Entsendung der Beisitzer ordnungsgemäß gefasst wurde.[302] Andernfalls wurde die Einigungsstelle bereits nicht wirksam konstituiert und ihr Spruch ist unwirksam.[303]

b. Rechtsfehler

Weitere Quelle für Pflichtverletzungen sind Rechtsfehler der Einigungsstelle. Diese unterfallen, anders als Ermessensfehler, nicht der zweiwöchigen Anfechtungsfrist gemäß § 76 Abs. 5 S. 4 BetrVG. Zu den Rechtsfehlern zählen Verstöße gegen das zwingende Recht und die Zuständigkeit der Einigungsstelle.[304]

aa. Bindung an zwingendes Recht

Die Einigungsstelle ist in ihrer Entscheidung an zwingendes vorrangiges Recht gebunden.

§ 75 BetrVG bindet die Betriebsparteien an die Grundsätze von Recht und Billigkeit, verbietet Diskriminierung und ruft zu Schutz und Förderung der freien Entfaltung der Persönlichkeit der im Betrieb beschäftigten Arbeitnehmer auf. Da die Einigungsstelle keine weitergehenden Rechte als die Betriebsparteien haben kann, gilt § 75 BetrVG auch für Betriebsvereinbarungen, die auf dem Spruch einer Einigungsstelle beruhen, der die Einigung zwischen Arbeitgeber und Betriebsrat ersetzt.[305] § 75 BetrVG konkretisiert beispielhaft die Grundrechte aus Art. 2 Abs. 1, 3, 9 Abs. 3, 12 GG.[306] Die Bindung an Recht und Billigkeit bietet als Generalklausel ein „Einfallstor" für die mittelbare Drittwirkung der Grundrechte im Privatrecht, sodass Arbeitgeber und Betriebsrat verpflichtet sind, die Wertungen der Grundrechte zu beachten.[307] Beim Verstoß gegen Grundrechte ist danach zu differenzieren, ob sie sich als Abwägungsfehler im Rahmen des § 76 Abs. 5 S. 4 BetrVG darstellen oder ob das Grundrecht der Entscheidung von vorneherein entgegensteht. Im ersten Fall handelt es sich um einen Ermessensfehler, der nur innerhalb der zweiwöchigen Anfechtungsfrist des § 76 Abs. 5 S. 4 BetrVG von Arbeitgeber oder Betriebsrat geltend gemacht werden kann.[308] Im zweiten Fall handelt es sich um einen Rechtsfehler, der

---

301 *Hunold,* NZA 1999, 785, 787 f.

302 *Kreutz/Jacobs,* in: GK-BetrVG, § 76 Rn. 71.

303 **A.A.** *Hunold,* NZA 1999, 785, 791, der nur von einer Anfechtbarkeit ausgeht.

304 *Ehrich/Fröhlich,* Einigungsstelle, S. 77.

305 *Kreutz,* in: GK-BetrVG, § 75 Rn. 152; *Koch,* in: Schaub, Arbeitsrechts-Handbuch, § 232 Rn. 30; BAG vom 11.3.1986 – 1 ABR 12/84 – NZA 1986, 526, 529; BAG vom 13.2.2007 – 1 ABR 18/06 – NZA 2007, 640, 643.

306 *Berg,* in: D/K/K/W, BetrVG, § 75 Rn. 1; *Kreutz,* in: GK-BetrVG, § 75 Rn. 30 f.

307 BAG vom 21.10.2003 – 1 AZR 407/02 – NZA 2004, 559, 560; vom 12.11.2002 – 1 AZR 58/02 – NZA 2003, 1287, 1290; *Kreutz,* in: GK-BetrVG, § 75 Rn. 31.

308 Dazu unter § 3 C. I. 2.

ohne diese Einschränkungen, also auch von Arbeitnehmern und zeitlich unbegrenzt, geltend gemacht werden kann.[309]

§ 75 BetrVG ist ein Verbotsgesetz i.S.d. § 134 BGB. Verstößt der Spruch der Einigungsstelle wie im Beispiel 2 gegen die Wertungen des Art. 6 GG, die gemäß § 75 BetrVG zu beachten ist, ist er nichtig.[310] Bei Verstößen gegen das Benachteiligungsverbot ergibt sich die Unwirksamkeit gleichzeitig aus § 7 Abs. 2 AGG.[311]

§ 75 BetrVG dient nur dem Schutz der Grundrechte der Arbeitnehmer. Der Spruch der Einigungsstelle darf aber auch nicht gegen die Grundrechte des Arbeitgebers verstoßen, denn die Grundrechte entfalten als Elemente einer objektiven Werteordnung auch im Privatrecht Bedeutung.[312]

Der Spruch muss weiter mit dem Unionsrecht vereinbar sein und darf nicht gegen die guten Sitten verstoßen.[313] Er darf nicht gegen die im Betrieb geltenden Tarifverträge verstoßen.[314] Zu beachten ist der Tarifvorrang gemäß § 77 Abs. 3 BetrVG[315] und der Tarifvorbehalt gemäß § 87 Abs. 1 BetrVG.[316]

Bei einem Verstoß gegen höherrangiges Recht ist der Einigungsstellenspruch unwirksam.[317] Verstoßen die Mitglieder der Einigungsstelle gegen zwingendes vorrangiges Recht, handelt es sich um eine Pflichtverletzung in Form der Schlechtleistung.

bb. Zuständigkeit

Die Einigungsstelle kann nur im Rahmen ihrer Zuständigkeit wirksam tätig werden. Über ihre eigene Zuständigkeit hat sie als Vorfrage selbst zu entscheiden.[318] Ob die Einigungsstelle zuständig ist, bestimmt sich zu einen danach, ob ein Mitbestimmungsrecht besteht.[319] Zum anderen legen die Betriebsparteien durch ihren Antrag den Gegenstand des Einigungsstellenverfahrens und damit den Umfang der

---

309 *Fiebig*, DB 1995, 1278, 1281; derselbe, Einigungsstelle, S. 168 ff.

310 *Fitting*, BetrVG, § 75 Rn. 177; *Berg*, in: D/K/K/W, BetrVG, § 75 Rn. 142;

311 *Kreutz,* in: GK-BetrVG, § 75 Rn. 152.

312 BVerfG vom 23.4.1986 – 2 BvR 487/80 – NJW 1987, 827; *Richardi*, in: Richardi, BetrVG, § 75 Rn. 100.

313 BAG vom 26.5.1988 – 1 ABR 11/87 – NZA 1989, 26, 28; *Kreutz,* in: GK-BetrVG, § 75 Rn. 29.

314 BAG vom 18.8.1987 – 1 ABR 30/86 – NZA 1987, 779, 782; LAG Baden-Württemberg vom 7.11.1989 – 8 TaBV 2/89 – NZA 1990, 282, 284 f.; *Berg*, in: D/K/K/W, BetrVG, § 76 Rn. 138; *Kreutz/Jacobs,* in: GK-BetrVG, § 76 Rn. 127

315 BAG vom 16.12.1986 – 1 ABR 26/85 – NZA 1987, 568, 570; *Gaul*, S. 71 ff.

316 BAG vom 5.3.1991 – 1 ABR 41/90 – NZA 1991, 611, 612.

317 BAG vom 17.9.1991 – 1 ABR 23/91 – NZA 1992, 227, 228 f.; vom 26.5.1988 – 1 ABR 11/87 – NZA 1989, 26, 28; *Kreutz/Jacobs,* in: GK-BetrVG, § 76 Rn. 144; *Hennige*, S. 245 (mwN).

318 *Kreutz/Jacobs,* in: GK-BetrVG, § 76 Rn. 123.

319 BAG vom 17.9.1991 – 1 ABR 23/91 – NZA 1992, 227, 228 f.

Zuständigkeit fest.[320] Der Antrag bestimmt, umschreibt und umreißt den Gegenstand. Die Einigungsstelle muss darüber vollständig entscheiden.[321] Sie kann den Antrag nicht selbst erweitern. Eine Verhandlung über weitere Angelegenheiten setzt eine Verständigung der Betriebsparteien voraus.[322] Da die Einigungsstellenmitglieder keine Vertreter der Betriebsparteien sind, sind sie hierzu nicht ermächtigt.[323] Die Beschreibung des Gegenstandes der Einigungsstelle ist wichtig, um parallele Einigungsstellen zum selben Thema zu vermeiden. Es gilt in diesem Fall das Prioritätsprinzip. Das heißt, die zuerst bestellte Einigungsstelle hat den Konflikt vollständig zu lösen, die später bestellte Einigungsstelle ist unzuständig.[324]

Hält sich die Einigungsstelle für zuständig, obwohl sie es nicht ist, oder entscheidet sie über Gegenstände, die nicht vom Antrag umfasst sind, ist ihr Spruch insgesamt oder hinsichtlich des Teils, für den die Einigungsstelle nicht zuständig war, unwirksam.[325] Die Einigungsstellenmitglieder verletzen ihre Pflicht, nur bei Zuständigkeit ein Verfahren durchzuführen.

2. Ermessensfehlerhaftigkeit des Spruchs

Die Beispiele 3-6 betreffen ermessensfehlerhafte Einigungsstellensprüche. Ein ermessensfehlerhafter Spruch ist nicht ohne weiteres unwirksam. Das Arbeitsgericht kann seine Unwirksamkeit nur verbindlich mit erga omnes Wirkung[326] feststellen, wenn Arbeitgeber oder Betriebsrat die Überschreitung der Grenzen des Ermessens binnen einer Frist von zwei Wochen gemäß § 76 Abs. 5 S. 4 BetrVG geltend gemacht haben. Nach Ablauf der Frist wird der Spruch im Hinblick auf Ermessensfehler als wirksam fingiert.[327]

Das BAG sieht in der ermessensfehlerhaften Entscheidung der Einigungsstelle „keinen irgendwie gearteten Vorwurf der Pflichtwidrigkeit“[328]. Die Frage, ob die Grenzen des Ermessens gewahrt sind, sei eine Rechtsfrage, deren Beantwortung allein davon abhänge, ob die durch den Spruch der Einigungsstelle getroffene Regelung objektiv die Belange des Betriebes und der betroffenen Arbeitnehmer

---

320 *Schönfeld,* NZA Beil. 4/1988, 3, 8 f.; *Berg,* in: D/K/K/W, BetrVG, § 76 Rn. 110; *Fiebig,* DB 1995, 1278, 1279.

321 BAG vom 30.1.1990 – 1 ABR 2 /89 – NZA 1990, 571, 574.

322 BAG vom 15.5.2001 – 1 ABR 39/00 – NZA 2001, 1154, 1157.

323 BAG vom 27.6.1995 – 1 ABR 3/95 – NZA 1996, 161, 162; *Faulenbach,* NZA 2012, 953, 953.

324 *Kreutz/Jacobs,* in: GK-BetrVG, § 76 Rn. 19; LAG Rheinland-Pfalz vom 12.4.2011 – 3 TaBV 6/11 – juris Rn. 30 ff.; LAG Berlin-Brandenburg vom 26.10.2011 – 20 TaBV 1084/11 – juris Rn. 25.

325 *Hennige,* S. 252.

326 *Kreutz/Jacobs,* in: GK-BetrVG, § 76 Rn. 172.

327 BAG vom 26.5.1988 – 1 ABR 11/87 – NZA 1989, 26, 27; *Kreutz/Jacobs,* in: GK-BetrVG, § 76 Rn. 159.

328 BAG vom 28.4.1981 – 1 ABR 53/79 – AP BetrVG 1972 § 87 Vorschlagswesen Nr. 1.

angemessen berücksichtigt. Es komme nicht darauf an, welche Erwägungen die Einigungsstelle zu der getroffenen Regelung veranlasst haben und ob diese sachlich vertretbar, unvernünftig oder gar willkürlich sind.

Das BAG vermischt hier zwei verschiedene Sachen: den Prüfungsumfang, anhand dessen beurteilt wird, ob die Grenzen des Ermessens überschritten wurden, und die Frage, was den Einigungsstellenmitgliedern als Pflichtverletzung vorgeworfen werden kann. Selbst wenn man bei der gerichtlichen Überprüfung des Spruchs die Erwägungen außer Betracht lässt, die von der Einigungsstelle zugrunde gelegt wurden,[329] bleibt das Pflichtenprogramm der Einigungsstelle davon unberührt. Gemäß § 76 Abs. 5 S. 3 BetrVG fasst die Einigungsstelle ihre Beschlüsse nach billigem Ermessen. Sie schuldet eine Entscheidung, die die Grenzen des Ermessens nicht überschreitet. Zumindest wenn der Spruch der Einigungsstelle die Belange des Betriebs und der betroffenen Arbeitnehmer objektiv nicht angemessen berücksichtigt, muss das einen Vorwurf der Pflichtwidrigkeit an die Einigungsstelle begründen. Ein ermessensfehlerhafter Spruch entspricht sogar bei unterbliebener Anfechtung nicht dem, was die Einigungsstelle schuldet. Ein Spruch, der den Anforderungen des § 76 Abs. 5 S. 3 BetrVG nicht gerecht wird, ist eine Pflichtverletzung.

a. Billiges Ermessen

Gemäß § 76 Abs. 5 S. 3 BetrVG fasst die Einigungsstelle ihre Beschlüsse unter angemessener Berücksichtigung der Belange des Betriebs und der betroffenen Arbeitnehmer nach billigen Ermessen. Bei der Aufstellung eines Sozialplans gilt die Spezialregelung des § 112 Abs. 5 BetrVG, wonach die sozialen Belange der betroffenen Arbeitnehmer sowie die wirtschaftliche Vertretbarkeit der Entscheidung für das Unternehmen zu beachten und zu berücksichtigen sind.

Das Ermessen wird durch die angemessene Berücksichtigung der beiderseitigen Interessen und das Erfordernis der „Billigkeit" eingegrenzt.[330] Für die angemessene Berücksichtigung der beiderseitigen Belange ist eine Abwägung der konkreten Umstände des Einzelfalls erforderlich, wie sie sich der Einigungsstelle im Zeitpunkt der Entscheidung darstellen. Die einzelnen Belange sind sachgerecht zu bewerten. Als Bewertungsmaßstab dienen die Wertungen der Rechtsordnung.[331] Billigkeit bedeutet konkrete Einzelfallgerechtigkeit[332] und lässt als solche grundsätzlich nur eine einzige richtige Entscheidung zu.

Die Kombination aus Billigkeit und Ermessen findet sich auch in anderen Vorschriften, wie beispielsweise in § 315 BGB oder § 106 GewO. Aus der dogmatisch unklaren Formulierung (Billigkeit als unbestimmter Rechtsbegriff des Tatbestands, Ermessen als rechtsfolgeorientierte Auswahlmöglichkeit) schließt

---

329 Dazu unten § 3 C. I. 2. c.

330 *Kreutz/Jacobs*, in: GK-BetrVG, § 76 Rn. 131 f. (mwN).

331 *Fiebig*, Einigungsstelle, S. 90 ff.

332 *Rieble*, Einigungsstelle, S. 32; *Fiebig*, Einigungsstelle, S. 90 ff.; *v. Hoyningen-Huene*, Billigkeit, S. 18 (mwN).

die herrschende Meinung bei § 315 BGB auf einen gestaltenden Ermessensspielraum.[333] Das BAG begründete den Ermessensspielraum damit, dass „Billigkeit" nicht wörtlich in dem Sinne zu verstehen sei, dass es keine Wahlmöglichkeit gebe. Billiges Ermessen sei vielmehr der Gegenbegriff zum freien Ermessen und ziehe durch eine objektive Interessensabwägung engere Grenzen als das freie Ermessen.[334] Der Gemeinsame Senat der Obersten Gerichtshöfe des Bundes differenzierte in einem Beschluss zu § 131 Abs. 1 S. 1 AO a.F. danach, ob es sich um die „Koppelung zwischen unbestimmtem Rechtsbegriff und (sich daran anschließender) Ermessensausübung, oder ob es sich um die Ermächtigung zu einer Ermessensausübung handelt, die sich an dem unbestimmten Begriff zu orientieren hat."[335] Da dem Substantiv „Ermessen" nur das Adjektiv „billig" beigefügt ist, ist davon auszugehen, dass eine einheitliche Ermessensentscheidung gewollt ist.[336] Der Einigungsstelle steht daher ein Ermessensspielraum zu, mithin eine Vielzahl von Handlungsmöglichkeiten.[337] Sie kann der Ansicht des Arbeitgebers oder der des Betriebsrats folgen, sie kann aber auch eine völlig andere eigene Entscheidung treffen.[338] Zusammengefasst muss die Einigungsstelle sämtliche konkreten Belange des Einzelfalls berücksichtigen, sie anhand der Wertungen der Rechtsordnung gewichten, gegeneinander abwägen und den Entscheidungsspielraum durch Betätigung von Ermessen ausfüllen.[339] In § 112 Abs. 5 S. 2 Nr. 1-3 BetrVG gibt der Gesetzgeber zusätzliche Wertungen vor, deren Bedeutung er besonders hervorheben wollte.[340]

b. Ex-ante Beurteilung

Nach der Rechtsprechung des BAG kommen für die Überprüfung der Ermessensentscheidung nur solche Tatschen in Betracht, die im Zeitpunkt der Beschlussfassung der Einigungsstelle vorgelegen haben. Dazu gehören Befürchtungen und Erwartungen einschließlich der diese begründenden tatsächlichen Umstände, die die Betriebspartner mit der zu treffenden Regelung verbunden haben. Später eingetretene Tatsachen, die die Belange der Betriebspartner und deren Gewicht in einem anderen Licht erscheinen lassen, sind für die Angemessenheit des Spruches der Einigungsstelle ohne Bedeutung.[341] Um einen Ermessensfehler handelt es sich nur,

333 *Rieble*, in: Staudinger, BGB (2015), § 315 Rn. 318; *Würdinger*, in: MünchKommBGB (2012), § 315 Rn. 30.
334 BAG vom 12.10.1961 – 5 AZR 423/60 – NJW 1962, 268, 269 f.
335 Gem. Senat vom 19.10.1971 – GmS – OGB 3/70 – NJW 1972, 1411, 1413.
336 *Rieble*, in: Staudinger, BGB (2015), § 315 Rn. 318; *Fiebig*, Einigungsstelle, S. 106 ff.
337 *Rieble*, Einigungsstelle, S. 32; *Bischoff*, S. 156.
338 *Fitting*, BetrVG, § 76 Rn. 140.
339 *Fiebig*, Einigungsstelle, S. 117.
340 *Fiebig*, Einigungsstelle, S. 131.
341 BAG vom 31.8.1982 – 1 ABR 27/80 – NJW 1983, 953, 956.

wenn die Einigungsstellenmitglieder schon im Zeitpunkt der Entscheidung hätten erkennen können, dass der Spruch nicht billigem Ermessen entspricht.

c. *Prüfungsumfang im Anfechtungsverfahren*

Die arbeitsgerichtliche Kontrolle ist eine Rechtskontrolle, keine Zweckmäßigkeitskontrolle.[342] Die Grenzen des Ermessens sind nach dem BAG solange nicht überschritten, wie die getroffene Regelung noch als billiger Ausgleich der Belange des Betriebs und der Arbeitnehmer gelten könne. Die Regelung dürfe deutlich erkennbar keine sachgerechte Interessenabwägung mehr enthalten, weil beispielsweise die Einigungsstelle die Interessen der einen oder der anderen Seite überhaupt nicht berücksichtigt hat oder weil die Regelung nicht nur unzweckmäßig, sondern objektiv ungeeignet ist. Eine „grobe Ermessensüberschreitung" oder eine „offenbare Unbilligkeit" des Spruchs sei dagegen nicht erforderlich.[343]

Klassisch lassen sich drei Gruppen von Ermessensfehlern unterscheiden: Ermessensnichtgebrauch, Ermessensfehlgebrauch und Ermessensüberschreitung.[344] Die ersten beiden Fehlergruppen beziehen sich auf den Abwägungsvorgang, die Ermessensüberschreitung dagegen auf das Abwägungsergebnis.[345]

aa. Eingeschränkter Prüfungsumfang des BAG

Nach der Rechtsprechung des BAG wird im Rahmen der Ermessenskontrolle nur überprüft, ob die Regelung als solche sich innerhalb der Grenzen hält, nicht dagegen die ihr zugrundeliegenden Erwägungen. Kontrolliert wird demnach nur das Ergebnis, nicht die Tätigkeit der Einigungsstelle.[346] Der Ermessensfehlgebrauch wird nicht geprüft.[347] Es begründet seine Ansicht einerseits mit dem Wortlaut, der nur den Spruch der Einigungsstelle zum Gegenstand der Anfechtung macht, nicht dagegen das Verfahren. Des Weiteren sei mangels Begründungspflicht nur die im Spruch getroffene Regelung nachprüfbar. Schließlich widerspreche die Kontrolle des Ermessensfehlgebrauchs dem Zweck des Gesetzes, der „alsbald" eine Beilegung der Meinungsverschiedenheiten fordere.

---

342 *Kreutz/Jacobs,* in: GK-BetrVG, § 76 Rn. 155; *Berg,* in: D/K/K/W, BetrVG, § 76 Rn. 147; *Fitting,* BetrVG, § 76 Rn. 153.

343 BAG 27.10.1992 – 1 ABR 4/92 – NZA 1993, 607, 611; noch genauer unter § 5 C. I.

344 *Kopp/Ramsauer,* VwVfG, § 40 Rn. 86 ff.; *Maurer,* § 7 Rn. 20 ff.

345 *Rieble,* Einigungsstelle, S. 160 ff.

346 BAG vom 31.8.1982 – 1 ABR 27/80 – NJW 1983, 953, 956; vom 6.5.2003 – 1 ABR 11/02 –NZA 2004, 108, 110.

347 Der Ermessensnichtgebrauch wird in der Regel nicht relevant werden. Aufgrund der paritätischen Besetzung und der damit einhergehenden Darstellung der jeweiligen Interessen, wird die Einigungsstelle kaum davon ausgehen, keinen Ermessensspielraum zu haben.

bb. Umfassender Prüfungsumfang in Teilen der Literatur

Dieser Auffassung hat sich die Literatur nur teilweise angeschlossen.[348] Gegen das Wortlautargument des BAG lässt sich einwenden, dass Gegenstand der verwaltungsgerichtlichen Anfechtungsklage auch nur der Verwaltungsakt selbst ist. Trotzdem prüft das Verwaltungsgericht auch den Ermessensfehlgebrauch.[349] Die fehlende Begründungspflicht zieht als Argument nicht. Die Frage nach einer Begründungspflicht hätte vielmehr im Zusammenhang mit der Frage über den Umfang der Ermessenskontrolle entschieden werden müssen. Allein aus der Tatsache, dass das Gesetz eine Begründungspflicht nicht regelt, kann nicht geschlossen werden, dass eine solche nicht besteht, geschweige denn kann auf diese Annahme die Ablehnung einer Kontrolle des Ermessensfehlgebrauchs gestützt werden. Auch die Beschleunigung der Konfliktlösung überzeugt nicht. Sie würde einerseits jedweder Kontrolle widersprechen. Andererseits reicht die zweiwöchige Anfechtungsfrist, die auch für die Kontrolle des Ermessensfehlgebrauchs gilt, für eine schnelle Beilegung der Meinungsverschiedenheiten aus.[350]

Die Gegner des BAG befürworten eine Ermessenskontrolle auch des Entscheidungsvorganges.[351] Wie im Verwaltungsrecht muss auch der Entscheidungsvorgang der Einigungsstelle auf Ermessensnichtgebrauch und Ermessensfehlgebrauch geprüft werden. Der Ermessensfehlgebrauch lässt sich wiederum aufteilen in den Heranziehungsüberhang (Einbeziehung sachwidriger Umstände) und das Heranziehungsdefizit (Außerachtlassen wesentlicher Umstände).

Ein Ermessensfehler liegt nicht erst bei einem inhaltlich unvertretbaren Spruch vor, sondern auch bei einem willkürlichen Verfahren, in dem sachwidrige Erwägungen angestellt werden. Die Ermessenskontrolle dient der Richtigkeitsgewähr, die ansonsten durch eine vertragliche Regelung gewährt wird.[352] Ein sachgemäßer, effektiver und verlässlicher Rechtsschutz kann nur erreicht werden, wenn auch der Entscheidungsvorgang kontrolliert wird. Würde man den Ermessensfehlgebrauch außer Acht lassen, könnte die Einigungsstelle das Gebot zur Berücksichtigung der Interessen des Betriebs und der Belegschaft sanktionslos missachten. Die Sorgfalt bei der Abwägung würde erheblich nachlassen und die Gefahr von Fehlentscheidungen steigen.

Demnach ist auch die Einbeziehung sachwidriger Umstände in die Entscheidung oder das Außer-Acht-Lassen wesentlicher Umstände eine Pflichtverletzung. Unterlässt die Einigungsstelle die aufgrund des Untersuchungsgrundsatzes gebotene Aufklärung, kann es sich mangels ausreichender Grundlage für eine sachgerechte

---

348 Wie das BAG: *Kreutz/Jacobs*, in: GK-BetrVG, § 76 Rn. 164; *Berg*, in: D/K/K/W, BetrVG, § 76 Rn. 147; *Fitting*, BetrVG, § 76 Rn. 154.

349 *Rieble*, Einigungsstelle, S. 30.

350 *Rieble*, Einigungsstelle, S. 28 f; *Fiebig*, Einigungsstelle, S. 181 f.

351 *Rieble*, Einigungsstelle, S. 160 ff.; *Fiebig*, Einigungsstelle, S. 182 ff.; *Richardi*, in: Richardi, BetrVG § 76 Rn. 137.

352 *Rieble*, Einigungsstelle, S. 160 ff.

Entscheidung um einen Ermessenfehler handeln.[353] In erster Linie trifft die Pflicht zur Hinterfragung und Aufklärung den Einigungsstellenvorsitzenden, weil er das Verfahren leitet.[354] Aber auch die Beisitzer sind dazu angehalten, auf eine umfassende Sachverhaltsklärung hinzuwirken.

Das Entscheidungsergebnis ist schließlich (wie auch nach Ansicht des BAG) auf Ermessensüberschreitung zu prüfen. Eine solche ist zum einen gegeben, wenn die Entscheidung die Grenzen des Ermessensspielraums überschreitet, zum anderen, wenn die einzelnen Belange fehlerhaft gewichtet werden.

d. Gleichlauf von Spruchunwirksamkeit und Pflichtverletzung?

Fraglich ist, ob die Frage nach der Pflichtverletzung entsprechend der Wirksamkeit des Spruchs im Anfechtungsverfahren zu beantworten ist.[355] Fest steht, dass ein unwirksamer Spruch stets eine Pflichtverletzung ist.[356] Doch kann auch ein Ermessensfehler, der im Anfechtungsverfahren nicht zur Feststellung der Unwirksamkeit führt, eine Pflichtverletzung sein?

Für die Frage nach der Pflichtverletzung ist entscheidend, was die Einigungsstellenmitglieder schulden. Entspricht das Pflichtenprogramm dem Prüfungsmaßstab und -umfang der gerichtlichen Prüfung, gibt es einen Gleichlauf von Unwirksamkeit des Spruchs und Pflichtverletzung. Eine Pflichtverletzung ist immer dann zu bejahen, wenn auch gerichtlich die Unwirksamkeit des Spruchs festgestellt werden kann. Stellt umgekehrt das Gericht fest, dass der Spruch wirksam ist, gibt es keine Pflichtverletzung.

Entsprechen sich Pflichtenprogramm und Prüfungsmaßstab und -umfang nicht, ist auch beim wirksamen Spruch eine Pflichtverletzung nicht ausgeschlossen.

aa. Pflichtenprogramm und Prüfungsmaßstab

Die Einigungsstelle schuldet eine Entscheidung nach billigem Ermessen. Prüfungs*maßstab* für die gerichtliche Feststellung der Unwirksamkeit ist ebenfalls, ob die Grenzen billigen Ermessens überschritten wurden. Das gilt unabhängig davon, welcher Ansicht man hinsichtlich des Prüfungsumfangs folgt. Auch das BAG prüft den Spruch am Maßstab des billigen Ermessens.[357] Insofern gibt es einen Gleichlauf.

bb. Pflichtenprogramm und Prüfungsumfang

Schwieriger ist die Frage nach einer Kongruenz von Pflichtenprogramm und Prüfungs*umfang*.

353 Zum Untersuchungsgrundsatz ausführlich unter § 4 B. III. 3. c. dd.

354 *Friedemann*, Rz. 234 f.; *Hunold*, NZA 1999, 785, 787.

355 Zum ähnlichen Problem bei der Haftung des Schiedsgutachters § 2 A. III. 3.

356 Dazu auch § 3 C. I. 1.

357 BAG vom 31.8.1982 – 1 ABR 27/80 – NJW 1983, 953, 956; vom 27.10.1992 – 1 ABR 4/92 – NZA 1993, 607, 610 f.

[1] Gleichlauf bei umfassendem Prüfungsumfang

Nach der hier vertretenen Auffassung vom umfassenden Prüfungsumfang des Arbeitsgerichts gibt es ebenfalls einen Gleichlauf. Es werden alle Ermessensfehler, auch solche im Rahmen des Entscheidungsvorgangs, geprüft. Wird ein Ermessensfehler festgestellt, ist der Spruch unwirksam. Entsprechend wurde die Pflicht zur ermessensfehlerfreien Entscheidung verletzt. Der Spruch ist nur wirksam, wenn kein Ermessensfehler begangen wurde. Dann gibt es auch keine Pflichtverletzung.

[2] Kein Gleichlauf bei eingeschränktem Prüfungsumfang des BAG

Das BAG hingegen prüft zwar am Maßstab des billigen Ermessens. Es prüft aber nicht alle Ermessensfehler, sondern nur solche, die sich auf das Ergebnis auswirken.[358] Unproblematisch ist daher die Ermessensüberschreitung. Das Gericht stellt die Unwirksamkeit des Spruchs fest; gleichzeitig wurde die Pflicht verletzt, eine wirksame ermessensfehlerfreie Entscheidung zu treffen.

Bei einem Ermessensfehler im Entscheidungsvorgang stellt das Gericht nach Auffassung des BAG die Wirksamkeit des Spruchs fest.[359] Trotzdem ist eine Pflichtverletzung zu bejahen. Die Einigungsstelle schuldet nicht nur einen wirksamen, im Ergebnis ermessensfehlerfreien Spruch, sondern auch ein ermessensfehlerfreies Verfahren. Dass das BAG das Verfahren im Rahmen der Prüfung nach § 76 Abs. 5 S. 4 BetrVG nicht prüft, ändert daran nichts. Die Begründung des BAG,[360] warum nur das Ergebnis der Einigungsstelle, nicht ihre Tätigkeit geprüft wird, kann auf die Frage nach der Pflichtverletzung nicht übertragen werden.

Der Wortlaut des § 76 Abs. 5 S. 3 BetrVG zeigt, dass die Einigungsstelle eben nicht nur einen im Ergebnis ermessensfehlerfreien Beschluss schuldet, sondern auch ein ermessensfehlerfreies Verfahren. „Die Einigungsstelle *fasst* ihre Beschlüsse [...] nach billigem Ermessen“ (Hervorhebung durch Verfasserin). Die *Beschlussfassung* stellt nicht nur auf das Ergebnis ab, sondern auch auf das Verfahren. Andernfalls müsste es heißen: „Der Beschluss der Einigungsstelle hat billigem Ermessen zu entsprechen.“

Dass ein fehlerhafter Abwägungsvorgang ohne Begründung des Spruchs nur schwer nachweisbar ist, ist kein Argument, die Pflichtverletzung abzulehnen. Die fehlende Begründung wirkt sich nur auf die Beweisbarkeit der Pflichtverletzung aus. Die Annahme einer Pflichtverletzung im Entscheidungsprozess statuiert aber keine Begründungspflicht. Eine Begründung ist zwar insbesondere für die Einigungsstellenmitglieder von Vorteil, da ihnen auf ihrer Grundlage eine Entlastung vom Vorwurf eines Ermessensfehlgebrauchs leichter möglich sein dürfte. Die Begründung kann aber nur als Obliegenheit verstanden werden.[361]

---

358 BAG vom 31.8.1982 – 1 ABR 27/80 – NJW 1983, 953, 956; vom 27.10.1992 – 1 ABR 4/92 – NZA 1993, 607, 610 f.

359 Bzw. weist die Klage auf Feststellung der Unwirksamkeit ab.

360 BAG vom 31.8.1982 – 1 ABR 27/80 – NJW 1983, 953, 956; auch § 3 C. I. 2. c.

361 *Friedemann,* Rz. 343; *Hunold,* NZA 1999, 785, 790.

Das Interesse an einer schnellen Beilegung von Meinungsverschiedenheiten zwischen den Betriebspartnern wird nicht dadurch beeinträchtigt, dass Fehler im Abwägungsvorgang eine Pflichtverletzung sind. Der eventuelle Haftungsprozess ist unabhängig von der Überprüfung des Spruchs. Er erfolgt erst nachgelagert und beeinträchtigt weder die Möglichkeit, doch noch eine Einigung zu erzielen, noch den weiteren Betriebsablauf.

Folgt man hinsichtlich des Prüfungsumfangs daher der Auffassung des BAG, ist es trotz wirksamen Spruchs nicht ausgeschlossen, dass die Einigungsstellenmitglieder eine Pflichtverletzung begangen haben. Sowohl Fehler im Entscheidungsergebnis als auch Fehler im Entscheidungsvorgang sind Pflichtverletzungen.

e. Auswirkung der Anfechtung auf die Pflichtverletzung

Die Ermessensüberschreitung muss gemäß § 76 Abs. 5 S. 4 BetrVG innerhalb einer Frist von zwei Wochen geltend gemacht werden. Die Vorschrift dient dazu im Interesse des betrieblichen Rechtsfriedens rasch Klarheit über die Wirksamkeit des Spruchs zu verschaffen.[362] Unterbleibt die Geltendmachung, gilt der Spruch von Anfang an als rechtswirksam.[363]

aa. Kein Einfluss auf Pflichtenprogramm

Kann die Unwirksamkeit des Spruchs nicht mehr festgestellt werden, weil die Frist abgelaufen ist, beseitigt das nicht die Pflichtverletzung. Die in § 76 Abs. 5 S. 4 BetrVG angeordnete Beschleunigung hat keinen Einfluss auf das Pflichtenprogramm der Einigungsstellenmitglieder. Die gerichtliche Überprüfung erfolgt nachgelagert und kann daher keine Auswirkung auf die bereits ausgeübten Pflichten haben.

bb. Keine Heilung bei unterlassener Anfechtung

Das Verstreichenlassen der Anfechtungsfrist kann weder das Pflichtenprogramm verändern noch eine Pflichtverletzung heilen. Teile der Literatur scheinen von einer Heilung des Ermessensfehlers auszugehen,[364] andere dagegen von einer Berücksichtigung im Rahmen des Mitverschuldens.[365] Inkonsequent ist die Ansicht von *Kreutz/Jacobs*, die sowohl eine Heilung, als auch ein Mitverschulden bejahen.[366]

Die Frist ist eine materiell-rechtliche Ausschlussfrist.[367] Lassen die Parteien die Frist zur Ermessenskontrolle verstreichen, so kann zwar in der Regel

---

362 *Kreutz/Jacobs*, in: GK-BetrVG, § 76 Rn. 159.

363 BAG vom 26.5.1988 – 1 ABR 11/87 – NZA 1989, 26, 27; *Kreutz/Jacobs*, in: GK-BetrVG, § 76 Rn. 159.

364 *Ehrich/Fröhlich*, Einigungsstelle, S. 78; *Kreutz/Jacobs*, in: GK-BetrVG, § 76 Rn. 159.

365 *Schipp*, NZA 2011, 271, 271; *Kreutz/Jacobs*, in: GK-BetrVG, § 76 Rn. 94.

366 *Kreutz/Jacobs*, in: GK-BetrVG, § 76 Rn. 94 bzw. 159.

367 BAG vom 26.5.1988 – 1 ABR 11/87 – NZA 1989, 26, 28; *Kreutz/Jacobs*, in: GK-BetrVG, § 76 Rn. 160.

angenommen werden, dass sie den Spruch als Einigung gelten lassen wollen. Der Frist kommt insoweit eine materielle Bestätigungsfunktion zu.[368] Das kann jedoch nicht uneingeschränkt gelten. Die Annahme einer Heilung des Ermessensfehlers ist in Fällen problematisch, bei denen der Schaden bereits eingetreten ist, bevor mit einer Entscheidung im Anfechtungsverfahren zu rechnen ist.[369] Das betrifft kurzfristige Regelungen ohne Dauercharakter, wie beispielsweise kurzfristige Freistellungen aufgrund einer Schulung (Beispiel 4) oder das akute aber nur vorübergehende Bedürfnis Überstunden anzuordnen (Beispiel 5a)). Insbesondere im Beispiel 5a) hilft auch der einstweilige Rechtsschutz nicht weiter, da das Arbeitsgericht die Überstunden nicht anstelle der Betriebsparteien oder der Einigungsstelle anordnen kann.[370] Da die Anfechtung des Spruchs einen Schaden ohnehin nicht mehr verhindern kann, wenn der Vorgang bereits abgeschlossen ist, wird sie zur Vermeidung unnötiger Kosten unterlassen. Nähme man in diesem Fall eine Heilung des Ermessensfehlers an, könnte der entstandene Schaden auch nicht im Wege der Schadensersatzklage ausgeglichen werden. Um Schadensersatzansprüche nicht zu verlieren, müssten Ermessensfehler nur deshalb stets gerichtlich geltend gemacht werden.

Eine solche Klage ist aber unter Umständen mangels Feststellungsinteresses als unzulässig abzuweisen. § 256 Abs. 1 ZPO ist auch im arbeitsgerichtlichen Beschlussverfahren anwendbar.[371] Der Antragsteller muss ein rechtliches Interesse daran haben, dass das Bestehen oder Nichtbestehen eines Rechtsverhältnisses alsbald durch gerichtliche Entscheidung festgestellt wird.[372] Ein solches besteht nur bei gegenwärtigen Rechtsverhältnissen. Hinsichtlich vergangener Rechtsverhältnisse müssen sich aus der Entscheidung noch Rechtsfolgen für die Zukunft ergeben.[373] Bei der Feststellung der Unwirksamkeit eines Spruchs der Einigungsstelle besteht ein rechtliches Interesse, soweit und solange diesem ein betriebsverfassungsrechtlicher Konflikt zu Grund liegt und fortbesteht.[374] Daran scheitert es bei kurzfristigen Regelungen ohne Dauercharakter.

Im Fall einer Anfechtung durch die Personalvertretung hat das BAG das Feststellungsinteresse abgelehnt, da der konfliktauslösende Vorgang abgeschlossen war. Das Feststellungsinteresse konnte auch nicht aufgrund der Bedeutung der Entscheidung für mögliche individualrechtliche Vergütungs- oder Schadensersatzansprüche der Arbeitnehmer begründet werden. Die Personalvertretung könne lediglich eigene Ansprüche oder Rechtspositionen gerichtlich feststellen lassen. Das Interesse an der

---

368 *Rieble*, Anm. zu BVerwG vom 28.2.2002 – 5 C 25/01 – JZ 2003, 470, 471.

369 *Schipp*, NZA 2011, 271, 274; ähnlich auch *Bischoff*, S. 159.

370 LAG Düsseldorf vom 24.1.1978 – 8 TaBV 33/77 – EzA § 87 BetrVG 1972 Vorschlagswesen Nr. 1; *Kreutz/Jacobs*, in: GK-BetrVG, § 76 Rn. 174; *Fitting*, BetrVG, § 76 Rn. 161; *Berg*, in: D/K/K/W, BetrVG, § 76 Rn. 151; *Richardi*, in: Richardi, BetrVG, § 76 Rn. 135.

371 BAG vom 15.12.1998 – 1 ABR 9/98 – NZA 1999, 722, 723 f.

372 BAG vom 3.5.2006 – 1 ABR 63/04 – NZA 2007, 285, 286.

373 BAG vom 28.4.2009 – 1 ABR 7/08 – AP BetrVG 1972 § 77 Rn. 99.

374 BAG vom 19.2.2002 – 1 ABR 20/01 – NZA 2003, 1159, 1161.

Feststellung eines Rechtsverhältnisses, aus dem sich Folgen nur für die einzelnen Arbeitnehmer und nicht auch für sie selbst ergeben, ist dagegen rechtlich nicht geschützt.[375] Aus dem gleichen Grund scheidet auch eine Anfechtung durch den Betriebsrat bei kurzfristigen Regelungen ohne Dauercharakter aus. Würde man bei einer unterlassenen gerichtlichen Geltendmachung auf eine Heilung schließen, könnte der Betriebsrat diese bei abgeschlossenen Konflikten nicht verhindern.

Anders ist die Situation beim Arbeitgeber. Bei seinem Feststellungsantrag, mit dem Ziel eigene Schadensersatzansprüche abzusichern, geht es tatsächlich um die Feststellung eines eigenen Anspruchs. Die Klage dürfte daher zumindest nicht mangels Feststellungsinteresses als unzulässig abgewiesen werden. Dass die gerichtliche Geltendmachung der Unwirksamkeit nicht unzulässig wäre, ist aber kein Argument dafür sie auch zwingend zu fordern, um auf diesem Weg Schadensersatzansprüche zu erhalten. Unter dem Gesichtspunkt der Entlastung der Gerichte ist das nicht zweckmäßig, da die Ermessensüberschreitung auch inzident im Schadensersatzprozess geprüft werden kann. Ferner entstehen dem Arbeitgeber aufgrund der Anfechtung zusätzliche Verfahrenskosten.

Eine Heilung von Ermessensfehlern nach Ablauf der Frist des § 76 Abs. 5 S. 4 BetrVG lässt sich auch nicht aus dem Vergleich mit anderen materiell-rechtlichen Ausschlussfristen herleiten. Nach Ablauf der Frist für die Kündigungsschutzklage wird die Kündigung gemäß §§ 4, 7 KSchG als von Anfang an wirksam fingiert. Eine unwirksame Kündigung wird geheilt. Die Wirksamkeitsfiktion beschränkt sich aber alleine auf die Kündigung. Sie erstreckt sich nicht auf die Frage, ob der Kündigungsgrund, aufgrund dessen die Kündigung erklärt wurde, tatsächlich vorlag.[376] Ebenso führt das Verstreichenlassen der materiell-rechtlichen Ausschlussfrist gemäß § 15 Abs. 4 AGG, § 61 b Abs. 1 ArbGG hinsichtlich der Geltendmachung von Ansprüchen aus § 15 AGG nur zum Erlöschen des Anspruchs,[377] nicht aber zur Heilung der Benachteiligung, auf die der Anspruch gestützt wird. Auch der Ablauf der Anfechtungsfrist gemäß § 124 BGB schließt Schadensersatzansprüche nicht aus.[378]

Wird die Unwirksamkeit eines Einigungsstellenspruch wegen Ermessensfehlern nicht gerichtlich geltend gemacht, führt dies nur zur Wirksamkeit des Spruchs. Schadensersatzansprüche werden nicht wegen einer Heilung des Ermessensfehlers ausgeschlossen. Die unterlassene Anfechtung ist aber im Rahmen des Mitverschuldens zu berücksichtigen.[379]

---

375 BAG vom 19.2.2002 – 1 ABR 20/01 – NZA 2003, 1159, 1161.

376 *Kiel*, in: ErfK, § 7 KSchG Rn. 3; *Hergenröder*, in: MünchKommBGB (2012), § 7 KSchG Rn. 7.

377 *Deinert*, in: Däubler/Bertzbach, AGG, § 15 Rn. 99, 115; *Mohr*, in: Adomeit/Mohr, AGG, § 15 Rn. 91, 93.

378 *Armbrüster*, in: MünchKommBGB (2012), § 124 Rn. 9, § 123 Rn. 90; *Singer*, in: Staudinger, BGB (2012), § 124 Rn. 10, § 123 Rn. 101 f.

379 Hierzu § 3 F. I. 2. c.

3. *Nichtleistung und Verzögerung durch den Vorsitzenden*

Verweigert der Vorsitzende die Schlussabstimmung verletzt er seine Pflichten. Der Wortlaut des § 76 Abs. 3 S. 3 Hs. 2 BetrVG „nimmt […] teil" setzt ein aktives Tätigwerden voraus.[380] Davon zu trennen ist der Fall, dass der Vorsitzende gegen alle Anträge stimmt. Dieses Recht steht ihm zu. Er kann nicht gezwungen werden, einer rechtswidrigen Regelung, die beispielsweise gegen höherrangiges Recht verstößt, zuzustimmen.[381]

Da der Vorsitzende zur Leitung des Verfahrens verpflichtet ist, ist die Weigerung eine Sitzung der Einigungsstelle einzuberufen, ebenfalls eine Pflichtverletzung. Gemäß § 76 Abs. 3 S. 1 BetrVG hat er „unverzüglich" tätig zu werden.

Verweigert der Vorsitzende seine Arbeitsleistung nicht endgültig, sondern nur vorrübergehend wie im Beispiel 5b), tritt zumindest eine Verzögerung des Verfahrens ein. Da der Spruch erst wirksam wird mit Zuleitung an den Arbeitgeber und Betriebsrat gemäß § 76 Abs. 3 S. 4 BetrVG, ist auch hier eine Verzögerung durch den Vorsitzenden möglich. Die Verzögerung durch den Vorsitzenden ist eine Pflichtverletzung, wenn sie nicht durch sachliche Gründe gerechtfertigt ist.

4. *Nichtleistung der Beisitzer*

Eine Nichtleistung der Beisitzer kann sich durch Enthaltung oder Fernbleiben von der Sitzung trotz ordnungsgemäßer Ladung äußern.

a. Enthaltung

Enthaltungen der Beisitzer können das Zustandekommen eines Spruchs nicht verhindern und bewirken auch nicht dessen Unwirksamkeit. Ein Unmittelbarkeitsgrundsatz, der für die Wirksamkeit des Spruchs die Anwesenheit aller Einigungsstellenmitglieder bei der mündlichen Verhandlung und Beweisaufnahme fordert, gilt im Einigungsstellenverfahren nicht.[382] Die Unmittelbarkeit ist kein verfassungsrechtlicher Grundsatz, sondern nur einfachgesetzlich in der ZPO und dem GVG geregelt ist. Sie gilt nicht in allen Verfahrensordnungen.[383] § 76 Abs. 5 S. 2 BetrVG zeigt eindeutig, dass ein wirksamer Spruch auch ohne Mitwirkung sämtlicher Einigungsstellenmitglieder möglich ist. Erscheinen einzelne Einigungsstellenmitglieder nicht, entscheiden der Vorsitzende und die erschienen Mitglieder alleine. Die Anwesenheit und Mitwirkung aller Einigungsstellenmitglieder ist gerade nicht erforderlich. Dass der Beschluss trotz Enthaltung wirksam ist, bedeutet aber nicht, dass sich der sich Enthaltende pflichtgemäß verhält.

---

380 *Hennige*, S. 178.

381 *Faulenbach*, NZA 2012, 953, 959.

382 So aber *Heinze*, RdA 1990, 262, 267; *Schönfeld*, NZA Beil. 4/1988, 3, 9; für eine Unmittelbarkeit i.S.e. Anwesenheitspflicht für Betriebsparteien: *Bischoff*, S. 86; *Pünnel*, AuR 1973, 257, 261.

383 *Hennige*, S. 195 f.

aa. Bewertung von Enthaltungen

Umstritten ist, wie Enthaltungen zu werten sind. Das Gesetz trifft keine Regelung darüber, ob für eine Stimmmehrheit die Mehrheit der abgegebenen Stimmen, der anwesenden Mitglieder oder aller Mitglieder der Einigungsstelle erforderlich ist. Ist die Mehrheit der abgegebenen Stimmen maßgeblich, werden Enthaltungen nicht mitgezählt und entscheidend ist allein das Verhältnis der Ja- und Nein-Stimmen zueinander.

Ein Teil der Literatur wertet die Enthaltung als „Nein-Stimme", um einen Zwang zur aktiven Stimmabgabe zu erzeugen.[384] Im Beispiel 4 wäre das Ergebnis 2:2, wenn die Enthaltung als „Nein-Stimme" gewertet wird. Es wäre ein weiterer Abstimmungsvorgang unter Beteiligung des Vorsitzenden nötig. Andere zählen die Enthaltung nicht mit, wodurch eine Mehrheit allein mit den Stimmen der sich beteiligenden Beisitzer zustande kommt.[385] Im Beispiel 4 wäre das Ergebnis 2:1 für die Schulungsveranstaltung. Die Auffassung, Enthaltungen nicht zu zählen, als Bemessungsgröße für die Mehrheit aber die Zahl der Stimmen aus § 76 Abs. 2 S. 1 BetrVG heranzuziehen,[386] führt letztlich dazu, dass Enthaltungen wie Nein-Stimmen zählen.

Für den Betriebsrat bestimmt § 33 Abs. 1 S. 1 BetrVG, dass Beschlüsse mit der „Mehrheit der Stimmen der anwesenden Mitglieder" gefasst werden. Hieraus folgert die Literatur überwiegend, dass Enthaltungen als ablehnende Stimmen zu werten seien, da sich enthaltende Mitglieder trotzdem anwesend seien.[387] Da § 76 BetrVG nach seinem Wortlaut gerade nicht die Mehrheit der anwesenden Mitglieder fordert, könnte man im Wege des Umkehrschlusses zu § 33 Abs. 1 S. 1 BetrVG zu dem Ergebnis gelangen, dass Enthaltungen nicht mitzuzählen sind.

Eine Regelung, wie die Stimmmehrheit zu berechnen ist, fehlt auch bei der Beschlussfassung der Wohnungseigentümergemeinschaft gemäß § 25 WEG. Der BGH hat in Anlehnung an seine Rechtsprechungsänderung im Vereinsrecht entschieden, dass Enthaltungen nicht mitzuzählen sind. Die Enthaltung sei weder ein zustimmendes noch ein ablehnendes Votum. Die Wertung als Nein-Stimme würde den objektiven Erklärungswert verfälschen.[388] Es handle sich dabei um einen allgemeinen Grundsatz, der auch außerhalb des Vereinsrechts Anwendung finde, sofern das Gesetz nichts anderes regle.[389]

---

384 *Bischoff*, S. 94.

385 BAG vom 17.9.1991 – 1 ABR 23/91 – NZA 1992, 227, 228; *Ehrich/Fröhlich*, Einigungsstelle, S. 62; *Hennige*, S. 177 f.

386 *Friedemann*, Rz. 270 f.

387 *Thüsing*, in: Richardi, BetrVG, § 33 Rn. 16 f; *Fitting*, BetrVG, § 33 Rn. 33 f.; *Wedde*, in: D/K/K/W, BetrVG, § 33 Rn. 21; **a.A.** im Hinblick auf die Rechtsprechungsänderung im Vereinsrecht zu der ähnliche lautenden Vorschrift des § 32 Abs. 1 S. 3 BGB a.F.: BGH vom 8.12.1988 – V ZB 3/88 – NJW 1989, 1090, 1091; *Löwisch*, BB 1996, 1006.

388 BGH vom 25.1.1982 – II ZR 164/81 – NJW 1982, 1585.

389 BGH vom 8.12.1988 – V ZB 3/88 – NJW 1989, 1090, 1091; *Löwisch*, BB 1996, 1006.

§ 76 Abs. 3 BetrVG trifft gerade keine anderweitige gesetzliche Regelung. Daher sind auch bei der Einigungsstelle Enthaltungen nicht mitzuzählen. Das Ergebnis im Beispiel 4 ist 2:1 für die Schulungsveranstaltung.

bb. Abstimmungspflicht?

Damit ist aber noch nicht die Frage entschieden, ob überhaupt eine Pflicht zur Stimmabgabe besteht. Den Beisitzern kann keine Pflichtverletzung vorgeworfen werden, wenn sie ein Recht zur Enthaltung haben.

Für Mitglieder des Bundestages und des Bayerischen Landtags sieht § 52 S. 2 GO BT[390] bzw. §§ 129 Abs. 2 S. 3, 130 Abs. 1 S. 1 GO Bayerischer Landtag[391] ein Recht zur Enthaltung ausdrücklich vor. Mitgliedern des bayerischen Gemeinderats ist die Enthaltung gemäß Art. 48 Abs. 1 S. 2 BayGO ausdrücklich verboten.

Das BetrVG enthält keine Regelung zur Zulässigkeit von Enthaltungen. Gegen eine Pflicht zur Stimmabgabe könnte sprechen, dass die Beisitzer der Einigungsstelle ein eigenständiges, betriebsverfassungsrechtliches Amt wahrnehmen. Sie sind Interessenvertreter, keine Parteivertreter und daher nicht an Weisungen der Betriebspartei gebunden.[392] In dieser Eigenschaft treffen sie ihre Entscheidung nach bestem Wissen und Gewissen.[393]

Der BayVGH hat jedoch für Gemeinderatsmitglieder entschieden, dass der Grundsatz des freien Mandats einem Verbot, sich bei Abstimmungen zu enthalten, nicht entgegensteht.[394] Das Enthaltungsverbot gewährleiste bei sehr kleinen Gremien wie dem Gemeinderat, dass Entscheidungen, die für die Gemeinde von besonderer Bedeutung sind, nicht nur von sehr wenigen Gemeinderatsmitgliedern getroffen und verantwortet werden müssen.

Die Weisungsfreiheit der Beisitzer kann daher ebenso wenig ein Recht zur Enthaltung begründen. Stellt man auf die Größe des Gremiums ab, das die Entscheidung zu treffen und zu verantworten hat, zeigt sich bei der Einigungsstelle umso deutlicher die Notwendigkeit einer Abstimmungspflicht. Die Einigungsstelle ist in der Regel ein sehr kleines Gremium von drei bis allenfalls elf Personen[395], hat

---

390 Bekanntmachung vom 2.7.1980, BGBl. I S. 1237; zuletzt geändert durch Bekanntmachung vom 23.4.2014 BGBl. I S. 534.

391 Bekanntmachung vom 14. August 2009.

392 *Spengler/Herbert* in: Spengler/Hahn/Pfeiffer, Einigungsstelle, § 2 Rn. 77 ff., § 8 Rn. 4; *Leipold,* in: FS Schnorr von Carolsfeld, S. 273, 277 f.; *Berg,* in: D/K/K/W, BetrVG, § 76 Rn. 18, 38 f.; *Kreutz/Jacobs,* in: GK-BetrVG, § 76 Rn. 92.

393 *Berg,* in: D/K/K/W, BetrVG, § 76 Rn. 38; *Fitting,* BetrVG, § 76 Rn. 51.

394 BayVGH vom 23.7.1984 – Vf. 15 – VII/83 – NVwZ 1985, 823, 824.

395 Fünf Beisitzer: BAG vom 11.9.2001 – 1 ABR 5/01 – NZA 2002, 572; vier Beisitzer: vom 14.2.1996 – 7 ABR 24/95 – NZA 1996, 1225; drei Beisitzer: LAG Niedersachsen vom 13.12.2005 – 1 TaBV 77/05 – NZA-RR 2006, 306; Regelfall zwei Beisitzer: BAG vom 14.12.1988 – 7 ABR 73/87 – NZA 1989, 515; LAG München vom 15.7.1991 – 4 TaBV 27/91 – NZA 1992, 185; ein Beisitzer: LAG Schleswig-Holstein vom 28.9.1983 – 5 TaBV 30/83 – DB 1983, 1530.

aber erhebliche Macht. Sie legt Meinungsverschiedenheiten bei und trifft Entscheidungen, die für den Betrieb und die Belegschaft meist von erheblicher Bedeutung sind. Für eine möglichst interessengerechte Entscheidung ist es erforderlich, dass die Einigungsstellenmitglieder sich aktiv an der Abstimmung beteiligen. Da die Stimmabgabe nicht erzwingbar ist, muss mittelbar Druck ausgeübt werden. Anstatt einen Abstimmungszwang zu erzeugen, indem man Enthaltungen als Nein-Stimmen wertet,[396] kann über eine schuldrechtliche Haftung bei Enthaltung zur Abstimmung angehalten werden.[397]

Mit der Annahme des Amtes als Einigungsstellenmitglied ist ein Recht zur Enthaltung nicht vereinbar.[398] Zwar ist die Annahme freiwillig. Wurde das Amt als Beisitzer aber einmal angenommen, so ist es auch wahrzunehmen. Dazu gehört die Teilnahme an Sitzungen und Abstimmungen.[399] Sie ist Hauptleistungspflicht aus dem betriebsverfassungsrechtlichen Schuldverhältnis.

Das Recht zur jederzeitigen Amtsniederlegung gemäß § 671 Abs. 1 BGB bzw. § 627 Abs. 1 BGB ändert daran nichts.[400] §§ 671 Abs. 2, 627 Abs. 2 BGB bestimmen eine Schadensersatzpflicht bei Kündigung zur Unzeit.[401] Die Enthaltung bei der Schlussabstimmung entspricht einer Amtsniederlegung zur Unzeit. Die Beschlussfassung ist neben der Beratung der wichtigste Teil des Einigungsstellenverfahrens. Nimmt ein Einigungsstellenmitglied daran nicht teil, kann dies nur als Amtsniederlegung verstanden werden. Unzeit meint einen Zeitpunkt, in dem der Dienstberechtigte nicht in der Lage ist, sich die Dienste anderweitig zu besorgen.[402] Im Moment der Beschlussfassung ist es dem Arbeitgeber bzw. Betriebsrat nicht möglich sofort ein neues Einigungsstellenmitglied zu bestellen, sodass die Enthaltung im Beispiel 4 stets Amtsniederlegung zur Unzeit ist. Die Enthaltung als Pflichtverletzung zu werten, entspricht daher dem Rechtsgedanken der §§ 671 Abs. 2, 627 Abs. 2 BGB.

b. Fernbleiben trotz Ladung

Die Frage nach der Berechnung der Mehrheit stellt sich auch beim Fernbleiben von Beisitzern trotz rechtzeitiger Ladung. § 76 Abs. 5 S. 2 BetrVG besagt lediglich, dass in diesem Fall der Vorsitzende und die erschienenen Beisitzer alleine entscheiden. Die Vorschrift wird teils nur als Regelung zur Beschlussfähigkeit verstanden.[403]

---

396 *Bischoff*, S. 94.

397 *Schönfeld*, Einigungsstelle, S. 250 f.; **a.A.** *Künzl*, in: Germelmann/Matthes/Prütting, ArbGG, Einigungsstellenverfahren Rn. 426.

398 *Dütz*, AuR 1973, 353, 364; ebenfalls gegen ein Recht zur Enthaltung: *U. Fischer*, AuR 2005, 391, 392.

399 *U. Fischer*, AuR 2005, 391, 394.

400 *Schipp*, NZA 2011, 271, 272.

401 § 3 B. I. 3.

402 *Henssler*, in: MünchKommBGB (2012), § 627 Rn. 33; *Seiler*, in: MünchKommBGB (2012), § 671 Rn. 12; *Preis*, in: Staudinger, BGB (2012), § 627 Rn. 28; *Martinek*, in: Staudinger, BGB (2006), § 671 Rn. 16.

403 *Bischoff*, S. 95 ff.

Das Fernbleiben müsse als Nein-Stimme gewertet werden, da die Beisitzer einer Seite nicht alleine bestimmen können sollen. Für eine Mehrheitsentscheidung sei stets eine Stimme mehr erforderlich, als jede Seite alleine durch ihre Beisitzer erzielen könne.[404] Richtigerweise kann das Fernbleiben aber nicht anders behandelt werden als die Enthaltung. Dem Nichterscheinen kommt kein weitergehender Erklärungsinhalt zu, als dass sich das Mitglied nicht an der Abstimmung beteiligen will oder kann. Die Mehrheit muss sich daher nach der Zahl der erschienenen Mitglieder richten.[405] Dafür spricht auch, dass andernfalls die erste Abstimmung reine Förmelei wäre, da eine Mehrheit bei Teilnahme der Beisitzer nur einer Seite nicht zustande kommen kann.[406] Die Einigungsstellenmitglieder sind aufgrund der Annahme des Amtes zur Teilnahme an den Sitzungen verpflichtet. Erscheinen sie nicht, ist das eine Pflichtverletzung. Gibt es einen triftigen Grund für ihr Nichterscheinen, beispielsweise Krankheit, ist dies im Rahmen des Verschuldens zu berücksichtigen.

Bleibt ein Einigungsstellenmitglied von der Beschlussfassung fern, ist das als Amtsniederlegung zur Unzeit zu werten. Die Schadensersatzpflicht gemäß §§ 671 Abs. 2, 627 Abs. 2 BGB tritt nur dann nicht ein, wenn es einen wichtigen Grund für das Fernbleiben gibt.

5. Sonderfall: freiwilliges Einigungsstellenverfahren

Im Fall des freiwilligen Einigungsstellenverfahrens gemäß § 76 Abs. 6 BetrVG entfaltet der Spruch der Einigungsstelle unmittelbare rechtliche Wirkung nur, wenn sich die Parteien dem Spruch im Voraus unterworfen haben. Andernfalls handelt es sich lediglich um einen unverbindlichen Einigungsvorschlag.[407] Die Unterwerfung im Voraus ähnelt in ihrer Wirkung stark dem verbindlichen Einigungsstellenverfahren, sodass hinsichtlich der Haftung für den Spruch die gleichen Maßstäbe gelten.[408] Die Betriebsparteien müssen weiterhin Verfahrensfehler, Rechtsfehler und Ermessensfehler geltend machen können. Sie können bei einer vorherigen Unterwerfung noch nicht abschätzen, welche Fehler der Einigungsstelle unterlaufen und wie die konkrete Entscheidung ausfallen wird.

Bei der nachträglichen Annahme des Spruchs, beruht seine Wirkung in Kenntnis der Umstände auf einem autonomen Entschluss der Betriebsparteien. Dieser bewirkt unter Umständen eine Heilung der Pflichtverletzung.

---

404 *Fiebig*, Einigungsstelle, S. 30.

405 LAG Baden-Württemberg vom 7.11.1989 – 8 TaBV 2/89 – NZA 1990, 282, 284; *Kreutz/Jacobs*, in: GK-BetrVG, § 76 Rn. 112; *Fitting*, BetrVG, § 76 Rn. 102.

406 LAG Baden-Württemberg vom 7.11.1989 – 8 TaBV 2/89 – NZA 1990, 282, 284.

407 *Kreutz/Jacobs*, in: GK-BetrVG, § 76 Rn. 133 f.; *Richardi*, in: Richardi, BetrVG, § 76 Rn. 129.

408 *Fiebig*, Einigungsstelle, S. 40.

a. *Verfahrensfehler*

Zweck des Verfahrensrechts ist es, die Mitwirkung und die Einflussnahme der Betriebspartner möglichst umfassend sicherzustellen.[409] Nehmen die Betriebsparteien den Spruch der Einigungsstelle nachträglich an, erklären sie, dass sie mit Form und Umfang ihrer Mitwirkung einverstanden sind. Voraussetzung ist aber, dass beide Parteien zum Zeitpunkt der Unterwerfung Kenntnis von dem Fehler hatten. Durch die Unterwerfung „übernehmen" die Parteien den Inhalt des Spruchs in eine Betriebsvereinbarung oder Regelungsabrede, für die das Verfahren der Einigungsstelle keine Rolle spielt.[410] Die Parteien können vor der Unterwerfung prüfen, ob sie den Spruch so akzeptieren wollen. Unterwerfen sich die Parteien dem Spruch, erkennen sie auch seine Fehler ausdrücklich an. Dadurch werden etwaige Pflichtverletzungen geheilt.

b. *Rechtsfehler*

Rechtsfehler müssen grundsätzlich auch bei einer nachträglichen Unterwerfung geltend gemacht werden können.[411] Das Recht steht grundsätzlich nicht zur Disposition der Parteien. Anders ist dies nur, sofern den Betriebsparteien hinsichtlich des Rechtsfehlers eine Dispositionsbefugnis zusteht. Überschreitet die Einigungsstelle beispielsweise ihre Kompetenzen und entscheidet außerhalb des Antrags der Betriebsparteien, wird dieser Fehler durch die nachträgliche Annahme geheilt, da die Betriebsparteien über den Umfang der Regelung disponieren können und daher den Gegenstand einvernehmlich erweitern können.[412] Das Gleiche gilt für einen Verstoß der Einigungsstelle gegen eine geltende Betriebsvereinbarung. Anders als die Einigungsstelle können die Betriebsparteien die Betriebsvereinbarung aufheben und durch die neue Regelung ersetzten. Da sich die Betriebsparteien dem Spruch in Kenntnis dieser Umstände unterworfen haben, ist eine gerichtliche Geltendmachung nicht mehr möglich.

c. *Ermessensfehler*

Hinsichtlich der Ermessenskontrolle sind auch im freiwilligen Einigungsstellenverfahren nach dem Gedanken der objektiven und neutralen Schlichtung die Grundsätze des § 76 Abs. 5 S. 3 BetrVG zu beachten.[413] Bei einer nachträglichen Annahme des Spruchs in Kenntnis des Mangels ist aber davon auszugehen, dass die Betriebsparteien auf die Geltendmachung von Ermessensfehlern verzichten.[414] Hier besteht

---

409 *Hennige*, S. 250 f.
410 *Hennige*, S. 261.
411 *Pünnel*, in: Pünnel/Isenhardt, Rn. 148.
412 *Richardi*, in: Richardi, BetrVG § 76 Rn. 130.
413 *Kreutz/Jacobs*, in: GK-BetrVG, § 76 Rn. 130; *G. Müller*, DB 1973, 76, 77; **a.A.** *Fitting*, BetrVG, § 76 Rn. 127: Geltendmachung von Ermessensfehler generell verwehrt.
414 *Fiebig*, Einigungsstelle, S. 40 f.; *Leipold*, in: FS Schnorr von Carolsfeld, S. 273, 294.

ein deutlicher Unterschied zur unterbliebenen Anfechtung. Der nachträglichen Annahme des Spruchs kommt ein ausdrücklicher Erklärungswert zu. Die Parteien wollen den Spruch so wie er ist akzeptieren. Entscheiden sich die Parteien, eine gerichtliche Geltendmachung von Ermessensfehlern zu unterlassen, bedeutet das nicht notwendigerweise, dass der Spruch akzeptiert wird. Von der Anfechtung kann auch abgesehen werden, weil sie schlicht nicht sinnvoll ist, sei es, dass der Schaden bereits eingetreten ist, sei es, dass das Feststellungsinteresse entfallen ist.[415]

II. Haftung für Nebenpflichtverletzungen

Aus dem betriebsverfassungsrechtlichen Schuldverhältnis ergeben sich neben Hauptleistungspflichten auch Nebenpflichten. Werden diese verletzt, tritt der Schaden an sonstigen Gütern des Vertragspartners ein, die nicht im Zusammenhang mit der Hauptleistung stehen. Diese Pflichtverletzungen werden nur bei Gelegenheit der Erfüllung der Hauptleistungspflicht begangen. Es macht daher keinen Unterschied, ob die Pflichtverletzung im Rahmen des erzwingbaren oder des freiwilligen Einigungsstellenverfahrens begangen wurde.

1. Verletzung von Geheimhaltungspflichten

a. Öffentlichkeit der Sitzung

Erschöpft sich der Zweck der Nichtöffentlichkeit im Geheimnisschutz, muss eine öffentliche Verhandlung ohne Einverständnis der Betriebspartner nicht notwendig den Spruch unwirksam machen.[416] Die öffentliche Verhandlung kann aber unabhängig von der Unwirksamkeit des Spruchs eine Nebenpflichtverletzung der Einigungsstellenmitglieder wegen der Verletzung von Geheimhaltungspflichten sein. Bei einer öffentlichen Verhandlung sind in erster Linie Betriebsgeheimnisse, Aspekte des Datenschutzes und des Persönlichkeitsschutzes gefährdet.[417] Diesbezügliche Verletzungen wirken sich nicht auf die Hauptleistungspflicht der Einigungsstelle – einen Beschluss zur Beilegung von Meinungsverschiedenheiten zu fassen – aus.

b. Verstoß gegen § 79 BetrVG

Die Mitglieder der Einigungsstelle sind gemäß § 79 Abs. 2 i.V.m. Abs. 1 BetrVG verpflichtet, Betriebs- und Geschäftsgeheimnisse, die ihnen in ihrer Eigenschaft als Einigungsstellenmitglieder bekannt geworden sind und die vom Arbeitgeber ausdrücklich als geheimhaltungsbedürftig bezeichnet worden sind, nicht zu offenbaren und nicht zu verwerten. Betriebs- oder Geschäftsgeheimnis ist jede im Zusammenhang mit einem Betrieb stehende Tatsache, die nicht offenkundig, sondern nur einem eng begrenzten Personenkreis bekannt ist und nach dem Willen

---

415 Oben § 3 C. I. 2. e. bb.

416 So *Hennige*, S. 258; dazu auch oben § 3 C. I. 1. a. cc.

417 *Friedemann*, Rz. 204.

des Betriebsinhabers aufgrund eines berechtigten wirtschaftlichen Interesses geheim gehalten werden soll.[418] Die Geheimhaltungspflicht gilt auch, nachdem das Verfahren vor der Einigungsstelle beendet worden ist. Gemäß § 79 Abs. 1 S. 3, Abs. 2 BetrVG ist ein Austausch innerhalb der Einigungsstelle unter den Mitgliedern nicht verboten.[419] Die Geheimhaltungspflicht besteht nur außenstehenden Dritten gegenüber. Ihre Verletzung droht bei einer öffentlichen Sitzung, aber auch, wenn Einigungsstellenmitglieder bei anderer Gelegenheit Informationen nach außen tragen, wie im Beispiel 9.

Zu den Geschäftsgeheimnissen gehören unter anderem Informationen über Entlassungen und Versetzungen,[420] die den Einigungsstellenmitgliedern bei einem Verfahren zum Sozialplan bekannt werden können.

2. Verletzung von Schutz- und Rücksichtnahmepflichten

Das betriebsverfassungsrechtliche Schuldverhältnis begründet ferner Schutz- und Rücksichtnahmepflichten i.S.d. § 241 Abs. 2 BGB. Dazu gehört die Pflicht, keine unnötigen Verfahrenskosten zu verursachen.[421]

Mangels Pflicht zur Unparteilichkeit können die Beisitzer anders als der Vorsitzende nicht wegen Befangenheit abgelehnt werden. Trotzdem kann ein Beisitzer für diese Position ungeeignet sein, wenn er dadurch einem Interessenkonflikt ausgesetzt würde. So sollte im Beispiel 11 der Arbeitnehmer, dem die Werkswohnung zugewiesen werden soll, nicht Beisitzer der Einigungsstelle sein dürfen.[422] Weist er auf den Interessenkonflikt nicht hin, verletzt er unter Umständen eine Schutz- und Rücksichtnahmepflicht.

D. Mögliche Schäden

Abhängig von der Art der Pflichtverletzung können dem Arbeitgeber, Konzernunternehmen und Anlagegesellschaften verschiedene Schäden entstehen, die nachfolgend dargestellt werden sollen.

I. Arbeitgeber

1. Durchführung eines unwirksamen Spruchs

Obwohl ein unwirksamer Spruch keine Rechtswirkungen entfaltet, kann er einen Schaden des Arbeitgebers verursachen. Mangels wirksamer Regelung ist zum einen ein Verzögerungsschaden bis zu dem Zeitpunkt denkbar, in dem ein wirksamer

418 BAG vom 26.2.1987 – 6 ABR 46/84 – NZA 1988, 63 (mwN).
419 *Thüsing*, in: Richardi, BetrVG, § 79 Rn. 27; *Oetker*, in: GK-BetrVG, § 79 Rn. 55.
420 *Thüsing*, in: Richardi, BetrVG, § 79 Rn. 4; *Oetker*, in: GK-BetrVG, § 79 Rn. 18.
421 Hierzu genauer unten § 4 B. III. 3.
422 *Schmitt*, NZA 1987, 78, 82 f.

Spruch gefällt wird.[423] Zum anderen kann bereits der bloße Anschein eines wirksamen Spruchs einen Schaden verursachen, solange seine Unwirksamkeit nicht gerichtlich festgestellt ist. So ist auch bei nichtigen Bebauungsplänen ein unmittelbarer Eingriff in das Eigentumsrecht anerkannt, wenn er bis zu seiner gerichtlichen Nichtigerklärung von den Behörden als gültig behandelt und vollzogen worden ist.[424] Da der unwirksame Spruch keine Rechtsgrundlage für die darauf beruhenden Maßnahmen ist, kommt grundsätzlich eine Rückabwicklung über Bereicherungsrecht in Betracht. Je nach Fallkonstellation vermag diese den entstandenen Schaden aber nicht oder nicht ausreichend auszugleichen. Die Schäden aufgrund der Durchführung eines unwirksamen Spruchs bestehen neben dem Anspruch auf einen wirksamen Spruch und sind daher Schadensersatz neben der Leistung.[425]

a. Mittelbarer Schaden: Inanspruchnahme durch Arbeitnehmer

Liegt der (unwirksame) Spruch der Einigungsstelle im Interesse des Arbeitgebers, wird er ihn durchführen wollen. Als Beispiele sind denkbar die Einführung einer technischen Einrichtung zur Überwachung der Arbeitnehmer (§ 87 Abs. 1 Nr. 6 BetrVG; Beispiel 12), die Einführung eines Schichtbetriebs (§ 87 Abs. 1 Nr. 2 BetrVG; Beispiel 13) oder die vorübergehende Verkürzung bzw. Verlängerung der betriebsüblichen Arbeitszeit (§ 87 Abs. 1 Nr. 3 BetrVG). Wird später die Unwirksamkeit des Spruchs festgestellt, wird den Maßnahmen ihre Rechtsgrundlage entzogen. Ein unmittelbarer Schaden entsteht den von den Maßnahmen betroffenen Arbeitnehmern.

Dem Arbeitgeber entsteht mittelbar ein Schaden, wenn die Arbeitnehmer mit Erfolg gegen den Arbeitgeber vorgehen. Führt der Arbeitgeber im Beispiel 12 und 13 den Spruch durch, verletzt er seine arbeitsvertraglichen Fürsorgepflichten gegenüber den Arbeitnehmern. Daneben besteht gegen ihn ein deliktischer Schadenersatzanspruch gemäß § 823 Abs. 1 BGB i.V.m. dem allgemeinen Persönlichkeitsrecht (Beispiel 12) oder wegen der Gesundheitsverletzung (Beispiel 13). Die Durchführung des Spruchs ist kausal für den Schadenseintritt. Problematisch ist allenfalls das Verschulden des Arbeitgebers. Er führt schließlich nur die Entscheidung der Einigungsstelle durch. Dazu ist er berechtigt, selbst wenn der Betriebsrat die Überschreitung der Ermessensgrenzen vor dem Arbeitsgericht geltend macht, da die Klage keine aufschiebende Wirkung hat.[426] Solange der Arbeitgeber berechtigterweise auf die Wirksamkeit des Spruchs vertrauen durfte, trifft ihn kein Verschulden. War für ihn aber erkennbar, dass der Spruch unwirksam ist, hat er einen Schaden der Arbeitnehmer aufgrund der Durchführung zu vertreten. Wird der Arbeitgeber vom Arbeitnehmer erfolgreich in Anspruch genommen, ist das ein Schaden des Arbeitgebers.

---

423 Dazu unten § 3 D. I. 7.

424 BGH vom 28.6.1984 – III ZR 35/83 – NJW 1984, 2516, 2517.

425 § 3 B. I. 2. a.

426 *Fitting*, BetrVG, § 76 Rn. 164; *Krasshöfer*, in: Düwell, BetrVG, § 76 Rn. 33; *Kreutz/ Jacobs*, in: GK-BetrVG, § 76 Rn. 177; LAG Berlin vom 6.12.1982 – 4 Ta BV 2/84; BB 1985, 1199.

b. Unmittelbarer Schaden: Rückabwicklung eines unwirksamen Spruchs

Ein unmittelbarer Schaden des Arbeitgebers aufgrund der Durchführung eines unwirksamen Spruchs entsteht, wenn der unwirksame Spruch später zu Gunsten des Arbeitgebers abgeändert wird, bereits erfolgte Maßnahmen aber nicht mehr oder nicht mehr vollständig rückabgewickelt werden können.[427]

Ein Vermögensschaden kann wie im Beispiel 1 durch Überzahlung entstehen. Der Arbeitgeber veranlasst aufgrund des vermeintlich wirksamen Einigungsstellenspruchs die Auszahlung von Abfindungen. Wird aufgrund des Verfahrensfehlers später die Unwirksamkeit des Sozialplans festgestellt, wurde die Leistung ohne Rechtsgrund erbracht. Eine andere Verteilung des Gesamtvolumens im neuen Sozialplan hat teilweise Nachzahlungspflichten und teilweise Rückforderungsansprüche des Arbeitgebers zur Folge. Eine Kürzung des Gesamtvolumens hat Rückforderungsansprüche zur Folge. Kann der Arbeitgeber diese Rückforderungen nicht durchsetzen, oder muss zusätzlich Nachzahlungen erbringen, entsteht ihm ein Schaden.[428]

Das gleiche Problem stellt sich bei der Verteilung von Sondervergütungen gemäß § 87 Abs. 1 Nr. 10 BetrVG. Ist ein Einigungsstellenspruch zur Verteilung der Sondervergütung unwirksam, muss eine neue Regelung getroffen werden. Sieht die Neuregelung eine andere Verteilung vor, entstehen (ggf. undurchsetzbare) Rückforderungsansprüche des Arbeitgebers sowie Nachzahlungsansprüche anderer Arbeitnehmer.[429] Dasselbe gilt, wenn das Verhältnis von Prämienhöhe zur erbrachten Leistung im unwirksamen Einigungsstellenspruch anders ausgestaltet ist, als im späteren wirksamen Spruch.[430]

Die Belastung des Arbeitgebers zeigt sich ebenso bei der Durchführung eines rechts- oder ermessensfehlerhaft überteuerte Sozialplans im Vertrauen auf seine Wirksamkeit und die kaum mögliche Rückabwicklung der geleisteten Zahlungen.

Das Gleiche gilt für die Rückabwicklung von Einigungsstellensprüchen, die den Tendenzschutz missachten und deshalb unwirksam sind.

Weitere denkbare Vermögensschäden sind Umsatzeinbußen und Produktionsausfälle.[431] Dies zeigen die Beispiele 4 und 6.

c. Durchführungszwang?

Doch warum sollte ein Arbeitgeber einen Spruch wie in den Beispielen 1, 4 oder 6 durchführen, der für ihn nachteilig ist?

Hat der Arbeitgeber die Feststellung der Unwirksamkeit beantragt, ist von Arbeitnehmerseite ein Zwang zur Durchführung nur im vorläufigen Rechtsschutz denkbar. Das Arbeitsgericht wird eine Leistungsklage des Arbeitnehmers gemäß § 148 ZPO aussetzen, da die Überprüfung des Einigungsstellenspruchs vorgreiflich

---

427 *Schipp*, NZA 2011, 271, 271.
428 *Gaul/Bartenbach*, NZA 1985, 341, 342.
429 Vgl. BAG vom 11.2.1992 – 1 ABR 51/91 – NZA 1992, 702, 703.
430 Vgl. BAG vom 16.12.1986 – 1 ABR 26/85 – NZA 1987, 568, 569.
431 *Sprenger*, BB 2010, 2110, 2112.

ist.[432] In der Leistungsklage des Arbeitnehmers ist die Wirksamkeit des Spruchs inzident als Vorfrage zu prüfen.[433] Der Arbeitnehmer kann eine Durchführung allenfalls im Wege einer einstweiligen Verfügung erzwingen, wenn er einen Verfügungsgrund und Verfügungsanspruch glaubhaft machen kann. Eine Aussetzung des Verfahrens gemäß § 148 ZPO kommt wegen der Eilbedürftigkeit und der Vorläufigkeit der Regelung im einstweiligen Rechtsschutz nicht in Betracht.[434] Um einen Verfügungsanspruch glaubhaft zu machen, muss das Gericht die Wirksamkeit des Einigungsstellenspruchs aber zumindest für überwiegend wahrscheinlich halten.[435]

Von Seiten des Betriebsrats ist ein Durchführungszwang nicht denkbar, sofern der Arbeitgeber bereits das Anfechtungsverfahren eingeleitet hat. Das BAG hat entschieden, dass der Durchführungsantrag erst mit Rechtskraft der Entscheidung im Anfechtungsverfahren vollstreckbar ist. Aus Sicht des Betriebsrats gehe es um die Durchsetzung seines Mitbestimmungsrechts und daher nicht um eine vermögensrechtliche Streitigkeit i.S.d. § 85 Abs. 1 S. 2 ArbGG. Daraus folge, dass eine Vollstreckung des Durchführungsantrags erst mit Rechtskraft der Entscheidung im Anfechtungsverfahren möglich sei.[436]

Wurde ein Anfechtungsverfahren vom Arbeitgeber nicht eingeleitet, können Arbeitnehmer und Betriebsrat die Durchführung im Wege der einstweiligen Verfügung erzwingen.[437] Der Betriebsrat hat insbesondere dann ein Interesse an der Durchführung des Spruchs, wenn dieser wie im Beispiel 4 und 6 nach seinem Inhalt den Arbeitgeber zu einem Handeln zwingt.

d. Durchführung im Vertrauen auf die Wirksamkeit

Erweckt ein unwirksamer Einigungsstellenspruch aus Arbeitgeberperspektive den Anschein der Rechtswirksamkeit ist nicht ausgeschlossen, dass der Arbeitgeber den Spruch freiwillig ohne Zwang im Vertrauen auf seine vermeintliche Wirksamkeit ausführt.[438] Mangels aufschiebender Wirkung ist er dazu auch während des Laufs

---

432 *Gaul/Bartenbach*, NZA 1985, 341, 343; LAG Hamm vom 22.6.1978 – 8 Ta 85/78 – BB 1978, 1014, 1015; *Richardi*, in: Richardi, BetrVG, § 79 Rn. 113; *Kreutz/Jacobs*, in: GK-BetrVG, § 76 Rn. 140; LAG Hamm vom 22.6.1978 – 8 Ta 85/78 – BB 1978, 1014, 1015.

433 *Dütz*, Die gerichtliche Nachprüfung, S. 95; *Richardi*, in: Richardi, BetrVG, § 76 Rn. 119.

434 *Wagner*, in: MünchKommZPO (2013), § 148 Rn. 3.

435 *Prütting*, in: MünchKommZPO (2013), § 294 Rn. 24.

436 BAG vom 22.1.2013 – 1 ABR 92/11 – NJOZ 2013, 1056.

437 *Krasshöfer*, in: Düwell, BetrVG, § 76 Rn. 33; *Berg*, in: D/K/K/W, BetrVG, § 76 Rn. 167; LAG Berlin vom 6.12.1982 – 4 Ta BV 2/84 – BB 1985, 1199.

438 Vgl. *Rieble*, in: Staudinger, BGB (2015), § 317 Rn. 110; zum Vertrauen auf einen nichtigen Bebauungsplan: BGH vom 28.6.1984 – III ZR 35/83 – NJW 1984, 2516, 2519.

des gerichtlichen Überprüfungsverfahrens berechtigt.[439] Auch unwirksame Normen können eine faktische Wirkung entfalten. Ein nichtiger Spruch ist kein Nicht-Spruch.[440] Nur weil der Arbeitgeber den Spruch als nachteilig empfindet, ist er nicht automatisch auch unwirksam. Unwirksamkeitsgründe zeigen sich unter Umständen erst nach der Durchführung. Ist beispielsweise der Verfahrensfehler im Beispiel 1 nicht von Anfang an bekannt, veranlasst der Arbeitgeber zunächst im Vertrauen auf die Wirksamkeit des Spruchs die Auszahlungen. Auch Ermessensfehler können oft erst nach einer zeitaufwendigen, gründlichen Prüfung festgestellt werden.

e. Keine Kompensation durch bereicherungsrechtliche Rückabwicklung

Eine Rückabwicklung der Zahlung über Bereicherungsrecht ist gemäß § 812 Abs. 1 S. 1 Var. 1 BGB denkbar, für den Arbeitgeber aber aufgrund des Risikos der Entreicherung gemäß § 818 Abs. 3 BGB riskant. Zwar liegt die Darlegungs- und Beweislast hinsichtlich der Entreicherung beim Arbeitnehmer. Dieser kann sich jedoch auf die Grundsätze des Anscheinsbeweises berufen, sofern die Überzahlung nur geringfügig ist und nach der Lebenssituation des Arbeitnehmers ein alsbaldiger Verbrauch der Überzahlung für die laufenden Kosten der Lebenshaltung anzunehmen ist.[441]

Doch auch ein durchsetzbarer Bereicherungsanspruch, der den Vermögensverlust ausgleichen könnte, lässt den Schaden des Arbeitgebers nicht entfallen.[442] Der Bereicherungsanspruch des Arbeitgebers gegen den Arbeitnehmer und der Schadensersatzanspruch des Arbeitgebers gegen die Einigungsstellenmitglieder stehen nebeneinander. Der Gläubiger hat Wahlfreiheit, gegen wen er vorgehen möchte. Der Schädiger kann den Geschädigten nicht darauf verweisen, er habe einen Anspruch gegen einen Dritten. § 255 BGB zeigt, dass der Schädiger zum Schadensersatz verpflichtet ist, auch wenn ein Anspruch gegen einen Dritten besteht.[443] Eine Subsidiarität der Haftung ist nur in Ausnahmefällen angeordnet, wie beispielsweise in § 839 Abs. 1 S. 2 BGB oder § 19 Abs. 1 S. 2 BNotO.[444] Diese Subsidiaritätsklauseln sind besondere Ausnahmevorschriften und können daher nicht auf die Haftung der Einigungsstellenmitglieder übertragen werden. § 19 Abs. 1 S. 2 HS. 2 BNotO schränkt die Anwendbarkeit im Verhältnis zum Auftraggeber stark ein. § 839 Abs. 1 S. 2 BGB gilt nur für deliktische Amtspflichtverletzungen. Die Vorschrift wird nicht einmal im Beamtenrecht entsprechend auf andere Ersatz- und Entschädigungsansprüche, wie zum Beispiel den Schadensersatzanspruch aus einem

---

439 *Fitting*, BetrVG, § 76 Rn. 164; *Krasshöfer*, in: Düwell, BetrVG, § 76 Rn. 33; *Kreutz/Jacobs*, in: GK-BetrVG, § 76 Rn. 177; LAG Berlin vom 6.12.1982 – 4 Ta BV 2/84 – BB 1985, 1199; aber zur Berücksichtigung im Mitverschulden unten § 3 F. I. 2. b.

440 *Belling*, Die Haftung des Betriebsrats, S. 201.

441 BAG vom 18.1.1995 – 5 AZR 817/93 – NJW 1996, 411, 412; vom 18.9.1986 – 6 AZR 517/83 – NZA 1987, 380, 381.

442 BGH vom 17.1.2013 – III ZR 10 /12 – NJW 2013, 1296, 1298.

443 BGH vom 15.4.2010 – IX ZR 223/07 – NJW 2010, 1961 Rn. 28.

444 BGH vom 17.2.1982 – IVa ZR 284/80 – NJW 1982, 1806.

verwaltungsrechtlichen Schuldverhältnis, angewandt.[445] Erst recht muss das für die Haftung der Einigungsstellenmitglieder aus § 280 Abs. 1 BGB gelten, die ja nicht einmal Beamte i.S.d. § 839 BGB sind.

Ob das Einigungsstellenmitglied den Schaden letztendlich zu tragen hat, bestimmt sich danach, in welchem Verhältnis der Anspruch des Arbeitgebers gegen den Arbeitnehmer zu dem Anspruch gegen das Einigungsstellenmitglied steht. Bei einem Gesamtschuldverhältnis zwischen Einigungsstellenmitgliedern einerseits und Arbeitnehmer andererseits würde der Bereicherungsanspruch des Arbeitgebers gegen den Arbeitnehmer gemäß § 426 Abs. 2 BGB im Wege der Legalzession (ggf. anteilig) auf die Einigungsstellenmitglieder übergehen. Bei einer ungleichstufigen Haftung wäre das Einigungsstellenmitglied zum Schadensersatz gemäß § 255 BGB nur gegen Abtretung des Bereicherungsanspruchs des Arbeitgebers gegen den Arbeitnehmer verpflichtet.[446] Die Frage nach der Gleichstufigkeit beurteilt sich aus der Perspektive des Gläubigers.[447] Da dem Arbeitnehmer die Überzahlung rechtlich nicht zusteht, haftet er dem Arbeitgeber vorrangig auf deren Rückzahlung. Die Einigungsstellenmitglieder sind daher zum Schadensersatz nur gegen Abtretung der bereicherungsrechtlichen Rückabwicklungsansprüche gegen den Arbeitnehmer verpflichtet.

2. *Unwirksame Antragsablehnung*

In den Beispielen 3 und 5a) ist der Arbeitgeber zur Untätigkeit gezwungen. Die Einigungsstelle lehnt einen Antrag des Arbeitgebers ab. Kann der Arbeitgeber eine Maßnahme nur zusammen mit dem Betriebsrat durchführen, muss die Maßnahme unterbleiben, wenn eine Einigung mit dem Betriebsrat nicht zustande kommt und auch die Einigungsstelle nicht im Sinne des Arbeitgebers entscheidet. Der Arbeitgeber ist aufgrund des Einigungsstellenspruchs zur Untätigkeit gezwungen und der ursprüngliche Zustand muss beibehalten werden.

Im Beispiel 3 unterliegt die Einführung einer technischen Einrichtung zur Überwachung von Arbeitnehmern dem Mitbestimmungsrecht des Betriebsrats gemäß § 87 Abs. 1 Nr. 6 BetrVG. Solange der Betriebsrat der Einführung nicht zustimmt bzw. die Einigungsstelle mit ihrem Spruch die Einigung ersetzt, kann der Arbeitgeber sie nicht einführen. Schäden aufgrund von Diebstählen, die mangels Überwachung begangen werden, sind Vermögensschäden des Arbeitgebers. Ein Schadensersatzanspruch besteht freilich nur unter der Voraussetzung, dass der Arbeitgeber nachweisen kann, dass die Ablehnung zu Unrecht erfolgte und mit Hilfe der Überwachungseinrichtung die Diebstähle unterblieben wären, der ablehnende Einigungsstellenspruch mithin kausal für den Vermögensschaden war.

---

445 BGH vom 12.4.1954 – GSZ 1/54 – NJW 1954, 993; vom 30.9.1970 – III ZR 87/69 – NJW 1970, 2208; *Wöstmann*, in: Staudinger, BGB (2013), § 839 Rn. 275.

446 *Oetker*, in: MünchKommBGB (2012), § 255 Rn. 2 ff.

447 *Bydlinski*, in: MünchKommBGB (2012), § 421 Rn. 12.

Im Beispiel 5a) ist der Arbeitgeber gezwungen die Arbeitnehmer weiterhin in ihrem üblichen Arbeitszeitumfang zu beschäftigen, da die Anordnung von Überstunden der Mitbestimmung des Betriebsrats gemäß § 87 Abs. 1 Nr. 3 BetrVG unterliegt. Bei nicht fristgemäßer Auftragserfüllung kann der Arbeitgeber auf Verzugsschadensersatz in Anspruch genommen werden. Unter Umständen droht sogar eine Vertragsstrafe.

Der Abbau einer planwidrigen Überversorgung in der betrieblichen Altersversorgung ist im Hinblick auf die Verteilungsgrundsätze als Teil der betrieblichen Lohngestaltung gemäß § 87 Abs. 1 Nr. 10 BetrVG mitbestimmungspflichtig.[448] Dem Arbeitgeber steht eine Anpassungsbefugnis zu, wenn die Geschäftsgrundlage für betriebliche Altersversorgung weggefallen ist. Das ist dann der Fall, wenn der erkennbare Versorgungszweck dadurch verfehlt wird, dass die unveränderte Anwendung der Versorgungszusage zu einer gegenüber dem ursprünglichen Versorgungsziel planwidrig eintretenden Überversorgung führen würde.[449] Die planwidrige Überversorgung hat die Einigungsstelle als Vorfrage selbst festzustellen. Verneint sie eine solche rechtsfehlerhaft und lehnt die Anpassung ab, entsteht eine Belastung des Arbeitgebers unter dem Gesichtspunkt der unwirksamen Antragsablehnung. Die Überversorgung kann nicht abgebaut werden und der Arbeitgeber ist weiterhin zu Vermögensdispositionen verpflichtet.

Kann ein späterer wirksamer Einigungsstellenspruch weitere Schäden verhindern, kann für den bereits entstandenen Schaden Schadensersatz neben der Leistung gemäß § 280 Abs. 1 BGB verlangt werden.[450]

Die Problematik bei solchen Antragsablehnungen liegt darin, dass der Arbeitgeber gemäß § 249 Abs. 1 BGB so zu stellen ist, wie er stünde, wenn der zum Ersatz verpflichtende Umstand nicht eingetreten wäre. Da der Arbeitgeber für die Durchführung der jeweiligen Maßnahme auf die Mitwirkung des Betriebsrats angewiesen ist, muss er nachweisen, dass ohne Pflichtverletzung ein Einigungsstellenspruch mit genau dem von ihm gewünschten Inhalt zustande gekommen wäre. Das ist der Fall, wenn die Einigungsstellenmitglieder bei verfahrensfehlerfreier, rechtsfehlerfreier und ermessensfehlerfreier Entscheidung zur Annahme des Antrags verpflichtet gewesen wären. Andernfalls bleibt die Pflichtverletzung folgenlos. Ein fehlerfreier und daher wirksamer Einigungsstellenspruch, der aber den Antrag des Arbeitgebers ebenfalls ablehnt (etwa aus anderen Gründen), berechtigt den Arbeitgeber ebenso wenig zur Durchführung seiner gewünschten Maßnahme. Der Ermessenspielraum muss auf eine Entscheidung im Sinne des Arbeitgebers reduziert sein.

Wird das Einigungsstellenverfahren aufgrund der Unwirksamkeit des ablehnenden Beschlusses fortgeführt und wird im neuen Beschluss der Antrag des Arbeitgebers angenommen, erleichtert dies dem Arbeitgeber den Nachweis, dass der

---

448 BAG vom 23.9.2007 – 3 ABR 85/96 – NZA 1998, 719, 720 f.

449 BAG vom 23.9.2007 – 3 ABR 85/96 – NZA 1998, 719, 721; vom 9.11.1999 – 3 AZR 502/98 – NZA 2001, 98, 99; Schipp, RdA 2007, 340, 343.

450 § 3 B. I. 2. a.

Beschluss ohne Pflichtverletzung mit diesem Inhalt hätte zustande kommen müssen. In diesen Fällen kann ein Verzögerungsschaden für die Zeit bis zum neuen Spruch entstehen.[451]

Das Einigungsstellenverfahren wird trotz der Unwirksamkeit des Spruchs nicht fortgeführt werden, wenn sich beispielsweise im Beispiel 5 der Bedarf an Überstunden durch Zeitablauf erledigt, weil der Auftrag anderweitig vergeben wurde. Hier dürfte der Beweis für den Arbeitgeber schwierig sein, dass ohne Pflichtverletzung der Einigungsstellenmitglieder der Antrag angenommen worden wäre. Gelingt der Beweis, kann ein Anspruch auf Schadensersatz statt der Leistung wegen Unmöglichkeit gemäß §§ 280 Abs. 1, 3, 283 BGB geltend gemacht werden.[452] Wegen Zeitablaufs kann der Zweck des Einigungsstellenverfahrens nicht mehr erreicht werden und es tritt Unmöglichkeit ein.

3. *Ermessensfehlerhaftigkeit*

Den Beispielen 3, 4, 5a) und 6 können ermessensfehlerhafte Einigungsstellensprüche zugrunde liegen.

Sofern der Ermessensfehler gerichtlich geltend gemacht wurde und daraufhin die Unwirksamkeit des Spruchs festgestellt wurde, gilt das unter § 3D.I.1 Gesagte. Der Schaden resultiert daraus, dass Maßnahmen ohne Rechtsgrundlage durchgeführt wurden.

Erstreckt man die Ermessenskontrolle des Arbeitsgerichts (wie hier vertreten)[453] auf den Ermessensnichtgebrauch und den Ermessensfehlgebrauch, kann das Gericht die Unwirksamkeit des Spruchs auch bei Ermessensfehlern im Verfahren feststellen. Obwohl der Spruch im Ergebnis der Billigkeit entspricht, kann ein Schaden aufgrund der Durchführung des unwirksamen Spruchs entstehen. So kann die Sozialplanabfindung für einen Arbeitnehmer in Höhe von 10.000 Euro im Ergebnis ebenso der Billigkeit entsprechen, wie eine Sozialplanabfindung in Höhe von 8.000 Euro. Hat die Einigungsstelle im Rahmen der Abwägung zu Gunsten des Arbeitnehmers eine Abfindung von 10.000 Euro festgelegt, um den Arbeitgeber dafür zu bestrafen, dass er die Weihnachtsfeier für den Betrieb gestrichen hat, hat sie ihrer Entscheidung sachwidrige Erwägungen zu Grunde gelegt. Würde das Arbeitsgericht (wie nach hier vertretener Ansicht) bei der Feststellungsklage auch den Ermessensfehlgebrauch prüfen, wäre der Sozialplan unwirksam. Wurden die Abfindungen bereits ausgezahlt, erfolgte dies ohne Rechtsgrundlage. Die Rückforderung gemäß § 812 Abs. 1 S. 1 Var. 1 BGB scheitert aber unter Umständen an der Entreicherung des Arbeitnehmers.[454] Dem Arbeitgeber entsteht folglich aufgrund der Durchführung des Spruchs ein Schaden.

451 Unten § 3 D. I. 7.
452 § 3 B. I. 2. b.
453 Oben § 3 C. I. 2. c. bb.
454 § 3 D. I. 1. e.

Im Gegensatz dazu bleiben nach der Auffassung des BAG vom eingeschränkten Prüfungsumfang[455] Ermessensfehler im Entscheidungsvorgang folgenlos. Der Sozialplan, der eine Abfindung in Höhe von 10.000 Euro festlegt, entspricht trotz der sachfremden Erwägungen der Billigkeit. Da das Gericht die Unwirksamkeit des Spruchs nicht feststellen kann, erfolgt die Auszahlung mit Rechtsgrund. Zwar ist auch bei einem eingeschränkten Prüfungsumfang des Gerichts der Ermessensfehlgebrauch eine Pflichtverletzung.[456] Ein Schaden aufgrund dieser Pflichtverletzung wird aber kaum nachweisbar sein. Da der Spruch wirksam ist, wird keine weitere Entscheidung durch die Betriebsparteien oder die Einigungsstelle notwendig, anhand derer sich beurteilen ließe, dass ohne Ermessensfehlgebrauch eine andere Entscheidung getroffen worden wäre. Hat der Einigungsstellenspruch anders als beim Sozialplan nicht nur einmalige oder kurzfristige Wirkungen, kann er gemäß § 77 Abs. 5 BetrVG gekündigt werden.[457] In diesem Fall lässt sich ein Schaden aufgrund eines Ermessensfehlgebrauchs ggf. nachweisen, indem man die Regelung, die nach der Kündigung getroffen wird, mit dem Inhalt des ermessensfehlerhaften Spruchs vergleicht.

Wurden Ermessensfehler nicht innerhalb der Frist des § 76 Abs. 5 S. 4 BetrVG gerichtlich geltend gemacht, gilt der Spruch von Anfang an als rechtswirksam.[458] In diesen Fällen ist der Spruch wirksame Rechtsgrundlage für die auf ihm beruhenden Maßnahmen. Im Beispiel 4 erfolgt die Freistellung für die Schulung mit Rechtsgrund. Ohne die Pflichtverletzung in Form eines Ermessensfehlers hätte die Freistellung aber abgelehnt werden müssen, sodass Schäden infolge der Freistellung ein ersatzfähiger Schaden des Arbeitgebers sind. Wie sich die unterlassene Anfechtung auswirkt, ist im Rahmen des Mitverschuldens zu prüfen.[459]

4. *Folgen der gerichtlichen Überprüfung*

Die Kosten des Anfechtungsverfahrens im Beispiel 7 sind ein Schaden des Arbeitgebers aufgrund der Pflichtverletzung der Einigungsstellenmitglieder.[460] Anspruchsgrundlage ist § 280 Abs. 1 BGB, da die Kosten neben dem Primäranspruch auf einen wirksamen, ermessensfehlerhaften Spruch bestehen.[461]

Es handelt sich nicht nur um ein freiwilliges Vermögensopfer. Der Arbeitgeber wird vielmehr bei Ermessensfehlern zur Anfechtung gezwungen, da der Spruch nach Ablauf der Frist von zwei Wochen gemäß § 76 Abs. 5 S. 4 als von Anfang an

---

455 Oben § 3 C. I. 2. c. aa.

456 Oben § 3 C. I. 2. d. bb. [2].

457 *Berg*, in: D/K/K/W, BetrVG, § 77 Rn. 113; *Fitting*, BetrVG, § 77 Rn. 144; *Richardi*, in: Richardi, BetrVG § 77 Rn. 208.

458 BAG vom 26.5.1988 – 1 ABR 11/87 – NZA 1989, 26, 27; *Kreutz/Jacobs*, in: GK-BetrVG, § 76 Rn. 159.

459 Unten § 3 F. I. 2. c.

460 *Schipp*, NZA 2011, 271, 271; *Sprenger*, BB 2010, 2110, 2112.

461 § 3 B. I. 2. a.

wirksam fingiert wird.[462] Doch auch bei nicht fristgebundenen Verfahrens- und Rechtsfehlern entsteht womöglich ein noch größerer Schaden, solange die Unwirksamkeit des Spruchs nicht gerichtlich festgestellt wurde. Die Aufwendungen zur Schadensminderung sind als Schadensersatz zu ersetzen.[463] Die Kündigung des Einigungsstellenspruchs ist im Vergleich zur gerichtlichen Kontrolle zwar die kostengünstigere Variante.[464] Sie wirkt aber im Gegensatz zum Feststellungsurteil nur ex-nunc. Zudem ist bei der ordentlichen Kündigung die Kündigungsfrist zu wahren und der Spruch wirkt nach Ablauf der Frist gemäß § 77 Abs. 6 BetrVG weiter, sofern er nicht durch eine andere Abmachung ersetzt wurde.

Beispiel 8 zeigt, dass nach dem gerichtlichen Verfahren weitere Kosten entstehen können. Nachdem die Unwirksamkeit des Spruchs rechtskräftig festgestellt wurde, ist die Einigungsstelle nicht beendet, sofern sich der Zweck der Einigungsstelle nicht durch Zeitablauf erledigt hat (so im Beispiel 5a)). Sie besteht fort, da ihre Aufgabe, Meinungsverschiedenheiten beizulegen, noch nicht erfüllt ist.[465] Neben dem Schaden aufgrund der Verzögerung[466] sind die Kosten des weiteren Einigungsstellenverfahrens ein Schaden aufgrund der Pflichtverletzung.[467] Zu diesen Kosten gehören zum einen die Sachkosten i.S.d. § 76 a Abs. 1 BetrVG, aber auch Vergütungsansprüche der Einigungsstellenmitglieder.

Hinsichtlich der Vergütungsansprüche ist zu unterscheiden zwischen Mitgliedern, die eine Pflicht verletzt haben, und denjenigen, die keine Pflicht verletzt haben. Die pflichtwidrig handelnden Mitglieder haben ihre ursprüngliche Leistungspflicht (eine wirksame, ermessensfehlerfreie Entscheidung) noch nicht erfüllt, sodass für sie nach dem unwirksamen Spruch der ursprüngliche Vergütungsanspruch fortbesteht. Die pflichtgemäß handelnden Mitglieder haben hingegen ihre Leistungspflicht erfüllt und daher einen Vergütungsanspruch erworben. Wird die Einigungsstelle in derselben Besetzung fortgeführt, muss ihre Tätigkeit erneut gemäß § 76a Abs. 3 BetrVG vergütet werden. Dieser Vergütungsanspruch ist ein ersatzfähiger Schaden des Arbeitgebers.[468]

Wird die Einigungsstelle in einer anderen Besetzung fortgeführt, haben die ausgeschiedenen Einigungsstellenmitglieder, die pflichtgemäß gehandelt haben, einen Vergütungsanspruch gemäß § 76a Abs. 3 BetrVG. Da die sie ersetzenden betriebsfremden Einigungsstellenmitglieder ebenso einen Anspruch auf Vergütung haben, entsteht dem Arbeitgeber ein Schaden durch den doppelten Vergütungsanspruch. Noch umfangreicher ist der Schaden, wenn der Vergütungsanspruch der neu eingesetzten Einigungsstellenmitglieder höher ist, als der der ursprünglichen

---

462 BAG vom 26.5.1988 – 1 ABR 11/87 – NZA 1989, 26, 27; *Kreutz/Jacobs,* in: GK-BetrVG, § 76 Rn. 159.
463 *Schiemann,* in: Staudinger, BGB (2005), § 254 Rn. 91.
464 Zur Schadensminderung durch Kündigung unten § 3 F. I. 2. a.
465 *Kreutz/Jacobs,* in: GK-BetrVG, § 76 Rn. 175.
466 Unten § 3 D. I. 7.
467 *Kreutz/Jacobs,* in: GK-BetrVG, § 76 Rn. 94; *Sprenger,* BB 2010, 2110, 2112.
468 *Bischoff,* S. 161.

Mitglieder. Der Vergütungsanspruch der ausscheidenden Einigungsstellenmitglieder, die pflichtwidrig gehandelt haben, erlischt nicht kraft Gesetzes oder wird automatisch gemindert.[469] Der Arbeitgeber kann aber seine Schadensersatzforderung gegen die Honorarforderung aufrechnen.[470]

5. Teilunwirksamkeit des Spruchs

Beispiel 2 zeigt, dass ein teilunwirksamer Spruch einen Schaden des Arbeitgebers verursachen kann. Die Regelung, dass Elternzeit für die Dauer der Betriebszugehörigkeit nicht zu berücksichtigen ist, verstößt gegen Art. 6 GG, dessen Wertungen die Betriebsparteien gemäß § 75 Abs. 1 BetrVG zu berücksichtigen haben.[471]

Wird ein Arbeitnehmer unter bestimmten Voraussetzungen von Leistungen ausgeschlossen oder gegenüber anderen benachteiligt und ist diese Regelung unwirksam, bleibt der Spruch i.d.R. im Übrigen wirksam. Das BAG überträgt seine Rechtsprechung zur Teilunwirksamkeit von Betriebsvereinbarungen auf den Spruch der Einigungsstelle.[472] Entscheidend sei, ob der wirksame Teil der Betriebsvereinbarung oder des Spruchs auch ohne die unwirksamen Bestimmungen eine sinnvolle und in sich geschlossene Regelung enthalte. Davon ist im Beispiel 2 auszugehen. Der Sozialplan enthält auch bei Anrechnung der Elternzeit eine sinnvolle und in sich geschlossene Regelung. Elternzeit ist daher bei allen Arbeitnehmern für die Dauer der Beschäftigung zu berücksichtigen.[473]

Wären Elternzeiten von Anfang berücksichtigt worden, wären die einzelnen Abfindungen entsprechend niedriger ausgefallen. Das Sozialplanvolumen erhöht sich daher aufgrund der ursprünglich nicht berücksichtigten Elternzeit. Eine solche Ausdehnung des vereinbarten Gesamtvolumens ist hinzunehmen, wenn es im Verhältnis zum Gesamtvolumen des Sozialplans nicht ins Gewicht fällt.[474] Für den

---

469 Zur Problematik der Minderung beim Dienstvertrag, *Canaris*, in: FS K. Schmidt, S. 177 ff.

470 *Bischoff*, S. 161, 165.

471 BAG vom 21.10.2003 – 1 AZR 407/02 – NZA 2004, 559, 560; vom 12.11.2002 – 1 AZR 58/02 – NZA 2003, 1287, 1289 f.; hierzu auch oben § 2 E. III .1.

472 BAG 28.4.1981 – 1 ABR 53/79 – AP BetrVG 1972 § 87 Vorschlagswesen Nr. 1; vom 20.7.1999 – 1 ABR 66/98 – NZA 2000, 495, 498; vom 15.5.2001 – 1 ABR 39/00 – NZA 2001, 1154, 1157; zustimmend: *Fitting*, BetrVG, § 76 Rn. 160; *Kreutz/Jacobs*, in: GK-BetrVG, § 76 Rn. 176; **a.A.** *U. Fischer*, NZA 1997, 1017, 1019 ff.: keine Übertragung wegen des strukturellen Unterschieds von Betriebsvereinbarung und Einigungsstellenspruchs.

473 So in BAG vom 21.10.2003 – 1 AZR 407/02 – NZA 2004, 559: Erhöhung des Gesamtvolumens um 156.312 DM.

474 BAG vom 26.6.1990 – 1 AZR 263/88 – NZA 1991, 111, 113; vom 12.11.2002 – 1 AZR 58/02 – NZA 2003, 1287, 1290; vom 21.10.2003 – 1 AZR 407/02 – NZA 2004, 559, 561: Erhöhung eines Gesamtvolumens von fast 9 Mio DM um 156.312 DM fällt nicht ins Gewicht (ca. 1,7%).

Arbeitgeber sind diese Mehrkosten ein ersatzfähiger Schaden, der aufgrund eines Rechtsfehlers der Einigungsstellenmitglieder verursacht wurde.

Fällt die Mehrbelastung ins Gewicht, können weitere Zahlungen nicht verlangt werden. Das ursprünglich festgelegte Gesamtvolumen muss vielmehr umverteilt werden. Sind Auszahlungen bereits erfolgt, stellt sich das Problem der Rückforderung wie im Beispiel 1.[475]

6. Nichtleistung

Verweigert der Vorsitzende seine Stimmabgabe in der Schlussabstimmung, kommt kein Spruch zustande;[476] ebenso wenn er eine Sitzung gar nicht erst einberuft. Der Arbeitgeber hat hier zwei Reaktionsmöglichkeiten: Er kann den Vorsitzenden auf Leistung verklagen;[477] oder er kann eine neue Einigungsstelle errichten und die zusätzlichen Kosten als Schadensersatz statt der Leistung geltend machen. Wie auch der Betriebsrat kann der Arbeitgeber den Vorsitzenden nicht alleine und jederzeit ersetzen. Zwar kann ein neuer Vorsitzender gemäß § 99 ArbGG gerichtlich bestellt werden, wenn sich die Parteien nicht einigen. Die Abberufung des Vorsitzenden muss indes einvernehmlich durch beide Betriebsparteien erfolgen. Nachdem eine Frist zur Leistung gesetzt wurde und diese erfolglos abgelaufen ist, besteht aber ein Anspruch auf Mitwirkung der anderen Betriebspartei an der Abberufung des Vorsitzenden.[478]

Sofern dadurch Sachkosten und Vergütungsansprüche zusätzlich zu der ursprünglichen Einigungsstelle (nicht denkbar, wenn nicht einmal eine Sitzung anberaumt wurde) entstehen, sind diese ein ersatzfähiger Schaden statt der Leistung.[479] Das Gleiche gilt für Vergütungsansprüche der neu einberufenen Einigungsstelle, wenn diese höher sind, als die der ursprünglichen Einigungsstelle. Da der Vorsitzende bei der Nichtleistung keinen Vergütungsanspruch erwerben würde, ist mit einem solchen Verhalten in der Praxis wohl nicht zu rechnen.[480]

Enthalten sich die Beisitzer oder bleiben sie der Sitzung fern, können sie den Spruch als solchen zwar nicht verhindern, verletzen aber dennoch ihre Mitwirkungspflicht.[481] Dass aufgrund dieses pflichtwidrigen Verhaltens ein Schaden entstehen kann, zeigt Beispiel 4. Da die Enthaltung des Beisitzers auf Arbeitgeberseite nicht mitgezählt wird, können die Beisitzer der Betriebsratsseite ihre Entscheidung (Freistellung für die Schulung) alleine durchsetzen. Der Arbeitgeber kann seine Aufträge im Beispiel 4 nicht (rechtzeitig) erfüllen, weil die Beisitzer des Arbeitgebers

---

475 Ausführungen hierzu unter § 3 D. I. 1.

476 *Spengler/Herbert* in: Spengler/Hahn/Pfeiffer, Einigungsstelle, § 8 Rn. 2 f.; *Ehrich/Fröhlich*, Einigungsstelle, S. 26.

477 Oben § 3 B. I. 1.

478 Für den Betriebsrat oben § 3 B. III. 4.

479 § 3 B. I. 2. b.

480 *Spengler/Herbert* in: Spengler/Hahn/Pfeiffer, Einigungsstelle, § 8 Rn. 4.

481 Oben § 3 C. I. 4.

die Freistellung für die Schulung nicht verhindert haben. Hätten beide Beisitzer der Arbeitgeberseite gegen die Schulung gestimmt, wäre keine Mehrheit zustande gekommen und ein weiterer Abstimmungsvorgang unter Beteiligung des Vorsitzenden hätte stattgefunden. Bei ermessensfehlerfreier Abstimmung des Vorsitzenden wäre die Schulung angelehnt worden. Der sich enthaltende Arbeitgeberbeisitzer hat ebenso wie die ermessensfehlerhaft abstimmenden Betriebsratsbeisitzer eine Pflichtverletzung begangen.

7. Verzögerungsschaden

Ein Verzögerungsschaden kann verschiedene Ursachen haben. Der Vorsitzende kann das Verfahren wie im Beispiel 5b) bei der Terminierung bewusst in die Länge ziehen. Für den Schadensersatzanspruch gemäß §§ 280 Abs. 1, 2, 286 BGB ist eine Mahnung des Arbeitgebers erforderlich.

Die Nichtleistung der Beisitzer in Form von Enthaltungen bei der Abstimmung oder Nichterscheinen zur Sitzung führt nicht zur Verzögerung. Die Enthaltung blockiert die Abstimmung nicht. Erscheinen die Beisitzer nicht, wird gemäß § 76 Abs. 5 S. 2 BetrVG ohne sie entschieden.

Ein Verzögerungsschaden entsteht aber auch im Beispiel 3 und 5a), wenn der Arbeitgeber eine von ihm angestrebte Maßnahme erst durchführen kann, nachdem gerichtlich festgestellt wurde, dass die Ablehnung des Antrags durch die Einigungsstelle unwirksam war und im neuen Spruch der Antrag angenommen wird. Schäden, die in der Zeit zwischen dem ersten (unwirksamen) Einigungsstellenspruch und dem zweiten (wirksamen) Einigungsstellenspruch entstehen, sind Verzögerungsschäden. Da sie aber nicht auf einem Verzug der Einigungsstelle i.S.d. § 286 BGB beruhen, sondern auf einer Schlechtleistung, sind die Schäden gemäß § 280 Abs. 1 BGB zu ersetzen.

Ein Schaden kann auch in einem verspäteten Beginn von Kündigungsfristen liegen.[482]

8. Begleitschäden

Begleitschäden sind Schäden, die trotz einer ordnungsgemäßen Leistung an sonstigen Rechtsgütern des Arbeitgebers entstehen.[483] Sie treten bei einer Verletzung von Nebenpflichten ein und sind Schadensersatz neben der Leistung.[484] Im Beispiel 9 sind sowohl materielle als auch immaterielle Schäden denkbar. Der Verlust qualifizierter Arbeitskräfte schränkt die Produktivität des Betriebs ein und verursacht materielle Schäden in Form von Umsatzeinbußen und Produktionsausfall. Die Rufschädigung hingegen ist immaterieller Schaden.

482 *Friedemann*, Rz. 354.
483 *Teichmann*, S. 107.
484 § 3 B. I. 2. a.

Die zusätzlichen Kosten für die Hinzuziehung eines Sachverständigen, der nicht erforderlich ist, verursachen in der Regel keinen Schaden beim Arbeitgeber. Mangels Erforderlichkeit hat er die Kosten gemäß § 76a Abs. 1 BetrVG nicht zu tragen. Ein Schaden entsteht dem Arbeitgeber nur, wenn er zahlt, obwohl er dazu nicht verpflichtet ist. In diesem Fall kann der Arbeitgeber die Zahlung über Bereicherungsrecht rückabwickeln, sofern dies nicht gemäß § 814 BGB wegen Kenntnis der Nichtschuld ausgeschlossen ist, oder aber gegen das handelnde Einigungsstellenmitglied im Wege des Regresses vorgehen.[485] So versuchte beispielsweise der Arbeitgeber in einer Entscheidung des BAG gegen die Honorarforderung eines Beisitzers mit der Schadensersatzforderung aufgrund der Hinzuziehung eines Sachverständigengutachtens aufzurechnen.[486] Die Aufrechnung scheiterte jedoch daran, dass die Kosten des Gutachtens erforderlich waren und daher das Einigungsstellenmitglied durch die Einholung des Gutachtens schon gar keine Pflicht verletzt hatte.

II. Konzernunternehmen und Unternehmensspaltung

Bei Unternehmensverflechtungen ist zu prüfen, ob der Spruch einer Einigungsstelle auf Konzernebene Schäden bei den Tochtergesellschaften verursachen kann sowie der umgekehrte Fall, ob der Spruch einer Einigungsstelle auf Ebene einer Tochtergesellschaft Schäden bei der Konzernmutter verursachen kann. Der Spruch der Einigungsstelle, die von der Betriebsgesellschaft bestellt wurde, kann Auswirkungen auf die Anlagegesellschaft haben.

1. Schaden der Tochtergesellschaft

Es gibt nur wenige Fälle, in denen der Konzernbetriebsrat gemäß § 58 Abs. 1 BetrVG originär zuständig ist. In sozialen Angelegenheiten kommt eine konzerneinheitliche Sozialeinrichtung in Betracht.[487] Diese hat in der Regel keine Auswirkungen auf die Tochterunternehmen, da es ausreicht, wenn die Konzernleitung aus der Betriebsvereinbarung entsprechend verpflichtet wird. Die Arbeitnehmer der einzelnen Unternehmen können ihre Ansprüche direkt gegenüber der Konzernleitung geltend machen.[488]

Für den Abbau einer planwidrigen Überversorgung in der konzernweiten betrieblichen Altersversorgung ist der Konzernbetriebsrat zuständig.[489] Lehnt dieser eine Korrektur ab und verneint auch die Einigungsstelle im Rahmen ihrer

---

485 Zum Verhältnis von Bereicherungsrecht und Regress § 3 D. I. 1. e.

486 BAG vom 13.11.1991 – 7 ABR 70/90 – NZA 1992, 459, 461 f.

487 *Konzen*, RdA 1985, 65, 76; *Joost*, in: MüHbArbR, § 227 Rn. 48.

488 *Windbichler*, Arbeitsrecht im Konzern, S. 361.

489 BAG vom 17.3.1987 – 3 AZR 64/84 – NZA 1987, 855; vom 22.1.2002 – 3 AZR 554/00 – NZA 2002, 1224; vom 24. 1. 2006 - 3 AZR 484/04 – NZA 2007, 278; *Cisch/Hock*, BB 2012, 2113, 2114.

Vorfragenkompetenz eine planwidrige Überversorgung, ist nicht nur der Konzernmutter sondern auch allen Konzerntöchtern eine Anpassung versagt.[490]

In wirtschaftlichen Angelegenheiten ist der Konzernbetriebsrat originär zuständig für eine unternehmensübergreifende Betriebsänderung, bei der das Gesamtvolumen für Sozialplanleistungen vom Konzern ausgeht.[491] Ein Einigungsstellenspruch auf Konzernebene kann in den Beispielen 1 und 2 durchaus Schäden bei der Konzerntochter verursachen, da die einzelnen Konzernunternehmen als Arbeitgeber Schuldner der Sozialplanleistungen sind.

Nicht überzeugend ist insofern die Ansicht *Bachners*.[492] Er lässt einen Rückgriff der Konzerntochter gegenüber der Konzernobergesellschaft gemäß § 317 AktG zu. Demnach ist das herrschende Unternehmen zum Ersatz des Schadens verpflichtet, der aufgrund seiner kompensationslosen nachteiligen Einflussnahme auf das beherrschte Unternehmen entstanden ist. Die Konzernbetriebsvereinbarung sowie der Einigungsstellenspruch, der wie eine Konzernbetriebsvereinbarung wirke, würden einen inadäquaten Nachteil für die Konzernuntergesellschaft darstellen.

Dem kann nur für eine Konzernbetriebsvereinbarung, nicht aber für den Spruch einer Einigungsstelle gefolgt werden. § 317 AktG knüpft an eine konkrete nachteilige, nicht ausgeglichene Einflussnahme des herrschenden Unternehmens an.[493] Nur mittels einer belastenden Konzernbetriebsvereinbarung veranlasst die Konzernmutter die Konzerntochter zu nachteiligen Maßnahmen oder Rechtsgeschäften. Wird indes eine Einigungsstelle bestellt, veranlasst die Einigungsstelle die Tochtergesellschaft mittels eines belastenden Einigungsstellenspruchs zu nachteiligen Maßnahmen oder Rechtsgeschäften. Der Konzernmutter kann allenfalls vorgeworfen werden, sie habe die Bestellung der Einigungsstelle veranlasst, weil sie sich mit dem Konzernbetriebsrat nicht einigen konnte. Bei Bestellung der Einigungsstelle steht der belastende Inhalt des späteren Spruchs aber gerade noch nicht fest. Die Veranlassung in Form der Bestellung der Einigungsstelle wirkt sich auf die Konzerntochter noch nicht nachteilig aus. Ein Nachteil kann erst aus dem Inhalt des Spruchs resultieren.

Der Spruch der Einigungsstelle kann der Konzernleitung aber nicht als eigene Handlung zugerechnet werden. Die Einigungsstelle ist kein gemeinsames Organ von Arbeitgeber und Betriebsrat, dessen Handlungen man den Betriebsparteien als eigene zurechnen könnte. Sie entscheidet kraft eigener Autorität. Die Enthaltung des unparteiischen Vorsitzenden im ersten Abstimmungsvorgang gemäß § 76 Abs. 3 S. 2 BetrVG könnte zwar dafür sprechen, dass die Entscheidung der Einigungsstelle möglichst eine Einigung der Betriebsparteien sein soll, die diesen über die von ihnen bestellten Beisitzer zuzurechnen ist. Überzeugender ist es aber die Einigungsstelle als selbständige betriebliche Einrichtung zu verstehen. Ihr Spruch

490 Dazu auch oben § 3 D. I. 2.

491 *Tholuck*, S. 176; *Fitting*, § 58 Rn. 15.

492 *Bachner*, NZA 1995, 256, 259.

493 *Konzen*, RdA 1985, 65, 66.

„ersetzt" die Einigung. Er ist nicht mit der Einigung gleichzusetzen. Dies zeigt auch die Anfechtungsmöglichkeit in § 76 Abs. 5 S. 4 BetrVG. Würde man den Spruch den Betriebsparteien als eigenen Akt zurechnen, könnten sie ihn ebenso wenig wie die Einigung über eine Betriebsvereinbarung gerichtlich angreifen.[494]

Da eine Ersatzpflicht der Konzernobergesellschaft gemäß § 317 AktG nicht in Betracht kommt, verbleibt der Schaden bei der Tochtergesellschaft.

Ferner können der Tochtergesellschaft Schäden aufgrund eines Verstoßes gegen Geheimhaltungspflichten entstehen. Im Rahmen des Einigungsstellenverfahrens ist insbesondere bei der Verhandlung über einen Sozialplan die wirtschaftliche Lage der Tochterunternehmen Gegenstand. Werden vertrauliche Informationen nach außen getragen, können dem Tochterunternehmen sowohl materielle als auch immaterielle Schäden entstehen (Beispiel 9).

2. *Schaden der Konzernmutter*

Trotz einer Verlustübernahmepflicht aus § 302 AktG oder einer rechtsgeschäftlichen Einstandspflicht der Konzernmutter schaden Einigungsstellensprüche auf Ebene der Konzerntochter der Konzernmutter nicht. Da der Schadensersatzanspruch der Tochtergesellschaft gegen die Einigungsstellenmitglieder als Forderung in ihrem Vermögen zu berücksichtigen ist, entsteht kein ausgleichspflichtiger Verlust.

Der Konzernmutter kann ein Schaden nur entstehen, wenn die Einigungsstellenmitglieder Geheimhaltungspflichten verletzen, indem sie Betriebs- und Geschäftsgeheimnisse der Konzernmutter nach außen tragen.

3. *Schaden der Anlagegesellschaft*

In den Beispielen 1 und 2 kann auch der Anlagegesellschaft ein Schaden durch Überzahlung oder aufgrund der Erhöhung des Gesamtsozialplanvolumens entstehen. Sie haftet bei einer Unternehmensspaltung in Betriebs- und Anlagegesellschaft gemäß § 134 Abs. 1 S. 1 UmwG für Sozialplanforderungen. Da sich die Sozialplandotierung aufgrund des Bemessungsdurchgriffs auch nach der wirtschaftlichen Lage der Anlagegesellschaft richtet,[495] entsteht der Schaden direkt bei der Anlagegesellschaft, sobald die Forderungen die Leistungsfähigkeit der (vermögenslosen) Betriebsgesellschaft überschreiten.

E. Kausalität

Die Handlung eines Einigungsstellenmitglieds ist kausal für den Schaden, wenn sie einem bestimmten Einigungsstellenmitglied individuell zugeordnet werden kann.[496] Das ist unproblematisch bei Pflichtverletzungen, die nur vom Vorsitzenden

---

494 *Leipold*, in: FS Schnorr von Carolsfeld, S. 273, 275 ff.
495 BAG 15.3.2011 – 1 ABR 97/09 – NZA 2011, 1112, 1114 f.
496 *Kreutz/Jacobs*, in: GK-BetrVG, § 76 Rn. 94; *Friedemann*, Rz. 353, 358.

begangen werden können, wie die rechtzeitige Unterrichtung über Zeit und Ort. Sie können eindeutig einer Person zugeordnet werden. Ebenso die Verschwiegenheitspflicht kann von jedem Einigungsstellenmitglied durch eine individuelle Handlung verletzt werden.[497]

I. Mehrheitsbeschlüsse der Einigungsstelle

Bei Beschlüssen der Einigungsstelle stellt sich die Frage, welche Stimme für den Spruch ursächlich war. Grundsätzlich haftet jedes Einigungsstellenmitglied nur für seine eigenen Pflichtverletzungen. Die Pflichtverletzungen der anderen Mitglieder können ihm nicht zugerechnet werden.[498] Werden die rechtswidrig abstimmenden Mitglieder überstimmt, kommt ihre Entscheidung im Spruch nicht zum Tragen. In diesen Fällen scheidet eine Kausalität von vorne herein aus.

1. Einstimmigkeit oder deutliche Mehrheit

Bei einem einstimmigen rechtswidrigen Beschluss könnte sich jedes Einigungsstellenmitglied der Verantwortung mit der Begründung entziehen, seine Stimme sei nicht ursächlich gewesen, da der Spruch auch ohne die eigene Stimme in dieser Form zustande gekommen wäre. Das gilt auch bei einer Mehrheit von mehr als einer Stimme. *Röckrath* bezeichnet dies als „überbestimmten Erfolg".[499] Kausalitätsfragen bei Gremienentscheidungen werden vor allem bei der Strafbarkeit der Gremienmitglieder behandelt.[500] *Neumann-Duesberg* greift ebenfalls auf die zum Strafrecht entwickelte kumulative Kausalität zurück: Alle Stimmabgaben hätten für den Spruch zusammengewirkt, sodass alle ursächlich seien.[501] Das stimmt zumindest für den Fall, in dem die Mehrheit mit genau einer Stimme zustande gekommen ist. Denn kennzeichnend für die kumulative Kausalität ist, dass die einzelnen Bedingungen für sich den Erfolg nicht bewirken können, sondern nur durch ein Zusammenwirken.[502] Bei einer deutlichen Mehrheit oder Einstimmigkeit können aber einzelne Stimmen weiterhin weggedacht werden. Passender erscheint die alternative Kausalität.[503] Danach ist von mehreren Bedingungen, die zwar alternativ, aber nicht kumulativ hinweggedacht werden können, ohne dass der Erfolg entfiele, jede erfolgsursächlich. Bei einer Mehrheit von mehr als einer Stimme können die einzelnen Stimmen

497 *Friedemann*, Rz. 353, 358.
498 *Dröge*, S. 66 f.; *Rose*, in: HWGNRH, BetrVG, Einl. Rn. 108.
499 *Röckrath*, NStZ 2003, 641 ff.
500 Auslöser dafür die Lederspray-Entscheidung BGH vom 6.7.1990 – 2 StR 549/89 – NJW 1990, 2560.
501 *Neumann-Duesberg*, Betriebsverfassungsrecht, S. 336.
502 *Eisele*, in: Schönke/Schröder, StGB, Vor §§ 13 ff. Rn. 83.
503 *Wessels/Beulke/Satzger*, StR AT, Rn. 158; *Lackner*, in: Lackner/Kühl, StGB, Vorbem. §§ 13 ff. Rn. 11; *Meier*, NJW 1992, 3193, 3198.

für sich alleine zwar weggedacht werden. Werden aber alle Stimmen kumulativ hinweggedacht, kommt eine Mehrheit nicht zustande. Daher sind alle Stimmen kausal.

Kritiker dieser Ansicht weißen darauf hin, dass die alternative Kausalität Fälle betrifft, in denen jede Bedingung für sich alleine ausgereicht hätte, um den Erfolg herbeizuführen.[504] Bei Gremienbeschlüssen reicht jede Stimme für sich genommen aber nicht aus, um einen Mehrheitsbeschluss herbeizuführen. Bei überbestimmten Gremienentscheidungen bedürfte es einer Kombination von alternativer und kumulativer Kausalität.

Gemäß § 830 Abs. 1 S. 2 BGB ist jede Handlung kausal, wenn sich nicht ermitteln lässt, wer von mehreren Beteiligten den Schaden durch seine Handlung verursacht hat. Die Vorschrift regelt zwar den Fall einer alternativen Kausalität, bei der jeder Tatbeitrag für sich alleine ausgereicht hätte. Sie muss aber entsprechend für die Kombination aus alternativer und kumulativer Kausalität gelten:[505] die jeweilige Stimme reicht für sich alleine nicht für den Erfolg aus (kumulative Kausalität); einzelne, über die Mehrheit hinausgehende Stimmen lassen sich alternativ wegdenken (alternative Kausalität). Es handelt sich um die in § 830 Abs. 1 S. 2 BGB geregelte Situation, dass nicht feststellbar ist, welcher von den Beteiligten den Schaden ganz oder teilweise verursacht hat.

2. Keine Kausalität der Überstimmten

Die Stimmen der gegen die Mehrheit abstimmenden Einigungsstellenmitglieder werden für den Spruch nicht kausal. Aufgrund der nichtöffentlichen Abstimmung ist für Außenstehende jedoch nicht zu erkennen, wer für und wer gegen den Spruch gestimmt hat.[506] Die Kausalitätsvermutung des § 830 Abs. 1 S. 2 BGB ist hier nicht anwendbar, da sie eine unerlaubte Handlung voraussetzt.[507] Die Abstimmung gegen den schadensstiftenden Beschluss ist aber keine unerlaubte Handlung. Stattdessen befürwortet *Belling* für die vergleichbare Situation beim Betriebsrat eine Beweislastumkehr, um zu verhindern, dass einzelne Mitglieder sich hinter der Mehrheitsentscheidung „verschanzen".[508] Er leitet diese aus dem Rechtsgedanken der § 93 Abs. 2 S. 2 AktG, §§ 116, 93 Abs. 2 S. 2 AktG, § 34 Abs. 2 S. 2 GenG, §§ 41, 34 Abs. 2 S. 2 GenG her. Die Beweislast müsse nach der Beweisnähe und dem Verantwortungs- und Herrschaftsbereich des Schädigers verteilt werden. Demnach werde ein Pflichtverstoß grundsätzlich vermutet. Das einzelne Betriebsrats- bzw. Einigungsstellenmitglied müsse einen Entlastungsbeweis führen. Dafür reiche es

---

504 So *Achenbach*, S. 61; *Beulke/Bachmann*, JuS 1992, 737, 743; *Eisele*, in: Schönke/Schröder, StGB, Vor §§ 13 ff. Rn. 83a.

505 *Wagner*, in: MünchKommBGB (2013), § 830 Rn. 61; *Röckrath*, NStZ 2003, 641, 644; *Fleischer*, BB 2004, 2645, 2647.

506 *Bischoff*, S. 162

507 *Rosset*, S. 140; **a.A.** *Neumann-Duesberg*, Betriebsverfassungsrecht, S. 337.

508 *Belling*, Die Haftung des Betriebsrats, S. 243; ähnlich auch: *Triebel*, S. 181; *Bischoff*, S. 162 f.

nicht aus, dass das Mitglied gegen den Beschluss gestimmt habe, sondern es müsse seinen Widerspruch offen erheben, um die anderen Mitglieder vom rechtswidrigen Beschluss abzuhalten. Vergleichbar hierzu wird bei Mehrheitsbeschlüssen des Vorstands einer Aktiengesellschaft gefordert, dass das überstimmte Mitglied geeignete Maßnahmen ergreifen muss, um die Ausführung eines rechtswidrigen Beschlusses zu verhindern.[509]

Rosset hält eine Abkehr von der Regelbeweislast nicht für gerechtfertigt.[510] Beweisbelastet sei der Geschädigte. Dieser könne den Beweis durch Vernehmung der anderen Mitglieder als Zeugen erbringen. Das Abstimmungsgeheimnis müsse im Hinblick auf die vorrangigen Interessen der Rechtsverfolgung und Rechtsverteidigung zurücktreten.

Diese Ansicht wird den Beweislastregeln besser gerecht. Entschließt sich die Einigungsstelle zur geheimen Abstimmung,[511] ist das Abstimmungsergebnis anhand des Abstimmungsverhaltens der anderen Mitglieder nachvollziehbar. Für eine geheime Abstimmung besteht bei der Einigungsstelle zudem kein Bedürfnis. Die Standpunkte der jeweiligen Seite wurden bereits im Rahmen der Beratung ausgetauscht. Ihr einziger Vorteil besteht in der Vermeidung einer Haftung, da die einzelnen Stimmen nicht eindeutig zugeordnet werden können. Das Abstimmungsgeheimnis muss zurücktreten, da es die Einigungsstelle andernfalls in der Hand hätte, aufgrund ihrer Abstimmungsmodalitäten eine Haftung zu vermeiden.

3. *Keine Einwirkungspflicht oder Pflicht zur Amtsniederlegung*

Für die Entlastung reicht es aus, dass das Einigungsstellenmitglied gegen den Beschluss gestimmt hat. Es verhält sich dadurch pflichtgemäß.

Eine Pflicht zur Amtsniederlegung besteht nicht. Im Zeitpunkt der Beschlussfassung steht das Ergebnis der Beschlussfassung noch nicht fest, sodass von jedem einzelnen Einigungsstellenmitglied allein gefordert werden kann, dass es sich selbst pflichtgemäß verhält. Nach der Beschlussfassung ist die Tätigkeit der Beisitzer in der Einigungsstelle abgeschlossen. Eine Amtsniederlegung in dieser Phase erübrigt sich. Allein den Vorsitzenden treffen weiter Pflichten wie die Unterschrift des Spruchs und seine Zuleitung an die Betriebsparteien gemäß § 76 Abs. 3 S. 4 BetrVG. Für ihn stellt sich die Frage nach einer Amtsniederlegung nicht. Haben nicht schon die Beisitzer eine Mehrheitsentscheidung herbeigeführt, war seine Stimme die Entscheidende, sodass bereits die Stimmabgabe kausal für den Spruch war. Nicht einmal Vorstandsmitglieder einer Aktiengesellschaft müssen ihr Amt niederlegen. Das überstimmte Mitglied ist dort aber dazu aufgefordert, geeignete Maßnahmen

509 *Bank*, in: Patzina/Bank/Schimmer/Simon-Widmann, Haftung von Unternehmensorganen, Kap. 6 Rn. 12; *Spindler*, in: MünchKommAktG (2014), § 93 Rn. 166 ff.; BGH vom 21.4.1997 – II ZR 175/95 – NJW 1997, 1926, 1926.

510 *Rosset*, S. 140 f.

511 Zur Zulässigkeit einer geheimen Abstimmung: *Friedemann*, Rz. 274 f.; *Schönfeld*, Einigungsstelle, S. 252.

zu ergreifen, um die Ausführung eines rechtswidrigen Beschlusses zu verhindern.[512] Eine Amtsniederlegung wäre demgegenüber äußerst impraktikabel.

Für Einigungsstellenmitglieder können aktive Maßnahmen, um die anderen Mitglieder von der Beschlussfassung abzuhalten, nicht gefordert werden. Sie sind nicht verpflichtet, auf einen rechtmäßigen Beschluss hinzuwirken.[513] Die Einigungsstellenmitglieder sind nur zum eigenen rechtmäßigen Handeln verpflichtet. Auf die Beisitzer der Gegenseite müssen sie nicht einwirken.

Eine Einwirkungspflicht besteht nicht einmal für den Vorsitzenden. Trotz seiner Unparteilichkeit darf ihm nicht die Verantwortung für den Spruch der Einigungsstelle auferlegt werden. Die Pflicht des Schiedsgutachters, wenn er überstimmt wurde, die Parteien auf die Unbilligkeit der Entscheidung hinzuweisen,[514] kann nicht auf den Einigungsstellenvorsitzenden übertragen werden.[515] Die Situation, dass der Einigungsstellenvorsitzende überstimmt wird, gibt es nicht. Gemäß § 76 Abs. 3 S. 3 Hs. 2 BetrVG stimmt der Vorsitzende nur mit, wenn eine Mehrheit nicht erzielt wurde. Seine Stimme ist damit immer die Entscheidende.

Auch wenn die Parteien eine Mehrheit ohne die Stimme des Vorsitzenden erzielen oder ohne Beschlussfassung zu einer Einigung gelangen, ist der Vorsitzende nicht verpflichtet, auf die Beisitzer einzuwirken. Er muss als Leiter des Verfahrens zwar auf einen wirksamen, rechtmäßigen Einigungsstellenspruch hinwirken. Das gilt auch dann, wenn er selbst nicht am Abstimmungsvorgang beteiligt ist, weil eine Einigung ohne Beschlussfassung oder bereits im ersten Abstimmungsvorgang zustande gekommen ist. Es würde aber zu weit gehen, dem Vorsitzenden die Pflichtverletzungen der Beisitzer auf diese Weise zuzurechnen.[516] Einigen sich die Beisitzer auf eine Regelung, kann der Vorsitzende davon ausgehen, dass diese billigem Ermessen entspricht. Seine Rolle erschöpft sich in diesem Fall in der Leitung des Verfahrens. Er muss nicht zusätzlich die Verantwortung für den Inhalt des Spruchs übernehmen.[517] Es handelt sich nämlich gerade nicht um einen Werkvertrag, bei dem der erfolgreiche Beschluss der Einigungsstelle geschuldet ist.[518] Der Vorsitzenden schuldet nur ein eigenes fehlerfreies Handeln.

Das Verhalten des Vorsitzenden könnte aber dann kausal sein, wenn er als Leiter des Verfahrens erheblichen Einfluss auf die ermessensfehlerhafte Entscheidung der Beisitzer genommen hat und die Mehrheitsentscheidung der Beisitzer gerade aufgrund des Beratungsverhaltens des Vorsitzenden zustande kam. Zu beachten ist aber auch hier, dass die Beisitzer ihre eigene Entscheidung treffen. Sie sind an

---

512 *Bank*, in: Patzina/Bank/Schimmer/Simon-Widmann, Haftung von Unternehmensorganen, Kap. 6 Rn. 12; *Spindler*, in: MünchKommAktG (2014), § 93 Rn. 166 ff.

513 *Weiss*, RdA 1974, 269, 271.

514 BGH vom 13.12.1956 – VII ZR 22/56 – NJW 1957, 587.

515 **A.A.** *Schack*, S. 44.

516 So auch *Künzl*, in: Germelmann/Matthes/Prütting, ArbGG, Einigungsstellenverfahren Rn. 422.

517 Ähnlich: *Spengler/Herbert*, in: Spengler/Hahn/Pfeiffer, Einigungsstelle, § 8 Rn. 2 f.

518 *Schack*, S. 19 f., 38 f; *Schönfeld*, DB 1988, 1996, 2000; oben § 2 C. II. 2.

die Vorschläge des Vorsitzenden nicht gebunden. Das Beratungsverhalten wird daher nur in Ausnahmefällen kausal sein, beispielsweise, wenn der Vorsitzende gegenüber den Beisitzern ein überschießendes Wissen hat oder besonderen Druck auf die Beisitzer ausübt, sodass diese das Gefühl haben, keine andere Entscheidung treffen zu können.

4. Enthaltung

Die Einigungsstellenmitglieder können sich durch eine Enthaltung der Haftung nicht entziehen. Wie bereits erörtert, handelt es sich bei der Enthaltung um eine Pflichtverletzung.[519] Im Fall Mannesmann/Vodafone wurde die Mittäterschaft bejaht, wenn demjenigen, der sich enthält, bekannt ist, dass eine Mehrheitsentscheidung unabhängig vom eigenen Abstimmungsverhalten zustande kommt.[520] Für die Kausalität kommt es, anders als für die Mittäterschaft, nicht darauf an, ob der sich Enthaltende weiß, wie die anderen abstimmen. Eine Pflichtverletzung ist es schon, wenn er billigend in Kauf nimmt, dass seine Enthaltung kausal für eine rechts- oder ermessensfehlerhafte Mehrheitsentscheidung wird. Einigungsstellenmitglieder haben zwar keine Einwirkungspflicht auf ihre Kollegen, aber eine Mitwirkungspflicht. Kausal für den fehlerhaften Spruch und damit auch für den Schaden ist die Enthaltung aber nur, wenn bei rechts- und ermessensfehlerfreier Stimmabgabe die Entscheidung anders hätte ausfallen können. Im Beispiel 4 ist die Enthaltung kausal für den ermessensfehlerhaften Spruch. Hätte der zweite Beisitzer gegen die Schulung gestimmt, hätte es einen zweiten Abstimmungsvorgang unter Mitwirkung des Vorsitzenden gegeben.

II. Durchführung des Spruchs durch den Arbeitgeber

Zu berücksichtigen ist, dass der unwirksame Spruch als solcher noch nicht zum Schaden führt. Trotz der normativen Wirkung (§ 77 Abs. 4 BetrVG) von Betriebsvereinbarungen und ihnen gleichgestellten Einigungsstellensprüchen entsteht der Schaden erst nach einem Vollzug des Spruchs durch den Arbeitgeber. Der Arbeitgeber als Geschädigter unterbricht indes durch seine eigene Handlung nicht den Zurechnungszusammenhang. Es handelt sich hier um den Fall der mittelbaren Kausalität, bei der der Schaden erst aufgrund des Hinzutretens weiterer Umstände, insbesondere des Verhaltens des Geschädigten selbst, eintritt.[521] Die Rechtsprechung hat anhand der Verfolgungsfälle das Kriterium der „Herausforderung“ entwickelt, das allgemein für schädigende Verhaltensweisen des Geschädigten gilt.[522] Nach Abschluss des Einigungsstellenverfahrens darf der Arbeitgeber sich zur Durchführung

---

519 § 3 C. I. 4. a.

520 BGH vom 21.12.2005 – 3 StR 470/04 – NJW 2006, 522 Rn. 46.

521 *Vieweg*, in: Staudinger, Eckpfeiler (2014), J. Rn. 111.

522 BGH vom 23.3.2000 – III ZR 152/99 – NJW 2000, 3358, 3360; vom 30.4.1998 – IX ZR 150/97 – NJW 1998, 2830, 2832; *Oetker*, in: MünchKommBGB (2012), § 249 Rn. 177.

des Spruchs „herausgefordert“ fühlen. Er erfüllt damit seine gesetzliche Pflicht aus § 77 Abs. 1 BetrVG. Ist der Spruch allerdings offensichtlich unwirksam, kann eine Durchführungspflicht nicht bestehen.[523]

Nicht nur „herausgefordert“ sondern sogar zur Durchführung gezwungen ist der Arbeitgeber, wenn er im Wege einer einstweiligen Verfügung verpflichtet wurde. Zwar ist der Spruch ohne Vollstreckungstitel nicht vollstreckbar. Die Anfechtung des Spruchs hat aber andererseits auch keine aufschiebende Wirkung. Der Arbeitnehmer kann die Durchführung sogar trotz Einleitung eines gerichtlichen Überprüfungsverfahrens im Wege der einstweiligen Verfügung erzwingen. Der Betriebsrat kann, zumindest wenn ein gerichtliches Überprüfungsverfahren nicht eingeleitet wurde, die Durchführung im Wege einer einstweiligen Verfügung erzwingen.[524] Der Antrag des Betriebsrats auf eine einstweilige Verfügung unterbricht den Zurechnungszusammenhang ebenfalls nicht. Wenn der Betriebsrat von der Wirksamkeit des Spruchs ausgeht, darf er seine Durchführung auch mit allen zulässigen Mitteln verlangen.

F. Mitverschulden

Bei einem Mitverschulden des Geschädigten kann der Schadensersatzanspruch gekürzt werden. Da der Betriebsrat weder einen Anspruch noch einen Schaden hat, ist ein Mitverschulden des Betriebsrats nicht zu prüfen.

I. Des Arbeitgebers

1. Bei Schadensentstehung, § 254 Abs. 1 BGB

Ein Mitverschulden bei der Schadensentstehung ist denkbar, wenn der Arbeitgeber die Einigungsstelle anruft, obwohl diese mangels Mitbestimmungsrechts des Betriebsrats nicht zuständig ist. Eine unzutreffende Formulierung des Antrags kann mitursächlich sein, dass die Einigungsstelle zu Unrecht ihre Zuständigkeit bejaht. Da die Einigungsstelle stets verpflichtet ist, ihre Zuständigkeit selbst zu prüfen und sich nicht auf die Antragstellung verlassen darf, kann ein solcher Antrag des Arbeitgebers allenfalls zu einer Kürzung des Anspruchs um die Hälfte führen, denn das Mitverschulden des Arbeitgebers wird keinesfalls schwerer wiegen, als das der Einigungsstelle. Ein überwiegendes Verschulden bis hin zum Anspruchsausschluss trifft den Arbeitgeber, wenn er eine zweite Einigungsstelle anruft, deren Gegenstand sich mit der zuerst angerufenen Einigungsstelle überschneidet, ohne dass

523 Ähnlich *Schipp*, NZA 2011, 271, 274; ausführlich hierzu beim Mitverschulden unter § 3 F. I. 2. b.

524 Hierzu schon oben § 3 D. I. 1. c.

die zweite Einigungsstelle Kenntnis von der parallelen Einigungsstelle hatte.[525] Ruft der Betriebsrat eine unzuständige Einigungsstelle an, kann dem Arbeitgeber das nicht als eigenes Mitverschulden zugerechnet werden. Eine Zurechnung über §§ 254 Abs. 2 S. 2 BGB, 278 BGB scheidet aus, da der Betriebsrat nicht Erfüllungsgehilfe des Arbeitgebers ist.

Allerdings könnte den Arbeitgeber hier zur Schadensabwehr die Obliegenheit zur Abwehr der unzuständigen Einigungsstelle treffen. Er kann die Einigung auf einen Vorsitzenden verhindern und dadurch den Betriebsrat zu einem Antrag auf gerichtliche Bestellung gemäß § 99 ArbGG zwingen. Im gerichtlichen Bestellungsverfahren kann der Antrag des Betriebsrats wegen offensichtlicher Unzuständigkeit der Einigungsstelle abgewiesen werden. Zusätzlich oder alternativ dazu, und nicht nur auf die offensichtliche Unzuständigkeit beschränkt, kann der Arbeitgeber während des Bestellungsverfahrens und auch noch während des Einigungsstellenverfahrens die Feststellung der Unzuständigkeit in einem Vorabentscheidungsverfahren beantragen.[526] Da die Einigungsstelle eine eigene Vorfragen-Kompetenz zur Entscheidung über ihre Zuständigkeit hat, muss sie ihr Verfahren nicht gemäß § 148 ZPO bis zur Entscheidung im Vorabentscheidungsverfahren aussetzen.[527] Unabhängig davon, ob der Arbeitgeber im Verfahren nach § 99 ArbGG oder mittels negativen Feststellungsantrag versucht hat, eine unzulässige Einigungsstelle abzuwehren, trägt die Einigungsstelle aufgrund ihrer eigenen Prüfungskompetenz im Hinblick auf ihre Zuständigkeit selbst die Verantwortung für ihre Entscheidung. Unterlässt der Arbeitgeber die Abwehr der unzuständigen Einigungsstelle, ist ihm allenfalls ein geringes Mitverschulden anzulasten.

Schipp und *Sprenger* halten den Arbeitgeber für verpflichtet die Einigungsstelle auf Fehler hinzuweisen, die sich bereits im Beratungsprozess vor der Einigungsstelle, an dem der Arbeitgeber noch beteiligt ist, abzeichnen und bei Verzögerungen im Verfahren, vor dem Eintritt von Schäden zu warnen.[528] Konsequenz dieser Ansicht ist, dass der Geschädigte für eine mangelhafte oder fehlende Überwachung des Schädigers verantwortlich ist. Das setzt aber zunächst eine Überwachungs- oder Kontrollpflicht des Arbeitgebers über die Einigungsstelle voraus. Die Arbeitsgerichte werfen dem geschädigten Arbeitgeber Mitverschulden vor, wenn er es unterlässt, den schädigenden Arbeitnehmer zu kontrollieren. Der Arbeitgeber verstößt damit

525 LAG Rheinland-Pfalz vom 12.4.2011 – 3 TaBV 6/11 – juris Rn. 30 ff.; LAG Berlin-Brandenburg vom 26.10.2011 – 20 TaBV 1084/11 – juris Rn. 25; *Kreutz/Jacobs*, in: GK-BetrVG, § 76 Rn. 19.

526 BAG vom 24.11.1981 – 1 ABR 42/79 – AP BetrVG 1972 § 76 Nr. 11; vom 21.8.1990 – 1 ABR 72/89 – NZA 1991, 434; *Hennige*, S. 46 ff.; *Kreutz/Jacobs*, in: GK-BetrVG, § 76 Rn. 72.

527 BAG vom 24.11.1981 – 1 ABR 42/79 – AP BetrVG 1972 § 76 Nr. 11; *Kreutz/Jacobs*, in: GK-BetrVG, § 76 Rn. 126; *Friedemann*, Rn. 316; *Berg*, in: D/K/K/W, BetrVG, § 76 Rn. 114, 162.

528 *Schipp*, NZA 2011, 271, 274; *Sprenger*, BB 2010, 2110, 2111.

gegen seine Organisationspflichten.[529] Der BGH ist indes der Ansicht, das Organ einer Gesellschaft könne sich im Innenverhältnis nicht dadurch entlasten, dass es von einem anderen Organ nicht ausreichend überwacht wurde. Die Pflichten bestünden nebeneinander, sodass das Organ, das die Überwachung versäumt hat, allenfalls selbst gegenüber der Gesellschaft hafte, nicht aber dem pflichtwidrig Handelnden.[530] Letzteres überzeugt auch für die Haftung der Einigungsstellenmitglieder. Anders als der Arbeitgeber gegenüber den Arbeitnehmern ist der Arbeitgeber gegenüber der Einigungsstelle nicht zur Organisation verpflichtet. Die Einigungsstellenmitglieder werden eigenverantwortlich tätig und sind zu rechtmäßigem Handeln verpflichtet. Eine mangelhafte Überwachung durch den Arbeitgeber entlastet sie nicht. Allenfalls ist der Vorstand oder Geschäftsführer, der die Einigungsstelle auf Fehler hinweisen hätte können und sollen, selbst dem Unternehmen verantwortlich. Die Einigungsstellenmitglieder können dann bei diesem Regress nehmen.

Ebenso kann der Arbeitgeber bei Verzögerungen im Verfahren die Obliegenheit haben, vor dem Eintritt von Schäden zu warnen. Unterlässt er diese Warnung, kann der Anspruch wegen Mitverschuldens bei der Schadensentstehung gekürzt werden.[531]

2. Bei Schadensbegrenzung, § 254 Abs. 2 S. 1 BGB

a. Durch Kündigung

Denkbar ist, dass ein Schaden durch Kündigung des Einigungsstellenspruchs hätte vermieden oder zumindest eingeschränkt werden können. Auch eine Betriebsvereinbarung, die auf einem Einigungsstellenspruch beruht, kann gemäß § 77 Abs. 5 BetrVG gekündigt werden.[532] Die Unwirksamkeit des Einigungsstellenspruchs schließt die Kündigung nicht aus.[533] Sie ist ebenso möglich, wie auch die Anfechtung bei der Nichtigkeit des Rechtsgeschäfts.[534] Die Kündigung ist insbesondere dann sinnvoll und unter dem Gesichtspunkt der Schadensminderungsobliegenheit geboten, wenn sie leichter (weil kein Kündigungsgrund erforderlich ist oder dieser leicht nachweisbar ist) oder schneller zur Aufhebung des Spruchs führt, als die gerichtliche Feststellung der Unwirksamkeit.

529 BAG vom 18.6.1970 – 1 AZR 520/69 – AP BGB § 611 Haftung des Arbeitnehmers Nr. 57; vom 26.1.1971 – 1 AZR 252/70 – AP BGB § 611 Haftung des Arbeitnehmers Nr. 64; vom 16.02.1995 – 8 AZR 493/93 – NZA 1995, 565, 566.

530 BGH vom 20.11.2014 – III ZR 509/13 – NZG 2015, 38, Rn. 22 f.; BGH vom 14.3.1983 – II ZR 103/82 – NJW 1983, 1856, 1857; *Fleischer*, in: MünchKommGmbHG (2012), § 43 Rn. 260.

531 *Sprenger*, BB 2010, 2110, 2111.

532 *Berg*, in: D/K/K/W, BetrVG, § 77 Rn. 113; *Fitting*, BetrVG, § 77 Rn. 144; *Richardi*, in: Richardi, BetrVG § 77 Rn. 208.

533 *Hennige*, S. 260 f.

534 *Roth*, in: Staudinger, BGB (2010), § 142 Rn. 27 ff.

Für die ordentliche Kündigung ist ein sachlicher Grund nicht erforderlich.[535] Sie ist aber, soweit nichts anders vereinbart wurde, nur mit einer Frist von drei Monaten gemäß § 77 Abs. 5 BetrVG möglich. Auch bei einer sofortigen Kündigungserklärung können Schäden, die vor Ablauf der Kündigungsfrist eintreten, nicht vermieden werden. Nach Ablauf der Kündigungsfrist wirkt der Spruch gemäß § 77 Abs. 6 BetrVG weiter, sofern er nicht durch eine andere Abmachung ersetzt wurde.

Mit einer außerordentlichen Kündigung können dagegen auch kurzfristigere Schäden verhindert werden, sofern sie nicht bereits durch den Spruch entstanden sind. Voraussetzung für die außerordentliche Kündigung ist ein wichtiger Grund, der das Festhalten an dem Spruch unzumutbar macht.[536] Wegen der Unzumutbarkeit wird in diesen Fällen eine Weitergeltung gemäß § 77 Abs. 6 BetrVG abgelehnt.[537] Die außerordentliche Kündigung ist daher grundsätzlich geeignet, um Schäden zu vermeiden oder zu minimieren. Die Unwirksamkeit des Einigungsstellenspruchs hat als Kündigungsgrund keine weitergehenden Wirkungen als der Antrag auf Feststellung der Unwirksamkeit. Kann der Arbeitgeber die Unwirksamkeit des Spruchs nachweisen, geht eine Kündigung ins Leere. Die Frist des § 76 Abs. 5 S. 4 BetrVG für die gerichtliche Geltendmachung von Ermessensfehlern darf nicht durch außerordentliche Kündigung umgangen werden. Eigenständige Bedeutung für die Schadensabwendung hat eine außerordentliche Kündigung bei einem wichtigen Grund, der nicht bereits die Unwirksamkeit des Spruchs zur Folge hat. Typischer Fall sind nachträglich eingetretene Umstände.[538] Gibt es einen Grund, der zur außerordentlichen Kündigung berechtigt, ist der Arbeitgeber wegen der Schadensminderungsobliegenheit verpflichtet, diese zu erklären, wenn sich dadurch Schäden vermeiden lassen, die bei einer ggf. langwierigen gerichtlichen Feststellung der Unwirksamkeit entstünden.

Nicht zur Schadensminderung geeignet ist die Kündigung bei Sozialplänen. Soweit nichts anderes vereinbart ist, können beim Sozialplan nur Regelungen mit Dauercharakter gekündigt werden, nicht aber solche mit einmaligem Austauschverhältnis.[539] Schadensauslöser sind aber in erster Linie Abfindungen, die gerade das einmalige Austauschverhältnis betreffen.

---

535 BAG vom 26.10.1993 – 1 AZR 46/93 – NZA 1994, 572, 573 (mwN); *Richardi*, in: Richardi, BetrVG § 77 Rn. 200; *Kreutz,* in: GK-BetrVG, § 77 Rn. 384.

536 BAG vom 19.7.1957 – 1 AZR 420/54 – AP BetrVG § 52 Nr. 1; *Richardi*, in: Richardi, BetrVG § 77 Rn. 201; *Kreutz,* in: GK-BetrVG, § 77 Rn. 393.

537 *Kreutz,* in: GK-BetrVG, § 77 Rn. 427; *Oetker*, in: GK-BetrVG, §§ 112, 112a Rn. 246; *Fitting*, BetrVG, § 77 Rn. 179; **a.A.** BAG vom 10.8.1994 – 10 ABR 61/93 – NZA 1995, 314, 317 für die fristlose Kündigung eines Sozialplans.

538 *Kreutz,* in: GK-BetrVG, § 77 Rn. 393.

539 *Däubler*, in: D/K/K/W, BetrVG, §§ 112, 112a Rn. 203; *Fitting*, BetrVG, § 112a Rn. 216; *Oetker*, in: GK-BetrVG, §§ 112, 112a Rn. 243 f.; wohl auch BAG vom 10.8.1994 – 10 ABR 61/93 – NZA 1995, 314, 316.

b. Durch Durchführung

aa. Kein gerichtliches Verfahren

Entschließt sich der Arbeitgeber einen unwirksamen Einigungsstellenspruch durchzuführen, kann ihn ein Mitverschulden treffen. Nicht vorwerfbar ist die Durchführung, wenn kein gerichtliches Überprüfungsverfahren eingeleitet wurde und der Arbeitgeber auf die Wirksamkeit des Spruchs berechtigterweise vertrauen darf, etwa weil die Unwirksamkeitsgründe erst später bekannt werden. Insbesondere bei Verfahrensfehlern ist denkbar, dass diese mangels Protokoll und mangels Anwesenheitspflicht der Betriebsparteien erst später zu Tage treten. Hinsichtlich Rechts- und Ermessensfehlern darf der Arbeitgeber freilich nicht blind auf die Einigungsstelle vertrauen. Ein besonderes Misstrauen gegenüber ihrer Entscheidung ist aber ebenfalls nicht angebracht, da sie als paritätisch besetztes, sachkundiges Gremium grundsätzlich vertrauenswürdig ist, wenn es keine anderweitigen konkreten Anhaltspunkte gibt.

Die Rechtsprechung zum Beratervertrag zeigt, dass § 254 Abs. 1 BGB bei der Hinzuziehung von Fachleuten nur eingeschränkt anwendbar ist. § 254 BGB solle den Schädiger nur in dem Umfang von der Haftung entlasten, in dem der Schaden billigerweise dem eigenen Verhalten des Geschädigten zugerechnet werden muss. Grundlage des Beratervertrages ist, dass der Berater dem zu Beratenden auf einem bestimmten Gebiet an Wissen überlegen ist.[540] Das kann bei der Einigungsstelle zwar nicht generell angenommen werden, ist aber dann der Fall, wenn sie mit erfahrenen Gewerkschaftsvertretern, Verbandsvertretern und/oder Rechtsanwälten und einem Richter besetzt ist. Im Übrigen darf sogar der fachkundige Auftraggeber auf die fehlerfreie Bearbeitung durch den Beauftragten vertrauen.[541] Ein Mitverschulden treffe den Geschädigten nur dann, wenn die Schadensursache im Bereich seiner Eigenverantwortung entstanden ist und dieser diejenige Sorgfalt außer Acht gelassen hat, die nach der Sachlage erforderlich erschien, um sich selbst vor Schaden zu bewahren.[542]

Ein ermessensfehlerhafter Spruch wird nach Ablauf der Frist des § 76 Abs. 5 S. 4 BetrVG als wirksam fingiert und verpflichtet nach diesem Zeitpunkt den Arbeitgeber sogar zur Durchführung.

bb. Während eines gerichtlichen Verfahrens

Ob eine Durchführung des Spruchs trotz laufenden gerichtlichen Verfahrens dem Arbeitgeber vorzuwerfen ist, ist unabhängig davon, ob im gerichtlichen Verfahren Verfahrens-, Rechts- oder Ermessensfehler geltend gemacht werden. Ein ermessensfehlerhafter Spruch ist nicht vorläufig wirksam und wird infolge der Anfechtung aufgehoben.[543] Er ist ebenso wie der verfahrens- oder rechtsfehlerhafte Spruch von Anfang an unwirksam. Aus diesem Grund ist stets eine Feststellungsklage zu

---

540 BGH vom 12.3.1986 – Iva ZR 183/84 – NJW-RR 1986, 1348, 1349.
541 BGH vom 19.12.1991 – IX ZR 41/91 – NJW 1992, 820.
542 BGH vom 18.12.1997 – IX ZR 153/96 – NJW 1998, 1486, 1488.
543 *Kreutz/Jacobs*, in: GK-BetrVG, § 76 Rn. 171.

erheben, keine Klage auf Aufhebung des Spruchs. Ermessensfehlerhafte Sprüche unterscheiden sich von anderen fehlerhaften Sprüchen nur dadurch, dass sie nach Ablauf der Klagefrist des § 76 Abs. 5 S. 4 BetrVG als von Anfang an wirksam fingiert werden.[544] Sobald aber Ermessensfehler innerhalb der Frist gerichtlich geltend gemacht wurden, verhält sich der ermessensfehlerhaft Spruch nicht anders als der verfahrens- oder rechtsfehlerhafte Spruch.

Ob die Durchführung dem Arbeitgeber trotz laufenden gerichtlichen Verfahrens vorwerfbar ist, ist abhängig davon, ob der Arbeitgeber zur Durchführung verpflichtet oder nur berechtigt ist. Besteht die Durchführungspflicht gemäß § 77 Abs. 1 S. 1 BetrVG auch während des gerichtlichen Überprüfungsverfahrens, befolgt der Arbeitgeber bei der Durchführung nur eine Rechtspflicht.

Nach der Auffassung des BAG ist der Einigungsstellenspruch „ungeachtet einer Anfechtung durchzuführen".[545] Er entfalte mit Eingang bei den Betriebsparteien Wirkung und ist vom Arbeitgeber gemäß § 77 Abs. 1 BetrVG durchzuführen.[546] Dem Arbeitgeber ist dann die Durchführung nicht vorwerfbar. Nur in Ausnahmefällen, in denen die Vollziehung erhebliche Schäden verursacht und „sich aufdrängt", dass sowohl das Anfechtungsverfahren, als auch ein Antrag auf Erlass einer einstweiligen Verfügung Erfolg hätte, wäre der Arbeitgeber verpflichtet, eine einstweilige Verfügung zur Aussetzung des Vollzugs zu beantragen.[547] Da der Spruch der Einigungsstelle ohne Vollstreckungstitel aber nicht vollstreckbar ist, kann der Arbeitgeber die Durchführung auch ohne einstweilige Verfügung auf Aussetzung unterlassen und abwarten, bis er durch eine einstweilige Verfügung des Betriebsrats zur Durchführung gezwungen wird.

Überzeugender ist es, eine Durchführungspflicht nur bei wirksamen Sprüchen anzunehmen.[548] Der Spruch ist nur verbindlich, wenn er wirksam ist. Hat nur der Betriebsrat ein gerichtliches Verfahren eingeleitet und hält der Arbeitgeber indes den Spruch für wirksam, muss er diesen gemäß § 77 Abs. 1 S. 1 BetrVG durchführen. Hat aber der Arbeitgeber das gerichtliche Kontrollverfahrens eingeleitet, muss er von einer Durchführung absehen. Es wäre widersprüchlich, wenn der Arbeitgeber den Spruch ausführt, obwohl er selbst an seiner Wirksamkeit zweifelt und dann vollen Schadensersatz von den Einigungsstellenmitgliedern verlangen könnte. Es kommt für die Durchführungspflicht letztlich darauf an, wer die gerichtliche Überprüfung beantragt hat. Das Mitverschulden des Arbeitgebers aufgrund der Durchführung des Spruchs kann so groß sein, dass es zum völligen Anspruchsausschluss führt.

---

544 BAG vom 26.5.1988 – 1 ABR 11/87 – NZA 1989, 26, 27; *Kreutz/Jacobs,* in: GK-BetrVG, § 76 Rn. 159.

545 BAG vom 10.12.2013 – 1 ABR 45/12 – NZA 2014, 862, 863; ebenso *Krasshöfer,* in: Düwell, BetrVG, § 76 Rn. 33; *Ehrich/Fröhlich,* Einigungsstelle, S. 81; LAG Berlin vom 6.12.1982 – 4 Ta BV 2/84 – BB 1985, 1199.

546 BAG 5.10.2010 – 1 ABR 31/09 – NZA 2011, 420, 422.

547 *Schipp,* NZA 2011, 271, 274.

548 *Kreutz/Jacobs,* in: GK-BetrVG, § 76 Rn. 178.

Ein Mitverschulden des Arbeitgebers ist immer dann abzulehnen, wenn er zur Durchführung des Spruchs aufgrund einer einstweiligen Verfügung des Betriebsrats oder eines Arbeitnehmers gezwungen ist.[549]

c. Durch unterlassene Anfechtung gemäß § 76 Abs. 5 S. 4 BetrVG

Ein Mitverschulden kann sich auch aus der Rechtsmittelversäumung ergeben. In § 839 Abs. 3 BGB ist dies als besondere Ausprägung des Mitverschuldensprinzips ausdrücklich geregelt. Anders als ein Mitverschulden bei § 254 BGB führt die Rechtsmittelversäumung in § 839 Abs. 3 BGB nicht zu einer Abwägung der jeweiligen Verursachungsbeiträge, die eine Anspruchsminderung oder Schadensteilung zur Folge hat. § 839 Abs. 3 BGB regelt einen kompletten Anspruchsausschluss. Die Vorschrift verhindert ein „dulde und liquidiere".[550] Da die Einigungsstellenmitglieder weder Beamte, noch gerichtliche Sachverständige i.S.d. § 839a BGB sind, scheidet eine Anwendung des § 839 Abs. 3 BGB aus. Es bleibt daher bei der Vorschrift des § 254 Abs. 2 S. 1 BGB, die aber unter Umständen bei erheblichem Mitverschulden ebenfalls zum Anspruchsausschluss führen kann.[551]

Die unterlassene Anfechtung gemäß § 76 Abs. 5 S. 4 BetrVG kann als Mitverschulden bei der Schadensbegrenzung in Form der Rechtsmittelversäumung zu qualifizieren sein.[552] Voraussetzung ist aber, dass die Anfechtung Schäden überhaupt hätte vermeiden können und dass die Feststellungsklage überhaupt zulässig gewesen wäre. Regelt der Spruch einen ausschließlich in der Vergangenheit liegenden Vorgang, der keine Rechtswirkungen für die Zukunft hat, fehlt das Rechtsschutzbedürfnis für die Feststellung der Unwirksamkeit.[553] In diesem Fall kann die unterlassene Anfechtung auch kein Mitverschulden begründen.

Für ihre Berücksichtigung im Rahmen des Mitverschuldens spricht – im Gegensatz zum Alles-oder-nichts-Prinzip bei der Heilung[554] – die flexiblere Rechtsfolge. Es können gemäß § 254 BGB die einzelnen Verschuldensbeiträge für den jeweiligen Einzelfall gegeneinander abgewogen werden.[555] Die Quotelung des Schadens entspricht dem Gerechtigkeitsempfinden besser. Bei kurzfristigen Regelungen ohne Dauercharakter wie im Beispiel 4 und 5a), trifft den Arbeitgeber kein Mitverschulden wegen unterlassener gerichtlicher Geltendmachung, wenn diese aufgrund des bereits eingetretenen Schadens sinnlos gewesen wäre.

Hätte die gerichtliche Geltendmachung der Unwirksamkeit einen Schaden vermeiden oder mindern können, stellt sich die Frage, ob der Arbeitgeber den Spruch durch die unterlassene Anfechtung mit seinen Fehlern akzeptiert hat und ihm dadurch auch

549 Hierzu oben § 3 D. I. 1. c.
550 *Papier*, in: MünchKommBGB (2013), § 839 Rn. 330.
551 *Oetker*, in: MünchKommBGB (2012), § 254 Rn. 105, 118.
552 So: *Schipp*, NZA 2011, 271, 271; *Kreutz/Jacobs*, in: GK-BetrVG, § 76 Rn. 94.
553 So in BAG vom 28.4.2009 – 1 ABR 7/08 – AP BetrVG 1972 § 77 Nr. 99.
554 § 3 C. I. 2. e. bb.
555 *Oetker*, in: MünchKommBGB (2012), § 254 Rn. 105.

im Verhältnis zu den Einigungsstellenmitgliedern verwehrt ist, sich auf die Pflichtverletzung zu berufen. Richtigerweise ist zwischen der Wirksamkeit des Spruchs im Außenverhältnis gegenüber Betriebsrat und Arbeitnehmern und der Pflichtverletzung der Einigungsstellenmitglieder im Innenverhältnis zum Arbeitgeber zu trennen.

Das zeigt ein Vergleich mit dem Stellvertretungsrecht. Dort ist zwischen rechtlichem Können im Außenverhältnis und rechtlichem Dürfen im Innenverhältnis zu trennen.[556] Wird die Vertretungsmacht zweck- oder pflichtwidrig ausgeübt, kann der Vertreter dem Vertretenen wegen der Pflichtverletzung im Innenverhältnis zum Schadensersatz verpflichtet sein. Im Außenverhältnis bleibt das auf Grundlage der Vertretungsmacht vorgenommene Rechtsgeschäft wirksam.[557] Handelt der Vertreter ohne Vertretungsmacht, hängt die Wirksamkeit des Vertrages für und gegen den Vertretenen von dessen Genehmigung ab, § 177 Abs. 1 BGB. Wird die Genehmigung erteilt, bezieht sie sich zunächst nur auf das schwebend unwirksame Rechtsgeschäft im Außenverhältnis. Ob damit auch die Pflichtverletzung im Innenverhältnis geheilt ist, ist gesondert zu beurteilen.[558] In der Regel wird man davon ausgehen können, dass mit der Genehmigung des Vertrags im Außenverhältnis gemäß § 177 BGB auch die Geschäftsführung im Innenverhältnis genehmigt ist.[559] Die Auslegung der Erklärung kann aber ergeben, dass nur eine Genehmigung im Außenverhältnis gewollt war. Davon ist auszugehen, wenn die Genehmigung nicht die Entlastung des Vertreters bewirken soll, sondern aus wohlerwogenen und anerkennenswerten Gründen wie der Wahrung des Firmeninteresses erteilt wurde.[560]

Ebenso lässt die unterlassene Anfechtung des Einigungsstellenspruchs nicht automatisch darauf schließen, dass der Arbeitgeber auch im Innenverhältnis zu den Einigungsstellenmitgliedern die Pflichtverletzung genehmigt und auf Schadensersatzansprüche verzichtet. Es kann besondere Gründe für Nichtanfechtung geben, wenn beispielsweise das Interesse am Frieden mit dem Betriebsrat überwiegt oder die fehlerhafte Regelung gegenüber einem regelungslosen Zustand vorzugswürdig ist. Hier bedarf es einer Auslegung im Einzelfall.

d. Durch nachträgliche Anerkennung im freiwilligen Einigungsstellenverfahren

Die nachträgliche Anerkennung des Einigungsstellenspruchs bei der freiwilligen Mitbestimmung gemäß § 76 Abs. 6 S. 2 Var. 2 BetrVG heilt Verfahrensfehler.[561]

---

556 *Schramm*, in: MünchKommBGB (2012), § 164 Rn. 96.

557 *Schramm*, in: MünchKommBGB (2012), § 164 Rn. 104 f., *Wolf/Neuner*, AT § 49 Rn. 100.

558 *Tebben*, DNotZ 2005, 173, 176; *Bork*, AT, Rn. 1640; *Bergmann*, in: Staudinger, BGB (2015), § 684 Rn. 18.

559 BGH vom 14.2.1985 – IX ZR 145/83 – ZIP 1985, 529, 536; *Enneccerus/Nipperdey*, AT II, § 183 I. 1., S. 786 f.; *Leptien*, in: Soergel, BGB (1999), § 177 Rn. 30; *Schilken*, in Staudinger, BGB (2014), § 177 Rn. 17.

560 BAG vom 14.7.1965 – 1 AZR 343/64 – NJW 1965, 2268, 2269; *Herschel*, Anm. zu BAG vom 14.7.1965 – 1 AZR 343/64 – SAE 1965, 249, 250.

561 Oben § 3 C. I. 5. a.

Bei Ermessensfehlern wird durch die Anerkennung des Spruchs meist auf deren Geltendmachung verzichtet.[562] Besteht ein besonderes Interesse an der nachträglichen Anerkennung eines ermessensfehlerhaften Spruchs, kann aber auch im freiwilligen Einigungsstellenverfahren eine Trennung zwischen der Wirksamkeit des Spruchs im Außenverhältnis in Folge der Anerkennung und der Geltendmachung von Schadensersatzansprüchen im Innenverhältnis gegenüber den Einigungsstellenmitgliedern angebracht sein.[563] Indes dürften im freiwilligen Einigungsstellenverfahren anerkennenswerte Gründe für die nachträgliche Anerkennung ohne Verzicht auf Schadensersatzansprüche im Innenverhältnis schwerer zu finden sein, als bei der erzwingbaren Mitbestimmung.

Bei Rechtsfehlern der Einigungsstelle, die nicht zur Disposition der Betriebsparteien stehen, ist der Spruch trotz nachträglicher Anerkennung unwirksam. Für daraus resultierende Schäden trifft den Arbeitgeber ein überwiegendes Mitverschulden, das eine Haftung der Einigungsstellenmitglieder ausschließt.[564] Einen rechtsfehlerhaften Spruch hätte der Arbeitgeber nicht nachträglich anerkennen dürfen. Tut er es dennoch, ist der Spruch ebenso unwirksam wie eine gleichlautende Betriebsvereinbarung und Schäden aufgrund einer unwirksamen Betriebsvereinbarung hat der Arbeitgeber alleine zu tragen.

II. Im Konzernunternehmen und bei Unternehmensspaltungen

1. *Mitverschulden der Konzerntochter*

Der Schadensersatzanspruch der Konzerntochter, der ihr aufgrund eines auf sie nachteilig wirkenden Einigungsstellenspruchs zusteht, ist um ihren eigen Mitverschuldensanteil gemäß § 254 Abs. 1 BGB zu kürzen. Der Konzerntochter kann vorgeworfen werden, einen Spruch durchgeführt zu haben, obwohl sie von dessen Unwirksamkeit ausgegangen ist.[565]

Voraussetzung für einen derartigen Vorwurf ist, dass die Konzerntochter überhaupt für die Überprüfung des Spruchs antragsbefugt ist. Nach ständiger Rechtsprechung ist im arbeitsgerichtlichen Beschlussverfahren nur antragsbefugt, wer nach materiellem Recht im konkreten Fall durch die begehrte Entscheidung in seiner eigenen betriebsverfassungsrechtlichen Rechtsstellung unmittelbar betroffen wird bzw. dies zumindest behauptet.[566] Für den örtlichen Betriebsrat und den Gesamtbetriebsrat ist die Antragsbefugnis beschränkt auf die Geltendmachung der Unzuständigkeit des Konzernbetriebsrats. Nur wenn der (Gesamt-)Betriebsrat seinen Zuständig-

---

562 Oben § 3 C. I. 5. c.

563 So oben bei der unterlassenen Anfechtung im erzwingbaren Einigungsstellenverfahren § 3 F. I. 2. c.

564 *Sprenger*, BB 2010, 2110, 2111.

565 Dazu auch § 3 F. I. 2. b.

566 BAG vom 20.12.1995 – 7 ABR 8/95 – NZA-RR 1996, 945, 946 f.; LAG Köln vom 20.5.1999 – 13 TaBV 37/98 – NZA-RR 2000, 140 f.

keitsbereich verteidigt, macht er seine eigene betriebsverfassungsrechtliche Rechtsstellung geltend.[567] Angriffe gegen den Inhalt einer Konzernbetriebsvereinbarung betreffen demgegenüber nur die Rechtsstellung der einzelnen Arbeitnehmer.

Für die Konzerntochter kann es eine solche Einschränkung nicht geben. Da sie aus der Konzernbetriebsvereinbarung bzw. dem sie ersetzenden Spruch der Einigungsstelle unmittelbar und zwingend verpflichtet wird, ist sie durch jede fehlerhafte Entscheidung der Einigungsstelle in ihrer eigenen Rechtsstellung unmittelbar betroffen. Auch § 76 Abs. 5 S. 4 BetrVG nimmt keine Einschränkungen bei der Antragsbefugnis des Arbeitgebers vor, sodass die Konzerntochter als Arbeitgeberin für die bei ihr beschäftigten Arbeitnehmer antragsbefugt ist. Macht sie die Unwirksamkeit des Spruchs nicht gerichtlich geltend und geht im Wege des Schadensersatzes gegen die Einigungsstellenmitglieder vor, ist der Anspruch ggf. um ihr Mitverschulden aufgrund der unterlassenen Anfechtung zu kürzen.

Hat die Konzernmutter den Schaden der Konzerntochter mitverschuldet, kann der Schadensersatzanspruch der Konzerntochter um das Mitverschulden der Konzernmutter gemäß § 254 Abs. 2 S. 2 i.V.m. § 278 BGB gekürzt werden, wenn diese Erfüllungsgehilfin oder gesetzliche Vertreterin der Konzerntochter ist.

Die Konzernmutter ist keine Erfüllungsgehilfin der Konzerntochter, da sie nicht mit ihrem Willen zur Erfüllung einer Verbindlichkeit tätig wird. Die Verlagerung der Verhandlungs- und Abschlusszuständigkeit auf die Konzernmutter beruht nicht auf dem Willen der Konzerntochter,[568] sondern auf dem Gesetz, § 58 Abs. 1 BetrVG.

Gesellschaftsrechtlich ist die Konzernmutter auch nicht gesetzliche Vertreterin der von ihr beherrschten Unternehmen. Das würde der rechtlichen Selbständigkeit der einzelnen Konzernunternehmen zuwiderlaufen. Das Betriebsverfassungsrecht überlagert jedoch das Gesellschaftsrecht als spezielleres Rechtsgebiet.[569] Da § 58 Abs. 1 BetrVG die Rechtsmacht zum Abschluss von Betriebsvereinbarungen mit unmittelbarer und zwingender Wirkung für alle Konzernunternehmen von Gesetzes wegen auf die Konzernspitze verlagert, kommt der Konzernspitze insoweit die Stellung eines gesetzlichen Vertreters zu. Ihr Verschulden im Rahmen des Einigungsstellenverfahrens muss daher den Konzerntöchtern entsprechend gemäß §§ 254 Abs. 2 S. 2, 278 BGB zugerechnet werden.

2. *Mitverschulden der Konzernmutter*

Die Frage nach einem Mitverschulden der Konzernmutter am fehlerhaften Spruch stellt sich nicht, da sie von diesem allenfalls mittelbar bei der Verletzung von

---

567 BAG vom 20.12.1995 – 7 ABR 8/95 – NZA-RR 1996, 945, 946 f.

568 BGH vom 21.4.1954 – VI ZR 55/53 – NJW 1954, 1193; vom 27.3.1968 – VIII ZR 10/66 – NJW 1968, 1569; vom 25.10.2006 – VIII ZR 102/06 – NJW 2007, 428, 430; *Grundmann*, in: MünchKommBGB (2012), § 278 Rn. 20, 42.

569 *Franzen*, in: GK-BetrVG § 58 Rn. 14; *Fitting*, BetrVG, § 58 Rn. 36.

Geheimhaltungspflichten betroffen ist. Bei dieser Art von Pflichtverletzung ist ein Mitverschulden kaum denkbar.[570]

3. Mitverschulden der Anlagegesellschaft

Die Anlagegesellschaft ist nicht zur Anfechtung des Einigungsstellenspruchs berechtigt. Das Anfechtungsrecht steht gemäß § 76 Abs. 5 S. 4 BetrVG nur dem Arbeitgeber und dem Betriebsrat zu. Die Anlagegesellschaft haftet zwar gemäß § 134 UmwG unmittelbar für die Sozialplanverbindlichkeiten. Sie ist aber weder Arbeitgeber der anspruchsstellenden Arbeitnehmer noch Verhandlungspartner des Betriebsrats. Die Verhandlungen über den Sozialplan finden zwischen Betriebsgesellschaft und Betriebsrat statt. Die Betriebsgesellschaft ist Arbeitgeber der vom Sozialplan betroffenen Arbeitnehmer und daher allein anfechtungsberechtigt.

Unterlässt die Betriebsgesellschaft eine Anfechtung, kann dies der Anlagegesellschaft über § 278 BGB zugerechnet werden. Erfüllungsgehilfe ist, wer mit Willen des Schuldners oder als gesetzlich Bestellter bei der Erfüllung einer Schuldnerverbindlichkeit für diesen tätig wird.[571] Die erforderliche Sonderrechtsbeziehung zwischen Schuldner und Gläubiger besteht hier darin, dass die Anlagegesellschaft gemäß § 134 Abs. 1 UmwG den Arbeitnehmern für Sozialplanverbindlichkeiten haftet. Anders als im Verhältnis der Konzerntochter zur Konzernmutter ist bei der Betriebsspaltung nicht ausgeschlossen, dass die Betriebsgesellschaft mit dem Willen der Anlagegesellschaft tätig wird, da die Gesellschafter der beiden Gesellschaften im Wesentlichen identisch sind. Indem die Betriebsgesellschaft den Einigungsstellenspruch anficht oder es unterlässt wirkt sie auf die Verpflichtung der Anlagegesellschaft ein. Der Schadensersatzanspruch der Anlagegesellschaft gegen die Einigungsstellenmitglieder ist daher gemäß § 254 Abs. 2 S. 2 i.V.m. § 278 BGB um das Mitverschulden der Betriebsgesellschaft wegen unterlassener Anfechtung zu kürzen.

Zumindest muss sich der Dritte im Rahmen des Vertrags mit Schutzwirkung zu Gunsten Dritter ein Mitverschulden des Vertragspartners zurechnen lassen. Indem die Anlagegesellschaft in die Schutzwirkung des betriebsverfassungsrechtlichen Schuldverhältnisses zwischen Einigungsstelle und Betriebsgesellschaft einbezogen wird, erweitert sich ihr Rechtsschutz. Entsprechend muss sie auch die damit verbundenen Nachteile in Kauf nehmen. Das zeigt der Rechtsgedanke des § 334 BGB, wonach der Versprechende Einwendungen aus dem Vertrag auch dem Dritten entgegenhalten kann.[572]

Würde man eine Zurechnung des Mitverschuldens ablehnen, käme man zu einem seltsamen Ergebnis: Die Betriebsgesellschaft hätte gegen die

---

570 § 3 B. II. 2. und § 3 D. II. 2.

571 BGH vom 21.4.1954 – VI ZR 55/53 – NJW 1954, 1193; vom 27.3.1968 – VIII ZR 10/66 – NJW 1968, 1569; vom 25.10.2006 – VIII ZR 102/06 – NJW 2007, 428, 430; *Grundmann*, in: MünchKommBGB (2012), § 278 Rn. 20.

572 BGH vom 8.5.1956 – VI ZR 58/55 – BeckRS 1956, 31371340 unter II. 4.; vom 7.11.1960 – VII ZR 148/59 – NJW 1961, 211, 212.

Einigungsstellenmitglieder nur einen um das Mitverschulden gekürzten Schadensersatzanspruch. Die Anlagegesellschaft hätte dagegen mangels eigenen Mitverschuldens einen vollen Anspruch. Unterlässt die Betriebsgesellschaft die Anfechtung, wäre das Versäumnis folgenlos, da immerhin die Anlagegesellschaft noch den Schaden gegenüber den Einigungsstellenmitgliedern einklagen kann. Dieses Ergebnis überzeugt nicht, weil gemäß § 134 Abs. 1 UmwG an den an der Spaltung beteiligten Rechtsträgern im Wesentlichen dieselben Personen beteiligt sind.

G. Ergebnis

Anspruchsgegner für Schadensersatzansprüche sind die einzelnen Einigungsstellenmitglieder.

Hauptanspruchsgrundlage für den Schadensersatzanspruch des Arbeitgebers ist § 280 Abs. 1 BGB, der im Falle der Schlechtleistung oder bei der Verletzung von Schutz- oder Rücksichtnahmepflichten einschlägig ist. Für die Anlagegesellschaft können Ansprüche i.V.m. dem Vertrag mit Schutzwirkung zu Gunsten Dritter bestehen. Der Betriebsrat hat mangels Schadens keinen Anspruch gegen die Einigungsstellenmitglieder. Ihm steht aber ebenso wie dem Arbeitgeber ein Leistungsanspruch auf einen wirksamen ermessenfehlerfreien Spruch der Einigungsstelle zu.

Die Einigungsstellenmitglieder haften für den Spruch, wenn dieser wegen Verfahrens- oder Rechtsfehlern unwirksam ist. Ein ermessensfehlerhafter Spruch ist nur unwirksam, wenn Arbeitgeber oder Betriebsrat den Ermessensfehler innerhalb der Frist des § 76 Abs. 5 S. 4 BetrVG beim Arbeitsgericht geltend machen. Die Entscheidung nach billigem Ermessen eröffnet der Einigungsstelle einen gestaltenden Ermessensspielraum. Sind die Grenzen billigen Ermessens aus ex-ante Sicht überschritten, verstößt die Einigungsstelle gegen ihre gesetzlichen Pflichten. Ob ein Ermessensfehler von den Betriebsparteien geltend gemacht wird und in welchem Umfang das Arbeitsgericht den Spruch auf Ermessensfehler überprüft, hat keinen Einfluss auf das Pflichtenprogramm der Einigungsstellenmitglieder. Die unterlassene Anfechtung heilt die Pflichtverletzung nicht.

Pflichtverletzung ist auch die Nichtleistung oder verzögerte Leistung des Vorsitzenden. Die Beisitzer können durch Enthaltung und Fernbleiben von der Sitzung zwar eine Entscheidung der Einigungsstelle nicht verhindern, verletzen aber ihre Mitwirkungspflicht.

Unterwerfen sich die Betriebsparteien im freiwilligen Einigungsstellenverfahren dem Spruch im Voraus, gilt nichts anderes als im verbindlichen Einigungsstellenverfahren. Nehmen sie den Spruch nachträglich in Kenntnis von Verfahrens- oder Ermessensfehlern an, werden diese regelmäßig geheilt. Rechtsfehler werden durch die nachträgliche Annahme nur geheilt, wenn sie zur Disposition der Betriebsparteien stehen. Die nachträgliche Annahme eines rechts- oder ermessensfehlerhaften Spruchs kann dem Arbeitgeber als Mitverschulden angelastet werden.

Neben der Haftung für den Spruch besteht eine Haftung für Nebenpflichtverletzungen, wie der Verletzung von Geheimhaltungspflichten oder einem Verstoß gegen Schutz- und Rücksichtnahmepflichten.

Maßnahmen aufgrund eines unwirksamen Spruchs fehlt die Rechtsgrundlage. Ist eine Rückabwicklung unmöglich oder scheitert sie wegen Entreicherung, entsteht dem Arbeitgeber ein Schaden. Bei einem durchsetzbaren Bereicherungsanspruch ermöglicht es der Rechtsgedanke des § 255 BGB dem Geschädigten trotzdem, gegen die Einigungsstellenmitglieder vorzugehen.

Ein Schaden kann entstehen, wenn der Arbeitgeber zur Untätigkeit gezwungen ist, weil er für eine Maßnahme die Zustimmung des Betriebsrats benötigt und die Einigungsstelle seinen Antrag zu Unrecht ablehnt. Infolge der Teilunwirksamkeit eines Sozialplans kann sich sein Gesamtvolumen erhöhen. Weitere Schäden sind die Kosten des Anfechtungsverfahrens sowie die Kosten aufgrund der Fortführung oder Neubestellung der Einigungsstelle. Nebenpflichtverletzungen können Schäden unabhängig von der Wirksamkeit des Spruchs verursachen.

Bei einer Einigungsstelle auf Konzernebene kann auch den beherrschten Unternehmen ein Schaden entstehen. Die Konzernmutter wird von Sprüchen der Einigungsstelle auf Ebene der Konzernmutter nicht geschädigt. Bei der Betriebsspaltung trifft die Belastung durch Sozialplanverbindlichkeiten überwiegend die Anlagegesellschaft, auch wenn die Einigungsstelle von der Betriebsgesellschaft bestellt wird.

Alle Stimmen, die die Mehrheitsentscheidung tragen, sind kausal für den Schaden. Enthaltungen können kausal sein, wenn bei rechts- und ermessensfehlerhafter Stimmabgabe der Spruch einen anderen Inhalt gehabt hätte. Der Arbeitgeber darf sich zur Durchführung des Spruchs herausgefordert fühlen. Er durchbricht damit nicht den Zurechnungszusammenhang.

Mangels aufschiebender Wirkung der Anfechtungsklage kann der Arbeitgeber den Spruch auch während des gerichtlichen Überprüfungsverfahrens durchführen. Die Durchführung ist ihm nicht als Mitverschulden anzulasten, wenn er auf die Wirksamkeit des Spruchs vertrauen durfte oder dazu durch einstweilige Verfügung des Betriebsrats oder eines Arbeitnehmers gezwungen ist. Hätte der Arbeitgeber Schäden durch eine Anfechtungsklage vermeiden können, trifft den Arbeitgeber ein Mitverschulden, wenn er die Anfechtungsklage unterlassen hat.

Da die Konzerntochter zur Anfechtung eines Spruchs der Einigungsstelle auf Konzernebene berechtigt ist, kann auch ihr die unterlassende Anfechtung als Mitverschulden angelastet werden. Ein Mitverschulden der Konzernmutter kann ihr gemäß §§ 254 Abs. 2 S. 2, 278 BGB zugerechnet werden, da die Konzernmutter wegen der gesetzlichen Verlagerung der betriebsverfassungsrechtlichen Pflichten in Konzernangelegenheiten die Stellung eines gesetzlichen Vertreters einnimmt. Bei der Unternehmensspaltung in Betriebs- und Anlagegesellschaft ist nur die Betriebsgesellschaft zur Geltendmachung der Unwirksamkeit des Spruchs befugt. Das Unterlassen der Betriebsgesellschaft wird der Anlagegesellschaft gemäß § 278 BGB zugerechnet, da diese als Erfüllungsgehilfin der Anlagegesellschaft tätig wird.

§ 4. Außenhaftung

Außenhaftung ist die Haftung gegenüber Dritten, die an der Bestellung der Einigungsstelle unbeteiligt waren. Darunter fallen die Arbeitnehmer des Betriebs und Vertragspartner der Einigungsstelle.

A. Gegenüber Arbeitnehmern

Die Beispiele 11 bis 14 zeigen exemplarisch Belastungen der Arbeitnehmer durch Einigungsstellensprüche auf. Daneben ist eine Belastung durch die Anordnung von Kurz-, Mehr- oder Nachtarbeit denkbar sowie der Verlust des Arbeitsplatzes aufgrund fehlerhafter Sozialauswahlrichtlinien oder Namenslisten zur Kündigung.

I. Bedürfnis nach einer Haftung

Hinsichtlich der Haftung gegenüber den Arbeitnehmern stellt sich die Frage, ob es einer solchen überhaupt bedarf oder ob die Arbeitnehmer bereits ausreichend aufgrund ihrer Ansprüche gegenüber dem Arbeitgeber geschützt sind.

1. *Inzidentprüfung des Spruchs*

Der Arbeitnehmer ist nicht zur Anfechtung gemäß § 76 Abs. 5 S. 4 BetrVG berechtigt. Da der Einigungsstellenspruch dem Arbeitnehmer wie eine Betriebsvereinbarung gegenüber tritt, kann er ihn aber auf demselben Weg angreifen wie eine Betriebsvereinbarung.[573] Der Einigungsstellenspruch wird inzidenter im Rahmen einer Leistungsklage des Arbeitnehmers gegen den Arbeitgeber geprüft. Ebenso werden im Rahmen der Kündigungsschutzklage die Sozialauswahlrichtlinien gemäß § 95 BetrVG inzidenter geprüft.[574] So kann das Schadenspotential von benachteiligenden Richtlinien bereits im Klageverfahren gegenüber dem Arbeitgeber reduziert werden.[575]

Anders als bei § 76 Abs. 5 S. 4 BetrVG kann nicht die Überschreitung der Grenzen des Ermessens geltend gemacht werden, sondern nur die Unbilligkeit des Spruchs. Grund dafür ist der unterschiedliche Schutzzweck. Die Ermessenskontrolle dient dem Schutz der Betriebspartner vor fehlerhafter Vertragshilfe. Die Billigkeitskontrolle schützt dagegen den Arbeitnehmer vor einer unangemessenen

573 *Rieble*, Einigungsstelle, S. 190 f.; *Leipold*, in: FS Schnorr von Carolsfeld, S. 273, 296 f.

574 BAG vom 5.6.2008 – 2 AZR 907/06 – NZA 2008, 1120; vom 5.11.2009 – 2 AZR 676/08 – NZA 2010, 457, 458.

575 Jedoch nur Prüfung auf grobe Fehlerhaftigkeit gemäß § 1 Abs. 4, 5 S. 2 KSchG; dazu noch § 4 A. I. 4.

Betriebsvereinbarung. Sie ist eine reine Inhaltskontrolle. Der Entscheidungsvorgang als solcher wird außer Betracht gelassen.[576] Sie betrifft nur den Inhalt der getroffenen Regelung selbst. So kann beispielsweise die Angemessenheit der finanziellen Gesamtausstattung nicht der gerichtlichen Billigkeitskontrolle unterzogen werden.[577] Die Billigkeitskontrolle ist auch noch nach Ablauf der Anfechtungsfrist des § 76 Abs. 5 S. 4 BetrVG möglich. Neben der Billigkeit des Spruchs wird im Individualprozess des Arbeitnehmers gegen den Arbeitgeber auch die Wirksamkeit des Spruchs geprüft.

Umstritten ist, ob Arbeitnehmer auch Verfahrensfehler geltend machen können. Dagegen spricht, dass Verfahrensvorschriften nicht dem Schutz der Arbeitnehmer dienen, sondern die Mitwirkung der Betriebspartner sicherstellen.[578] Daraus folgern *Richardi* und *Leipold*, dass Verfahrensfehler nur von Arbeitgeber und Betriebsrat im arbeitsgerichtlichen Beschlussverfahren geltend gemacht werden können.[579] Der Spruch soll nur aufhebbar sein. Solange das Gericht den Spruch nicht aufgehoben hat, ist er bindend. Der Arbeitnehmer hat nach dieser Ansicht keine Möglichkeit Verfahrensfehler geltend zu machen.

Dem ist entgegen zu halten, dass der Spruch normative Wirkung entfaltet und die Arbeitnehmer deshalb auch ein Interesse am ordnungsgemäßen Zustandekommen des Spruchs haben.[580] In Übereinstimmung mit der Rechtsprechung ist der Spruch unwirksam, wenn elementare Verfahrensvorschriften verletzt wurden.[581] Ein unwirksamer Spruch darf unabhängig vom Grund seiner Unwirksamkeit keine normative Wirkung gegenüber den Arbeitnehmern entfalten. Die Unwirksamkeit des Spruchs wegen Verfahrensfehlern kann inzidenter in der Individualklage des Arbeitnehmers gegen den Arbeitgeber geprüft werden. Lediglich wenn die Betriebspartner den verfahrensfehlerhaften und damit unwirksamen Spruch als Betriebsvereinbarung mit identischem Inhalt übernehmen, werden die Verfahrensfehler geheilt und können nicht mehr von den Arbeitnehmern geltend gemacht werden.[582] Verfahrensfehler werden auch geheilt, wenn die Betriebsparteien ausdrücklich darauf verzichten, sie geltend zu machen.[583] Zu weitgehend ist dagegen die Auffassung von *Schönfeld*. Er ist der Ansicht, durch das Verhalten der Betriebspartner könne den Arbeitnehmern das Recht zur Geltendmachung von Verfahrensfehlern nicht

576 *Rieble*, Einigungsstelle, S. 190 f.

577 BAG vom 17.2.1981 – 1 AZR 290/78 – NJW 1982, 69, 70; vom 26.7.1988 – 1 AZR 156/87 – AP BetrVG 1972 § 112 Nr. 45.

578 *Hennige*, S. 250.

579 *Richardi*, in: Richardi, BetrVG, § 76 Rn. 133 f.; *Leipold*, in: FS Schnorr von Carolsfeld, S. 273, 296 f.

580 *Dütz*, AuR 1973, 353, 365.

581 BAG vom 18.4.1989 – 1 ABR 2/88 – NZA 1989, 807, 808 f.; vom 18.1.1994 – 1 ABR 43/93 – NZA 1994, 571; vom 27.6.1995 – 1 ABR 3/95 – NZA 1996, 161, 162.

582 *Hennige*, S. 261.

583 *Gaul*, S. 253.

entzogen werden.[584] Würden die Betriebsparteien aber den Inhalt des Spruchs in eine Betriebsvereinbarung übernehmen, würden Verfahrensfehler keine Rolle spielen. Daher können Arbeitnehmer Verfahrensfehler nicht mehr geltend machen, wenn die Betriebsparteien den Inhalt des Spruchs in Kenntnis des Verfahrensfehlers akzeptieren.

2. Leistungsklage bei teilunwirksamem Spruch

Die Inzidentprüfung des Spruchs in der Leistungsklage kann den Schaden des Arbeitnehmers infolge des unwirksamen Einigungsstellenspruchs jedoch nicht immer vollständig ausgleichen.

Ein vollständiger Schadensausgleich ist möglich, wenn der Spruch der Einigungsstelle wie im Beispiel 2 nur teilunwirksam ist. Die Nichtberücksichtigung von Elternzeit bei Sozialplanabfindungen ist unwirksam. Da der Sozialplan im Übrigen wirksam ist,[585] kann der Arbeitnehmer auf dieser Anspruchsgrundlage einen Abfindungsanspruch gegen den Arbeitgeber geltend machen, für den auch die Elternzeit berücksichtigt wird.[586]

3. Schadensrechtliches Wahlrecht der Arbeitnehmer

Die Möglichkeit, mit einer Leistungsklage gegen den Arbeitgeber vorzugehen, schließt einen Schaden und damit einen Schadensersatzanspruch gegen die Mitglieder der Einigungsstelle nicht aus. Aus dem Rechtsgedanken des § 255 BGB folgt die Wahlfreiheit des Arbeitnehmers, ob er Leistungsklage gegen den Arbeitgeber oder Schadensersatzklage gegen die Einigungsstellenmitglieder erheben will.[587]

Wahlfreiheit besteht auch bei Schäden aufgrund der Durchführung eines Spruchs (so im Beispiel 12 und 13), wenn Arbeitgeber und Einigungsstellenmitglieder als Gesamtschuldner auf Schadensersatz haften. Unschädlich ist, dass die Haftung ggf. auf unterschiedlichen Rechtsgrundlagen beruht: Arbeitgeber aus Vertrag, Einigungsstelle aus Delikt.[588]

4. Keine (ausreichende) Befriedigung durch Arbeitgeber

Trifft den Arbeitgeber kein Verschulden am Schaden des Arbeitnehmers, erlangt die Haftung der Einigungsstellenmitglieder gegenüber den Arbeitnehmern Bedeutung. Das gilt auch, wenn der Arbeitgeber insolvent ist und Ansprüche gegen ihn nicht mehr durchsetzbar sind.

---

584 *Schönfeld,* NZA Beil. 4/1988, 3, 5.
585 Zur Teilunwirksamkeit von Einigungsstellensprüchen oben § 3 D. I. 5.
586 BAG vom 15.1.1991 – 1 AZR 80/90 – NZA 1991, 692.
587 BGH vom 17.1.2013 – III ZR 10 /12 – NJW 2013, 1296, 1298; BGH vom 15.4.2010 – IX ZR 223/07 – NJW 2010, 1961 Rn. 28; hierzu auch § 3 D. I. 1. e.
588 *Bydlinski,* in: MünchKommBGB (2012), § 421 Rn. 5.

Auf einen Schadensersatzanspruch gegen die Einigungsstellenmitglieder ist auch der Arbeitnehmer im Beispiel 11 angewiesen, weil ihm für den Leistungsanspruch gegenüber dem Arbeitgeber die notwendige Anspruchsgrundlage in Form eines wirksamen Einigungsstellenspruchs fehlt. Dass die Entscheidung der Einigungsstelle unwirksam ist, nützt dem Arbeitnehmer nicht, da er daraus keinen Anspruch auf Zuweisung der Werkswohnung ableiten kann.

Auch aus einem gesamtunwirksamen Sozialplan kann kein Zahlungsanspruch abgeleitet werden. Die Leistungsklage des Arbeitnehmers auf Zahlung einer Abfindung scheitert, da als Vorfrage die Wirksamkeit des Sozialplans geprüft wird. Wegen der Unwirksamkeit des Sozialplans muss zwar ein neuer wirksamer Sozialplan errichtet werden, der als Anspruchsgrundlage für eine Abfindung dient. Beispiel 14 zeigt aber, dass sich in der Zwischenzeit die wirtschaftliche Situation des Arbeitgebers verschlechtern kann und die Sozialplanabfindungen deshalb niedriger ausfallen könnten, als sie im Zeitpunkt der ersten Sozialplanaufstellung ausgefallen wären.

Die Inzidentprüfung der Sozialauswahlrichtlinien im Rahmen der Kündigungsschutzklage kann einen Schaden in Form des Verlusts des Arbeitsplatzes nur verhindern, wenn die Gewichtung der sozialen Gesichtspunkte grob fehlerhaft ist, § 1 Abs. 4 KSchG. Gegen Kündigungen, die auf nur leicht fehlerhaften Sozialauswahlrichtlinien basieren, kann sich der Arbeitnehmer nicht wehren. Das Gleiche gilt für den Interessenausgleich mit Namensliste, § 1 Abs. 5 S. 2 KSchG.

Ansprüche allein gegen den Arbeitgeber schützen den Arbeitnehmer daher nicht ausreichend.

II. Haftung für Diskriminierungen aus dem AGG

Gemäß § 15 AGG haftet der Arbeitgeber bei einem Verstoß gegen das Benachteiligungsverbot den Arbeitnehmern auf Schadensersatz und Entschädigung. Diese Vorschrift richtet sich nach ihrem ausdrücklichen Wortlaut nur an den Arbeitgeber als Haftungsschuldner. Wird ein Arbeitnehmer aufgrund eines Einigungsstellenspruchs in Sozialauswahlrichtlinien, Namenslisten zur Kündigung oder bei einer Wohnungszuweisung benachteiligt, stellt sich die Frage nach einer (zusätzlichen) Haftung der Einigungsstellenmitglieder.

Den Arbeitgeber trifft hier „nur“ die Vollzugsverantwortung, weil er einen Spruch im Vertrauen auf seine Wirksamkeit durchführt, obwohl er gemäß § 7 Abs. 2 AGG unwirksam ist. Für die Anwendung kollektivrechtlicher Vereinbarungen, zu denen auch die Betriebsvereinbarung bzw. der sie ersetzende Einigungsstellenspruch zählt,[589] beinhaltet § 15 Abs. 3 AGG eine Haftungsbeschränkung auf Vorsatz und grobe Fahrlässigkeit.[590] Das Verschulden der Einigungsstellenmitglieder bei der Beschlussfassung muss sich der Arbeitgeber nicht gemäß § 278 BGB zurechnen lassen.

---

589 *Nebeling/Miller*, RdA 2007, 289, 290; *Deinert*, in: Däubler/Bertzbach, AGG, § 15 Rn. 88; so auch die Entwurfsbegründung der Bundesregierung BT-Drs. 16/1780 S. 38.

590 Es bestehen jedoch erhebliche Zweifel an der Verfassungswidrigkeit der Norm, dazu nur *Mohr*, in: Adomeit/Mohr, AGG, § 15 Rn. 93 (mwN).

Demzufolge ergibt sich eine Schutzlücke, die durch eine Haftung der Einigungsstellenmitglieder geschlossen werden könnte.

Für Tarifvertragsparteien wird in der Literatur teilweise eine Haftung bejaht.[591] Den Tarifvertragsparteien seien diskriminierende Vorschriften in normativ geltenden Tarifverträgen als Anweisung des Arbeitgebers zur Durchführung der scheinbar rechtmäßigen Differenzierung gemäß § 3 Abs. 5 AGG vorwerfbar.[592] Eine solche Haftung sei europarechtlich geboten, um die Forderung des Art. 17 RL 2000/78/EG nach wirksamen, verhältnismäßigen und abschreckenden Sanktionen zu erfüllen.[593] Arbeitgeber und Tarifvertragsparteien hafteten demnach gesamtschuldnerisch gemäß § 426 BGB.[594] Die Haftung für den Spruch einer Einigungsstelle sei indes zweifelhaft. Hier treffe den Arbeitgeber eine eigenständige Überprüfungspflicht, da der Betriebsvereinbarung keine mit dem Tarifvertrag vergleichbare Richtigkeitsgewähr zukomme.[595] Zwar ist die höhere Richtigkeitsgewähr von Kollektivvereinbarungen in der Rechtsprechung bisher nur für Tarifverträge als Ausdruck der Parität der Tarifvertragsparteien anerkannt.[596] Letztlich kann für den Spruch der Einigungsstelle aber nichts anderes gelten. Er geht aus der Verhandlung und Beschlussfassung eines paritätisch besetzen Gremiums hervor.

Die Haftung der Einigungsstellenmitglieder für einen diskriminierenden Spruch lässt sich (zumindest aus dem AGG)[597] aber aus anderen Gründen nicht herleiten.

Die Entwurfsbegründung der Bundesregierung sieht weder eine Haftung der vertragsschließenden Tarifvertragsparteien noch der Betriebspartner durch das AGG begründet.[598] Auch der ausdrückliche Wortlaut des § 15 AGG, der sich ausschließlich an den Arbeitgeber richtet, lässt vielmehr den Umkehrschluss zu, dass eine Haftung der Tarifvertragsparteien oder Betriebspartner nicht gewollt ist.[599] § 3 Abs. 5 AGG bestimmt nur, dass die Anweisung zur Benachteiligung als Benachteiligung gilt. Ein Anspruch lässt sich weder aus dieser Vorschrift, noch aus anderen Vorschriften des AGG ableiten. Auch § 17 AGG regelt nur eine „Soziale Verantwortung“ von

591 *Mohr*, in: Adomeit/Mohr, AGG, § 3 Rn. 267, *Meinel/Heyn/Herms*, AGG, § 3 Rn. 57; *Deinert*, in: Däubler/Bertzbach, AGG, § 3 Rn. 91 ff.; *Löwisch/Rieble*, TVG, § 1 Rn. 1572; *Rieble/Zedler*, ZfA 2006, 273, 294.

592 *Deinert*, in: Däubler/Bertzbach, AGG, § 3 Rn. 91; *Mohr*, in: Adomeit/Mohr, AGG, § 3 Rn. 267.

593 *Deinert*, in: Däubler/Bertzbach, AGG, § 3 Rn. 92; *Rieble/Zedler*, ZfA 2006, 273, 294.

594 *Deinert*, in: Däubler/Bertzbach, AGG, § 3 Rn. 93, *Mohr*, in: Adomeit/Mohr, AGG, § 3 Rn. 267; *Meinel/Heyn/Herms*, AGG, § 3 Rn.57.

595 *Meinel/Heyn/Herms*, AGG, § 3 Rn. 62; **a.A.** *Deinert*, in: Däubler/Bertzbach, AGG, § 3 Rn. 94.

596 BAG vom 10.6.1980 – 1 AZR 822/79 – NJW 1980, 1642, 1643; vom 23.1.1992 – 2 AZR 470/91 – NZA 1992, 739, 742.

597 Zur Haftung für Diskriminierungen bei Verletzung des allgemeinen Persönlichkeitsrechts unten § 4 A. III. 1. c. cc.

598 BT-Drs. 16/1780 S. 38.

599 *Glajcar*, S. 254.

Tarifvertragsparteien und Betriebsparteien. Eine rechtliche Verantwortung folgt daraus nicht.[600]

Für Tarifvertragsparteien bietet indes das Mitgliedschaftsverhältnis einen Anknüpfungspunkt für einen Haftung.[601] Es verpflichtet die Tarifvertragsparteien, ihre eigenen Mitglieder nicht zu diskriminieren. Im Verhältnis der Einigungsstellenmitglieder zu Arbeitnehmern gibt es gerade kein solches Rechtsverhältnis.[602]

III. Deliktische Haftung

Mangels Schuldverhältnisses zwischen Einigungsstellenmitgliedern und Arbeitnehmern kommt nur eine deliktische Haftung in Betracht. Anspruchsschuldner sind auch hier die einzelnen Einigungsstellenmitglieder, da die Einigungsstelle nicht deliktsfähig ist.[603]

1. § 823 Abs. 1 BGB

Die Haftung gemäß § 823 Abs. 1 BGB scheitert meistens an der Verletzung eines der genannten Rechtsgüter oder eines sonstigen absoluten Rechts.[604]

Reine Vermögensschäden können auf dieser Grundlage nicht ersetzt werden. Deshalb scheidet in den Beispielen 11 und 14 ein Schadensersatzanspruch gegen die handelnden Einigungsstellenmitglieder gemäß § 823 Abs. 1 BGB aus. Auch die finanziellen Einbußen bei der Anordnung von Kurzarbeit sind kein ersatzfähiger Schaden.

a. Gesundheitsverletzung

Das Rechtsgut Gesundheit ist im Beispiel 13 verletzt. Gemäß § 87 Abs. 1 Nr. 2, Abs. 2 BetrVG ersetzt der Spruch der Einigungsstelle die Einigung der Betriebspartner hinsichtlich der Einführung von Schichtarbeit. Schichtarbeit kann gesundheitliche Schäden aufgrund der Störung des Biorhythmus hervorrufen.[605] Häufig sind Schlafstörungen, Magen-Darmerkrankungen und Herz-Kreislauferkrankungen.[606] Heilbehandlungskosten sind in diesem Zusammenhang ein ersatzfähiger Schaden. Die Einführung des Schichtbetriebs ist nur widerrechtlich, wenn der Spruch unwirksam ist.

---

600 *Löwisch/Rieble*, TVG, § 1 Rn. 1561; *Thüsing*, in: MünchKommBGB, (2012), § 17 AGG Rn. 1; *Buschmann*, in: Däubler/Bertzbach, AGG, § 17 Rn. 4; *Mohr*, in: Adomeit/Mohr, AGG, § 17 Rn. 1.

601 So auch *Löwisch/Rieble*, TVG, § 1 Rn. 1573.

602 Oben § 2 E.

603 § 3 A.

604 Zur Haftung eines BR-Mitglieds gegenüber einzelnen Arbeitnehmern: *Kreutz/Jacobs*, in: GK-BetrVG, § 1 Rn. 81.

605 *Schmidt am Busch*, GewArch 2011, 1, 3; *Hasenpusch*, S. 444 f.

606 *Habich*, S. 6 ff.

Solange und soweit die Belastung des Arbeitnehmers durch rechtswidrige Anordnung von Schichtarbeit, Mehrarbeit und Nachtarbeit unterhalb der Schwelle zur Gesundheitsschädigung bleibt, ist keine Anspruchsgrundlage für den Ausgleich der Belastung ersichtlich.

b. Recht am Arbeitsplatz

Betriebsratsmitglieder haften nach der Auffassung von *Neumann-Duesberg* deliktisch gegenüber geschädigten Arbeitnehmern aus § 823 Abs. 1 BGB wegen Verletzung des Rechts am Arbeitsplatz.[607] Es schützt den Bestand des Arbeitsverhältnisses[608] und ist nicht zu verwechseln mit dem Recht auf Arbeit. *Neumann-Duesberg* versteht das Recht am Arbeitsplatz als absolut wirkendes arbeitsrechtliches Bestandsschutzrecht. In der arbeitsrechtlichen höchstrichterlichen Rechtsprechung wurde bislang offen gelassen, ob das Recht am Arbeitsplatz ein absolutes Recht i.S.d § 823 Abs. 1 BGB ist. Das BAG tendiert jedoch mittlerweile dazu, die Qualifizierung als absolutes Recht abzulehnen.[609] Ein absolutes Recht existiere nicht nur relativ, sondern im Verhältnis zu allen anderen Personen. Daher werde es auch als Ausschlussrecht bezeichnet. Das Recht am Arbeitsplatz sei dagegen eine Bündelung schuldrechtlicher Beziehungen der Arbeitsvertragsparteien und wirke nur in Beziehung zum Arbeitgeber.

Im Verhältnis zum Arbeitgeber ist der Arbeitnehmer tatsächlich ausreichend durch vertragliche Rechte und das KSchG geschützt.[610] Das Recht am Arbeitsplatz kann aber auch gegenüber Dritten betroffen sein und sollte in diesem Fall anerkannt werden, um eine Schutzlücke zu füllen. So ist die betriebsbedingte Kündigung deren Sozialauswahl auf Auswahlrichtlinien gemäß § 95 BetrVG basiert, welche nicht grob fehlerhaft i.S.d. § 1 Abs. 4 KSchG sind, wirksam. Anerkennt man das Recht des Arbeitnehmers am Arbeitsplatz i.S.d. § 823 Abs. 1 BGB, kann er zumindest gegen die Einigungsstellenmitglieder, die die fehlerhaften Sozialauswahlrichtlinien aufgestellt haben, einen Schadensersatzanspruch geltend machen. Für die Anerkennung des Rechts am Arbeitsplatz spricht die Parallele zum Schutz des Gewerbebetriebs. Andernfalls wäre der Arbeitnehmer weniger geschützt als der Gewerbetreibende.[611]

Abgesehen von den Sozialauswahlrichtlinien spielt das Recht am Arbeitsplatz für die Haftung der Einigungsstellenmitglieder nur eine untergeordnete Rolle. Die Einführung von Kurzarbeit berührt das Recht am Arbeitsplatz nicht. Die Kurzarbeit hat zwar finanzielle Einbußen für die Arbeitnehmer zur Folge, dient aber

---

607 *Neumann-Duesberg*, Betriebsverfassungsrecht, S. 343 f.

608 *Ocker*, S. 169.

609 BAG vom 4.6.1998 – 8 AZR 786/96 – NZA 1998, 1113, 1115 f.; anders noch in: BAG vom 30.9.1970 – 1 AZR 535/69 – AP BAT § 70 Nr. 2; eindeutig ablehnend: LG Frankfurt a.M. vom 26.10.1999 – 2/26 O 166/98 – NJW-RR 2000, 831.

610 *Heckelmann*, AuR 1970, 166, 174 f.

611 *Hager*, in: Staudiner, BGB (1999), § 823 Rn. B 191; *Hueck/Nipperdey*, Lehrbuch des Arbeitsrechts II (1970), S. 997, *Heckelmann*, AuR 1970, 166, 174 f.

gerade dazu den Arbeitsplatz zu erhalten.[612] Ein Schaden des Arbeitnehmers, der im Verlust des Arbeitsplatzes besteht, tritt im Übrigen nur bei personellen Einzelmaßnahmen gemäß §§ 99 ff. BetrVG ein. Das zwingende Einigungsstellenverfahren findet hier keine Anwendung. Bei der zwingenden Mitbestimmung in sozialen und wirtschaftlichen Angelegenheiten bleibt der Arbeitsvertrag hingegen unberührt.[613] Die Betriebsänderung als solche ist eine Entscheidung des Arbeitgebers, die nicht mitbestimmungspflichtig ist.

c. Allgemeines Persönlichkeitsrecht

Ein Schadensersatzanspruch gemäß § 823 Abs. 1 BGB kommt aufgrund der Verletzung des allgemeinen Persönlichkeitsrechts in Betracht. Das allgemeine Persönlichkeitsrecht leitet sich aus Art. 2 Abs. 1 i.V.m. Art. 1 Abs. 1 GG ab und meint das Recht eines jeden auf Achtung der Menschenwürde und die freie Entfaltung seiner Persönlichkeit. Es richtet sich nicht nur gegen den Staat und seine Organe, sondern gilt auch im Privatrechtsverkehr gegenüber jedermann.[614]

aa. Weitergabe persönlicher Arbeitnehmerdaten

Die Einigungsstellenmitglieder verletzen das allgemeine Persönlichkeitsrecht der Arbeitnehmer, wenn sie vertrauliche Informationen weitergeben, die ihnen im Rahmen des Einigungsstellenverfahrens über die Arbeitnehmer bekannt geworden sind.[615] Das Recht auf informationelle Selbstbestimmung ist Teil des allgemeinen Persönlichkeitsrechts und beinhaltet das Recht, selbst über die Preisgabe und Verwendung der persönlichen Daten zu bestimmen.[616] Das BVerfG schränkt den Schutzumfang bei wahren Aussagen zwar ein. Eine Verletzung ist aber dennoch nicht ausgeschlossen, wenn die Aussagen die Intim-, Privat- oder Vertraulichkeitssphäre betreffen und sich nicht durch ein berechtigtes Informationsinteresse der Öffentlichkeit rechtfertigen lassen.[617] Es bedarf hier einer Prüfung im Einzelfall, unter welchem Umständen persönliche Daten veröffentlicht wurden.

Neben § 823 Abs. 1 BGB kommt auch eine Haftung gemäß § 823 Abs. 2 i.V.m. dem jeweiligen Schutzgesetz aus dem Bundesdatenschutzgesetz in Frage.[618] § 79 BetrVG ist bei Ansprüchen von Arbeitnehmern nicht anwendbar, da die Vorschrift nur dem Schutz des Arbeitgebers dient. Persönliche Daten von Arbeitnehmern sind regelmäßig kein Betriebs- oder Geschäftsgeheimnis.

---

612 *Richardi*, in: Richardi, BetrVG, § 87 Rn. 366.

613 *Nolting*, S. 95; *Triebel*, S. 135.

614 BGH vom 2.4.1957 – VI ZR 9/56 – NJW 1957, 1146; vom 25.5.1954 – I ZR 211/53 – NJW 1954, 1404, 1405.

615 *Neumann-Duesberg*, Betriebsverfassungsrecht, S. 344.

616 BGH 13.11.1990 – VI ZR 104/90 – NJW 1991, 1532, 1533.

617 BVerfG vom 23.2.2000 – 1 BvR 1582/94 – NJW 2000, 2413, 2414.

618 *Wagner*, in: MünchKommBGB (2013), § 823 Rn. 424; Für den Betriebsrat vgl. BAG vom 3.6.2003 – 1 ABR 19/02 – AP BetrVG 1972 § 89 Nr. 1 unter II. 2. a) bb) (3).

bb. Überwachung durch technische Einrichtung

Die technische Einrichtung zur Überwachung des Verhaltens und der Leistung von Arbeitnehmern im Beispiel 12 kann zur Verletzung des allgemeinen Persönlichkeitsrechts geeignet sein. Wird eine solche aufgrund eines unwirksamen Einigungsstellenspruchs eingeführt, kommt eine Haftung der Einigungsstellenmitglieder in Betracht. Die Überwachung betrifft zwar i.d.R. die weniger schutzwürdige Sozialsphäre, denn Gegenstand der Überwachung ist die Beziehung des Arbeitnehmers zur Umwelt durch seine berufliche Betätigung.[619] Der Arbeitsplatz ist nicht schon als solcher vom Schutzbereich des allgemeinen Persönlichkeitsrechts umfasst.[620] Dennoch ist es auch hier vom jeweiligen Einzelfall abhängig, ob die Überwachung beispielsweise aufgrund ihrer Intensität eine Verletzung darstellt, weil der Arbeitnehmer keine Rückzugsmöglichkeit mehr hat. Auch der Überwachungsdruck, der entsteht, wenn der Arbeitgeber durch einen Einigungsstellenspruch ermächtigt wird, jederzeit ohne konkreten Hinweis den Arbeitsplatz durch versteckt aufgestellte Videokameras zu beobachten, ist eine Persönlichkeitsrechtsverletzung.[621]

cc. Diskriminierung als Verletzung des allgemeinen Persönlichkeitsrechts

Die Verletzung des allgemeinen Persönlichkeitsrechts kann auch in einer Diskriminierung bestehen.

Gemäß § 87 Abs. 1 Nr. 9 BetrVG hat der Betriebsrat ein Mitbestimmungsrecht bei der Zuweisung und Kündigung von Dienstwohnungen. Wird eine Einigung nicht erzielt, entscheidet die Einigungsstelle, § 87 Abs. 2 BetrVG. Lehnt die Einigungsstelle im Beispiel 11 die Zuweisung der Dienstwohnung ab, weil der Arbeitnehmer beispielsweise schwul ist, verstößt dies gegen das Benachteiligungsverbot wegen der sexuellen Identität, § 1 AGG. Der Arbeitnehmer hat dann einen Schadensersatzanspruch gegen die handelnden Mitglieder der Einigungsstelle gemäß § 823 Abs. 1 BGB i.V.m. dem allgemeinen Persönlichkeitsrecht.[622]

dd. Widerrechtlichkeit

Da das allgemeine Persönlichkeitsrecht ein Rahmenrecht ist, ist die Widerrechtlichkeit nicht durch den Verletzungserfolg indiziert, sondern es bedarf einer Interessenabwägung im Einzelfall.[623] Ist der Einigungsstellenspruch, auf dem eine Handlung basiert, unwirksam, besteht von Seiten der Einigungsstellenmitglieder

619 *N. Klass*, in: Erman, BGB, Anh. § 12 Rn. 127.

620 OLG Schleswig vom 3.10.1979 – 1 Ss 313/79 – NJW 1980, 352, 353.

621 BAG vom 7.10.1987 – 5 AZR 116/86 – NZA 1988, 92.

622 Vgl. *Löwisch*, AuR 1972, 359, 362, der den Anspruch aber auf § 823 Abs. 2 i.V.m. § 75 BetrVG stützt.

623 *Looschelders*, SR BT, Rn. 1238; *Medicus/Lorenz*, SR II, Rn. 1308; *Wagner*, in: MünchKommBGB (2013), § 823 Rn. 242; BGH vom 15.12.2009 – VI ZR 227/08 – NJW 2010, 757 Rn. 11 (mwN).

schon kein schutzwürdiges Interesse, das in die Abwägung einzustellen wäre. Da Prüfungsmaßstab im Verhältnis zur Belegschaft die Billigkeit des Spruchs ist, kann eine Handlung der Einigungsstellenmitglieder im Verhältnis zur Belegschaft nur bei Unbilligkeit widerrechtlich sein. Ermessensfehler, die keine Unbilligkeit für den Arbeitnehmer zur Folge haben, bleiben außer Betracht.

ee. Kausalität

Hinsichtlich der haftungsbegründenden Kausalität ist zu beachten, dass der Spruch der Einigungsstelle nur die Grundlage für die Handlung des Arbeitgebers bildet. Der Spruch kann aber i.S.d. conditio-sine-qua-non-Formel nicht hinweg gedacht werden, ohne dass der Verletzungserfolg entfiele.[624] Ohne den Spruch der Einigungsstelle, der die Einigung der Betriebsparteien ersetzt, wäre der Arbeitgeber nicht zur entsprechenden Handlung befugt gewesen. Auch unter dem Gesichtspunkt des Schutzzwecks der Norm scheitert die Kausalität nicht. Das Dazwischentreten des Arbeitgebers als Drittem unterbricht den Zurechnungszusammenhang nicht.[625] Der Arbeitgeber darf sich zur Durchführung des Spruchs herausgefordert fühlen, sofern ihm nicht schon bei Beginn der Durchführung Umstände bekannt waren, die zwingend die Unwirksamkeit des Spruchs zur Folge haben. Die Überschreitung von Ermessensgrenzen muss er, selbst wenn sie ihm bekannt ist oder sich aufdrängt, nicht geltend machen.[626] Die Ermessenskontrolle gemäß § 76 Abs. 5 S. 4 BetrVG beinhaltet nur das Recht, nicht die Pflicht zur gerichtlichen Geltendmachung. Mangels Suspensivwirkung der Klage darf der Arbeitgeber den Spruch selbst dann noch ausführen, wenn der Betriebsrat bereits Klage erhoben hat.[627] Die Durchführung des Spruchs ist nur untersagt, wenn der Betriebsrat die Unterlassung im Wege einer einstweiligen Verfügung durchgesetzt hat.[628]

ff. Art des Schadens

Der Schaden wird i.d.R. ein immaterieller Schaden sein (so im Beispiel 12), für den eine Geldentschädigung zu gewähren ist, wenn es sich um einen schwerwiegenden Eingriff handelt und die Beeinträchtigung nicht in anderer Weise befriedigend ausgeglichen werden kann.[629] Der Anspruch auf Geldentschädigung für immaterielle Schäden beruht auf dem Gedanken, dass ohne einen solchen Anspruch Verletzungen

---

624 *Wagner*, in: MünchKommBGB (2013), § 823 Rn. 57.

625 *Vieweg*, in: Staudinger, Eckpfeiler (2014), J. Rn. 111 f.

626 Der Schadensersatzanspruch des Arbeitgebers gegen die Einigungsstellenmitglieder kann aber bei unterlassener Geltendmachung wegen Mitverschuldens gekürzt werden § 3 F. I. 2. c.

627 LAG Berlin vom 6.12.1982 – 4 Ta BV 2/84 – BB 1985, 1199; *Fitting*, BetrVG, § 76 Rn. 164; *Krasshöfer*, in: Düwell, BetrVG, § 76 Rn. 33.

628 LAG Köln vom 30.7.1999 – TaBV 35/99 – NZA 2000, 334; *Berg*, in: D/K/K/W, BetrVG, § 76 Rn. 167.

629 BGH vom 15.11.1994 – VI ZR 56/94 – NJW 1995, 861, 864 f.

der Würde und Ehre des Menschen häufig ohne Sanktion blieben, mit der Folge, dass der Rechtsschutz der Persönlichkeit verkümmern würde. Ob ein Anspruch tatsächlich besteht, ist für den jeweiligen Einzelfall zu beurteilen. Ein materieller Schaden aufgrund der Verletzung des allgemeinen Persönlichkeitsrechts ist denkbar, wenn gegen einen Arbeitnehmer eine Betriebsbuße verhängt wird, um sein Verhalten im Betrieb zu sanktionieren (§ 87 Abs. 1 Nr. 1 BetrVG).[630]

Erfolgt die Ablehnung im Beispiel 11 aus diskriminierenden Gründen, ist ersatzfähiger Schaden einerseits der immaterielle Schaden wegen Verletzung des allgemeinen Persönlichkeitsrechts aufgrund der Diskriminierung, andererseits die Miete für eine andere vergleichbare Wohnung, in dem Umfang, in dem sie den Mietzins für die Dienstwohnung übersteigt. Die Einigungsstellenmitglieder sind in diesem Fall der einzige Anspruchsgegner. Dem Arbeitgeber ist keine rechtswidrige Handlung vorzuwerfen. Die Zuweisung einer Dienstwohnung setzt eine erfolgreiche Einigung mit dem Betriebsrat voraus. Die bloße inzidente Feststellung, dass der Einigungsstellenspruch unwirksam ist, kann den Schaden in Form des höheren Mietzinses nicht beseitigen.

2. *§ 823 Abs. 2 BGB i.V.m. § 75 BetrVG*

Der Ersatz von Vermögensschäden ist über § 823 Abs. 2 BGB i.V.m. einem Schutzgesetz möglich. § 75 BetrVG kommt als Schutzgesetz nicht in Betracht, da die Norm nur kollektivrechtlichen Charakter hat.[631]

3. *§ 823 Abs. 2 BGB i.V.m. § 266 StGB*

Eine Haftung gemäß § 823 Abs. 2 BGB i.V.m. § 266 StGB kommt mangels Vermögensbetreuungspflicht gegenüber den Arbeitnehmern nicht in Betracht.[632]

4. *§ 826 BGB*

Die Haftung gemäß § 826 BGB wegen sittenwidriger vorsätzlicher Schädigung durch ein Einigungsstellenmitglied dürfte eher die Ausnahme sein.[633]

IV. Mitverschulden

Ein eigenes Mitverschulden der Arbeitnehmer kommt nur in Betracht, wenn sie überhaupt auf die Schadensentstehung oder -begrenzung einwirken können.

Den Spruch der Einigungsstelle können sie nicht anfechten. Diese Möglichkeit besteht gemäß § 76 Abs. 5 S. 4 BetrVG nur für Arbeitgeber und Betriebsrat. Die

---

630 *Belling*, Die Haftung des Betriebsrats, S. 7.
631 § 2 E. III. 1.
632 Ausführlich hierzu § 8 B. II.
633 Auch oben § 3 B. I. 4. d.

unterlassene Anfechtung des Betriebsrats kann den Arbeitnehmern nicht gemäß § 254 Abs. 2 S. 2 i.V.m. § 278 BGB zugerechnet werden. Der Betriebsrat ist kein Erfüllungsgehilfe der Arbeitnehmer, da sich diese seiner nicht zur Erfüllung einer Verbindlichkeit bedienen.[634] Er ist auch nicht gesetzlicher Vertreter der Belegschaft. In der älteren Literatur, insbesondere in der Weimarer Republik, wird der Betriebsrat zwar als gesetzlicher Vertreter bezeichnet.[635] Damals ging man davon aus, der Betriebsrat nehme Rechte der Belegschaft wahr. Später hat man erkannt, dass die Mitbestimmungsrechte dem Betriebsrat direkt zuzuordnen sind. Er übt diese Rechte zwar im Interesse der Arbeitnehmer aus, aber im eigenen Namen.[636] Das zeigt auch der Wortlaut des § 23 Abs. 1 BetrVG, der auf die grobe Verletzung „seiner gesetzlichen Pflichten", also der Pflichten des Betriebsrats, abstellt. Folglich wird der Betriebsrat nun als „Repräsentant"[637] oder „gesetzlicher Interessenvertreter"[638] bezeichnet. Er ist nicht der gesetzliche Vertreter der Belegschaft. Das Recht zur Anfechtung steht dem Betriebsrat als eigenes Recht zu. Er greift den Spruch nicht für die Arbeitnehmer, sondern im eigenen Namen an. Unterlässt der Betriebsrat dies, kann das dem Arbeitnehmer nicht im Sinne eines Mitverschuldens zugerechnet werden.

V. Ergebnis

Die Einigungsstellenmitglieder haften gegenüber den Arbeitnehmern nur aus Delikt. Ein reiner Vermögensschutz ist nicht gewährleistet. Das AGG bietet keine Rechtsgrundlage für eine Haftung der Einigungsstellenmitglieder, da es sich nur an den Arbeitgeber richtet. Der Anspruch bei Verletzung eines geschützten Rechtsguts kann nicht wegen eines Mitverschuldens gekürzt werden.

B. Vertragshaftung

Die Einigungsstelle kann im Außenverhältnis mit Betriebsfremden Verträge schließen. Vertragsgegenstand können Sachkosten wie die Miete von Räumen für die Einigungsstellensitzungen, Kauf von Büromaterial oder die Anstellung einer Schreibkraft sein.[639] Denkbar sind aber auch Kosten für Sachverständige und Sachverständigengutachten.[640]

---

634 *Franzen*, in: GK-BetrVG, § 1 Rn. 87.

635 *Richardi*, in: Richardi, BetrVG, Einl. Rn. 99 (mwN); *Franzen*, in: GK-BetrVG, § 1 Rn. 63; *Hueck/Nipperdey*, Lehrbuch des Arbeitsrechts II (6. Auflage), S. 689; **a.A.** aber in 7. Auflage S. 1091.

636 *Triebel*, S. 44; *Richardi*, in: Richardi, BetrVG, Einl. Rn. 99

637 *Triebel*, S. 44; *Franzen*, in: GK-BetrVG, § 1 Rn. 87.

638 *Wedde*, in: D/K/K/W, BetrVG, Einl. Rn. 127.

639 *Kreutz/Jacobs*, in: GK-BetrVG, § 76a Rn. 12; *Ehrich/Fröhlich*, Einigungsstelle, S. 84; *Berg*, in: D/K/K/W, BetrVG, § 76 Rn. 100, § 76a Rn. 10.

640 Ausführlich dazu unten § 4 B. III. 3. c.

Wer für die Erfüllung dieses Vertrags haftet, hängt davon ab, wer handelt und ob im Rahmen der Rechtsfähigkeit der Einigungsstelle gehandelt wird.

Stellt der Arbeitgeber Raum, Büromaterial und Schreibkraft zur Verfügung, schließt er im eigenen Namen zu Gunsten der Einigungsstelle einen Vertrag, für den er selbst als Vertragspartner haftet. Die Kostentragungsregel des § 76a Abs. 1 BetrVG verpflichtet den Arbeitgeber aber nicht, diese Mittel von sich aus zur Verfügung zu stellen.[641] Der Einigungsstellenvorsitzende ist aufgrund seiner verfahrensleitenden Pflichten befugt, selbst einen entsprechenden Vertrag zu schließen, wenn der Arbeitgeber nicht tätig wird. Dabei will sich der Vorsitzende nicht selbst verpflichten, sondern für die Einigungsstelle handeln.[642]

I. Einigungsstelle als Auftraggeber

Schließt die Einigungsstelle, vertreten durch ihren Vorsitzenden, einen Vertrag, der sich im Rahmen der Erforderlichkeit gemäß § 76a Abs. 1 BetrVG hält, ist sie insofern rechtsfähig.[643] Sie wird selbst Vertragspartner. Zur Kostentragung ist gemäß § 76a Abs. 1 BetrVG der Arbeitgeber verpflichtet. Nimmt der Vertragspartner die Einigungsstelle in Anspruch, hat sie einen Freistellungsanspruch gegenüber dem Arbeitgeber.[644]

II. Akzessorische Haftung der Einigungsstellenmitglieder

Wird die Einigungsstelle selbst Vertragspartner, könnten die Einigungsstellenmitglieder für diese vertraglichen Verbindlichkeiten akzessorisch entsprechend § 128 HGB oder § 54 S. 2 BGB haften.

Der BGH hat eine akzessorische Haftung für die Betriebsratsmitglieder mit der Begründung abgelehnt, es fehle am Regelungsbedürfnis. Eine „Doppelhaftung" des Betriebsrats als Gremium und seiner Mitglieder sei nicht erforderlich.[645] Das Ergebnis überzeugt zumindest im Hinblick auf die fehlende Vergleichbarkeit von Betriebsratsmitgliedern und Gesellschaftern. Während sich Gesellschafter freiwillig vertraglich zur Verfolgung eines gemeinsamen Zwecks zusammenschließen, ist das Betriebsratsamt abhängig vom Willen der wählenden Belegschaft.[646] Die Betriebsratsmitglieder werden, anders als Gesellschafter, nicht im eigenen Interesse, sondern ehrenamtlich im Interesse der Belegschaft tätig. Eine akzessorische Haftung wäre mit dem Ehrenamt nicht vereinbar.[647]

---

641 So aber *Kreutz/Jacobs*, in: GK-BetrVG, § 76a Rn. 12.

642 Für Betriebsratsmitglieder *Dommermuth-Alhäuser/Heup*, BB 2013, 1461, 1462.

643 § 2 G. I. 2.

644 *Kreutz/Jacobs*, in: GK-BetrVG, § 76a Rn. 8.

645 BGH vom 25.10.2012 – III ZR 266/11 – NZA 2012, 1382 Rn. 47.

646 OLG Frankfurt a. M. vom 21.9.2011 – 1 U 184/10 – juris Rn. 21; *Dommermuth-Alhäuser/Heup*, BB 2013, 1461, 1464.

647 *Dommermuth-Alhäuser/Heup*, BB 2013, 1461, 1464.

Für die Einigungsstelle lassen sich diese Argumente nicht uneingeschränkt übertragen. Das Ehrenamtsprinzip gilt nur hinsichtlich der betriebsangehörigen Beisitzer. Der Vorsitzende und die betriebsfremden Beisitzer erhalten gemäß § 76a Abs. 3 BetrVG eine Vergütung. Doch auch die Einigungsstellenmitglieder schließen sich nicht freiwillig zusammen, sondern werden von den Betriebsparteien bestellt. Sie werden, anders als Gesellschafter, nicht im eigenen Interesse tätig, sondern im Interesse des Betriebs. Zudem ist die akzessorische Haftung einzelner Einigungsstellenmitglieder nicht aus Verkehrsschutzgesichtspunkten erforderlich, da ja zumindest die Einigungsstelle haftet. Der abgetretene Freistellungsanspruches gegen den Arbeitgeber ist im Zweifel mehr wert, da dieser regelmäßig liquider als das einzelne Einigungsstellenmitglied ist.

III. Haftung der Einigungsstellenmitglieder gemäß § 179 Abs. 1 BGB analog

Die Haftung der Einigungsstellenmitglieder ist dann von Bedeutung, wenn die Einigungsstelle nicht wirksam verpflichtet werden konnte, da die Kosten die Grenzen der Erforderlichkeit i.S.d. § 76a Abs. 1 BetrVG überstiegen haben. Dann scheidet der Arbeitgeber als Kostenschuldner aus.

1. BGH-Rechtsprechung zu Betriebsratsmitgliedern

Der BGH stützt die Haftung der Betriebsratsmitglieder auf § 179 Abs. 1 BGB analog. § 179 Abs. 1 BGB regelt die Haftung des Vertreters ohne Vertretungsmacht. Dieser ist dem Vertragspartner nach dessen Wahl zur Erfüllung oder zum Schadensersatz verpflichtet, wenn der Vertretene die Genehmigung des Vertrages verweigert. Diese Wertung wird von der Rechtsprechung und Literatur auf den Fall übertragen, dass der Vertretene gar nicht existiert.[648] Der Fall des nicht-existenten Vertretenen sei wiederum vergleichbar mit einem Vertragsschluss des Betriebsrats außerhalb der Rechtsfähigkeit. Für die vertragliche Bindung fehle es jeweils am erforderlichen Zuordnungssubjekt. Der Vertragspartner sei in beiden Fällen schutzwürdig, da er auf die Wirksamkeit der vertraglichen Bindung vertraue.[649] Werden die Grenzen der Rechtsfähigkeit des Betriebsrats überschritten, hafte das jeweils rechtsgeschäftlich im Namen des Betriebsrats handelnde Betriebsratsmitglied. Die Haftungsbeschränkungen des § 179 Abs. 2 und 3 BGB seien ebenfalls analog anwendbar.

Da auch die Einigungsstelle nur teilrechtsfähig ist,[650] fehlt ihr ebenso wie dem Betriebsrat ein vertragliches Zuordnungssubjekt, wenn sie außerhalb ihrer Rechtsfähigkeit handelt. Das handelnde Einigungsstellenmitglied, in der Regel der Vorsitzende, haftet daher in diesem Fall gemäß § 179 Abs. 1 BGB analog.

---

648 BGH vom 8.7.1974 – II ZR 180/72 – NJW 1974, 1905; *Schilken*, in: Staudinger, BGB (2009), § 179 Rn. 22.

649 BGH vom 25.10.2012 – III ZR 266/11 – NZA 2012, 1382 Rn. 35.

650 Oben § 2 G. I. 2.

2. *Kritikpunkte*

Die Rechtsprechung des BGH ist nicht ohne Kritik geblieben. Ob die Kritik im Hinblick auf die Haftung von Einigungsstellenmitgliedern überzeugt, muss geprüft werden.

a. *Vermögensfähigkeit nicht zwingende Voraussetzung für Rechtsfähigkeit*

Der BGH spricht dem Betriebsrat die Rechtsfähigkeit ab, sobald er mangels Erstattungs- oder Freistellungsanspruchs nicht vermögensfähig ist. Dieser Schluss ist nicht zwingend, da die Vermögensfähigkeit nicht notwendige Voraussetzung für die Rechtsfähigkeit ist.[651] Die Rechtsfähigkeit wird grundsätzlich unabhängig von konkreten Rechtsgeschäften definiert.

Auch ist eine solche „ultra-vires" Haftung dem deutschen Recht fremd.[652] Bei einer umfassenden Rechtsfähigkeit des Betriebsrates oder der Einigungsstelle, bestünde für den Vertragspartner die Gefahr, dass er zwar einen Anspruch gegen den Betriebsrat oder die Einigungsstelle erwirbt, diesen aber mangels Vermögensmasse nicht durchsetzen kann. Waren die Kosten des Vertrags nicht erforderlich, besteht kein Freistellungsanspruch gegen den Arbeitgeber, sodass der Vertragspartner leer ausgeht. Daran ist nichts Ungewöhnliches, denn das Liquiditätsrisiko trägt grundsätzlich der Vertragspartner.

Dennoch lassen sich mit einer Haftung nach § 179 Abs. 1 BGB analog sachgerechtere Ergebnisse erzielen. Würde man die umfassende Rechtsfähigkeit des Betriebsrats oder der Einigungsstelle anerkennen, könnte der Vertragspartner den Betriebsrat oder die Einigungsstelle verklagen und würde den Prozess, auch wenn die Grenzen der Erforderlichkeit überschritten wurden, gewinnen. Er hätte aber nichts davon, da der Anspruch mangels Vermögens und Freistellungsanspruchs nicht durchsetzbar ist. Der Arbeitgeber müsste zudem die angefallenen Prozesskosten gemäß § 40 Abs. 1 bzw. § 76a Abs. 1 BetrVG tragen.[653] Da der Kläger ein außenstehender Dritter ist, ist für diese Streitigkeiten der Rechtsweg der ordentlichen Gerichtsbarkeit eröffnet, sodass anders als beim Beschlussverfahren auch Gerichtskosten entstehen.[654]

Bei einer Haftung des handelnden Mitglieds gemäß § 179 Abs. 1 BGB analog, könnte der Vertragspartner den Handelnden verklagen und bekäme, sofern die Voraussetzungen erfüllt sind, einen durchsetzbaren Anspruch zugesprochen. Der Arbeitgeber ist an diesem Verfahren nicht beteiligt und trägt daher auch keine Kosten. Von dieser Lösung profitieren Arbeitgeber und Vertragspartner. Gleichzeitig ist das

---

651 *Belling*, Anm. zu BGH vom 25.10.2012 – III ZR 266/11 – AP BetrVG 1972 § 40 Nr. 110.

652 *Belling*, Anm. zu BGH vom 25.10.2012 – III ZR 266/11 – AP BetrVG 1972 § 40 Nr. 110.

653 LAG Hamburg vom 13.3.1984 – 1 TaBV 7/83 – AiB 1984, 174; *Koch*, in: ErfK, § 40 BetrVG Rn. 3.

654 *Schwarze*, JA 2013, 467, 470.

Haftungsrisiko für den Handelnden überschaubar und erträglich, da ihm die Haftungserleichterungen des § 179 Abs. 2 und 3 BGB zukommen und die Möglichkeit besteht, eine persönliche Haftung von vorneherein vertraglich auszuschließen.[655]

b. Alternative: Haftung aus culpa in contrahendo

Statt einer Haftung gemäß § 179 BGB analog schlägt *Belling* vor, den Betriebsratsvorsitzenden nur ausnahmsweise gemäß §§ 280 Abs. 1, 311 Abs. 2, 3 BGB haften zu lassen, wenn er für die Leistungsfähigkeit des Betriebsrats in besonderem Maße Vertrauen in Anspruch genommen und einen Pflichtverstoß zu vertreten hat.[656] Das überzeugt nicht. Zum einen ist § 179 BGB im Verhältnis zur Haftung aus culpa in contrahendo spezieller.[657] Zum anderen ist diese Lösung nicht sachgerecht, wenn der Vorsitzende vorsätzlich oder grob fahrlässig die Grenzen der Erforderlichkeit überschreitet, ohne dabei besonderes Vertrauen in Anspruch genommen zu haben, weil ein solches aufgrund der Unerfahrenheit des Vertragspartners beim Vertragsschluss mit Betriebsräten nicht notwendig war.

c. Verstoß gegen Sinn und Zweck des § 179 BGB

Kritiker halten eine Haftung nach § 179 BGB für nicht vereinbar mit dem Sinn und Zweck der Vorschrift. Hintergrund der Vorschrift ist, dass der Vertreter selbst besser als sein Vertragspartner einschätzen kann, ob ihm wirksam eine Vertretungsmacht erteilt wurde.[658] Vertragspartner des Betriebsratsmitglieds sei aber zumeist ein professioneller Betriebsratsberater, der das Risiko, dass ein Freistellungsanspruch nach § 40 Abs. 1 BetrVG nicht bestehe, besser einschätzen könne.[659] Das kann nur für Beratungsverträge gemäß § 111 S. 2 BetrVG gelten. Betriebsratsmitglieder können aber auch Verträge mit nicht spezialisierten Vertragspartnern schließen. Beim Kauf von Büromaterial oder der Anstellung einer Schreibkraft kann der Vertragspartner das Risiko der fehlenden Erforderlichkeit der Kosten nicht besser einschätzen.

Für Einigungsstellenmitglieder gilt das umso mehr. Ihre Vertragspartner sind üblicherweise nicht damit vertraut, ob und in welchem Umfang Einigungsstellenmitglieder Verträge schließen können. Nicht einmal Sachverständige können das Rechtsfähigkeitsrisiko der Einigungsstelle besser einschätzen. Ihr Fachbereich sind üblicherweise nicht Freistellungsansprüche der Einigungsstelle, sondern betriebswirtschaftliche[660] oder arbeitsmedizinische[661] Fragen, die der Mitbestimmung zu Grunde liegen.

---

655 Zu den Haftungsprivilegierungen unten § 5F.
656 *Belling*, Anm. zu BGH vom 25.10.2012 – III ZR 266/11 – AP BetrVG 1972 § 40 Nr. 110
657 *Schramm*, in: MünchKommBGB (2012), § 179 Rn. 45.
658 *Schramm*, in: MünchKommBGB (2012), § 179 Rn. 2.
659 So *Franzen*, in: GK-BetrVG, § 1 Rn. 79; *Kreutz/Jacobs*, in: GK-BetrVG, § 1 Rn. 79.
660 *Sieg*, in: FS 50 Jahre BAG, S. 1329, 1343.
661 BAG vom 13.11.1991 – 7 ABR 70/90 – NZA 1992, 459.

d. Zwischenergebnis

Letztlich sprechen keine überzeugenden Gründe gegen eine Haftung aus § 179 Abs. 1 BGB analog. Das handelnde Einigungsstellenmitglied haftet daher ebenso wie das handelnde Betriebsratsmitglied nach der BGH-Rechtsprechung gemäß § 179 Abs. 1 BGB analog.

3. Anwendung auf verschiedene Vertragsgegenstände

a. Sachkosten

Das handelnde Einigungsstellenmitglied haftet gemäß § 179 Abs. 1 BGB analog für Sachkosten, wenn diese nicht erforderlich waren. Das ist der Fall, wenn der Arbeitgeber die nötigen Mittel zur Verfügung stellt oder angemessene kostengünstigere Möglichkeiten bestehen. Im Beispiel 15 hätte die Einigungsstelle den betriebseigenen Konferenzraum nutzen können. Kann die Einigungsstelle aus Neutralitätsgründen nicht im Betrieb durchgeführt werden oder steht ein Raum dort nicht zur Verfügung, muss zumindest ein angemessener, kostengünstiger Ort gewählt werden. Ein 5-Sterne-Hotel ist nicht erforderlich.

b. Auskunftserteilung im Wirtschaftsausschuss, § 109 S. 3 BetrVG

Die Einigungsstelle kann gemäß § 109 S. 3 BetrVG bei der Entscheidung über Meinungsverschiedenheiten hinsichtlich der Auskunftserteilung im Wirtschaftsausschuss Sachverständige hinzuziehen. Voraussetzung ist, dass die Anhörung von Sachverständigen für die Entscheidung erforderlich ist. Wie auch im Rahmen der Sachkosten gemäß § 76a Abs. 1 BetrVG ist die Frage des Kostenschuldners abhängig davon, ob die Kosten erforderlich waren. Waren die Kosten erforderlich, hat der Arbeitgeber diese zu tragen. Die Einigungsstelle ist Vertragspartner, hat aber einen Freistellungsanspruch gegen den Arbeitgeber. Als Schuldner kommen daher der Arbeitgeber und die Einigungsstelle selbst in Betracht. Waren die Kosten dagegen nicht erforderlich, haftet das handelnde Einigungsstellenmitglied gemäß § 179 Abs. 1 BGB.

c. Hinzuziehung von Sachverständigen

Auch in anderen Angelegenheiten können Sachverständige hilfreich sein. So ist es nicht unüblich, dass die Einigungsstelle ein Gutachten einholt, um abzuklären welcher Gesamtbetrag an Sozialleistungen im Hinblick auf den Fortbestand des Unternehmens noch wirtschaftlich vertretbar ist, § 112 Abs. 5 BetrVG.[662] Die Sachverständigenkosten sind Kosten der Einigungsstelle i.S.d. § 76a Abs. 1 BetrVG, da die die Einigungsstelle selbst den entsprechenden Auftrag erteilt hat und nicht die jeweilige Betriebspartei. Die Frage, wer im Beispiel 16 die Kosten des Sachverständigen zu tragen hat, hängt nicht nur davon ab, ob die Kosten erforderlich waren, sondern auch davon, unter welchen Voraussetzungen die Einigungsstelle Sachverständige

---

662 *Sieg*, in: FS 50 Jahre BAG, S. 1329, 1343.

hinzuziehen darf. Außerhalb des Anwendungsbereichs des § 109 S. 3 BetrVG ist umstritten, ob die Einigungsstelle Sachverständige nur nach näherer Vereinbarung mit dem Arbeitgeber gemäß § 80 Abs. 3 BetrVG hinzuziehen darf.

aa. Erforderlichkeit der Kosten

Der Arbeitgeber trägt gemäß § 76a Abs. 1 BetrVG nur erforderliche Kosten. Die Kosten eines Sachverständigen sind nach der Rechtsprechung des BAG erforderlich,

> *„wenn die Einigungsstelle wie ein vernünftiger Dritter bei gewissenhafter Überlegung und verständiger und ruhiger Abwägung aller Umstände zur Zeit ihres Beschlusses zu dem Ergebnis gelangen durfte, der noch zu verursachende Kostenaufwand sei für ihre Tätigkeit erforderlich. Die Grenzen der Erforderlichkeit der Kosten durch Hinzuziehung eines Sachverständigen sind jedoch überschritten, wenn die Hinzuziehung ohne hinreichenden Anlaß oder mutwillig durchgeführt wird oder der Grundsatz der Verhältnismäßigkeit mißachtet wird. Insoweit steht der Einigungsstelle jedoch ein gewisser Beurteilungsspielraum zu. Die Einigungsstelle muß dabei wie jeder andere, der auf Kosten eines Dritten handeln darf, die Maßstäbe einhalten, die sie auch einhalten würde, wenn sie als Gremium selbst oder wenn ihre Mitglieder die Kosten zu tragen hätten.“*[663]

Waren die Kosten erforderlich, sind Kostenschuldner der Arbeitgeber und die Einigungsstelle selbst.[664]

Waren sie wie im Beispiel 16a) aufgrund der Sachkunde der Beisitzer nicht erforderlich, haftet der Einigungsstellenvorsitzende gemäß § 179 Abs. 1 BGB analog.

Die Kosten sind ferner nicht erforderlich, wenn sich die Einigungsstelle eines Sachverständigen bedient, um einen Sachverhalt aufzuklären, der Themen betrifft, die nicht Gegenstand der Einigungsstelle sind. Die Einigungsstelle ist insoweit nicht zuständig. Der Spruch ist in Hinblick auf diesen Gegenstand unwirksam. Trotzdem behandelt die Einigungsstelle oft auch andere Themen mit, um eine höhere Kompromissbereitschaft zu erreichen. Der Spruch kann diesbezüglich Wirksamkeit erlangen, wenn sich die Betriebsparteien ihm unterwerfen. Unterwirft sich der Arbeitgeber dem Spruch nicht, waren auch die diesbezüglichen Kosten des Sachverständigen nicht erforderlich.

bb. Zulässigkeit ohne vorherige Vereinbarung mit dem Arbeitgeber gemäß § 80 Abs. 3 BetrVG

Im Beispiel 16 wurde der Sachverständige ohne vorherige Absprache mit dem Arbeitgeber beauftragt. Das BAG und ein Großteil der Literatur halten die Hinzuziehung

---

663 BAG vom 13.11.1991 – 7 ABR 70/90 – NZA 1992, 459, 461 f.

664 Sie ist zur Abtretung des Freistellungsanspruchs gegen den Arbeitgeber verpflichtet.

von Sachverständigen durch die Einigungsstelle ohne vorherige Vereinbarung mit dem Arbeitgeber gemäß § 80 Abs. 3 BetrVG für zulässig.[665]

Diese Ansicht wird meist nicht begründet. Das Recht der Einigungsstelle, Sachverständige unmittelbar hinzuzuziehen, wird vielmehr als selbstverständlich hingenommen.

Das BAG machte sich im Jahre 1989 in einem obiter dictum noch die Mühe Argumente aufzuführen, die für ein Beweiserhebungsrecht der Einigungsstelle durch Einholung eines Sachverständigengutachtens sprechen.[666] Die Einigungsstelle müsse als Hilfsorgan zur Beilegung von Regelungsstreitigkeiten zwischen Betriebsrat und Arbeitgeber mit ihrem Verfahren ein sachgerechtes Ergebnis ermöglichen. Bei streitigem Sachverhalt müsse über streitige Tatsachen notfalls aufgrund Sachverständigengutachtens Beweis erhoben werden. § 109 S. 3 BetrVG stehe dem nicht entgegen. Diese Vorschrift enthalte einen allgemeinen Rechtssatz und sei nicht gegenüber § 76 BetrVG spezieller. Die Anhörung von Sachverständigen sei bei der Auskunftserteilung im Wirtschaftsausschuss nur besonders naheliegend gewesen.

Nach Auffassung des BAG spreche viel dafür, dass die Einigungsstelle eine fehlende Einigung zwischen Arbeitgeber und Betriebsrat darüber, ob die Einholung eines Sachverständigengutachtens erforderlich ist, ersetzen kann. Sogar der Betriebsrat könne gemäß § 80 Abs. 3 BetrVG Sachverständige hinzuziehen, obwohl im Streitfall die Arbeitsgerichte entscheiden. Die Einigungsstelle könne indes selbst über Regelungsstreitigkeiten entscheiden.

Abschließend entscheiden musste das BAG über diese Frage damals nicht. Als es zwei Jahre später tatsächlich über die Rechtmäßigkeit der Einholung eines Sachverständigengutachtens durch die Einigungsstelle entscheiden musste, begnügte es sich mit dem Satz, dass „zu den vom Arbeitgeber zu tragenden Kosten der Einigungsstelle [...] auch die Kosten für einen von der Einigungsstelle hinzugezogenen Sachverständigen [zählen], dessen Fachkenntnis sich mangels eigener Sachkunde der Einigungsstellenmitglieder als notwendig erweist, um eine angemessene, vor allem auch ermessensfehlerfreie Entscheidung treffen zu können“[667].

Der Vorsitzende haftet nach dieser Auffassung im Beispiel 16b) nicht, da die Sachkunde benötigt wurde und eine vorherige Vereinbarung mit dem Arbeitgeber nicht erforderlich ist.

---

665 *Berg*, in: D/K/K/W, BetrVG, § 76 Rn. 109, § 76a Rn. 11; *Kreutz/Jacobs*, in: GK-BetrVG, § 76a Rn. 14; *Richardi*, in: Richardi, BetrVG, § 76 Rn. 91; *Kania*, in: ErfK, § 76 BetrVG Rn. 17; *Schönfeld*, Einigungsstelle, S. 212; *Friedemann*, Rz. 300; BAG vom 13.11.1991 – 7 ABR 70/90 – NZA 1992, 459, 461; LAG Rheinland-Pfalz vom 19.4.2005 – 5 TaBV 18/05 – juris; LAG Hamm vom 22.2.2008 – 10 TaBVGa 3/08 – juris.

666 BAG vom 4.7.1989 – 1 ABR 40/88 – NZA 1990, 29, 32.

667 BAG vom 13.11.1991 – 7 ABR 70/90 – NZA 1992, 459, 461.

cc. Zulässigkeit nur nach vorheriger Vereinbarung mit dem Arbeitgeber gemäß § 80 Abs. 3 BetrVG

Die Gegenauffassung hält die Hinzuziehung von Sachverständigen nur nach vorheriger Vereinbarung mit dem Arbeitgeber entsprechend § 80 Abs. 3 BetrVG für zulässig.[668] Aus der ausdrücklichen Regelung des § 109 S. 3 BetrVG folge, dass nur in diesem Fall eine Hinzuziehung von Sachverständigen ohne Mitwirkung der Betriebsparteien möglich sei. Für die Fälle des § 76 BetrVG werde die Befugnis gerade nicht gesetzlich geregelt.[669] Entgegen der Auffassung des BAG folge aus der ausdrücklichen gesetzlichen Regelung in § 109 S. 3 BetrVG, dass es gerade keinen allgemeinen Rechtsgedanken zur Einholung von Sachverständigengutachten gebe. Durch die gesetzliche Regelung zeige sich, dass dem Gesetzgeber die Problematik der Sachverhaltsaufklärung bewusst war. Er hat der Einigungsstelle die Befugnis aber nur im Rahmen des § 109 S. 3 BetrVG eingeräumt.[670] Zudem könne die Einigungsstelle nicht weitergehende Ermittlungsrechte haben als die Betriebsparteien.[671] Der Betriebsrat kann Sachverständige aber nur nach vorheriger Vereinbarung mit dem Arbeitgeber gemäß § 80 Abs. 3 BetrVG hinzuziehen. Wenn die Einigungsstelle weitergehende Ermittlungsmöglichkeiten hätte, würden die Betriebsparteien stets diese nutzen wollen. Die Einigungsstelle wäre dann kein Hilfsorgan mehr, sondern übergeordnete Kontroll- und Erkenntnisinstanz.[672]

Die Schwächen dieser Ansicht zeigen sich, wenn man die Rechtsnatur und Wirkung der Vereinbarung gegenüber dem Arbeitgeber untersucht.

Entspricht die Zustimmung des Arbeitgebers zur Beauftragung des Sachverständigen einer Vertretungsmacht zum Vertragsschluss, kommt der Vertrag zwischen Sachverständigem und dem vertretenen Arbeitgeber direkt zustande. Dem steht nicht entgegen, dass der BGH in seiner Entscheidung zur Haftung der Betriebsratsmitglieder einen Vertragsschluss mit dem Arbeitgeber abgelehnt hat. Er begründete dies damit, dass es anders als im Rahmen des § 80 Abs. 3 BetrVG bei § 111 S. 2 BetrVG keiner vorhergehenden Vereinbarung des Betriebsrates mit dem Arbeitgeber bedürfe.[673] Im Umkehrschluss kann in den Fällen des § 80 Abs. 3 BetrVG ein Vertrag direkt mit dem Arbeitgeber zustande kommen. Der Arbeitgeber schuldet das Honorar aus diesem Vertrag; § 76a Abs. 1 BetrVG wäre überflüssig. Die Einigungsstelle selbst könnte dann niemals Vertragspartner eines Sachverständigen werden. Im Beispiel 16b) würde das handelnde Einigungsstellenmitglied mangels vorheriger Vereinbarung mit dem Arbeitgeber gemäß § 179 Abs. 1 BGB direkt als Vertreter ohne Vertretungsmacht haften.

---

668 *Hennige*, S. 161 ff.; *Heinze*, RdA 1990, 262, 270; MünchHbArbR/*Joost*, § 323 Rn. 42.

669 *Hennige*, S. 161 ff.; *Heinze*, RdA 1990, 262, 270.

670 *Hennige*, S. 163.

671 *Hennige*, S. 191, 227; *Heinze*, RdA 1990, 262, 263, 265; MünchHbArbR/*Joost*, § 323 Rn. 42.

672 *Heinze*, RdA 1990, 262, 265.

673 BGH vom 25.10.2012 – III ZR 266/11 – NZA 2012, 1382 Rn. 19.

Ist die Zustimmung indes nur Voraussetzung für die Kostentragungspflicht des Arbeitgebers gemäß § 76a Abs. 1 BetrVG, hat der Arbeitgeber in der Hand, ob ein Freistellungsanspruch der Einigungsstelle begründet wird. Da der BGH Rechtsfähigkeit nur im Umfang der Vermögensfähigkeit anerkennt, wäre die Einigungsstelle ohne Zustimmung des Arbeitgebers mangels Freistellungsanspruchs nicht rechtsfähig. Im Beispiel 16b) würde der Vorsitzende gemäß § 179 Abs. 1 BGB analog haften, weil er außerhalb der Rechtsfähigkeit der Einigungsstelle gehandelt hat. Die Rechtsfähigkeit stünde damit zur Disposition des Arbeitgebers. Aus Gründen der Rechtssicherheit muss die Rechtsfähigkeit der Einigungsstelle aber objektiv beurteilt werden können und darf nicht vom subjektiven Willen des Arbeitgebers abhängen.

Da beide Lösungen nicht überzeugen, spricht einiges für das Recht der Einigungsstelle einen Sachverständigen ohne vorherige Vereinbarung mit dem Arbeitgeber zu beauftragen.

dd. Entscheidend: Untersuchungsgrundsatz

Dass Sachverständige ohne vorherige Vereinbarung mit dem Arbeitgeber beauftragt werden dürfen, folgt zudem aus dem (eingeschränkten) Untersuchungsgrundsatz, der im Einigungsstellenverfahren gilt.

Der Einigungsstelle muss „kraft ihres Amtes" das Recht zustehen, die Sachaufklärung so weit zu betreiben, wie sie erforderlich ist, um auf ausreichender Grundlage eine sachgerechte Entscheidung fällen zu können.[674] Mit dem Verhandlungsgrundsatz wäre indes eine Hinzuziehung von Sachverständigen „von Amts wegen" nicht vereinbar.[675]

Die Tatsache, dass die Einigungsstelle nicht über Zwangsmittel für die Beweiserhebung verfügt, steht dem Untersuchungsgrundsatz nicht entgegen. Das Beweisverfahren der Einigungsstelle ist kein förmliches Beweisverfahren wie im Zivilprozess, sondern ein informelles Verfahren i.S.e. „Freibeweisverfahrens", im Rahmen dessen die Einigungsstelle alle Instrumente nutzen darf, die ihr Klarheit verschaffen können.[676] Die Gegner dieser Ansicht wenden ein, der Untersuchungsgrundsatz müsste wegen der Delegation staatlicher Ermittlungsmacht und wegen des Eingriffs in fremde Rechtskreise konkret in der Verfahrensregelung angeordnet sein, wie es beispielsweise bei § 12 FGG, § 160 StPO, § 83 ArbGG oder § 86 VwGO der Fall ist.[677] Ohne ausdrückliche Normierung gelte die Verhandlungsmaxime.[678]

Dieser Schluss ist nicht zwingend. Aus der Tatsache, dass § 76 Abs. 5 BetrVG nur wenige Verfahrensvorschriften enthält, sowie der Regelungsautonomie der Betriebsparteien aus § 76 Abs. 4 BetrVG folgt vielmehr, dass die Einigungsstelle ihr

---

674 *Schönfeld,* Einigungsstelle, S. 147, 212.
675 *Hennige,* S. 164.
676 *Schönfeld,* Einigungsstelle, S. 212 f.
677 *Heinze,* RdA 1990, 262, 265; *Hellkamp,* S. 23.
678 *Heinze,* RdA 1990, 262, 265.

Verfahren selbst nach pflichtgemäßen Ermessen bestimmt.[679] Sie muss dabei den Sinn und Zweck ihrer Anrufung, die Beilegung von Meinungsverschiedenheiten zwischen Arbeitgeber und Betriebsrat, beachten. Zunächst sind die Betriebsparteien aufgefordert, ihre Interessen selbst vollständig darzustellen. Der Einigungsstelle muss es aber möglich sein, den vorgetragenen Sachverhalt zu hinterfragen, um eine schlüssige und ermessensfehlerfreie Entscheidung fällen zu können. Die Einigungsstelle ist gemäß § 76 Abs. 5 S. 3 BetrVG verpflichtet, die Belange des Betriebes und der betroffenen Arbeitnehmer angemessen zu berücksichtigen. Für eine ermessensfehlerfreie Entscheidung darf sie sich daher nicht mit einem unvollständigen Sachverhaltsvortrag der Parteien begnügen.[680]

Freilich ist stets von einem eingeschränkten Untersuchungsgrundsatz auszugehen, der die Parteien nicht von ihrer Mitwirkungspflicht befreit.[681] Die Einigungsstelle muss aber das Recht haben, Sachverständige ohne Absprache mit dem Arbeitgeber hinzuzuziehen.

ee. Empfehlung: Vorherige Absprache

Letztlich ist dem Vorsitzenden zur Minimierung seines Haftungsrisikos aber immer zu empfehlen, die Hinzuziehung von Sachverständigen zuvor mit dem Arbeitgeber abzusprechen.[682] Damit wird auch das Risiko ausgeschlossen, dass der Arbeitgeber die Kostenübernahme verweigert, weil er den Sachverständigen nicht für erforderlich hielt. Nach einer Absprache trägt der Arbeitgeber die Kosten des Sachverständigen in jedem Fall, entweder aufgrund einer eigenen vertraglichen Verpflichtung oder gemäß § 76a Abs. 1 BetrVG.

Hält man eine vorherige Vereinbarung mit dem Arbeitgeber für erforderlich, haften die Einigungsstellenmitglieder ohne Absprache immer gemäß § 179 BGB (analog). Da die Rechtsprechung das Recht der Einigungsstelle, Sachverständige ohne Absprache mit dem Arbeitgeber hinzuzuziehen, anerkennt, greift der Haftungsausschluss gemäß § 179 Abs. 3 BGB analog nicht. Der Sachverständige musste nicht wissen, dass er ohne Zustimmung des Arbeitgebers nicht von der Einigungsstelle beauftragt werden durfte. Doch auch, wenn man die Beauftragung des Sachverständigen nicht von einer vorherigen Vereinbarung mit dem Arbeitgeber abhängig macht, besteht stets das Risiko, dass der Sachverständige nicht erforderlich war und der Vorsitzende gemäß § 179 BGB analog haftet. Dieses Risiko wird durch eine vorherige Absprache mit dem Arbeitgeber vermieden.

---

679 BAG vom 4.7.1989 – 1 ABR 40/88 – NZA 1990, 29, 32.

680 *Friedemann*, Rz. 233 ff.

681 *Koch*, in: ErfK, § 83 ArbGG Rn. 1.

682 So auch *Friedemann*, Rz. 684; *Schönfeld*, Einigungsstelle, S. 214.

d. Zeugenvernehmung

Aus dem Untersuchungsgrundsatz folgt nicht nur das Recht der Einigungsstelle Sachverständige hinzuzuziehen, sondern auch das Recht zur Zeugenvernehmung, wenn es zur Aufklärung des Sachverhalts erforderlich ist und andernfalls eine sachgerechte Entscheidung nicht getroffen werden kann. Gemäß § 76a Abs. 1 BetrVG trägt der Arbeitgeber die erforderlichen Kosten, sodass er Zeugen, die Arbeitnehmer seines Betriebs sind unter Fortzahlung des Entgelts von der Arbeit freizustellen hat.[683] Zudem hat er Auslagen (z.B. Fahrtkosten) zu erstatten. Bei betriebsfremden Zeugen ist ggf. auch der Verdienstausfall zu erstatten.[684]

War die Zeugenvernehmung jedoch nicht erforderlich, haftet das ladende Einigungsstellenmitglied gemäß § 179 Abs. 1 BGB analog für den Aufwendungsersatz des Zeugen.

e. Nicht: Kosten eines Verfahrensbevollmächtigten

Für die Kosten, die aus der Beauftragung eines Verfahrensbevollmächtigten entstehen, haften Einigungsstellenmitglieder nicht, da ihre Kosten keine Kosten der Einigungsstelle i.S.d. § 76a Abs. 1 BetrVG sind, sondern Kosten der Betriebsparteien.[685] Das gilt auch dann, wenn die Beisitzer, und nicht die jeweiligen Betriebspartner den Auftrag erteilen, da der Bevollmächtigte nicht für die Einigungsstelle, sondern für die jeweilige Partei tätig wird. Für Bevollmächtigte auf Betriebsratsseite gilt daher § 40 Abs. 1 BetrVG.[686] Das BAG begründet dies damit, dass die Kosten nicht durch die Anrufung der Einigungsstelle oder durch deren Besetzung entstanden und auch nicht notwendig durch deren Verfahren bedingt sind.[687]

Sowka bezeichnet die Qualifikation der Rechtsanwaltskosten als Kosten des Betriebsrats dagegen als „Kunstgriff" des BAG.[688] Er hält die Rechtsanwaltskosten für Kosten der Einigungsstelle, da sie ausschließlich mit Blick auf das Einigungsstellenverfahren entstünden und mit der Durchführung des Einigungsstellenverfahrens stehen und fallen. Er verwechselt hier aber Anlass und Veranlassung. Anlass der Kosten ist zwar das Einigungsstellenverfahren, veranlasst werden die Kosten aber von den Betriebsparteien. Daher sind die auch diesen zuzurechnen.

---

683 *Wenning-Morgenthaler*, Rn. 275; *Fitting*, BetrVG, § 76 Rn. 67; *Tischer/Hahn*, in: Spengler/Hahn/Pfeiffer, Einigungsstelle, § 5 Rn. 209.

684 *Künzl*, in: Germelmann/Matthes/Prütting, ArbGG, Einigungsstellenverfahren Rn. 407; *Wenning-Morgenthaler*, Rn. 545.

685 So ohne Begründung auch *Friedemann*, Rz. 680 f., 153 ff.

686 *Kreutz/Jacobs*, in: GK-BetrVG, § 76a Rn. 16 f; *Ehrich/Fröhlich*, Einigungsstelle, S. 33; *Spengler/Herbert* in: Spengler/Hahn/Pfeiffer, Einigungsstelle § 2 Rn. 82 f. *Berg*, in: D/K/K/W, BetrVG, § 76a Rn. 12 f.

687 BAG vom 5.11.1981 – 6 ABR 24/78 – AP BetrVG 1972 § 76 Nr. 9.

688 *Sowka*, NZA 1990, 91, 92.

Soweit die Kosten eines Bevollmächtigten auf Betriebsratsseite erforderlich waren, trägt der Arbeitgeber die Kosten gemäß § 40 Abs. 1 BetrVG. Waren die Kosten nicht erforderlich, haftet das handelnde Betriebsratsmitglied nach der Rechtsprechung des BGH gemäß § 179 Abs. 1 BGB analog.[689] Die zum Beratungsvertrag gemäß § 111 S. 2 BetrVG ergangene Entscheidung, kann ohne weiteres auf die Beauftragung eines Rechtsanwalts übertragen werden.[690] Die Haftung gemäß § 179 Abs. 1 BGB analog kann auch einen Betriebsratsbeisitzer treffen, wenn dieser für den Betriebsrat handelt.

Beisitzer haften direkt aus § 179 Abs. 1 BGB, wenn sie ohne entsprechende Ermächtigung der Betriebspartei einen Bevollmächtigten beauftragen und dieser Vertrag nicht genehmigt wird.

4. Regressanspruch gegen die anderen Einigungsstellenmitglieder

Schließt der Vorsitzende einen Vertrag, der Sachkosten der Einigungsstelle verursacht, beruht dieser in der Regel nicht auf einem Beschluss der Einigungsstelle. Derartige Verträge sind den Geschäftsführungsmaßnahmen des Vorsitzenden zuzuordnen, für die ein vorheriger Beschluss der Einigungsstelle nicht erforderlich ist.[691] Für nicht erforderliche Sachkosten haftet der Vorsitzende als Handelnder daher alleine.

Die Ladung von Sachverständigen ist hingegen Aufgabe der gesamten Einigungsstelle.[692] Die Entscheidung, einen Sachverständigen hinzuzuziehen, fällt nicht in die alleinige Verantwortung des handelnden Vorsitzenden, sodass sich die Frage stellt, ob auch die für die Beauftragung stimmenden Einigungsstellenmitglieder haften.

Der BGH musste in seiner Entscheidung zur Betriebsratshaftung nicht dazu Stellung nehmen, ob auch die anderen Betriebsratsmitglieder, die für den Abschluss des Beratungsvertrages gestimmt hatten, haften. Er beschränkt aber die Haftung nach § 179 Abs. 1 BGB analog auf das handelnde Mitglied.[693] *Ocker* befürwortet eine Haftung aller für den Vertragsschluss stimmenden Mitglieder als Gesamtschuldner gemäß § 179 Abs. 1 BGB analog.[694] Das handelnde Mitglied trete im Namen aller Einigungsstellenmitglieder auf, die dafür gestimmt haben. In die gleiche Richtung tendiert das BAG in einem obiter dictum.[695] Demnach werden „Schuldner

---

689 BGH vom 25.10.2012 – III ZR 266/11 – NZA 2012, 1382 Rn. 33 ff.

690 *Fitting*, BetrVG, § 1 Rn. 211.

691 *Fitting*, BetrVG, § 76 Rn. 57; *Spengler/Herbert* in: Spengler/Hahn/Pfeiffer, Einigungsstelle § 5 Rn. 104.

692 *Spengler/Herbert* in: Spengler/Hahn/Pfeiffer, Einigungsstelle § 5 Rn. 132; *Wenning-Morgenthaler*, Rn. 199.

693 BGH vom 25.10.2012 – III ZR 266/11 – NZA 2012, 1382 Rn. 37: „das jeweils rechtsgeschäftlich im Namen des Betriebsrats handelnde Betriebsratsmitglied".

694 *Ocker*, S. 172.

695 BAG vom 24.4.1986 – 6 AZR 607/83 – NZA 1987, 100, 101.

der Verbindlichkeit alle Betriebsratsmitglieder, sofern sie die Durchführung eines derartigen Rechtsgeschäftes beschlossen haben". Erfüllt einer der Gesamtschuldner, könne er Ausgleich von den einzelnen, den Beschluss tragenden Betriebsratsmitgliedern verlangen.

Im Außenverhältnis gegenüber dem Vertragspartner besteht aber gerade keine Anspruchsgrundlage, aufgrund derer die für den Vertragsschluss stimmenden Mitglieder in Anspruch genommen werden könnten. § 179 Abs. 1 BGB begründet nur eine Vertrauenshaftung des Handelnden.[696] Die abstimmenden Mitglieder treten aber gerade nicht nach außen gegenüber dem Vertragspartner auf und erwecken kein Vertrauen.

Überzeugend ist der Ansatz von *Walker*, der bei Betriebsratsmitgliedern im Innenverhältnis einen Regress über die Vorschriften des Auftragsrechts für möglich hält.[697] Der Vorsitzende, der den Beschluss des Gremiums ausführt, besorgt ein Geschäft der Einigungsstelle vergleichbar mit einem Auftrag gemäß § 662 BGB. Er wird gegenüber den anderen Einigungsstellenmitgliedern unentgeltlich tätig. Vom Arbeitgeber erhält er eine Vergütung gemäß § 76a Abs. 3 BetrVG für die Tätigkeit in der Einigungsstelle, nicht weil er den Beschluss der Einigungsstellenmitglieder ausführt. Gemäß § 670 BGB kann der Beauftragte Ersatz der erforderlichen Aufwendungen vom Beauftragenden verlangen. Aufwendungen sind zwar grundsätzlich nur freiwillige Vermögensopfer. § 670 BGB wird aber analog auch auf Zufallsschäden, die aus einer mit der Auftragsausführung verbundenen Gefahr resultieren, angewendet. Dem liegt der Rechtsgedanke zu Grunde, dass der Beauftragte durch die Auftragsausführung keine Einbuße an seinen Rechtsgütern und Vermögenswerten erleiden soll.[698]

Das Risiko, die Rechtsfähigkeitsgrenzen zu überschreiten, liegt im Betätigungsbereich der Einigungsstelle. Wird der Vorsitzende gemäß § 179 Abs. 1 BGB in Anspruch genommen, handelt es sich bei dieser Verpflichtung um einen Schaden aufgrund einer mit der Auftragsausführung verbundenen Gefahr. Er kann gemäß § 670 BGB analog bei den einzelnen den Beschluss tragenden Mitgliedern Regress nehmen. Diese haften dem Vorsitzenden als Gesamtschuldner.[699]

IV. Ergebnis

Die Einigungsstelle kann als Vertragspartner selbst verpflichtet werden, sofern sie innerhalb des ihr vom BetrVG zugewiesenen Wirkungskreises tätig wird. Andernfalls haftet der Vorsitzende als das handelnde Einigungsstellenmitglied gemäß § 179 BGB analog. Vertragsgegenstände können Sachkosten der Einigungsstelle, Kosten

---

696 *Schramm*, in: MünchKommBGB (2012), § 179 Rn. 2; *Habermann*, in: Staudinger, BGB (2014), § 179 Rn. 2.

697 *Walker*, in: FS v. Hoyningen-Huene, S. 535, 546.

698 BAG 28.10.2010 – 8 AZR 647/09 – NZA 2011, 406 Rn. 26 (mwN); *Martinek*, in: Staudinger, BGB (2006), § 670 Rn. 23.

699 *Walker*, in: FS v. Hoyningen-Huene, S. 535, 546.

für Sachverständige und Aufwendungsersatz für Zeugen sein. Auch wenn Sachverständige wegen des Untersuchungsgrundsatzes ohne vorherige Absprache mit dem Arbeitgeber hinzugezogen werden können, ist eine Absprache zur Kostenvermeidung empfehlenswert. Die Kosten eines Verfahrensbevollmächtigten sind keine Kosten der Einigungsstelle. Der Vorsitzende kann gemäß § 670 BGB analog von den für den Beschluss stimmenden Mitgliedern Regress verlangen.

§ 5. Haftungsprivilegierung

Wer ein Amt übernimmt, muss für Rechtsverletzungen einstehen und für den Schaden haften, den er einem anderen rechtswidrig und schuldhaft zugefügt hat.[700] Die herrschende Meinung in der Literatur fordert aber für Einigungsstellenmitglieder eine Haftungsbeschränkung auf Vorsatz und grobe Fahrlässigkeit.[701] Zur Begründung wird auf die besondere Natur der Einigungsstelle als betriebliches Schlichtungsorgan abgestellt. Die Einigungsstellenmitglieder bedürften für ihre Tätigkeit einer freien und unbelasteten Position, die nicht durch eine drohende Haftung belastet werden dürfe. Es sei zu befürchten, dass bei einer umfassenden Haftung keiner bereit wäre, dieses Amt zu übernehmen.

Diese Argumentation findet sich auch bei Erörterungen zur eingeschränkten Haftung des Betriebsrats.[702] Trotz einiger Ähnlichkeiten zwischen Einigungsstelle und Betriebsrat fehlt es für eine vergleichbare Haftungsprivilegierung an einer entscheidenden Gemeinsamkeit: Betriebsratsmitglieder werden ehrenamtlich tätig, Einigungsstellenmitglieder werden nur ehrenamtlich tätig, wenn sie Betriebsangehörige sind, § 76a Abs. 2 BetrVG. Die für den Betriebsrat ferner befürchtete übervorsichtige Arbeit[703] ist für die Einigungsstelle durchaus wünschenswert. Im Hinblick auf die Bedeutung des Einigungsstellenspruchs ist eine extrem gewissenhafte Arbeit der Einigungsstellenmitglieder erforderlich. Anders als die Betriebsratstätigkeit ist die Tätigkeit der Einigungsstelle keine Dauertätigkeit, sondern findet nur punktuell statt. Ein höheres Maß an Sorgfalt kann daher erwartet werden.[704] Die Wertungen zur Betriebsratshaftung können daher nicht uneingeschränkt übertragen werden. Ob der sich der Wunsch nach einer Haftungsprivilegierung dennoch dogmatisch begründen lässt, soll nachfolgend geprüft werden.

Die Haftung für normatives Unrecht und bei Kollegialentscheidungen soll vorab unabhängig vom Haftungsgegner dargestellt werden. Anschließend werden Haftungsprivilegierungen unter Berücksichtigung der Besonderheiten der einzelnen Haftungsgegner dargestellt.

---

700 *Ocker*, S. 166; *Neumann-Duesberg*, Betriebsverfassungsrecht, S. 340.

701 *Fitting*, BetrVG, § 76 Rn. 52; *Spengler/Herbert* in: Spengler/Hahn/Pfeiffer, Einigungsstelle, § 8 Rn. 2; *Worzalla*, in: HWGNRH, BetrVG, § 76 Rn. 80; *Ehrich/Fröhlich*, Einigungsstelle, S. 26; *Berg*, in: D/K/K/W, BetrVG, § 76 Rn. 45; *Wenning-Morgenthaler*, Rn. 141; *Bischoff*, S. 153 ff.

702 *Triebel*, S. 178; *Weiss*, RdA 1974, 269, 278; *Nolting*, S. 27; *Belling*, Die Haftung des Betriebsrats, S. 246 ff.

703 *Nolting*, S. 27; *Triebel*, S. 178; *Weiss*, RdA 1974, 269, 278.

704 *Schipp*, NZA 2011, 271, 274.

A. Haftung für normatives Unrecht

Der Spruch der Einigungsstelle hat die Wirkung einer Betriebsvereinbarung und daher wie diese gemäß §§ 77 Abs. 4, 112 Abs. 1 S. 3 BetrVG normative Wirkung.[705] Die Haftung der Einigungsstellenmitglieder für einen fehlerhaften Spruch ist daher eine Haftung für normatives Unrecht. Eine Haftung für normatives[706] bzw. legislatives[707] Unrecht existiert im deutschen Recht nur in sehr begrenztem Umfang. Dennoch bestehen gegen die Haftung der Einigungsstellenmitglieder unter diesem Gesichtspunkt keine Bedenken. Im Bereich der staatlichen Rechtsetzung wird eine Haftung für legislatives Unrecht abgelehnt.[708] Sie scheitert an der einem Dritten gegenüber obliegenden Amtspflicht gemäß § 839 Abs. 1 BGB. Die Gesetzgebung sei nicht drittgerichtet, sondern erfolge im Allgemeininteresse.[709] Auf den Spruch der Einigungsstelle lässt sich dieser Haftungsausschluss nicht übertragen.

Zwar hat die Rechtsprechung für Tarifverträge eine Haftung für normatives Unrecht ausgeschlossen. Der Abschluss von Tarifverträgen sei wie die staatliche Rechtssetzung frei und unabhängig.[710] Diese Rechtsprechung überzeugt aber nicht, denn die Haftung der Tarifvertragsparteien kann gerade nicht mit dem Argument abgelehnt werden, es gebe keine Amtspflicht einem Dritten gegenüber. Die unmittelbare und zwingende Wirkung der Tarifnormen setzt eine Mitgliedschaft in den Tarifvertragsparteien voraus. Aus dieser individuellen Mitgliedschaft folgen individuelle Rechte und Pflichten. So hat die Pflicht der Tarifvertragsparteien, die Interessen ihrer Mitglieder zu vertreten, Drittwirkung.[711] Die Mitgliedschaft grenzt zudem den Kreis der Betroffenen von der Allgemeinheit ab.[712]

Die Haftung der Einigungsstellenmitglieder kann mit einem Vergleich zur staatlichen Gesetzgebung ebenso wenig abgelehnt werden. Die Einigungsstellenmitglieder sind zwar gegenüber den Betriebsparteien weisungsfrei und unabhängig. Dennoch sind sie gemäß § 76 Abs. 5 S. 3 BetrVG verpflichtet, deren Interessen angemessen zu berücksichtigen. Diese Pflicht ist drittgerichtet.

Im Übrigen gibt es keinen generellen Grundsatz, der eine Haftung für normatives Unrecht ausschließt. Das zeigt einerseits der unionsrechtliche Staatshaftungsanspruch, dessen Grundlage im Unionsrecht selbst liegt.[713] Andererseits gibt es auch im Bereich des § 839 BGB Ausnahmen für sogenannte Maßnahme- oder

705 BVerfG vom 23.4.1986 – 2 BvR 487/80 – NJW 1987, 827.
706 Bzgl. Untergesetzlicher Rechtsnormen.
707 Bzgl. förmlicher Gesetze.
708 Eine Ausnahme besteht nur bzgl. des unionsrechtlichen Haftungsanspruchs.
709 BGH vom 7.7.1988 – III ZR 198/87 – NJW 1989, 101; vom 29.3.1971 – III ZR 110/68 – NJW 1971, 1172, 1174.
710 BAG vom 20.8.1986 – 4 AZR 272/85 – AP TVG § 1 Tarifverträge: Seniorität Nr. 6.
711 *Todenhöfer*, S. 35; *V. Hoyningen-Huene*, Anm. zu BAG vom 20.8.1986 – 4 AZR 272/85 – AP TVG § 1 Tarifverträge: Seniorität Nr. 6.
712 *Todenhöfer*, S. 35.
713 BGH vom 24.10.1996 – III ZR 127/91 – NJW 1997, 123, 124; unten § 5 C. I. 2.

Einzelfallgesetze, bei denen die Belange bestimmter einzelner Personen unmittelbar berührt werden können.[714] Eine Haftung wurde beispielsweise für den Bebauungsplan bejaht, der als Satzung erlassen wird.[715] Dort sind im Rahmen des bauplanungsrechtlichen Abwägungsgebots des § 1 Abs. 7 BauGB die Belange der betroffenen Bürger zu berücksichtigen. So wird der Kreis der Betroffenen eingeengt und die Rechtsadressaten werden individualisiert.

Der Spruch der Einigungsstelle ähnelt eher dem Beschluss eines Bebauungsplans als einem förmlichen Gesetz. Er richtet sich an einen beschränkten Kreis von individualisierbaren Adressaten. *Belling* sieht bei Betriebsvereinbarung eine deutlich höhere Gefahr der Vetternwirtschaft und des Missbrauchs aufgrund der Nähe zum Gegenstand der Regelung. Bei parlamentarischen Gesetzen sei aufgrund der Distanz die Richtigkeitschance größer.[716] Dass die Einigungsstelle gemäß § 76 BetrVG nur „bei Bedarf" angerufen wird, spricht für die Regelung eines Einzelfalls. Es sollen nicht nur generelle und abstrakte Regelungen für die Allgemeinheit aufgestellt werden, sondern eine konkrete betriebliche Meinungsverschiedenheit beigelegt werden. Von der Entscheidung werden die jeweils betroffenen Arbeitnehmer und der Arbeitgeber individuell berührt. Der Drittschutz äußert sich im Wortlaut des § 76 Abs. 5 S. 3 BetrVG, der die Beschlussfassung „unter angemessener Berücksichtigung der Belange des Betriebs und der betroffenen Arbeitnehmer" vorschreibt.

Da es sich auch nicht um eine *Staats*haftung, sondern um die persönliche Haftung der Einigungsstellenmitglieder handelt, kann die Haftung für normatives Unrecht nicht mit dem Argument abgelehnt werden, sie hätte weitreichende Folgen für die Staatsfinanzen.[717]

Die Entwurfsbegründung zur Umsetzung der europäischen Antidiskriminierungsrichtlinien spricht nicht gegen eine Haftung der Einigungsstellenmitglieder.[718] Sie besagt nur, dass eine Haftung der Tarif- und Betriebsparteien für den Abschluss einer kollektivrechtlichen Vereinbarung vom europäischen Recht nicht gefordert und durch das AGG nicht begründet werde. Daraus folgt nicht, dass die Haftung nicht auf ein anderes nationales Gesetz gestützt werden kann.

B. Haftung bei Kollegialentscheidungen

Die Tatsache, dass die Einigungsstelle ihren Spruch aufgrund einer Mehrheitsentscheidung fällt, hat keinen Einfluss auf das Verschulden. Teile der Literatur wollen ein Verschulden verneinen, wenn es sich um ein mehrheitlich gefundenes

---

714 BGH vom 7.7.1988 – III ZR 198/87 – NJW 1989, 101; vom 29.3.1971 – III ZR 110/68 – NJW 1971, 1172, 1174; vom 24.6.1982 – III ZR 169/80 – NJW 1983, 215, 216; *Wöstmann*, in: Staudinger, BGB (2013), § 839 Rn. 179.

715 BGH vom 28.6.1984 – III ZR 35/83 – NJW 1984, 2516, 2519; vom 24.6.1982 – III ZR 169/80 – NJW 1983, 215, 216.

716 *Belling*, Die Haftung des Betriebsrats, S.202 f.

717 Vgl. BGH vom 12.3.1987 – III ZR 216/85 – NJW 1987, 1875, 1877.

718 BT-Drucks. 15/4538, S. 35

Ergebnis nach sorgfältiger Prüfung aller Umstände des Einzelfalls handelt.[719] Aber nur weil mehrere Personen der gleichen Meinung sind, kann das den einzelnen nicht entlasten.

Auch die „Kollegialgerichts-Richtlinie" hilft nicht. Sie besagt, dass einen Beamten kein Verschulden treffe, wenn ein mit mehreren Berufsrichtern besetztes Kollegialgericht die Amtstätigkeit als objektiv rechtmäßig angesehen hat.[720] Die Einigungsstelle überprüft aber nicht kollegialgerichtlich eine fremde Entscheidung, sondern trifft eine eigene Entscheidung.

Die Mehrheitsentscheidung hat nur Auswirkungen auf die Kausalität der einzelnen Stimme für das Ergebnis.[721]

C. Gegenüber dem Arbeitgeber

Für eine Haftungsprivilegierung gibt es verschiedene Anknüpfungspunkte. Bereits bei der Arbeitnehmerhaftung wurden verschiedene Ansatzpunkte vertreten, die von einer Korrektur der Tatbestandsvoraussetzungen, über die Entwicklung eines eigenständigen Fahrlässigkeitsbegriffs bis hin zur Modifikation der Rechtsfolgen reichen.[722]

I. Modifikation der verletzten Pflicht

Das Haftungsrisiko für Einigungsstellenmitglieder verringert sich, wenn die Anforderungen an die Pflichtverletzung erhöht werden, sodass nicht bereits jeder „Fehler" eine Haftung begründet.

Für Verfahrensfehler ist die Haftung bereits dahingehend eingeschränkt, dass nur ein Verstoß gegen *elementare* Verfahrensvorschriften zur Unwirksamkeit des Spruchs führt.[723] Verfahrensfehler, die diese Schwelle nicht erreichen, sind keine relevante Pflichtverletzung und begründen keine Haftung.

Erhöhte Anforderungen an die Pflichtverletzung finden sich häufig bei Ermessensentscheidungen. Ob diese Anforderungen auf die Ermessensentscheidung der Einigungsstelle übertragen werden können, ist nachfolgend zu prüfen.

---

719 *Friedemann,* Rz. 356; *Ehrich/Fröhlich,* Einigungsstelle, S. 26.

720 BGH vom 29.5.1958 – III ZR 38/57 – NJW 1959, 35, 37; vom 28.6.1971 – III ZR 111/68 – NJW 1971, 1699, 1701; vom 28.11.2002 – III ZR 122/02 – NVwZ 2003, 166; BVerwG vom 3.6.2003 – 5 C 50/02 – NVwZ 2004, 104, 105; *Papier,* in: MünchKommBGB (2013), § 839 Rn. 290.

721 Oben § 3 E. I.

722 *Annuß,* S. 81 ff; *Schumacher,* S. 62 ff.; *Otto/Schwarze,* Rn. 71 ff.; *Reichold,* in: MüHbArbR, § 51 Rn. 25.

723 Oben § 3 C. I. 1. a.

1. *Schiedsgutachtervertrag: offenbare Unbilligkeit*

Der BGH bejaht beim Schiedsgutachtervertrag eine Haftung nur dann, wenn das Schiedsgutachten wegen *offenbarer Unbilligkeit* gemäß § 319 Abs. 1 S. 1 BGB nicht verbindlich ist.[724] Diese Rechtsprechung ist richtigerweise nicht beim Verschulden zu verorten, sondern bei der Pflichtverletzung. Der BGH trifft in seiner Entscheidung nur Aussagen zur Schwere der Pflichtverletzung, den Grad des Verschuldens lässt er dagegen offen.[725] Der BGH begründet seine Rechtsprechung damit, dass die Parteien wüssten, dass die Entscheidung des Schiedsgutachters verbindlich ist, sofern sie nicht offenbar unbillig ist. Der Zweck der Vertragsparteien sei es, ihre Rechtsbeziehungen zu klären. Dieser sei bereits mit einer verbindlichen Bestimmung erreicht. Eine weitergehende Haftung aufgrund mangelhafter Leistung oder positiver Vertragsverletzung komme nicht in Betracht. Der Schiedsgutachter sei nicht willens, die Haftung für jeden Fehler und jedes Verschulden zu übernehmen.[726] Ließe man jede Pflichtverletzung ausreichen, könnte das zu einer Kontrolle entgegen § 319 Abs. 1 BGB im Haftungsprozess führen.[727] Die Rechtsprechung des BGH bewirkt im Ergebnis einen Gleichlauf von Haftung und Verbindlichkeit der Entscheidung.

Wie bereits unter § 2A.III.3 erörtert, ist die Stellung der Einigungsstelle vergleichbar mit derjenigen eines Dritten, dem die Leistungsbestimmung i.S.d. §§ 317 bis 319 BGB obliegt.[728] Man könnte daher auch für die Einigungsstelle in Erwägung ziehen, eine offenbare Unbilligkeit des Einigungsstellenspruchs zu fordern. Ermessensfehler, die zwar die Grenze des billigen Ermessens überschreiten, nicht aber die Schwelle zur offenbaren Unbilligkeit erreichen, würden dann keine Haftung der Einigungsstellenmitglieder auslösen.

Gegen die Rechtsprechung des BGH zum Schiedsgutachtervertrag lässt sich einwenden, dass die Frage der Verbindlichkeit und die Frage der Haftung voneinander zu trennen sind.[729] Für die Frage nach der Pflichtverletzung ist maßgeblich, was vertraglich vereinbart wurde. Wurde eine Entscheidung nach billigem Ermessen (dies gilt gemäß § 317 Abs. 1 BGB im Zweifel) vereinbart, ist auch eine solche geschuldet und nicht nur eine Entscheidung, die nicht offenbar unbillig ist. Das „billige Ermessen“ ist Teil des Pflichtenprogramms.[730] Dementsprechend ist eine Pflichtverletzung

724 BGH vom 22.4.1965 – VII ZR 15/65 – NJW 1965, 1523, 1524.

725 *Lembcke*, DS 2011, 96, 98.

726 BGH vom 22.4.1965 – VII ZR 15/65 – NJW 1965, 1523, 1524.

727 *Lembcke*, DS 2011, 96, 98.

728 *Würdinger*, in: MünchKommBGB (2012), § 317 Rn. 19; *Joussen*, S. 81 ff., 219; *Koch*, in: Schaub, Arbeitsrechts-Handbuch, § 232 Rn. 50; *Joussen*, S. 213 f.: zumindest für Regelungsstreitigkeiten.

729 *Rieble*, in: Staudinger, BGB (2015), § 317 Rn. 111; *Wolf*, in: Soergel, BGB (1999), § 317 Rn. 11.

730 *Rieble*, in: Staudinger, BGB (2015), § 317 Rn. 111.

auch dann zu bejahen, wenn das Gutachten gegen allgemeine fachwissenschaftliche Regeln verstößt. Ein grober Verstoß ist nicht erforderlich.[731]

Letztlich kann aber dahinstehen, ob der Rechtsprechung des BGH zum Schiedsgutachtervertrag zu folgen ist, denn jedenfalls für die Einigungsstelle ist eine Haftungsbeschränkung auf offenbare Unbilligkeit nicht vertretbar. Im Ergebnis gibt es zwar nach der hier vertretenen Auffassung einen Gleichlauf von Spruchunwirksamkeit und Pflichtverletzung.[732] Bei der Einigungsstelle lässt sich dieser Gleichlauf aber anders als beim Schiedsgutachter begründen: Pflichtenprogramm und gerichtlicher Prüfungsumfang entsprechen sich. Bei der Leistungsbestimmung durch Dritte fallen hingegen Pflichtenprogramm und Verbindlichkeit der Entscheidung auseinander. Geschuldet ist eine Bestimmung nach billigem Ermessen. Unverbindlichkeit tritt gemäß § 319 Abs. 1 BGB aber erst bei offenbarer Unbilligkeit ein.

Die offenbare Unbilligkeit ist weder Maßstab für das Pflichtenprogramm der Einigungsstellenmitglieder, noch für die Wirksamkeit des Spruchs. Eine Haftungsbeschränkung auf offenbare Unbilligkeit kommt daher nicht in Betracht.

Zudem ist das verbindliche Einigungsstellenverfahren Zwangsschlichtung.[733] Der Spruch der Einigungsstelle ersetzt die Einigung der Parteien. Der Schiedsgutachter wird indes aufgrund privatautonomer Unterwerfung der Parteien tätig.[734] Sie unterwerfen sich dem Schiedsspruch in dem Wissen, dass das Schiedsgutachten gemäß § 319 Abs. 1 S. 1 BGB nur bei offenbarer Unbilligkeit unverbindlich ist.

2. *Unionsrechtlicher Staatshaftungsanspruch: hinreichend qualifizierter Verstoß*

Eine unionsrechtliche Haftung wegen legislativem Unrecht setzt voraus, dass die Rechtsnorm, gegen die verstoßen worden ist, dem Einzelnen Rechte verleiht, dass der Verstoß *hinreichend qualifiziert* ist und dass zwischen dem Verstoß gegen die dem Staat obliegende Verpflichtung und dem den geschädigten Personen entstandenen Schaden ein unmittelbarer Kausalzusammenhang besteht.[735] Zentral ist hierbei die Forderung nach einem hinreichend qualifizierten Verstoß. Er setzt voraus, dass ein Mitgliedstaat oder ein Gemeinschaftsorgan die Grenzen, die seinem Ermessen gesetzt sind, offenkundig und erheblich überschritten hat.[736] Bei der Prüfung eines hinreichend qualifizierten Verstoßes sind zwar auch Verschuldenselemente zu prüfen.[737] Dennoch ist die Frage bei der Pflichtverletzung und

---

731 *Würdinger*, in: MünchKommBGB (2012), § 317 Rn. 53.

732 Oben § 3 C. I. 2. d.

733 BVerfG vom 18.10.1986 – 1 BvR 1426/83 – NJW 1988, 1135; *Kreutz/Jacobs*, in: GK-BetrVG, § 76 Rn. 6; *Richardi*, in: Richardi, BetrVG, § 76 Rn. 23 f.

734 *Rieble*, in. Staudinger, BGB (2015), § 315 Rn. 239.

735 EuGH vom 5.3.1996 – C-46/93 und C-48/93 – NJW 1996, 1267 Rn. 51.

736 EuGH vom 5.3.1996 – C-46/93 und C-48/93 – NJW 1996, 1267 Rn. 55.

737 Z.B. Wurde der Verstoß vorsätzlich begangen?; Entschuldbarkeit eines Rechtsirrtumes?

nicht beim Verschulden einzuordnen. Nach der EuGH-Rechtsprechung darf ein Schadensersatzanspruch nämlich gerade nicht von einem Verschulden abhängig gemacht werden, das über den hinreichend qualifizierten Verstoß gegen das Unionsrecht hinausgeht.[738]

Der EuGH hat zur Begründung des Staatshaftungsanspruchs für Rechtsetzungsakte die außervertragliche Haftung der Union nach Art. 340 AEUV (ex-Art. 288 EGV) herangezogen. Zu berücksichtigen sei insbesondere der weite Ermessensspielraum des Gesetzgebungsorgans.[739] Die gesetzgeberische Tätigkeit dürfe nicht durch Schadensersatzklagen behindert werden, wenn Allgemeininteressen den Erlass von Maßnahmen gebieten, die die Interessen des Einzelnen beeinträchtigen können. Eine Haftung komme bei einem weiten Ermessensspielraum nur in Betracht, wenn die Grenzen der Befugnisse offenkundig und erheblich überschritten wurden.[740] Ein solch weiter Ermessensspielraum besteht aber nicht bei jedem Gesetzgebungsakt. Je mehr unionsrechtlich geregelt ist, desto geringer ist der Ermessensspielraum.[741] Bei einem geringen Gestaltungsspielraum kommt es auf den hinreichend qualifizierten Verstoß nicht an. Ausreichend ist dann die bloße Verletzung des Unionsrechts.[742]

Für die Haftung der Einigungsstellenmitglieder ist ein hinreichend qualifizierter Verstoß nicht zu fordern. Zwar besteht aufgrund der normativen Wirkung des Einigungsstellenspruchs eine gewisse Ähnlichkeit mit der nationalen Gesetzgebung. Auch trifft die Einigungsstelle eine Ermessensentscheidung. Der hinreichend qualifizierte Verstoß wird jedoch nur bei einem „weiten" Ermessensspielraum gefordert. Die Einigungsstelle hat ihre Entscheidungen gemäß § 76 Abs. 5 S. 3 BetrVG aber nach „billigem" Ermessen zu treffen. Billigkeit bedeutet eine konkrete Einzelfallgerechtigkeit,[743] während bei der Gesetzgebung Einzelinteressen gegenüber Allgemeininteressen zurücktreten müssen.[744] Im Rahmen des billigen Ermessens müssen die wesentlichen Umstände des Falles abgewogen werden und die beiderseitigen Interessen angemessen berücksichtigt werden.[745] Die Grenzen des billigen Ermessens sind, im Gegensatz zum freien Ermessen, enger.[746] Das BetrVG

---

738 EuGH vom 5.3.1996 – C-46/93 und C-48/93 – NJW 1996, 1267 Rn. 75 ff.

739 EuGH vom 5.3.1996 – C-46/93 und C-48/93 – NJW 1996, 1267 Rn. 40 ff.

740 EuGH vom 5.3.1996 – C-46/93 und C-48/93 – NJW 1996, 1267 Rn. 45; vom 25.5.1978 – 83/76, 94/76, 4/77, 15/77, 40/77 – NJW 1978, 1742.

741 BGH vom 24.10.1996 – III ZR 127/91 – NJW 1997, 123, 125; *Dörr*, EuZW, 2012, 86, 87 f.

742 *Dörr*, EuZW, 2012, 86, 87.

743 *Rieble*, in: Staudinger, BGB (2015), § 315 Rn. 324; *v. Hoyningen-Huene*, Billigkeit, S. 18 (mwN).

744 EuGH vom 5.3.1996 – C-46/93 und C-48/93 – NJW 1996, 1267 Rn. 45; vom 25.5.1978 – 83/76, 94/76, 4/77, 15/77, 40/77 – NJW 1978, 1742.

745 BAG vom 28.11.1984 – 5 AZR 123/83 – AP TVG § 4 Bestimmungsrecht Nr. 1 unter A. II. 2.

746 BAG vom 12.10.1961 – 5 AZR 423/60 – NJW 1962, 268, 270.

gibt einen Rahmen für die Ermessensausübung vor und schränkt dadurch den Ermessensspielraum ein. Auch für den unionsrechtlichen Staatshaftungsanspruch würde in diesem Fall der bloße Verstoß ausreichen.

3. *Amtspflichtverletzung bei Ermessensentscheidungen: evident fehlerhafte Amtstätigkeit*

Bischoff setzt für eine Haftung der Einigungsstellemitglieder einen schwerwiegenden Fehler voraus.[747] Er stützt sich dabei auf die frühere Rechtsprechung zur Amtshaftung bei Ermessensentscheidungen. Voraussetzung für eine Amtspflichtverletzung war, dass der Beamte bei Ausübung des ihm eingeräumten Ermessens in so hohem Maße fehlerhaft gehandelt hat, dass sein Verhalten mit den an eine ordnungsmäßige Verwaltung zu stellenden Anforderungen schlechterdings unvereinbar ist.[748]

Bischoff verortet dieses Problem beim Verschulden und fasst unter dem Begriff „schwerwiegender Fehler" Willkür, die bewusste Überschreitung des Ermessensspielraums und offensichtlich fehlerhafte Handlungen zusammen. Das verträgt sich nicht mit der Systematik des Schadensersatzanspruchs. Die Pflichtverletzung (hier ist die offensichtlich fehlerhafte Handlung einzuordnen) und das Vertretenmüssen (hierher gehören Willkür und bewusste Überschreitung des Ermessensspielraums) sind zwei voneinander zu trennende Anspruchsvoraussetzungen. Die Fehlerevidenz ist daher richtigerweise bei der Frage nach der Schwere der Pflichtverletzung einzuordnen.[749]

Die Rechtsprechung zur evident fehlerhaften Amtstätigkeit wurde aufgegeben. Bei Ermessensentscheidungen wird eine Amtspflicht nun schon dann verletzt, wenn die Schwelle des Amtsmissbrauchs noch nicht erreicht ist oder ein Fall evident fehlerhafter Amtstätigkeit nicht vorliegt. Eine Pflichtverletzung ist zu bejahen, sobald sich die Tätigkeit nicht mehr innerhalb der Grenzen fehlerfreien Ermessengebrauchs hält.[750] Diese Rechtsprechungsänderung überzeugt auch im Hinblick auf die Haftung der Einigungsstellenmitglieder bei Ermessensfehlern. Die Einigungsstelle ist zur Entscheidung nach billigem Ermessen verpflichtet. Überschreitet sie die Grenzen ihres Ermessensspielraums, verletzt sie ihre gesetzlichen Pflichten. Maßgeblich für eine Haftung muss die Überschreitung dieser Grenze sein. Es überzeugt nicht, die Hürde für eine schadensersatzbegründende Pflichtverletzung höher zu

---

747 *Bischoff*, S. 157; ebenso bzgl. der Betriebsratshaftung: *Nolting*, S. 172 f.

748 BGH vom 17.1.1952 – IV ZR 167/50 – NJW 1952, 583, 584; BGH vom 13.12.1965 – III ZR 99/64 – NJW 1966, 1162 (mwN).

749 In Kommentaren wird die Rechtsprechung zur evident fehlerhaften Amtstätigkeit ebenfalls bei der Amtspflichtverletzung und nicht beim Verschulden eingeordnet: *Teichmann*, in: Jauernig, BGB, § 839 Rn. 10; *Wöstmann*, in: Staudiner, BGB, § 839 Rn. 142; *Papier*, in: MünchKommBGB (2013), § 839 Rn. 198.

750 BGH vom 15.2.1979 – III ZR 108/76 – NJW 1979, 1354, 1356; vom 12.7.1979 – III ZR 154/77 – NJW 1979, 1879, 1879 f.

legen. Im Sinne der Rechtsklarheit sind die Ermessenskontrolle des Spruchs gemäß § 76 Abs. 5 S. 4 BetrVG und die haftungsbegründenden Pflichtverletzung am gleichen Maßstab zu messen.

4. *Business Judgement Rule*

Eine weitere Möglichkeit, die Haftung auf Tatbestandsebene einzuschränken, ist die entsprechende Anwendung der Business Judgment Rule auf Einigungsstellenmitglieder. *Preis/Ulber* halten es für eine „intellektuell reizvolle Idee" die Betriebsratshaftung im Licht der Business Judgment Rule zu betrachten, da nicht einzusehen sei, dass ehrenamtliche Betriebsratsmitglieder strenger haften als hoch bezahlte Vorstandsmitglieder.[751] Ähnliches kann auch für die Einigungsstelle gelten. Sind die Voraussetzungen der Business Judgment Rule erfüllt, entfällt das Tatbestandsmerkmal der Pflichtverletzung und auf ein Verschulden der Einigungsstellenmitglieder käme es nicht mehr an.[752]

a. *Entwicklung der Business Judgment Rule*

Der BGH hat in der ARAG/Garmenbeck-Entscheidung dem Vorstand bei der Leitung der Geschäfte einen weiten Handlungsspielraum zugebilligt, ohne den eine unternehmerische Tätigkeit schlechterdings nicht denkbar sei. Ein Unternehmensleiter müsse geschäftliche Risiken eingehen und sei der Gefahr von Fehlbeurteilungen und Fehleinschätzungen ausgeliefert. Eine Schadensersatzpflicht komme daher erst in Betracht, „wenn die Grenzen, in denen sich ein von Verantwortungsbewußtsein getragenes, ausschließlich am Unternehmenswohl orientiertes, auf sorgfältiger Ermittlung der Entscheidungsgrundlagen beruhendes unternehmerisches Handeln bewegen muß, deutlich überschritten sind, die Bereitschaft, unternehmerische Risiken einzugehen, in unverantwortlicher Weise überspannt worden ist oder das Verhalten des Vorstands aus anderen Gründen als pflichtwidrig gelten muß."[753] Der Grundsatz, dass für Fehler im Rahmen des unternehmerischen Entscheidungsspielraums nicht gehaftet wird („Business Judgment Rule"), wurde mittlerweile durch das UMAG[754] in § 93 Abs. 1 S. 2 AktG kodifiziert. Demnach liegt eine Pflichtverletzung nicht vor, „wenn das Vorstandsmitglied bei einer unternehmerischen Entscheidung vernünftigerweise annehmen durfte, auf der Grundlage angemessener Information zum Wohle der Gesellschaft zu handeln." Die Entwurfsbegründung stellt für die Anwendbarkeit der Business Judgment Rule fünf Voraussetzungen auf:[755]

---

751 *Preis/Ulber*, Anm. zum Urteil des BGH vom 25.10.2012 – III ZR 266/11 – JZ 2013, 579, 583.

752 *V. Falkhausen*, NZG 2012, 644, 648.

753 BGH vom 21.4.1997 – II ZR 175/95 – NJW 1997, 1926, 1927 f.

754 Gesetz zur Unternehmensintegrität und Modernisierung des Anfechtungsrechts (UMAG) vom 22.9.2005, BGBl. I 2005, 2802.

755 Begr. RegE zum UMAG, BT-Drucks. 15/5092, S. 11.

(1) Unternehmerische Entscheidung, (2) Gutgläubigkeit, (3) Handeln ohne Sonderinteressen und sachfremde Einflüsse, (4) Handeln zum Wohle der Gesellschaft und (5) Handeln auf der Grundlage angemessener Information.

b. Anwendbarkeit auf die Einigungsstelle

Auch der Einigungsstelle steht ein Handlungsspielraum zu. Zwar ist das Ermessen durch die Pflicht, die Interessen des Betriebs und der Belegschaft angemessen zu berücksichtigen, beschränkt. Für den Spruch sind aber trotzdem viele Gestaltungsmöglichkeiten denkbar.[756]

Es besteht die Gefahr, dass sich die getroffene Entscheidung auf Grund von Fehleinschätzungen im Nachhinein als ungeeignet herausstellt. Die entsprechende Anwendung der Business Judgment Rule könnte die Befürchtung der Literatur ausräumen, eine drohende Haftung könnte die Einigungsstellenmitglieder in ihrer Handlungsfähigkeit einschränken oder sie gar davon abhalten, das Amt zu übernehmen. Die Business Judgment Rule soll einen Kompromiss zwischen notwendiger Risikobereitschaft und unverantwortlicher Risikofreudigkeit ermöglichen.[757]

Ihr Anwendungsbereich ist nicht auf Vorstände von Aktiengesellschaften beschränkt. Die Entwurfsbegründung hält den Grundgedanken auch ohne positivrechtliche Regelung in allen Formen unternehmerischer Betätigung für anwendbar. § 93 AktG sowie Literatur und Rechtsprechung hierzu können Anknüpfungspunkt für die weitere Rechtsentwicklung sein.[758]

aa. Unternehmerische Entscheidung

Die Anwendbarkeit der Business Judgment Rule setzt voraus, dass die Einigungsstelle eine *unternehmerische Entscheidung* trifft. Eine unternehmerische Entscheidung zeichnet die Möglichkeit aus, unter verschiedenen tatsächlich möglichen und rechtlich zulässigen Handlungsalternativen zu wählen, wobei sich im Zeitpunkt der Entscheidung noch nicht absehen lässt, welche Alternative die wirtschaftlich vorteilhafteste sein wird. Sie ist durch Prognosen und nicht justiziable Einschätzungen geprägt.[759] Es besteht die Gefahr, dass im Nachhinein aufgrund des Schadenseintritts die Risiken der getroffenen Entscheidung höher bewertet werden, als sie im Zeitpunkt der Entscheidung erkennbar waren (hindsight bias).[760]

Die Begründung zum Entwurf eines Betriebsverfassungsgesetzes besagt, dass die Mitbestimmungs- und Mitwirkungsrechte des Betriebsrats erweitert werden, „ohne in die eigentlichen unternehmerischen Entscheidungen, insbesondere auf

---

756 *Rieble*, Einigungsstelle, S. 32.
757 *Bröckner*, S. 230.
758 Begr. ReE zum UMAG, BT-Drucks. 15/5092 S. 11.
759 *Haas/Ziemons*, in: Michalski, GmbHG, § 43 Rn. 69; *Schneider*, DB 2005, 707, 711; Begr. ReE zum UMAG, BT-Drucks. 15/5092, S. 11.
760 *V. Falkhausen*, NZG 2012, 644, 649.

wirtschaftlichem Gebiet, einzugreifen."[761] Die Entwurfsbegründung bringt die Intention zum Ausdruck, dass die betriebliche Mitbestimmung auf den arbeitstechnisch-organisatorischen Bereich beschränkt sein soll. Im Gegensatz dazu findet die Unternehmensmitbestimmung im wirtschaftlich-unternehmerischen Bereich statt.[762] Nach dem geltenden Recht ist eine solche Beschränkung der betrieblichen Mitbestimmung nicht möglich. Die Struktur des BetrVG zeigt, dass die betriebliche Mitbestimmung nicht auf den Betrieb beschränkt ist, sondern erweitert sie durch die Bildung eines Gesamtbetriebsrats auf Unternehmensebene. Dadurch wird der Betriebsrat auch an wirtschaftlich-unternehmerischen Entscheidungen beteiligt.[763] Die Mitbestimmungsrechte berühren zwangsläufig die unternehmerische Entscheidungsfreiheit und haben in sozialen und personellen Angelegenheiten zumindest mittelbare Auswirkungen auf den wirtschaftlich-unternehmerischen Bereich.[764] Auch das BVerfG erkennt, dass ein Zusammentreffen von Unternehmensmitbestimmung und betrieblicher Mitbestimmung nicht ausgeschlossen werden kann.[765] Insbesondere gibt es keinen Vorbehalt, dass durch Mitbestimmungsrechte nicht in die unternehmerische Entscheidungsfreiheit eingegriffen werden dürfte.[766] Der Unterschied von betrieblicher und Unternehmensmitbestimmung besteht in der Form der Mitbestimmung. Bei der Unternehmensmitbestimmung werden die Arbeitnehmer unmittelbar an den unternehmerischen Entscheidungen beteiligt, indem sie in die Unternehmensorgane einbezogen werden. Die betriebliche Mitbestimmung hat dagegen mittelbare Auswirkungen auf unternehmerische Entscheidungen.[767]

Die Einigungsstelle muss unternehmerischen Entscheidungen nicht nur als „Belange des Betriebs" i.S.d. § 76 Abs. 5 S. 3 BetrVG berücksichtigen, sondern trifft eigene unternehmerische Entscheidungen i.S.d. Business Judgment Rule.

So steht die Entscheidung hinsichtlich einer Betriebsänderung zwar dem Arbeitgeber als unternehmerische Entscheidung zu. Die Einigungsstelle kann im Sozialplan dagegen nur die wirtschaftlichen Folgen der Betriebsänderung regeln.[768] Doch auch die Regelung der wirtschaftlichen Folgen ist eine unternehmerische Entscheidung. Es gibt für sie nicht nur eine einzige richtige Lösung. Der Entscheidung über den Sozialplan beinhaltet typische Prognoseelemente, wie die wirtschaftliche Vertretbarkeit der Entscheidung (§ 112 Abs. 5 S. 1 BetrVG) oder die Aussichten der betroffenen Arbeitnehmer auf dem Arbeitsmarkt. Hier besteht unter Umständen ein großes Risiko für Fehleinschätzungen.

---

761 BT-Drucks. VI/1786, S. 31.

762 *Wiese*, in: GK-BetrVG, Einl. Rn. 41.

763 *Richardi*, in: Richardi, BetrVG, § 1 Rn. 3 f.

764 *Wiese*, in: GK-BetrVG, Einl. Rn. 41; *Matthes*, in: MüHbArbR, § 238 Rn. 43.

765 BVerfG vom 1.3.1979 – 1 BvR 532/77, 1 BvR 533/77, 1 BvR 419/78, 1 BvL 21/78 – AP MitbestG § 1 Nr. 1, unter C. I. 1. B)

766 BAG vom 31.8.1982 – 1 ABR 27/80 – NJW 1983, 953.

767 *Wiese*, in: GK-BetrVG, Einl. Rn. 44.

768 *Koch*, in: Schaub, Arbeitsrechts-Handbuch, § 244 Rn. 30.

Auch die Mitbestimmung in sozialen Angelegenheiten ist in weiten Teilen eine unternehmerische Entscheidung, obwohl es hier in erster Linie um Fragen organisatorischer Art geht. Typischer Anwendungsbereich der Business Judgment Rule sind zwar Investitionsentscheidungen.[769] Die unternehmerische Entscheidung schließt aber auch Unternehmensorganisationspflichten mit ein. Das Unternehmen ist in betrieblicher und personeller Hinsicht so zu organisieren, dass der Gesellschaftszweck am besten realisiert werden kann.[770] Bei Organisations-, Planungs- und Überwachungsaufgaben besteht zumindest hinsichtlich des „Wie" ein unternehmerischer Ermessensspielraum.[771] Der Einführung von Kurz- und Mehrarbeit sowie der Bestimmung von Entlohnungsgrundsätzen liegt eine unternehmerische Entscheidung zu Grunde.[772] Auch Fragen zur Ordnung des Betriebs sind eine unternehmerische Entscheidung. Dass der Betriebsrat bzw. die Einigungsstelle eine unternehmerische Entscheidung treffen, zeigt sich auch deutlich bei der Mitbestimmung hinsichtlich der Lage der Arbeitszeit. Diese kann unter Umständen in unmittelbarem Zusammenhang mit den Ladenöffnungszeiten stehen.[773] Wie sich die Entscheidung wirtschaftlich auswirkt unterliegt einem Prognoserisiko. Dass mehrere Betriebe eines Unternehmens unterschiedlich Öffnungszeiten haben können, ändert nichts am Charakter als unternehmerische Entscheidung.

Der Anwendungsbereich der Business Judgment Rule erfasst nur fehlgeschlagene unternehmerische Entscheidungen, nicht dagegen sonstige Pflichtverletzungen wie Treuepflichtverstöße, Informationspflichtverstöße oder sonstige allgemeine Gesetzes- und Satzungsverstöße.[774] Daher beschränkt sich der Anwendungsbereich für die Einigungsstelle auf Pflichtverletzungen in Form von Ermessensfehlern. Rechtsfehler sind als Gesetzesverstoß ausdrücklich aus dem Anwendungsbereich der Business Judgment Rule ausgenommen. Die Verletzung von Schutz- und Rücksichtnahmepflichten fällt ebenfalls nicht in den Anwendungsbereich. Sie ähnelt einerseits der Treuepflicht, kann aber andererseits bei Verstoß gegen entsprechende Rechtsvorschriften (z.B. BDSG) auch bereits als Rechtsfehler qualifiziert werden. Bei Verfahrensfehlern kann schon nicht von einer unternehmerischen Entscheidung gesprochen werden. Es geht hier nicht um die Auswahl zwischen mehreren verschiedenen Handlungsoptionen, sondern darum, ein gesetzlich vorgeschriebenes Verfahren bzw. gewisse Mindeststandards aufgrund des Rechtsstaatsgebots einzuhalten.[775]

---

769 BGH vom 3.11.2008 – II ZR 236/07 – NJW-RR 2009, 332; *Schneider*, DB 2005, 707, 711; *Fleischer*, in: MünchKommGmbHG (2012), § 43 Rn. 82.

770 *Zöllner/Noack*, in: Baumbach/Hueck, GmbhG, § 43 Rn. 17; *Haas/Ziemons*, in: Michalski, GmbHG, § 43 Rn. 75c.

771 *Fleischer*, in: MünchKommGmbHG (2012), § 43 Rn. 83.

772 *Weiss*, RdA 1974, 269, 276.

773 BAG vom 31.8.1982 – 1 ABR 27/80 – NJW 1983, 953, 953.

774 Begr. ReE zum UMAG, BT-Drucks. 15/5092, S. 11.

775 BAG vom 18.4.1989 – 1 ABR 2/88 – NZA 1989, 807, 808; *Schönfeld*, NZA Beil. 4/1988, 3, 8.

bb. Handeln ohne Sonderinteressen und sachfremde Einflüsse auf der Grundlage angemessener Information: Differenzierung nach Art des Ermessensfehlers

Für die Anwendbarkeit der Business Judgment Rule muss nach der Art des Ermessensfehlers differenziert werden. In die Gruppe des Ermessensfehlgebrauchs fallen die Heranziehung sachfremder Erwägungen und das Ermessensdefizit.[776] Werden sachfremde Erwägungen herangezogen, kann der sichere Hafen der Haftungsfreistellung nicht erreicht werden, da hierfür ausdrücklich ein *Handeln ohne Sonderinteressen und sachfremde Einflüsse* gefordert wird.

Ermessensdefizit bedeutet, dass bei der Entscheidung nicht alle wesentlichen Gesichtspunkte berücksichtigt wurden. Beruht das Ermessensdefizit darauf, dass der Sachverhalt und die relevanten Tatsachen nicht umfassend ermittelt wurden, kann die Business Judgment Rule die Pflichtwidrigkeit nicht beseitigen. Die Einigungsstellenmitglieder konnten in diesem Fall nicht auf der *Grundlage angemessener Information* handeln.

Wurden dagegen alle relevanten Tatsachen ermittelt und dennoch einzelne nicht berücksichtigt (Ermessensdefizit) oder im Verhältnis zueinander falsch gewichtet (Ermessensüberschreitung), ist die Business Judgment Rule anwendbar, wenn auch deren weitere Voraussetzungen erfüllt sind, also die Entscheidung gutgläubig und zum Wohle der Gesellschaft ergangen ist. Das gleiche gilt für die abstrakte Ermessensüberschreitung, sprich die Überschreitung des äußeren Ermessensspielraums.

cc. Wohl der Gesellschaft

Das *Wohl der Gesellschaft* ist bei der Business Judgment Rule die Grenze des Ermessens.[777] Das Ermessen der Einigungsstelle ist durch die Billigkeit begrenzt, die eine objektive Abwägung der Interessen von Betrieb und Belegschaft fordert. *Preis/Ulber* sehen in dem Handeln zum Wohle der Gesellschaft und im Handeln zum Wohle von Belegschaft und Unternehmen kaum einen Unterschied.[778] Dem ist zuzustimmen. Das Merkmal „Wohl der Gesellschaft" darf für die entsprechende Anwendung der Business Judgment Rule nicht dahingehend missverstanden werden, dass eine Entscheidung, die *nur* die Belange des Betriebs berücksichtigt, in den sicheren Hafen des Haftungsfreiraums gelangt. Laut der Entwurfsbegründung liegt ein Handeln zum Wohle der Gesellschaft jedenfalls dann vor, „wenn es der langfristigen Ertragsstärkung und Wettbewerbsfähigkeit des Unternehmens und seiner Produkte oder Dienstleistungen dient."[779] Eine Beschränkung auf Gewinnmaximierung erfolgt gerade nicht („jedenfalls"). Zu berücksichtigen können unter anderem auch

776 *Kopp/Ramsauer*, VwVfG, § 40 Rn. 88 ff.

777 *Rieble*, in: Staudinger, BGB (2015), § 315 Rn. 323.

778 *Preis/Ulber*, Anm. zum Urteil des BGH vom 25.10.2012 – III ZR 266/11 – JZ 2013, 579, 583.

779 Begr. ReE zum UMAG, BT-Drucks. 15/5092, S. 11.

die Interessen der Mitarbeiter sein. Es geht um eine Interessensabwägung unter Berücksichtigung des Rentabilitätsgedanken.[780] *Latzel* erfasst mit seiner *social judgment rule* darüber hinaus auch den Betriebsfrieden.[781] Wohl der Gesellschaft kann daher durchaus als Überbegriff für die Interessen des Betriebs und der Belegschaft verstanden werden.

dd. Gutgläubigkeit: Gleiches Ergebnis wie ex-ante Beurteilung

Die Business Judgment Rule führt letztlich zu keinem anderen Ergebnis, als die Beurteilung der Ermessensentscheidung aus ex-ante Perspektive.[782] Eine eigenständige Bedeutung hätte die Business Judgment Rule nur, wenn auch ein aus ex-ante Sicht ermessenfehlerhafter Spruch die Voraussetzungen der Business Judgment Rule erfüllen könnte.

Entscheidend ist, wie das Merkmal „Gutgläubigkeit" auszulegen ist. Laut der Entwurfsbegründung ist die Gutgläubigkeit Bestandteil des „annehmen Dürfens"[783] und bezieht sich daher auf das Handeln zum Wohle der Gesellschaft. Unklar ist aber, was unter „vernünftigerweise annehmen dürfen" zu verstehen ist. Die Aussage des BGH in der ARAG/Garmenbeck-Entscheidung, dass die Grenzen des unternehmerischen Handelns „deutlich überschritten" sein müssen,[784] hat der Gesetzgeber nicht übernommen.[785] Auch das im Referentenentwurf vorgeschlagene Kriterium der „groben Fahrlässigkeit" wurde ausdrücklich nicht übernommen, um eine Vermengung von Pflichten- und Sorgfaltsmaßstab zu vermeiden.[786] Stellt man auf die Definition der Gutgläubigkeit im Sachenrecht ab, ist gutgläubig, wer nicht vorsätzlich oder grob fahrlässig gehandelt hat, vgl. § 932 Abs. 2 BGB. Damit würde sich der Regierungsentwurf vom Referentenentwurf nur bezüglich der Formulierung, nicht aber inhaltlich unterscheiden und hätte trotzdem die nicht gewollte Vermengung von Pflichten- und Sorgfaltsmaßstab zur Folge. Der Ansatzpunkt, dass der Handelnde von der Richtigkeit der Entscheidung überzeugt sein müsse, dies aber nicht heiße, dass er keine Zweifel haben dürfe,[787] trägt ebenfalls nicht zur Klarheit bei.

Letztlich unterstreicht das Erfordernis des guten Glaubens nur die Pflicht, die Entscheidung aus ex-ante Perspektive zu beurteilen.[788] Der Entscheidungsträger durfte dann vernünftigerweise annehmen zum Wohle der Gesellschaft zu handeln, wenn er im Zeitpunkt seiner Entscheidung (ex-ante) von ihrer Richtigkeit ausgehen durfte. Schon bei einfacher Fahrlässigkeit kann vernünftigerweise nicht mehr

---

780 *Geiser*, S. 34.
781 *Latzel*, ZAAR Schriftenreihe Band 35, S. 121, 148, 150.
782 Oben § 3 C. I. 2. b.
783 Begr. ReE zum UMAG, BT-Drucks. 15/5092, S. 11.
784 BGH vom 21.4.1997 – II ZR 175/95 – NJW 1997, 1926, 1927 f.
785 *V. Falkhausen*, NZG 2012, 644, 648.
786 BT-Drucks. 15/5092, S. 11.
787 *Haas/Ziemons*, in: Michalski, GmbHG, § 43 Rn. 72.
788 *Geiser*, S. 39; *Binder*, AG 2008, 274, 280.

angenommen werden, zum Wohle der Gesellschaft zu handeln.[789] Damit erschöpft sich aber auch die Bedeutung der Business Judgment Rule in der Beurteilung der Ermessensentscheidung aus ex-ante Perspektive. Durfte der Handelnde im Zeitpunkt seiner Entscheidung davon ausgehen, dass die Entscheidung dem Wohl der Gesellschaft dient, handelt es sich schon um keinen Ermessensfehler und daher auch nicht um eine Pflichtverletzung. Eines Rückgriffs auf die Business Judgment Rule bedarf es mangels Pflichtwidrigkeit des Verhaltens nicht mehr. Die Ermessenskontrolle ist bereits eine immanente Haftungsbegrenzung.[790] Solange bei einer gerichtlichen Prüfung die ex-ante Beurteilung der Ermessensentscheidung streng gewahrt wird und der „hindsight bias" ausgeblendet wird, erübrigt sich die Business Judgment Rule.

Der BGH hat für die Haftung des Betriebsrats ebenfalls die ex-ante Beurteilung einer Haftungsprivilegierung vorgezogen.[791] Um (wie auch beim Betriebsrat) die Funktions- und Handlungsfähigkeit der Einigungsstelle nicht ungemessen einzuschränken, dürfen die Grenzen des Beurteilungsspielraums aus ex-ante Sicht lediglich nicht zu eng gezogen werden.

Eine eigenständige Bedeutung hätte die Business Judgment Rule nur, wenn entgegen der hier vertretenen Ansicht Gutgläubigkeit nur bei Vorsatz und grober Fahrlässigkeit ausgeschlossen wäre. Das Einigungsstellenmitglied könnte dann trotz fahrlässigem Ermessensfehler (ex-ante) gutgläubig zum Wohle der Gesellschaft handeln. Nur in diesem Fall könnte die Business Judgment Rule die Pflichtwidrigkeit des fahrlässigen Ermessensfehlers beseitigen.

c. *Zwischenergebnis*

Man könnte die Business Judgment Rule zwar grundsätzlich bei Ermessensüberschreitung und Ermessensdefizit (soweit es nicht auf unzureichender Sachverhaltsermittlung beruht) anwenden. Vorteile gegenüber der ohnehin erforderlichen ex-ante Beurteilung hat sie aber nicht. Ein Ermessensfehler, der sich auch aus exante Sicht als solcher darstellt, wird nie die Voraussetzungen der Business Judgment Rule erfüllen können.

5. *Zwischenergebnis*

Ermessensfehler sind, unabhängig davon, wie schwerwiegend oder offensichtlich sie sind, eine haftungsrechtlich relevante Pflichtverletzung. Dieses Ergebnis steht im Einklang mit der Rechtsprechung des BAG, nach der es für die Ermessenskontrolle auf eine „grobe Ermessensüberschreitung" oder eine „offenbare Unbilligkeit" des Spruchs nicht ankomme.[792]

---

789 *V. Falkhausen*, NZG 2012, 644, 649.
790 *Schipp*, NZA 2011, 271, 274.
791 BGH vom 25.10.2012 – III ZR 266/11 – NZA 2012, 1382 Rn. 45.
792 BAG vom 27.10.1992 – 1 ABR 4/92 – NZA 1993, 607, 611.

Die Business Judgment Rule bewirkt keine Haftungserleichterung. Sie bietet keinen Vorteil gegenüber der ohnehin gebotenen ex-ante Beurteilung des Ermessenfehlers. Die ex-ante Beurteilung schützt die Einigungsstellenmitglieder ausreichend vor nicht erkennbaren Fehlprognosen und Fehlbeurteilungen. Eine Entscheidung, die sich erst im Nachhinein als fehlerhaft herausstellt, begründet keine Haftung.

Die ex-ante Beurteilung schützt nicht nur die Einigungsstellenmitglieder, sondern ist auch unter Präventionsgesichtspunkten zu befürworten. Da sich die Einigungsstellenmitglieder durch den Vortrag, dass die nachteilige Entwicklung zum Zeitpunkt der Entscheidung nicht absehbar war, entlasten können, werden sie zu entsprechend sorgfältigem Handeln angehalten. Im Hinblick auf einen eventuellen Haftungsprozess sollte der Entscheidungsprozess dokumentiert werden. Die Dokumentation sollte die verschiedenen Handlungsoptionen und die Gründe für ihre Verwerfung darstellen. Auch zu Rahmenbedingungen, die ggf. auf den Umfang der eingeholten oder wegen Zeitdrucks nicht eingeholten internen und externen Beratung Einfluss hatten, sollte Stellung genommen werden.[793] *Sprenger* wertet Vorgänge, die im Protokoll der Einigungsstelle nicht dokumentiert sind, sogar als Indiz für eine Pflichtverletzung.[794] Die Dokumentation erleichtert aber nicht nur eine Entlastung im Haftungsprozess, sondern hält die Einigungsstellenmitglieder auch dazu an, ihre Entscheidung sorgfältig zu überdenken und steigert deren Qualität. Eine Begründungspflicht wird damit nicht eingeführt,[795] vielmehr eine Obliegenheit. Das Unterlassen der Dokumentation ist für sich genommen keine Pflichtverletzung, kann aber eine Entlastung im Haftungsprozess erschweren.

Eine darüberhinausgehende Haftungserleichterung auf Tatbestandsebene ist abzulehnen. Den Einigungsstellenmitgliedern soll nicht der Vorwurf der Schlechtleistung erspart werden, indem die Anforderungen an die Pflichtverletzung erhöht werden.[796] Allenfalls sollen die Rechtsfolgen einer Pflichtverletzung abgemildert werden.[797]

II. Modifikation des Vertretenmüssens

Gemäß § 276 Abs. 1 BGB haben die Einigungsstellenmitglieder Vorsatz und Fahrlässigkeit zu vertreten, wenn eine strengere oder mildere Haftung weder bestimmt noch aus dem sonstigen Inhalt des Schuldverhältnisses zu entnehmen ist. Während des Verzugs haben die Einigungsstellenmitglieder gemäß § 287 S. 1 BGB jede Fahrlässigkeit zu vertreten.

---

793 *Bürkle/Fecker*, NZA 2007, 589, 595.
794 *Sprenger*, BB 2010, 2110, 2113.
795 Hierzu § 3 C. I. 2. c.
796 Zur Arbeitnehmerhaftung *Schlachter*, in: FS OLG Jena, S. 252, 261 f.
797 Zur Arbeitnehmerhaftung *Annuß*, S. 95.

1. *Analogie zu anderen Rechtsvorschriften*

Das BetrVG bestimmt weder eine strengere, noch eine mildere Haftung. Deshalb ziehen Befürworter einer Haftungsprivilegierung andere Vorschriften analog heran. Voraussetzung hierfür ist eine planwidrige Regelungslücke und eine vergleichbare Interessenslage.[798]

a. *Richterprivileg des § 839 Abs. 2 BGB*

Der Richter haftet gemäß § 839 Abs. 2 BGB nur, wenn die Pflichtverletzung in einer Straftat besteht. Die Vorschrift ist auf prozessuale Besonderheiten des richterlichen Erkenntnisverfahrens zugeschnitten.[799] Sie dient dazu, die Unabhängigkeit der Gerichte zu gewährleisten. Mangels Vergleichbarkeit der Einigungsstelle mit einem Gericht kann für ihre Mitglieder das Haftungsprivileg nicht gelten.[800]

b. *Schiedsgericht*

Für Schiedsrichter leitete das RG und der BGH eine eigeschränkte Haftung nicht aus § 839 Abs. 2 BGB analog ab, aber aus der stillschweigenden Parteivereinbarung, dass die Parteien den Schiedsrichtern nicht ein höheres Maß der Verantwortlichkeit auferlegen wollten, als es den Staatsrichter trifft.[801]

Dieses Ergebnis wollen einige Autoren auf die Einigungsstelle übertragen, erweitern es aber auf eine Haftung für Vorsatz und grobe Fahrlässigkeit.[802] Sie begründen die Haftungsprivilegierung mit der Aufgabe und Stellung der Mitglieder der Einigungsstelle. Die Beilegung von Meinungsverschiedenheiten erfordere eine freie und unbelastete Position. Die Einigungsstellenmitglieder dürften nicht durch eine drohende Haftung belastet werden. Die Bestandskraft des Einigungsstellenspruchs ähnle der Entscheidung des Schiedsgerichts.

Dem kann nicht gefolgt werden, da die Interessenslage bei der Einigungsstelle nicht vergleichbar ist. Wie bereits unter § 2 A. III. 2 dargestellt, gibt es gravierende Unterschiede zwischen dem Schiedsgericht und der Einigungsstelle, sodass eine Übertragung der Haftungsprivilegierung nicht gerechtfertigt werden kann.

c. *Gerichtlicher Sachverständiger*

Für den gerichtlichen Sachverständigen schränkt § 839a Abs. 1 BGB die Haftung für die Erstattung eines unrichtigen Gutachtens auf Vorsatz und grobe Fahrlässigkeit

---

798 Grundlegend hierzu *Larenz*, Methodenlehre der Rechtswissenschaft, S. 381 ff.

799 *Nolting*, S. 32.

800 Oben § 2 A. II. 1.

801 RG vom 8.2.1907 – III 363/06 – RGZ 65, 175, 177; BGH vom 6.10.1954 – II ZR 149/53 – NJW 1954, 1763, 1764.

802 *Künzl*, in: Germelmann/Matthes/Prütting, ArbGG, Einigungsstellenverfahren Rn. 427; *Wenning-Morgenthaler*, Rn. 141; *Bischoff*, S. 153 f.; *Müller-Glöge*, in: MünchKommBGB (2012), § 611 Rn. 145.

ein. Die Vorschrift dient dem Schutz der inneren Freiheit, derer er bedarf, um sein Gutachten unabhängig und ohne Druck eines möglichen Rückgriffs erstatten zu können. Dies gilt umso mehr, als der öffentlich bestellte Sachverständige regelmäßig zur Erstattung des Gutachtens verpflichtet ist.[803]

Die Vorschrift ist auf Einigungsstellenmitglieder nicht analog anwendbar. Anders als der gerichtlich bestellte Sachverständige übernehmen die Einigungsstellenmitglieder ihr Amt freiwillig. Mit diesem Argument wird auch eine analoge Anwendung auf Sachverständige im schiedsrichterlichen Verfahren abgelehnt.[804]

d. Öffentliches Verwaltungshandeln gemäß § 839 BGB i.V.m. Art. 34 GG

Für das öffentliche Verwaltungshandeln ordnet § 839 BGB i.V.m. Art. 34 GG eine Haftungsbeschränkung auf Vorsatz und grobe Fahrlässigkeit an. Die Einigungsstelle ist weder Behörde, noch Beliehene.[805] Mangels Vergleichbarkeit der Interessenlage kann die Haftungsbeschränkung nicht analog angewendet werden. Ebenso wenig kann die gemäß § 75 Abs. 1 BBG auf Vorsatz und grobe Fahrlässigkeit beschränkte Haftung von Beamten im Innenverhältnis zu ihrem Dienstherrn direkt oder entsprechend auf die Einigungsstellenmitglieder angewandt werden.

e. Ehrenamt

Im Bereich des Ehrenamts gibt es gesetzlich angeordnete Haftungseinschränkungen auf Vorsatz und grobe Fahrlässigkeit. Mit diesen Wertungen wird unter anderem auch eine entsprechende Haftungseinschränkung der ehrenamtlich tätigen Betriebsratsmitglieder begründet.[806]

So bestimmen §§ 31a Abs. 1, 31b Abs. 1 BGB, dass Organmitglieder und besondere Vertreter sowie Vereinsmitglieder, wenn sie unentgeltlich tätig werden oder eine Vergütung von maximal 720 Euro pro Jahr erhalten, dem Verein für einen von ihnen verursachten Schaden nur bei Vorsatz und grober Fahrlässigkeit haften. Der Gesetzesentwurf wird damit begründet, die erheblichen Haftungsrisiken seien ehrenamtlich Tätigen nicht zumutbar. Bürgerschaftliches Engagement sei eine wesentliche Voraussetzung des solidarischen Zusammenlebens.[807]

Auch Gemeinderatsmitglieder werden ehrenamtlich tätig. Nach außen haftet gemäß § 839 BGB i.V.m. Art. 34 GG die Gemeinde. Einen Regress gegenüber den einzelnen Gemeinderatsmitgliedern sehen die meisten Gemeindeordnungen nicht vor.[808] Nur die Gemeindeordnungen von Nordrhein-Westfalen, Niedersachsen und

---

803 BR-Drucks 742/01, S. 66.

804 *Wagner*, in: MünchKommBGB (2013), § 839a Rn. 11.

805 § 2 A. II. 2 und 3.

806 *Belling*, Die Haftung des Betriebsrats, S. 246 ff.; *Dommermuth-Alhäuser/Heup*, BB 2013, 1461, 1467; *Fitting*, BetrVG, § 1 Rn. 211; *Thüsing*, in: Richardi, BetrVG, Vor § 26 Rn. 14.

807 BT-Drucks. 16/10120, S. 1, 6.

808 *Weiss*, RdA 1974, 269, 279.

Bayern[809] bestimmen eine Haftung der Gemeinderatsmitglieder gegenüber der Gemeinde bei Vorsatz und grober Fahrlässigkeit. Hier ist aber zumindest aus Sicht des Geschädigten ein gravierender Unterschied zur Haftung der Einigungsstellenmitglieder erkennbar. Wer von einem Gemeinderatsmitglied geschädigt wird, erhält einen Ersatz über Art. 34 GG.[810] Die Haftungsprivilegierung für Gemeinderatsmitglieder gilt nur im Innenverhältnis zwischen Gemeinderatsmitglied und Gemeinde.

Für Einigungsstellenmitglieder können die Wertungen aufgrund der Ehrenamtlichkeit von vorneherein nur begrenzt herangezogen werden. Ehrenamtlich tätig sind nur die betriebsangehörigen Beisitzer, die gemäß § 76a Abs. 2 S. 1 BetrVG für ihre Tätigkeit keine Vergütung bekommen, sondern nur von ihrer beruflichen Tätigkeit ohne Minderung des Arbeitsentgelts zu befreien sind. Der Vorsitzende und die betriebsfremden Beisitzer erhalten für ihre Tätigkeit eine meist nicht nur geringfügige Vergütung.[811] Für sie passen die Wertungen aus der Haftung von ehrenamtlich Tätigen keinesfalls. Doch auch auf die betriebsangehörigen Einigungsstellenmitglieder lässt sich der Rechtsgedanke für die Haftung von Ehrenamtlichen nicht übertragen. Der BGH hat schon für die Haftung des Betriebsrats festgestellt:

> *„Insbesondere ist nicht ersichtlich, dass aus der gesetzlichen Ausgestaltung des Betriebsratsamts als unentgeltliches Ehrenamt zwingend eine generelle Haftungsprivilegierung oder gar -befreiung zu Gunsten von Betriebsratsmitgliedern für alle im Zusammenhang mit ihrer Funktion getätigten Handlungen folgt.“*[812]

Eine Haftung trotz Unentgeltlichkeit ist nicht stets unbillig.[813] Sowohl im Auftragsrecht als auch im Recht der Geschäftsführung ohne Auftrag haftet der Beauftragte/Geschäftsführer voll für seine Pflichtverletzungen, obwohl er für seine Tätigkeit keine Vergütung bekommt, sondern gemäß §§ 683, 670 BGB nur Anspruch auf Aufwendungsersatz hat. Die Haftungsbeschränkung auf Vorsatz und grobe Fahrlässigkeit bei der Geschäftsführung ohne Auftrag gilt gemäß § 680 BGB nur bei Geschäftsführung zu Gefahrenabwehr.

f. Zwischenergebnis

Die Haftungsprivilegierungen aus den genannten Vorschriften sind nicht analog auf die Einigungsstellenmitglieder anwendbar. Die Interessenslage ist nicht vergleichbar. Auf die Frage nach der planwidrigen Regelungslücke kommt es daher gar nicht an.

---

809 § 43 Abs. 4 lit. a) GO NRW, § 39 Abs. 4 NGO, Art. 20 Abs. 4 BayGO.

810 *Weiss*, RdA 1974, 269, 279.

811 Oben § 1.

812 BGH vom 25.10.2012 – III ZR 266/11 – NZA 2012, 1382 Rn. 45.

813 BGH vom 24.6.1957 – VII ZR 310/56 – NJW 1957, 1361, 1362; *Triebel*, S. 182; *H. Weber*, DB 1992, 2135, 2139.

2. *Modifikation des Fahrlässigkeitsbegriffs*

Gemäß § 276 Abs. 2 BGB ist „die im Verkehr erforderliche Sorgfalt" geschuldet. Diese Formulierung zeigt, dass im bürgerlichen Recht ein objektiver Sorgfaltsmaßstab gilt. Subjektive Entlastungsgründe spielen keine Rolle. Der Vertrauensgrundsatz erfordert, dass jeder Teilnehmer am Rechtsverkehr darauf vertrauen können muss, dass jeder andere Teilnehmer mit der verkehrsüblichen Sorgfalt vorgeht.[814] Lediglich bei der groben Fahrlässigkeit ist daneben auch der subjektive Umstand zu berücksichtigen, ob der Schädiger nach seinen individuellen Fähigkeiten die objektiv gebotene Sorgfalt hätte erkennen und erbringen können.[815]

Für Einigungsstellenmitglieder gilt ebenso der objektive Sorgfaltsmaßstab. Entscheidend sind nicht ihre subjektiven Kenntnisse und Einsichten, sondern welche Kenntnisse für das Amt erforderlich sind.[816] Die Sorgfaltsanforderungen an einen durchschnittlichen Einigungsstellenvorsitzenden können dabei ohne weiteres höher sein, als die an die Beisitzer. Dafür spricht seine gemäß § 76a Abs. 4 S. 4 BetrVG höhere Vergütung und seine Funktion als Leiter des Verfahrens. Die Einigungsstellenmitglieder handeln nicht fahrlässig, wenn ihre Entscheidung auf einem vertretbaren Rechtsstand beruht, der die höchstrichterliche Rechtsprechung berücksichtigt.[817] Ein Rechtsirrtum kann ausnahmsweise entschuldbar sein, wenn die Rechtslage ungeklärt ist und verschiedene Auslegungen zulässig sind.[818]

Für die grobe Fahrlässigkeit sind neben objektiven Kriterien auch der Bildungs- und Wissensstand des einzelnen Mitglieds zu berücksichtigen. Dadurch können sich für die einzelnen Mitglieder je nach Qualifikation unterschiedliche Ergebnisse ergeben.[819]

Eine Haftungsprivilegierung auf Verschuldensebene ließe sich erreichen, wenn man von diesen aus dem allgemeinen bürgerlichen Recht abgeleiteten Sorgfaltsanforderungen abweicht und stattdessen für Einigungsstellenmitglieder einen eigenständigen reduzierten Fahrlässigkeitsbegriff aufstellt. Eine Subjektivierung des Fahrlässigkeitsbegriffs würde ebenso eine Haftungsprivilegierung ermöglichen.

a. *Eigenständiger Fahrlässigkeitsbegriff*

Ein eigenständiger Fahrlässigkeitsbegriff mit reduzierten Sorgfaltsanforderungen für Einigungsstellenmitglieder ist nicht erstrebenswert. Diese Überlegung ist bereits

---

814 BGH vom 4.3.1957 – GSZ 1/56 – NJW 1957, 785, 786; vom 31.5.1994 – VI ZR 233/93 – NJW 1994, 2232, 2233, *Grundmann*, in: MünchKommBGB (2012), § 276 Rn. 55 f.; *Caspers*, in: Staudinger, BGB (2014), § 276 Rn. 29.

815 BAG vom 18.4.2002 – 8 AZR 348/01 – NZA 2003, 37, 39.

816 So für Betriebsratsmitglieder *Belling*, Die Haftung des Betriebsrats, S. 253; *Neumann-Duesberg*, RdA 1962, 289, 301.

817 BAG vom 24.4.2008 – 8 AZR 347/07 – NJW 2009, 251, 253; vom 17.7.2003 – 8 AZR 486/02 – AP BGB § 611 Haftung des Arbeitgebers Nr. 27 unter II. 2. b) bb).

818 Vgl. *Belling*, Die Haftung des Betriebsrats, S. 253.

819 *Gaul*, S. 240.

bei der Arbeitnehmerhaftung zu Recht auf Kritik gestoßen. Vertreten wurde insbesondere von *Steindorff* und *Scheuerle*, dass aufgrund der Dauer des Arbeitsvertrages kleinere Fehlgriffe unvermeidbar und daher nicht vorwerfbar seien.[820] Dieses Argument überzeugt im Hinblick auf andere Dauerschuldverhältnisse nicht.[821] So sind die Sorgfaltsanforderungen in einem Mietvertrag beispielsweise nicht niedriger, nur weil er sich über einen langen Zeitraum erstreckt. Die Tätigkeit in der Einigungsstelle (mit Ausnahme der ständigen Einigungsstelle) ist schon kein Dauerschuldverhältnis, sondern endet mit Beilegung der konkreten Meinungsverschiedenheit.

Steindorff ist weiter der Ansicht, dass einem Arbeitnehmer, der selbständig urteilen darf, die Möglichkeit einzelner Fehlbeurteilungen zugestanden werden muss und diese entschuldigt werden.[822] Da die Einigungsstelle eigenverantwortliche Entscheidungen trifft, würde die Entschuldigung einzelner Fehlbeurteilungen den Sorgfaltsmaßstabs deutlich reduzieren.

Ein solcher eigenständiger reduzierter Sorgfaltsmaßstab überzeugt nicht. Das Ziel der Haftungsbeschränkung sollte nicht sein, den Einigungsstellenmitgliedern den Vorwurf der Sorgfaltswidrigkeit zu ersparen. Dem Sorgfaltsverstoß soll allenfalls das Gewicht genommen werden.[823] Würde man die Sorgfaltsanforderungen herabsetzen, würde der falsche Eindruck entstehen, Einigungsstellenmitglieder müssten weniger sorgfältig handeln als andere Dienstleister. Gerade aufgrund der Bedeutung des Einigungsstellenverfahrens ist die Sorgfalt aber von großer Bedeutung. Der übliche Sorgfaltsmaßstab muss schon beibehalten werden, um die Qualität der Einigungsstellensprüche zu sichern. Auch ist nicht einzusehen, warum ein Rechtsanwalt als Beisitzer der Einigungsstelle geringeren Sorgfaltsanforderungen unterliegen sollte, als ein Rechtsanwalt als Verfahrensbevollmächtigter. Der Verfahrensbevollmächtigte haftet unstreitig umfassend für seine Pflichtverletzungen aus dem Vertrag. Zudem ist niemand verpflichtet, ein Amt als Einigungsstellenmitglied zu übernehmen. Wer ein solches Amt übernimmt, muss auch die damit einhergehende Verantwortung tragen. Ein Bedürfnis für einen eigenständigen Fahrlässigkeitsbegriff mit reduzierten Sorgfaltsanforderungen besteht nicht.

b. Subjektivierung des Fahrlässigkeitsbegriffs

Für einen subjektiven Maßstab spricht, dass die unterschiedliche Qualifikation der Einigungsstellenmitglieder besser berücksichtigt werden könnte. Der Qualifikations- und Wissensunterschied zwischen einem erfahrenen Rechtsanwalt, Gewerkschaftsvertreter oder Verbandsvertreter und einem einfachen Arbeitnehmer als Beisitzer könnte damit besser abgefangen werden.

---

820 *Steindorff*, JZ 1959, 1, 4; *Scheuerle*, RdA 1958, 247, 251 ff.

821 *Gamillscheg/Hanau*, S. 42.

822 *Steindorff*, JZ 1959, 1, 7.

823 *Schlachter*, in: FS OLG Jena, S. 252, 262; *Annuß*, S. 95.

Ein subjektiver Sorgfaltsmaßstab gilt bei der Haftung für eigenübliche Sorgfalt gemäß § 277 BGB.[824] Dieser Sorgfaltsmaßstab wird in einigen Bereichen vom Gesetz angeordnet.[825] Betroffen sind Rechtsverhältnisse, die auf einer besonderen Beziehung zu einer Sache oder zu Personen untereinander beruhen. Eine Vergleichsmöglichkeit mit der Einigungsstelle besteht am ehesten im Hinblick auf § 708 BGB. Hintergrund des subjektiven Sorgfaltsmaßstabs für Gesellschafter ist die enge persönliche Verbundenheit. Man hat sich den Gesellschafter ausgesucht und muss ihn so hinnehmen wie er ist.[826]

Im Arbeitsrecht gibt es keine gegenseitige persönliche Vertrauensbeziehung.[827] Auch für die Einigungsstelle passt die Vorschrift nicht. Zwar wird der Vorsitzende von den Betriebsparteien ausgesucht, sofern er nicht gerichtlich bestellt wurde. Eine persönliche Verbundenheit entsteht dadurch nicht. Sie würde nicht zur Neutralitätspflicht des Vorsitzenden passen. Keinesfalls besteht eine Vertrauensbeziehung zu den Beisitzern, die von der Gegenseite ohne Ablehnungsrecht ausgesucht wurden. § 708 BGB ist einschränkend auszulegen und wird außerhalb personenrechtlicher Verbindungen nicht entsprechend angewandt.[828] Der subjektive Sorgfaltsmaßstab passt nicht zu den Grundsätzen eines arbeitsteiligen, auf sorgfältige Erfüllung der übernommenen Aufgaben angelegten Geschäftsverkehrs.[829]

Gegen eine Subjektivierung des Fahrlässigkeitsbegriffs spricht auch die Abschreckungsfunktion der Haftung. Traut sich ein Arbeitnehmer die anspruchsvolle Einigungsstellentätigkeit nicht zu, muss und darf er das Amt nicht übernehmen. Übernimmt er es dennoch, kann ihm bereits ein Übernahmeverschulden vorgeworfen werden.[830] Seine persönliche Unerfahrenheit oder Unwissenheit kann er nicht als Entschuldigung anführen.

3. *Vereinbarung einer Haftungsprivilegierung*

Die Einigungsstellenmitglieder könnten selbst die Initiative für eine Haftungsprivilegierung ergreifen, indem sie mit dem Arbeitgeber eine entsprechende vertragliche Vereinbarung treffen. Mit einer Haftungsvereinbarung kann die Befürchtung, bei einer umfassenden Haftung würde niemand mehr ein Amt als Einigungsstellenmitglied übernehmen, ausgeräumt werden. Den Einigungsstellenmitgliedern kann ein freies Handeln ermöglicht werden.[831] Die Haftungsbeschränkung würde auch

824 *Löwisch/Caspers*, in: Staudinger, BGB (2009), § 277 Rn. 1; *Grundmann*, in: MünchKommBGB (2012), § 277 Rn. 3.
825 §§ 346 Abs. 3 S. 1 Nr. 3, 690, 708, 1359, 1664, 2131 BGB.
826 *Löwisch/Caspers*, in: Staudinger, BGB (2009), § 277 Rn. 2; *Habermeier*, in: Staudinger, BGB (2009), § 708 Rn. 12.
827 *Grundmann*, in: MünchKommBGB (2012), § 277 Rn. 2.
828 *Habermeier*, in: Staudinger, BGB (2009), § 708 Rn. 17 ff.; *Steindorff*, JZ 1959, 1, 3 f.
829 *Schäfer*, in: MünchKommBGB (2013), § 708 Rn. 2.
830 *Schiemann*, BB 1983, 649, 656; *Grunewald*, JZ 1982, 627, 630.
831 *Fiebig*, Einigungsstelle, S. 27; *Bischoff*, S. 158.

für deliktische Ansprüche gelten, wenn die Pflichtverletzung aus dem Vertrag gleichzeitig eine unerlaubte Handlung darstellt oder wenn mangels Schuldverhältnisses ohnehin nur deliktische Ansprüche denkbar sind.[832]

a. Zulässigkeit einer vertraglichen Haftungsbeschränkung

Voraussetzung ist, dass eine solchen Haftungsprivilegierung keine Schutzinteressen Dritter entgegenstehen.

Bei Vorstands- und Aufsichtsratsmitgliedern einer Aktiengesellschaft kommt eine Haftungsbeschränkung weder durch Satzung noch durch Vereinbarung in Betracht. Die Haftung gemäß § 92 Abs. 2 AktG für jede Pflichtverletzung ist zwingend. Eine Haftungsmilderung würde gegen §§ 93 Abs. 1 S. 1, 23 Abs. 5 AktG und die in § 93 Abs. 5 AktG anklingende Gläubigerschutzfunktion verstoßen.[833]

Für GmbH-Geschäftsführer gibt es außerhalb des Anwendungsbereichs des § 43 Abs. 3 GmbHG, der der Erhaltung des Stammkapitals dient, keine Vorschrift, die einer Haftungsbeschränkung entgegensteht. Dennoch ist eine Haftungsbeschränkung für GmbH-Geschäftsführer in der Literatur umstritten.[834] Die Meinungen reichen vom völligen Ausschluss einer solchen Vereinbarung[835], über die Zulässigkeit einer Beschränkung für normale Fahrlässigkeit[836] bis hin zur Zulässigkeit einer Einschränkung auch für grobe Fahrlässigkeit[837]. Der BGH hat im Zusammenhang mit der Abkürzung der Verjährungsfrist des Anspruchs gemäß § 43 Abs. 2 GmbHG festgestellt, dass, mit Ausnahme des Anwendungsbereichs des § 43 Abs. 3 GmbHG, auch schon im Vorfeld das Entstehen eines Ersatzanspruchs näher geregelt, insbesondere begrenzt oder ausgeschlossen werden könne, indem beispielsweise ein anderer Verschuldensmaßstab vereinbart werde.[838]

Die Einigungsstelle hat gemäß § 76 Abs. 5 S. 3 BetrVG die Belange des Betriebs und der betroffenen Arbeitnehmer zu berücksichtigen. Besondere Gläubigerschutzvorschriften existieren für die Einigungsstelle nicht. Bedenken gegen eine Haftungsvereinbarung zwischen Einigungsstellenmitgliedern und Arbeitgeber bestehen daher nicht, solange sie nicht zu Lasten der Arbeitnehmer geht. Dass die Haftungsbeschränkung zu Lasten des Arbeitgebers geht, steht nicht entgegen, da dieser der Beschränkung ja gerade zustimmt und insofern nicht schutzwürdig ist.

---

832 *Larenz*, SchR AT, § 31 III S. 553, 555.

833 *Grunewald*, AG 2013, 813, 815; *Fleischer*, in: Spindler/Stilz, AktG, § 93 Rn. 3 f.; *Spindler*, in: MünchKommAktG (2014), § 93 Rn. 27

834 Zum Streitstand: *Fleischer*, in: MünchKommGmbHG (2012), § 43 Rn. 301 (mwN); *Zöllner/Noack*, in: Baumbach/Hueck, GmbHG, § 43 Rn. 46 (mwN).

835 *Haas/Ziemons*, in: Michalski, GmbHG, § 43 Rn. 14.

836 *Zöllner/Noack*, in: Baumbach/Hueck, GmbHG, § 43 Rn. 46; *Lohr*, NZG 2000, 1204, 1209.

837 *Altmeppen*, in: Roth/Altmeppen, GmbHG § 43 Rn. 117; *Fleischer*, in: MünchKommGmbHG (2012), § 43 Rn. 312; *Jula*, GmbHR 2001, 806, 808.

838 BGH vom 16.9.2002 – II ZR 107/01 – NZG 2002, 1170, 1171.

b. Ausdrückliche Vereinbarung

Der Vorteil einer ausdrücklichen individualvertraglichen Vereinbarung liegt darin, dass konkret festgelegt werden kann, für welche Art von Pflichtverletzung und in welchem Umfang die Haftungsprivilegierung greifen soll.

Die Haftung kann gemäß § 276 Abs. 3 BGB bis zur Grenze des Vorsatzes ausgeschlossen werden. Mit einem Haftungsausschluss bei grober Fahrlässigkeit werden zwar die Amtspflichten der Einigungsstelle erheblich eingeschränkt. Das Gesetz lässt eine so weit gehende Beschränkung zumindest in Individualabreden zu. Der Arbeitgeber, der sich auf eine solch weitgehende Beschränkung einlässt ist nicht schutzwürdig.[839] Solange nicht Interessen von Gläubigern, die auf die Haftungsvereinbarung keinen Einfluss nehmen konnten, betroffen sind, ist kein Grund ersichtlich die Haftungsbeschränkung auf Vorsatz nicht zuzulassen.[840]

Neben dem betriebsverfassungsrechtlichen Rechtsverhältnis, das durch die Anrufung der Einigungsstelle entsteht, kann ein vertragliches Schuldverhältnis mit dem Arbeitgeber begründet werden.[841] Sofern dieses keinen weiteren Inhalt als die Haftungsbeschränkung hat, handelt es sich um „reine Haftungsausschlußvereinbarungen".[842] Vereinbarungen zum Umfang der Haftung können bis zur Grenze der Sittenwidrigkeit gemäß § 138 BGB vereinbart werden. Eine Sittenwidrigkeit wird nur im Ausnahmefall anzunehmen sein, wenn das Einigungsstellenmitglied beispielsweise die zeitliche Zwangslage des Arbeitgebers ausnutzt, um eine Haftung für Verstöße gegen grundlegende Pflichten auszuschließen. Bei besonders qualifizierten Fachkräften, die auf Einigungsstellenverfahren spezialisiert sind, ist zu beachten, dass sie als solche ihre Leistung anbieten und diese auch entsprechend zu erfüllen haben.[843] Für einen Haftungsausschluss ist hier ein strengerer Maßstab anzulegen, als für betriebsangehörige Beisitzer, deren Qualifikation mehr darin liegt, die besonderen Umstände des Betriebs zu kennen.

Eine Haftungsbeschränkung kann nicht nur mit dem einvernehmlich bestellten Vorsitzenden und den arbeitgeberseitig bestellten Beisitzer vereinbart werden. Eine vertragliche Vereinbarung kann auch mit den Beisitzern auf Betriebsratsseite und dem gerichtlich bestellten Vorsitzenden getroffen werden. Auch wenn in diesen Fällen die Bestellung ohne direkte Mitwirkung des Arbeitgebers erfolgt, werden die Beisitzer regelmäßig ein eigenes Interesse haben, sich mit dem Arbeitgeber vor der Amtsübernahme in Verbindung zu setzten, um übermäßige Haftungsrisiken auszuschließen. Denkbar ist es auch, die Bestellung nur unter der Bedingung anzunehmen, dass eine Haftungsbeschränkung beispielsweise auf Vorsatz und grobe Fahrlässigkeit vereinbart wird. So wie beim GmbH-Geschäftsführer das

---

839 So für den GmbH-Geschäftsführer auch *Fleischer*, in: MünchKommGmbHG (2012), § 43 Rn. 312.

840 So für den GmbH-Geschäftsführer auch *Jula*, GmbHR 2001, 806, 808.

841 § 2 C. II. 2.

842 *Larenz*, SchR AT, § 31 III S. 554.

843 *Schiemann*, BB 1983, 649, 653.

organschaftliches Rechtsverhältnis unter der aufschiebenden Bedingung begründet werden kann, dass es zum Abschluss eines Anstellungsvertrages kommt,[844] kann auch das betriebsverfassungsrechtliche Schuldverhältnis unter der Bedingung begründet werden, dass eine Haftungsbeschränkung vereinbart wird.

Dadurch entsteht ein mittelbares Ablehnungsrecht des Arbeitgebers für Beisitzer des Betriebsrats, obwohl grundsätzlich die Beisitzer der Gegenseite nicht abgelehnt werden dürfen.[845] Nehmen als Beisitzer vorgeschlagene Personen die Bestellung nur unter der Bedingung einer Haftungsbeschränkung an, kann der Arbeitgeber diese Beisitzer ablehnen, indem er sich nicht auf die Bedingung einlässt. Dies ist zum Schutz der Beisitzer hinzunehmen. Sie haben es letztlich selbst in der Hand, zu welchen Bedingungen sie sich auf das Amt einlassen. Eine Pflicht zur Amtsübernahme besteht auch für Betriebsangehörige nicht.

Da betriebsfremde Beisitzer und der Vorsitzende einen Vergütungsanspruch gemäß § 76a Abs. 3 BetrVG haben, können sie Haftungsrisiken auch durch eine entsprechend höhere Vergütungsvereinbarung abdecken. Das LAG Frankfurt hat offen gelassen, ob neben die Grundsätze des § 76a Abs. 4 S. 3-5 BetrVG weitere Merkmale wie die besondere psychische Belastung oder Verantwortung treten können.[846] Der Wortlaut des § 76a Abs. 4 S. 3 BetrVG zeigt aber durch seine Formulierung „insbesondere", dass die dort genannten Kriterien nicht abschließend für die Bemessung der Vergütung sind. Berücksichtigungsfähig ist daher auch ein erhöhtes Haftungsrisiko.

c. *Konkludente Vereinbarung*

Bischoff geht auch ohne ausdrückliche Vereinbarung von einer stillschweigenden Haftungsbeschränkung aus.[847] Aus dem Charakter des betriebsverfassungsrechtlichen Rechtsverhältnisses geht eine solche Haftungsprivilegierung nicht hervor. Anders als beim Schiedsrichter, dessen Rechtsposition stets der eines staatlichen Richters gleichen soll, ist bei der Einigungsstelle nicht von einer grundsätzlichen Haftungsbeschränkung auszugehen. Eine konkludente Abrede kann daher ohne gewisse Anhaltspunkte nicht von vorneherein unterstellt werden. Sie kann bei einer Haftungserleichterung zu Gunsten der Betriebsratsbeisitzer keinesfalls angenommen werden, wenn diese mit dem Arbeitgeber gar nicht in Kontakt waren. Ohne Kontaktaufnahme können konkludente Willenserklärungen weder abgegeben, noch angenommen werden.[848] Fand eine Kontaktaufnahmen zwischen Beisitzer und Arbeitgeber statt, muss anzunehmen sein, dass – wäre die Frage vorher erör-

---

844 *Oetker*, in: Henssler/Strohn, Gesellschaftsrecht, § 35 GmbHG Rn. 7.

845 *Fitting*, BetrVG, § 76 Rn. 16; *Richardi*, in: Richardi, BetrVG, § 76 Rn. 49; *Berg*, in: D/K/K/W, BetrVG, § 76 Rn. 29, 33.

846 Vom 26.9.1991 – 12 TaBV 73/91 – NZA 1992, 469, 471.

847 *Bischoff*, S. 158.

848 Für eine Haftungsvereinbarung nur bei vertraglichem Schuldverhältnis *Schipp*, NZA 2011, 271, 273.

tert worden – der Schädiger eine Haftungsbeschränkung gefordert hätte und der Geschädigte diese billigerweise nicht hätte ablehnen dürfen.[849] Die Anforderungen hierfür sind hoch. Andernfalls liefe die Annahme einer konkludenten Haftungseinschränkung auf eine bloße Fiktion zur Begründung eines für wünschenswert gehaltenen Ergebnisses hinaus.[850] Allgemein ist die große Schwäche der konkludenten Haftungsbeschränkung die Rechtsunsicherheit.

Da ein Haftungsausschluss bei grober Fahrlässigkeit die Amtspflichten der Einigungsstellenmitglieder erheblich einschränkt, kann in einer konkludenten Vereinbarung nur die Haftung für normale Fahrlässigkeit ausgeschlossen werden.

Eine konkludente Haftungserleichterung dürfte allenfalls für Ermessensfehler greifen, da hier das Haftungsrisiko aufgrund von Prognoseentscheidungen nicht vollständig beherrschbar ist. Eine konkludente Haftungseinschränkung für Verfahrensfehler und Geheimnisverrat kann nicht angenommen werden. Diese Pflichtverletzungen sind beherrschbar. Unter dem Gesichtspunkt einer persönlichen Unabhängigkeit der Einigungsstelle und einer sachgerechten Amtsführung ist eine solche Haftungserleichterung nicht erforderlich, sodass sie nicht dem mutmaßlichen beiderseitigen Parteiwillen entspricht.

d. Vereinbarung in AGB

Personen, die öfter Mitglied einer Einigungsstelle sind (z.B. Rechtsanwälte, Richter), können eine Haftungsbeschränkung in vorformulierten Vertragsbedingungen aufnehmen, die sie jeweils dem Arbeitgeber vorlegen. Überraschend i.S.d. § 305c Abs. 1 BGB ist eine Klausel mit solchem Inhalt nicht. Das Interesse der Einigungsstellenmitglieder an einer Haftungsbeschränkung ist nachvollziehbar. Dass der Umfang der Haftung bei Einigungsstellenmitgliedern ein Problem ist, zeigt insbesondere die intensive Diskussion in der Literatur um die Erforderlichkeit einer Haftungsbeschränkung.[851]

Zu beachten ist, dass die Klauseln nicht mehrdeutig sein dürfen sowie ihre Transparenz. Eine Haftungsbegrenzung weicht von § 276 Abs. 1 BGB ab, sodass die Inhaltskontrolle gemäß § 307 Abs. 2 BGB eröffnet ist. Die Besonderheiten des Arbeitsrechts sind nicht wegen § 310 Abs. 4 S. 4 BGB zu berücksichtigen, da der Vertrag zwischen Arbeitgeber und Einigungsstellenmitglied kein Arbeitsvertrag ist.[852] Da der Arbeitgeber Unternehmer gemäß § 14 BGB ist, richtet sich der Umfang der Inhaltskontrolle nach § 310 Abs. 1 BGB. Haftungsausschlussklauseln sind daher nicht an §§ 308, 309 BGB zu messen, sondern an § 307 Abs. 1, 2 BGB. § 309 BGB kommt jedoch Indizfunktion zu. Insbesondere relevant ist § 309 Nr. 7b) BGB, der einen Haftungsausschluss für grobe Fahrlässigkeit für unwirksam erklärt. Auch

---

849 *Löwisch/Caspers*, in: Staudinger BGB (2009), § 276 Rn. 124; BGH vom 14. 11. 2002 – III ZR 87/02, NJW 2003, 578, 579.

850 So: *Otto/Schwarze*, Rn. 76; *Isele*, NJW 1964, 1441, 1443.

851 Hierzu nur *Schack*, S. 45; *Gaul*, S. 238 f.; *Bischoff*, S. 158.

852 § 2 C. II. 2.

§ 309 Nr. 7b) BGB kommt bei AGB gegenüber Unternehmern Indizfunktion zu. Ein Haftungsausschluss für grobe Fahrlässigkeit benachteiligt den Vertragspartner unangemessen, da er den Vertragszweck gemäß § 307 Abs. 2 Nr. 2 BGB gefährdet.[853] Der Klauselverwender darf nicht von Verpflichtungen befreit werden, deren Erfüllung die ordnungsgemäße Durchführung des Vertrags überhaupt erst ermöglicht und auf deren Einhaltung der Vertragspartner regelmäßig vertraut und vertrauen darf.[854] Das Vertrauen eines Verbrauchers, nicht grob fahrlässig geschädigt zu werden, unterscheidet sich nicht von einem entsprechenden Vertrauen eines Unternehmers. Bei einer Schädigung durch grobes Verschulden gibt es keine sachliche Rechtfertigung für eine Differenzierung zwischen Unternehmern und Verbrauchern.[855] Ein Haftungsausschluss für grobe Fahrlässigkeit kann in AGB daher nicht vereinbart werden.

Ob ein Haftungsausschluss für leichte Fahrlässigkeit wirksam in AGB vereinbart werden kann, richtet sich nach § 307 Abs. 1, 2 BGB. Er darf keine unangemessene Benachteiligung des Vertragspartners bewirken. Eine unangemessene Benachteiligung ist unter anderem anzunehmen, wenn wesentliche Rechte und Pflichten, die sich aus der Natur des Vertrags ergeben, so eingeschränkt werden, dass der Vertragszwecks gefährdet ist, § 307 Abs. 2 Nr. 2 BGB. Ein Haftungsausschluss für leichte Fahrlässigkeit ist daher möglich, sofern nicht vertragswesentliche Pflichten betroffen sind.[856] Vertragswesentliche Pflichten können nicht nur Hauptleistungspflichten, sondern auch Nebenleistungspflichten sein.[857] Wie Beispiel 9 zeigt, sind im Einigungsstellenverfahren Geheimhaltungspflichten von besonderer Bedeutung. Eine Mitteilung von sensiblen Daten nach außen kann den Zweck der Einigungsstelle gefährden.

Auch Verfahrensregeln sind von wesentlicher Bedeutung. Ist der Spruch aufgrund elementarer Verfahrensfehler unwirksam,[858] ist der Vertragszweck des Einigungsstellenverfahrens gefährdet. Der Vertragszweck wird nur erreicht, wenn sich die vertragstypischen Erwartungen des Vertragspartners erfüllen.[859] Der Arbeitgeber erwartet sich vom Einigungsstellenverfahren, dass Meinungsverschiedenheiten mit dem Betriebsrat beigelegt werden. Dieses Ziel erreicht nur ein wirksamer Spruch. Daher ist auch die Pflicht, einen rechtsfehlerfreien Spruch hervorzubringen, eine

853 BGH vom 19.9.2007 – VIII ZR 141/06 – NJW 2007, 3774 Rn. 12, 15; *Wurmnest*, in: MünchKommBGB (2012), § 309 Nr. 7 Rn. 33; *Coester-Waltjen*, in: Staudinger, BGB (2013), § 309 Nr. 7 Rn. 42.

854 BGH vom 19.9.2007 – VIII ZR 141/06 – NJW 2007, 3774 Rn. 15; vom 15.9.2005 – I ZR 58/03 – NJW-RR 2006, 267 Rn. 38.

855 BGH vom 19.9.2007 – VIII ZR 141/06 – NJW 2007, 3774 Rn. 15.

856 *Coester-Waltjen*, in: Staudinger, BGB (2013), § 309 Nr. 7 Rn. 42.

857 BGH vom 5.5.1992 – VI ZR 188/91b – NJW 1992, 2016, 12017; *Coester*, in: Staudinger, BGB (2013), § 307 Rn. 273.

858 § 3 C. I. 1. a.

859 *Wurmnest*, in: MünchKommBGB (2012), § 307 Rn. 74.

Wesentliche. Die Haftung für leichte Fahrlässigkeit kann bei Rechtsfehlern nicht ausgeschlossen werden.

Bei Ermessensfehlern ist hingegen der Vertragszweck nicht zwingend gefährdet. Zwar schuldet die Einigungsstelle einen ermessensfehlerfreien Spruch. Bei Ermessensfehlern ist der Spruch jedoch nur unwirksam, wenn die Ermessensüberschreitung innerhalb der Frist des § 76 Abs. 5 S. 4 BetrVG geltend gemacht wurde. Ein Haftungsausschluss für leichte Fahrlässigkeit ist hier keine unangemessene Benachteiligung. Zwar hat Arbeitgeber keine Möglichkeit, auf eine ermessensfehlerfreie Entscheidung hinzuwirken, und gleichzeitig ein großes Interesse an einer solchen. Auf Seite der Einigungsstellenmitglieder muss aber beachtet werden, dass das Risiko für Ermessensfehler schwer beherrschbar ist und deshalb ein berechtigtes Interesse an einem Haftungsausschluss für eine nur leicht fahrlässige Pflichtverletzungen besteht. Das Prognoserisiko ist typisch für Ermessensentscheidungen. Insofern unterscheiden sich Pflichtverletzungen in Form von Ermessensfehlern auch von übrigen Pflichtverletzungen ohne Prognoserisiko.

4. Zwischenergebnis

Weder eine Analogie noch die Modifikation des Fahrlässigkeitsbegriffs kann eine Haftungsprivilegierung für Einigungsstellemitglieder begründen. Eine Haftungsbeschränkung kann nur vertraglich vereinbart werden. Individualrechtlich ist eine umfassende Haftungsbeschränkung bis zur Grenze des § 276 Abs. 3 BGB und des § 138 BGB für alle Arten von Pflichtverletzungen möglich. In AGB ist eine Haftungsbegrenzung auf Vorsatz und grobe Fahrlässigkeit nur für Ermessensfehler möglich. Für andere Pflichtverletzungen scheitert der Haftungsausschluss an der unzulässigen Einschränkung vertragswesentlicher Pflichten.

III. Erweitertes Mitverschulden

Für Arbeitnehmer gilt bei betrieblich veranlassten Tätigkeiten ein Arbeitnehmerhaftungsprivileg, das durch richterliche Rechtsfortbildung entwickelt wurde.[860] Das ArbG Plauen erkannte erstmals einen Haftungsausschluss bei leichter Fahrlässigkeit wegen hoher Schadensgeneigtheit der Arbeit und mangelndem Risikoentgelt an.[861] Später wurde die Haftungseinschränkung bei gefahrgeneigter Arbeit durch den großen Senat des BAG gebilligt.[862] Es entwickelte sich eine dreistufige Haftung: Volle Haftung bei Vorsatz und grober Fahrlässigkeit, Haftungsausschluss bei leichter Fahrlässigkeit und quotale Schadensteilung bei mittlerer Fahrlässigkeit.[863] Später wurde eine Haftungserleichterung auch bei grober Fahrlässigkeit anerkannt,

860 Historische Übersicht bei *Reichold,* in: MüHbArbR, § 51 Rn. 20 ff.
861 ArbG Plauen vom 4.11.1936 – 1 Ca 189/36 – ARS 29, 62
862 BAG vom 25.9.1957 – GS 4 (5)/56 – NJW 1958, 235, 237.
863 BAG vom 19.3.1959 – 2 AZR 402/55 – NJW 1959, 1796; vom 16.2.1995 – 8 AZR 493/93 – NZA 1995, 565, 566; vom 18.4.2002 – 8 AZR 348/01 – NZA 2003, 37, 39.

wenn der Verdienst in deutlichem Missverhältnis zum Schadensrisiko steht.[864] Das Erfordernis der gefahrgeneigten Arbeit wurde schließlich aufgegeben.[865] Heute wird das Arbeitnehmerhaftungsprivileg auf § 254 BGB analog gestützt. Dem Arbeitgeber wird die Betriebsgefahr in Form eines Mitverschuldens zugerechnet. Kraft seiner Organisationsmacht kann er den arbeitstechnischen Zweck des Betriebes eigenverantwortlich bestimmen, die Betriebsorganisation nach seinen Plänen und Bedürfnissen gestalten und auf die Tätigkeit des Arbeitnehmers einwirken. Der Arbeitnehmer wird in die Betriebsorganisation und die faktischen Gegebenheiten des Arbeitsprozesses eingegliedert. Der Arbeitgeber prägt mit Hilfe seines Weisungsrechts und der von ihm gesetzten Organisation des Betriebes das Haftungsrisiko für den Arbeitnehmer.[866]

1. *Arbeitnehmerhaftungsprivileg für betriebsangehörige Beisitzer*

Werden Arbeitnehmer zu Beisitzern der Einigungsstelle bestellt, stellt sich die Frage, ob auch für diese Tätigkeit das Arbeitnehmerhaftungsprivileg gilt.

Dafür spricht, dass die Haftungsprivilegierung für Arbeitnehmer einen Teil ihres Arbeitsentgelts ausmacht. Würde man die Haftungsprivilegierung nicht anerkennen, müssten Arbeitnehmer zum Ausgleich des Risikos mehr verdienen. Die Tätigkeit in der Einigungsstelle ersetzt ihre normale Arbeitsleistung. Wenn für diese Tätigkeit das Arbeitnehmerhaftungsprivileg nicht gilt, würde der Arbeitnehmer-Beisitzer in diesem Zeitraum entsprechend weniger verdienen. Die Tätigkeit in der Einigungsstelle ist gleichzeitig aufgrund der hohen Verantwortung der Einigungsstellenmitglieder für Entscheidungen mit unter Umständen erheblicher finanzieller Bedeutung nicht weniger risikoreich, als eine Tätigkeit mit Arbeitsmaterialien von hohem Wert. Einigungsstellenbeisitzer würden folglich im Verhältnis zu Arbeitnehmern, die nicht Einigungsstellenmitglieder sind, ungleich behandelt.[867] Eine Ungleichbehandlung wegen der Tätigkeit als Einigungsstellenmitglied ist gemäß § 78 S. 2 BetrVG grundsätzlich verboten.

Die Ungleichbehandlung ist aber sachlich gerechtfertigt. *Gaul* lehnte die Übertragung des Arbeitnehmerhaftungsprivilegs noch mit dem Argument ab, die Tätigkeit der Einigungsstelle sei nicht schadengeneigt.[868] Nach heutigem Rechtsstand ist diese Begründung nicht mehr tragfähig, da dieses Kriterium aufgegeben wurde. Abzustellen ist nun auf die Einbindung in die betriebliche Organisation. Die Einigungs-

---

864 BAG vom 12.10.1989 – 8 AZR 276/88 – NZA 1990, 97, 98 f.

865 BAG vom 27.9.1994 – GS 1/89 (A) – NZA 1994, 1083, nach Vorlage an den Großen Senat des BAG (BAG vom 12.10.1989 – 8 AZR 741/87 – NZA 1990, 95) und dessen Vorlage an den Gemeinsamen Senat der Obersten Gerichtshöfe des Bundes (BAG vom 12.6.1992 – GS 1/89 – NZA 1993, 547).

866 BAG GS vom 27.9.1994 – GS 1/89 – NZA 1994, 1083; *Preis*, in: ErfK, § 619a BGB Rn. 10.

867 Vgl. für Betriebsratsmitglieder *Rosset*, S. 127 f.

868 *Gaul*, S. 240.

stellentätigkeit ist unabhängig vom arbeitsvertraglichen Schuldverhältnis.[869] Die Einigungsstelle ist nicht in die Betriebsorganisation des Arbeitgebers eingebunden. Die Einigungsstellenmitglieder unterliegen keinem Weisungsrecht, sondern werden selbständig tätig.[870] Sie können ihr Arbeitsumfeld selbst gestalten. Entsprechend wird auch für Betriebsratsmitglieder[871] und leitende Angestellte[872] ein Haftungsprivileg abgelehnt, da diese ihre Arbeitsorganisation selbst steuern und nicht in den Funktions- und Betätigungsablauf des Arbeitgebers eingebunden sind. Anders als beim Arbeitsverhältnis handelt es sich beim Amt als Einigungsstellenmitglied nicht um ein Dauerschuldverhältnis, in dem es früher oder später zur Unachtsamkeit kommen kann. Das Amt als Einigungsstellenmitglied ist ein vorübergehendes Amt. Dementsprechend kann ein höheres Maß an Sorgfalt erwartet werden.

Der Große Senat des BAG zieht zur Begründung des Haftungsprivilegs auch die Grundrechte als objektive Werteordnung heran.[873] Im Hinblick auf die verfassungsrechtliche Gewährleistung der Berufsfreiheit und der allgemeinen Handlungsfreiheit sei eine Haftungseinschränkung geboten. Die wirtschaftliche Folgen der Haftung wirkten sich sehr einschneidende auf die allgemeine Lebensgestaltung und Berufsausübung aus.

Die Entscheidung, ob ein Amt als Einigungsstellenmitglied übernommen wird, betrifft dagegen nur die allgemeine Handlungsfreiheit. Der Arbeitnehmer ist nicht aufgrund seines Arbeitsvertrags zur Übernahme des Amtes verpflichtet.

Die Ungleichbehandlung mit Arbeitnehmern, die nicht Beisitzer sind, ist nur dann nicht zur rechtfertigen, wenn die Pflichtverletzung als Einigungsstellenmitglied gleichzeitig eine Pflichtverletzung aus dem Arbeitsvertrag ist.[874] Denkbar wäre ein Verstoß gegen Geheimhaltungspflichten. Jedoch ist hier bereits das Arbeitnehmerhaftungsprivileg nicht einschlägig, da ein Verstoß gegen Geheimhaltungspflichten in der Regel nicht betrieblich veranlasst ist.

2. *Eigenständiges Einigungsstellenhaftungsprivileg*

Das Arbeitnehmerhaftungsprivileg ist zwar auf Arbeitnehmer, die zum Beisitzer bestellt wurden nicht anwendbar und erst Recht nicht auf Einigungsstellenmitglieder, die keine Arbeitnehmer sind. In Anlehnung an das Arbeitnehmerhaftungsprivileg kann aber ein eigenständiges Einigungsstellenhaftungsprivileg entwickelt werden.

---

869 *U. Fischer*, AuR 2005, 391, 393.

870 *Berg*, in: D/K/K/W, BetrVG, § 76 Rn. 18, 38 f.; *Kreutz/Jacobs*, in: GK-BetrVG, § 76 Rn. 92; *Spengler/Herbert* in: Spengler/Hahn/Pfeiffer, Einigungsstelle, § 2 Rn. 77 ff., § 8 Rn. 4; *Leipold*, in: FS Schnorr von Carolsfeld, S. 273, 277 f.

871 *Triebel*, S. 181; *Neumann-Duesberg*, RdA 1962, 289, 301.

872 *Bürkle/Fecker*, NZA 2007, 589, 592.

873 BAG GS vom 27.9.1994 – GS 1/89 (A) – NJW 1995, 210, 212; vom 12.6.1992 – GS 1/92 – NJW 1993, 1732, 1734.

874 *Rosset*, S. 127.

a. Herleitung

Beim Arbeitnehmerhaftungsprivileg wird dem Arbeitgeber das Betriebsrisiko gemäß § 254 BGB analog zugerechnet. Ermessensentscheidungen der Einigungsstelle sind von einem Prognoserisiko geprägt. Dieses Risiko trägt ohne Einschaltung der Einigungsstelle der Arbeitgeber. Einigt er sich mit dem Betriebsrat, muss er mit dieser Betriebsvereinbarung (abgesehen von der Kündigungsmöglichkeit) leben. Die Anrufung der Einigungsstelle ist daher insbesondere bei riskanten oder unliebsamen Entscheidungen eine Chance für den Arbeitgeber, sich selbst schadlos zu halten.

Nicht selten werden Entscheidungen der Einigungsstelle von Aktionären eher akzeptiert, als eine Einigung des Vorstands mit dem Betriebsrat. Die „Flucht in die Einigungsstelle" erscheint daher trotz des zusätzlichen Zeit- und Kostenaufwands unter diesen Umständen durchaus verlockend. Dies gilt insbesondere für Entscheidungen ohne Zeitdruck und solche, deren Schadensrisiko deutlich höher ist, als die Kosten der Einigungsstelle. Vor diesem Risiko, das grundsätzlich der Arbeitgeber zu tragen hat, müssen die Einigungsstellenmitglieder geschützt werden. Der Arbeitgeber darf sich seiner Verantwortung für Fehlentscheidungen nicht dadurch entziehen, bei schwer vorhersehbaren Geschehensabläufen nur deshalb die Einigungsstelle einzuberufen. Insbesondere wenn eine Einigung mit dem Betriebsrat nur daran scheitert, dass der Arbeitgeber die Verantwortung für die Entscheidung nicht übernehmen möchte, muss dies bei einem Schadensersatzanspruch gegen die Einigungsstellenmitglieder zu Lasten des Arbeitgebers berücksichtigt werden.

Das Prognoserisiko bei Ermessensentscheidungen ist dem Arbeitgeber gemäß § 254 BGB analog ebenso zuzurechnen, wie das Betriebsrisiko. § 254 BGB bezieht sich direkt zwar nur auf das Mitverschulden und nicht auf eine Risikotragung. Über eine analoge Anwendung können aber auch solche Umstände berücksichtigt werden, um eine einzelfallbezogene Billigkeit zu erreichen.[875] Der Anwendung des § 254 BGB analog liegt zugrunde, dass der Geschädigte selbst einen verschuldensunabhängigen Beitrag oder eine Ursache für den Schaden setzt, die mitberücksichtigt wird.[876] Durch die Anrufung der Einigungsstelle für eine Entscheidung mit dem hohen Risiko einer Fehlprognose oder für eine Entscheidung, die der Vorstand vor den Aktionären nicht selbst vertreten kann oder will, setzt der Arbeitgeber eine Ursache für den daraus ggf. entstehenden Schaden. Diese Risikoverteilung ist nicht untragbar, da der Arbeitgeber schließlich auch vom Einigungsstellenspruch profitiert.

b. Voraussetzungen

aa. Privilegierte Tätigkeit

Ein Einigungsstellenhaftungsprivileg kommt nur für entsprechend privilegierte Tätigkeiten in Betracht. Die Pflichtverletzung muss bei einer Tätigkeit begangen

875 *Reichold,* in: MüHbArbR, § 51 Rn. 28.
876 *Belling,* Die Haftung des Betriebsrats, S. 245

werden, die durch die Einigungsstelle veranlasst wurde.[877] Von der Einigungsstelle veranlasst, sind solche Tätigkeiten, die im Interesse der Einigungsstelle ausgeführt werden oder in nahem Zusammenhang mit der Einigungsstelle stehen. Nichtleistung, Verzug oder ein Verstoß gegen Geheimhaltungspflichten oder andere Nebenpflichten sind nie von der Einigungsstelle veranlasst. Es wird in diesen Fällen keine Tätigkeit durchgeführt, die dem Interesse der Einigungsstelle dient.[878]

bb. Verwirklichung des Prognoserisikos

Vom Arbeitnehmerhaftungsprivileg ist jede Schlechtleistung erfasst. Das gilt für das Einigungsstellenhaftungsprivileg nicht. Es geht darum, die Einigungsstellenmitglieder vor Risiken aus der Sphäre des Arbeitgebers zu schützen. Pflichtverletzungen, die aus der Sphäre der Einigungsstelle stammen und auf die der Arbeitgeber keinen Einfluss hat, sind nicht privilegiert.

Ein Privileg kann daher keinesfalls für Verfahrensfehler greifen. Für das Verfahren sind die Einigungsstellenmitglieder, insbesondere der Vorsitzende, alleine verantwortlich. Darauf hat der Arbeitgeber keinerlei Einfluss, sodass eine Zurechnung gemäß § 254 BGB analog ausscheidet.

Ähnliches gilt für Rechtsfehler. Zwar besteht das Risiko hinsichtlich Rechtsfehler bei einer Einigung zwischen Arbeitgeber und Betriebsrat ebenso. Trotzdem ist das Risiko, dass die Einigungsstelle einen Rechtsfehler begeht, nicht dem Arbeitgeber zuzurechnen. Die Einigungsstelle trifft eine eigene Entscheidung, für die sie die Verantwortung trägt.

Privilegiert sind alleine Ermessensentscheidungen, die auf einer Prognose beruhen. Das Risiko, dass sich ein Geschehen anders entwickelt als vermutet, trifft Arbeitgeber und Einigungsstelle gleichermaßen. Nur vor einer Überwälzung dieses Risikos soll die Einigungsstelle geschützt werden.

c. Rechtsfolgen

Die Rechtsfolge ist wie beim Arbeitnehmerhaftungsprivileg zu gestalten. Die Einigungsstellenmitglieder haften bei Vorsatz und grober Fahrlässigkeit voll, bei leichter Fahrlässigkeit gar nicht und bei mittlerer Fahrlässigkeit anteilig, abhängig von den jeweiligen Verursachungsbeiträgen.

Bei der Quotelung können insbesondere auch die individuellen Umstände jedes Einigungsstellenmitglieds berücksichtigt werden. So sind bei der Arbeitnehmerhaftung die Stellung des Arbeitnehmers im Betrieb und die Höhe des Arbeitsentgelts berücksichtigungsfähig.[879] Bei der Haftung der Einigungsstellenmitglieder

---

877 Bei Arbeitnehmerhaftungsprivileg entsprechend betriebliche Veranlassung: BAG vom 12.6.1992 – GS 1/89 – NZA 1993, 547, 550; *Henssler*, in: MünchKommBGB (2012), § 619a Rn. 22.

878 *Krause*, NZA 2003, 577, 582; *Schlachter*, in: FS OLG Jena, S. 252, 260; *Otto/Schwarze*, Rn. 142.

879 BAG vom 27.9.1994 – GS 1/89 (A) – NJW 1995, 210, 213.

kann Rücksicht auf ihre besondere Qualifikation oder die Höhe ihrer Vergütung genommen werden. Billigerweise haftet ein auf Einigungsstellenverfahren spezialisierter Anwalt, der entsprechend vergütet wird, stärker, als ein als Lagerist tätiger Arbeitnehmer, der unter Fortzahlung seiner üblichen Vergütung von der Arbeitsleistung freigestellt wurde.

Die von der Rechtsprechung anerkannte Haftungserleichterung bei grober Fahrlässigkeit, wenn der Verdienst im deutlichen Missverhältnis zum Schadensrisiko steht,[880]ist auch bei der Einigungsstelle sinnvoll. So können insbesondere betriebsangehörige Beisitzer geschützt werden, die das Haftungsrisiko nicht durch eine entsprechende Verhandlung der Vergütung abdecken können.

Zu Lasten des Arbeitgebers kann hier, sofern nachweisbar, auch berücksichtigt werden, dass der Arbeitgeber die Einigungsstelle angerufen hat, um nicht die Verantwortung für einen Betriebsvereinbarung übernehmen zu müssen.

IV. Ergebnis

Die Haftungsbeschränkung muss einen Ausgleich zwischen dem Ersatzinteresse des Geschädigten und dem Schutz einer effektiven Einigungsstellentätigkeit schaffen. Eine Haftung sichert die Achtung und Glaubwürdigkeit der Einigungsstelle.[881]

Es hat sich gezeigt, dass die in der Literatur allgemein geforderte Haftungsbeschränkung zu undifferenziert ist. Ein konkretes Bedürfnis für eine Haftungsbeschränkung besteht nur bei Ermessensfehlern. Den Einigungsstellenmitgliedern uneingeschränkt das Prognoserisiko aufzubürden, wird als unbillig empfunden. Eine Analogie zu anderen haftungseinschränkenden Normen scheitert. Eine gewisse Haftungserleichterung tritt aufgrund der ex-ante Beurteilung des Ermessensfehlers ein.

Das Einigungsstellenhaftungsprivileg schützt vor einer Haftung gegenüber dem Arbeitgeber bei leicht fahrlässigen Ermessensfehlern. Für mittlere Fahrlässigkeit findet eine quotale Schadensteilung nach Verursachungsbeiträgen statt. Eine Haftungsbegrenzung bei grober Fahrlässigkeit kann nur ausnahmsweise für Arbeitnehmerbeisitzer angenommen werden, die unter Fortzahlung eines geringen Arbeitsentgelts von der Arbeitsleistung freigestellt sind, wenn gleichzeitig das Schadensrisiko unverhältnismäßig hoch ist.

Empfehlenswert bleibt trotzdem eine ausdrückliche vertragliche Haftungsvereinbarung. So können sich die Einigungsstellenmitglieder selbst gegen eine erdrückende Haftung absichern.

Die Befürchtung, bei einer umfassenden Haftung würde man keine Kandidaten mehr finden, die bereit sind, das Amt als Einigungsstellenmitglied zu übernehmen, wird sich nicht bewahrheiten. Das Haftungsrisiko kann für betriebsfremde Beisitzer bei der Vergütungsvereinbarung berücksichtigt werden. Bei entsprechend hoher Vergütung werden sich daher immer Personen finden lassen. Allenfalls die

880 BAG vom 12.10.1989 – 8 AZR 276/88 – NZA 1990, 97, 98 f.

881 Zur Betriebsratshaftung: *Triebel*, S. 184 f.; *Nolting*, S. 43.

Bereitschaft der Betriebsangehörigen, für das Amt zu kandidieren, könnte zurückgehen. Um einer daraus resultierenden Kostenerhöhung der Einigungsstelle entgegenzuwirken, kann der Arbeitgeber in vertragliche Haftungseinschränkungen einwilligen. Unter dieser Voraussetzung wird auch die Bereitschaft der Betriebsangehörigen wieder steigen.

D. Gegenüber Konzernunternehmen und bei Unternehmensspaltungen

I. Gegenüber Konzerntochter

Bei der Haftung gegenüber dem Arbeitgeber haben sich als einzige relevante Haftungsprivilegierungen eine entsprechende vertragliche Vereinbarung und eine Risikozurechnung gemäß § 254 BGB analog herausgestellt.[882]

Bestellt die Konzernmutter zusammen mit dem Konzernbetriebsrat eine Einigungsstelle, kann sie mit den einzelnen Einigungsstellenmitgliedern vertragliche Haftungsvereinbarungen treffen. Diese wirken aber nur im Verhältnis zur Konzernmutter als Vertragspartnerin. Eine Haftungsbeschränkung zu Lasten der Konzerntöchter ist ein unzulässiger Vertrag zu Lasten Dritter. Nach Ansicht des AG Nürnberg ist zwar eine Haftungsbeschränkung gegenüber Dritten vor Eintritt des schädigenden Ereignisses zulässig.[883] Unzulässig sei es nur, durch eine vertragliche Abrede in eine bestehende Rechtsposition eines Dritten einzugreifen. Bevor der Schadensersatzanspruch entsteht, könne eine Haftungsminderungsvereinbarung daher geschlossen werden. Im konkret entschiedenen Fall mag die Haftungsbeschränkung wirksam gewesen sein. Grund dafür ist aber, dass dort die Mutter als gesetzliche Vertreterin des Kindes eine Haftungsbeschränkung mit Wirkung für ihr Kind vereinbaren konnte. Der Vertreter kann nachteilige Verträge für den Vertretenen schließen. Ohne entsprechende Vertretungsmacht können aber keine Verträge zu Lasten Dritter geschlossen werden, auch nicht bevor der Anspruch entstanden ist.

Zwar nimmt die Konzernmutter in betriebsverfassungsrechtlicher Hinsicht eine dem gesetzlichen Vertreter vergleichbare Stellung gegenüber den Konzerntöchtern ein.[884] Das BetrVG verleiht ihr die Macht, gegenüber den Konzerntöchtern unmittelbar und zwingend wirkende Konzernbetriebsvereinbarungen abzuschließen und eine Einigungsstelle mit Spruchmacht gegenüber den Konzerntöchtern zu bestellen. Haftungsvereinbarungen mit den Einigungsstellenmitgliedern sind indes privatrechtliche Verträge. Für sie gelten die Vertretungsregeln des BGB. Ohne entsprechende Vertretungsmacht durch die Konzerntöchter kann die Konzernmutter keine Haftungsvereinbarungen zu deren Lasten vereinbaren.

---

882 Oben § 5 C. II. 3. und § 5C. III. 2.
883 AG Nürnberg vom 27.7.2005 – 21 C 2563/05 – NJW-RR 2005, 1612, 1613.
884 Oben § 3 F. II. 1.

Eine Haftungsbeschränkung gemäß § 254 BGB analog wegen einer Risikoverlagerung auf die Einigungsstelle durch die Konzerntochter kommt nicht in Betracht, da diese die Einigungsstelle nicht bestellt. Es besteht aber die Gefahr, dass die Konzernmutter das Risiko für Fehlentscheidungen auf die Einigungsstelle verlagert. Insbesondere muss verhindert werden, dass sich die Konzernmutter der Schadensersatzhaftung gemäß § 317 AktG durch Anrufung der Einigungsstelle entzieht, da die Bestellung der Einigungsstelle nicht als Veranlassung der Konzerntochter zu einer nachteiligen Maßnahme qualifiziert wird und ihr der Einigungsstellenspruch auch nicht als eigene Handlung zugerechnet wird.[885] Einigt sich indes die Konzernspitze mit dem Konzernbetriebsrat auf eine für einzelne Unternehmen nachteilige Konzernbetriebsvereinbarung, haftet die Konzernspitze den beherrschten Unternehmen gemäß § 317 AktG.[886] Will sich die Konzernmutter einer Haftung gemäß § 317 AktG entziehen, indem sie die Einigungsstelle einschaltet, ist diese Risikoverlagerung gemäß § 254 BGB analog auch der Konzerntochter zuzurechnen, §§ 254 Abs. 1 S. 2, 278 BGB. Die gesetzliche begründete Zuständigkeitsverlagerung von betriebsverfassungsrechtlichen Kompetenzen auf die Konzernmutter, räumt dieser die Stellung eines gesetzlichen Vertreters ein.[887] Damit ist gegenüber der Tochtergesellschaft eine Haftung für leicht fahrlässige Ermessensfehler ausgeschlossen, bei mittlerer Fahrlässigkeit wird der Schaden nach Verursachungsbeiträgen geteilt und bei Vorsatz und grober Fahrlässigkeit haften die Einigungsstellenmitglieder voll. Soweit die Haftung der Einigungsstellenmitglieder wegen des Mitverschuldens der Konzernmutter begrenzt oder ausgeschlossen ist, können die Konzerntöchter bei der Konzernmutter gemäß § 317 AktG Regress nehmen. Das eigene Verschulden der Konzernmutter ist hier als nachteilige Einflussnahme i.S.d. § 317 AktG zu qualifizieren.

II. Gegenüber Konzernmutter

Ein Schadensersatzanspruch der Konzernmutter gegen die Mitglieder der Einigungsstelle bei einer Einigungsstelle auf Ebene der Konzerntochter wird nur gemäß § 823 Abs. 2 BGB i.V.m § 79 BetrVG wegen der Verletzung von Geheimhaltungspflichten bestehen.[888] Da die Konzernmutter an der Bestellung der Einigungsstelle auf Ebene der Tochter nicht mitwirkt, ist eine vertragliche Haftungsvereinbarung in diesem Verhältnis unwahrscheinlich.

Ohnehin ist es bereits äußerst fragwürdig ob sich der Arbeitgeber vertraglich darauf einlässt, die Haftung bei einem Verstoß gegen Geheimhaltungspflichten einzuschränken. Eine Haftungsvereinbarung zwischen den Einigungsstellenmitgliedern

---

885 Oben § 3 D. II. 1.

886 *Franzen*, in: GK-BetrVG § 58 Rn. 15, *Bachner*, NZA 1995, 256, 259; *Hanau*, ZGR 1984, 468, 484.

887 Oben § 3 F. II. 1.

888 § 3 B. I. 4. b.

und der Konzerntochter erstreckt sich jedenfalls aufgrund der Relativität der Schuldverhältnisse nicht auf die Konzernmutter. Gegenüber der Konzernmutter wäre sie ein unzulässiger Vertrag zu Lasten Dritter.

III. Gegenüber Anlagegesellschaft

Die Anlagegesellschaft ist in die Schutzwirkung des betriebsverfassungsrechtlichen Schuldverhältnisses zwischen Betriebsgesellschaft und Einigungsstelle einbezogen.[889] Wird in diesem Verhältnis eine vertragliche Haftungsbegrenzung vereinbart, gilt diese auch gegenüber der Anlagegesellschaft. Die Einbeziehung in den geschützten Vertragsbereich erweitert den Rechtsschutz. Im Gegenzug müssen die damit verbundenen Rechtsnachteile ebenfalls in Kauf genommen werden.[890] Das folgt auch aus dem Rechtsgedanken des § 334 BGB, der für den Vertrag mit Schutzwirkung herangezogen werden kann.[891] Gemäß § 334 BGB kann der Versprechende Einwendungen aus dem Vertrag auch dem Dritten entgegenhalten. So kann das Einigungsstellenmitglied eine vertragliche Haftungsbeschränkung nicht nur dem Vertragspartner (Betriebsgesellschaft), sondern auch der Anlagegesellschaft entgegenhalten.

Sofern der Anspruch der Betriebsgesellschaft gegen die Einigungsstellenmitglieder gemäß § 254 BGB analog um das ihr zuzurechnende Prognoserisiko zu kürzen ist,[892] muss sich auch die Anlagegesellschaft eine entsprechende Anspruchskürzung nach dem Rechtsgedanken des § 334 BGB entgegenhalten lassen. Zwar ist § 334 BGB dispositiv. Bei gegenläufigen Interessen von Gläubiger und Drittem ist davon auszugehen, dass § 334 BGB stillschweigend abbedungen wurde.[893] Anders als bei Wertgutachten, die dem Kaufinteressenten vorgelegt werden und daher insbesondere dessen Schutz – unabhängig vom Schutz des Auftraggebers – bezwecken, ist bei Einigungsstellensprüchen nicht anzunehmen, dass die Anlagegesellschaft stärker geschützt werden soll, als die Betriebsgesellschaft. Beide Gesellschaften haben das übereinstimmende Interesse an einer für den Arbeitgeber möglichst günstigen Entscheidung. Es handelt sich gerade nicht um eine Fallgestaltung mit gegensätzlichen Interessen und entsprechenden Risikoungleichheiten.[894]

Die Haftung der Einigungsstellenmitglieder kann vertraglich speziell gegenüber der Anlagegesellschaft beschränkt werden. Den Parteien ist es selbst überlassen, ob sie einen Drittschutz vereinbaren oder ausschließen wollen.[895] Voraussetzung für

889 § 2 F. III.

890 BGH vom 8.5.1956 – VI ZR 58/55 – BeckRS 1956, 31371340 unter II. 4. hinsichtlich der Anrechnung eines Mitverschuldens.

891 BGH vom 7.11.1960 – VII ZR 148/59 – NJW 1961, 211, 212; vom 15.6.1971 – VI ZR 262/69 – NJW 1971, 1931, 1932; *Gottwald*, in: MünchKommBGB (2012), § 328 Rn. 191.

892 § 5 C. III. 2.

893 BGH vom 10.11.1994 – III ZR 50/94 – NJW 1995, 392, 393 f.

894 Für eine Differenzierung nach Risikogleichlauf einerseits und Risikoungleichheit und gegenläufiger Interessen andererseits *M. Weber*, NZG 1999, 1, 8.

895 *Gottwald*, in: MünchKommBGB (2012), § 328 Rn. 191.

den Vertrag mit Schutzwirkung zu Gunsten Dritter ist ein Einbeziehungsinteresse des Gläubigers (Gläubigernähe).[896] Willigt die Betriebsgesellschaft in eine beschränkte Haftung der Einigungsstellenmitglieder gegenüber der Anlagegesellschaft ein, bringt sie zum Ausdruck, dass sie kein Interesse an der vollen Einbeziehung der Betriebsgesellschaft in den Schutzbereich des Schuldverhältnisses hat. Eine solche Haftungsbeschränkung ist auch in AGB möglich, soweit die Grenzen des § 309 Nr. 7b) BGB nicht überschritten sind. Die Haftungsbeschränkung gegenüber der Anlagegesellschaft betrifft nicht die Aufhebung oder Einschränkung einer vertragswesentlichen Pflicht, sondern begrenzt nur den Personenkreis, dem gegenüber gehaftet werden soll. Ein Verstoß gegen § 307 Abs. 2 Nr. 2 BGB ist daher nicht anzunehmen.[897]

E. Gegenüber den Arbeitnehmern

Der Arbeitnehmer hat allenfalls einen deliktischen Schadensersatzanspruch gegen die Einigungsstellenmitglieder, wenn ein absolutes Rechtsgut oder Schutzgesetz verletzt ist.[898] Auch hier stellt sich die Frage nach einer Haftungsprivilegierung der Einigungsstellenmitglieder.

I. Keine vertragliche Haftungsbeschränkung

Eine vertragliche Haftungsbeschränkung zwischen Einigungsstellenmitgliedern und Arbeitnehmern müsste entweder zwischen den Einigungsstellenmitgliedern und jedem einzelnen Arbeitnehmer vereinbart werden, oder zwischen den Einigungsstellenmitgliedern und einem Vertreter, dem von allen Arbeitnehmern Vertretungsmacht erteilt wurde. Der Betriebsrat ist gerade kein Vertreter der Arbeitnehmer.[899] Als Repräsentant der Arbeitnehmer ist er nicht ermächtigt, Haftungsbeschränkungen mit Wirkung für die Arbeitnehmer zu vereinbaren.[900]

Die Vereinbarung einer Haftungsbeschränkung zwischen Arbeitgeber und Einigungsstellenmitglieder schlägt nicht auf die Arbeitnehmer durch. Aufgrund der Relativität der Schuldverhältnisse wirkt eine solche Vereinbarung nur zwischen den Parteien, die sich darauf geeinigt haben. Gegenüber Arbeitnehmern wäre die Haftungsbeschränkung ein unzulässiger Vertrag zu Lasten Dritter.

---

896 *Vieweg*, in: Staudinger, Eckpfeiler (2014), J. Rn. 81 ff.; *Gottwald*, in: MünchKomm-BGB (2012), § 328 Rn. 178 ff.

897 OLG Hamm vom 29.5.2013 – 12 U 178/12 – NJW-RR 2013, 1522, 1522; **a.A.** OLG Hamm vom 5.9.2013 – 21 U 143/12 – NJW-RR 2014, 29, 30.

898 § 4 A. III.

899 § 4 A. IV.

900 **A.A.** *Bischoff*, S. 158.

II. Kein Einigungsstellenhaftungsprivileg

Ein Einigungsstellenhaftungsprivileg gemäß § 254 BGB analog im Sinne einer Risikozurechnung an die Arbeitnehmer kommt nicht in Betracht. Da die Arbeitnehmer auf die Bestellung der Einigungsstelle keinen Einfluss haben, können sie auch kein Risiko auf diese abwälzen. Sofern der Betriebsrat versucht etwaige Risiken (insbesondere das Prognoserisiko bei Ermessensentscheidungen) durch Einschaltung der Einigungsstelle auf diese abzuwälzen, statt sich mit dem Arbeitgeber zu einigen, kann dies den Arbeitnehmern nicht zugerechnet werden. Der Betriebsrat ist weder Erfüllungsgehilfe, noch gesetzlicher Vertreter. Erfolgversprechende Schadensersatzansprüche der Arbeitnehmer gegen die Einigungsstellenmitglieder gibt es indes nur bei Verletzung eines absoluten Rechtsguts oder eines Schutzgesetzes. Diese werden regelmäßig nicht auf Ermessensfehlern, sondern auf Rechtsfehlern beruhen.

F. Gegenüber Vertragspartnern

Für Verbindlichkeiten aus Verträgen, die außerhalb der Rechtsfähigkeit der Einigungsstelle geschlossen werden, haftet das handelnde Einigungsstellenmitglied gemäß § 179 Abs. 1 BGB analog. Die Haftungseinschränkungen der Absätze 2 und 3 gelten ebenso analog.[901]

I. § 179 Abs. 2 und 3 BGB analog

Gemäß § 179 Abs. 2 BGB analog ist die Haftung auf das negative Interesse beschränkt, wenn das Einigungsstellenmitglied keine Kenntnis von der fehlenden Erforderlichkeit der Kosten hatte, weil es beispielsweise zuvor entsprechenden Rechtsrat eingeholt hat.

§ 179 Abs. 3 BGB schließt die Haftung aus, wenn der Vertragspartner die mangelnde Erforderlichkeit der Kosten kannte oder kennen musste. Bei einem Beratungsvertrag zwischen Betriebsrat und einem auf die Beratung von Betriebsräten spezialisierten Unternehmen liegt ein Haftungsausschluss nahe.[902] Für die Einigungsstelle werden die Voraussetzungen des § 179 Abs. 3 BGB in der Regel nicht erfüllt sein. Die Einigungsstelle ist nicht zum Abschluss von Beraterverträgen ermächtigt. Ihre Vertragspartner sind nicht auf die Beratung von Einigungsstellen spezialisiert und verfügen nicht über besondere Kenntnisse, welche Kosten für die Tätigkeit der Einigungsstelle erforderlich sind. Das gilt auch für Sachverständige. Sie sind Experten in ihrem Fachgebiet. Mit der Tätigkeit der Einigungsstelle als solcher und den Grenzen ihrer Rechtsfähigkeit hat dieses Fachgebiet in der Regel nichts zu tun.

---

901 BGH vom 25.10.2012 – III ZR 266/11 – NZA 2012, 1382 Rn. 40 ff.; oben § 4 B. III.

902 Dieser Sachverhalt lag zugrunde in BGH vom 25.10.2012 – III ZR 266/11 – NZA 2012, 1382.

II. Keine Haftungsbeschränkung auf Vorsatz und grobe Fahrlässigkeit

Der BGH hat für den Betriebsrat eine über § 179 Abs. 2, 3 BGB hinausgehende Haftungsbeschränkung abgelehnt.[903]

Dies stieß in der Literatur überwiegend auf Kritik. Gefordert wurde eine Haftungsbeschränkung auf Vorsatz und grobe Fahrlässigkeit.[904] Das Betriebsratsamt sei ein Ehrenamt gemäß § 37 Abs. 1 BetrVG. Das Haftungsrisiko habe erbliche Auswirkungen auf die Bereitschaft zur Kandidatur und behindere die Betriebsratsmitglieder bei der Ausübung ihrer Amtsgeschäfte.

Mit dem Ehrenamt lässt sich bei der Haftung der Einigungsstellenmitglieder gemäß § 179 Abs. 1 BGB analog nicht argumentieren.[905] Die Haftung gemäß § 179 Abs. 1 BGB analog trifft in der Regel den Vorsitzenden, da dieser nach außen auftritt (ggf. nach einen entsprechenden Beschluss der Einigungsstelle). Da dieser stets eine Vergütung erhält, lässt sich eine Haftungsprivilegierung nicht rechtfertigen.

Vielmehr ist der Argumentation des BGH zu folgen:[906] Einer über § 179 Abs. 2, 3 BGB hinausgehenden Haftungsbeschränkung bedürfe es nicht, da das Haftungsrisiko bereits dadurch reduziert sei, dass sich die Frage der Erforderlichkeit aus einer ex-ante Sicht beurteile. Dem Betriebsrat stehe insoweit ein Beurteilungsspielraum zu, welcher im Interesse der Funktions- und Handlungsfähigkeit des Betriebsrats nicht zu eng zu ziehen sei.

Das gilt ebenso für die Einigungsstelle. Aufgrund des relativ großzügigen Beurteilungsspielraums hinsichtlich der Erforderlichkeit der Kosten verlagert sich die Frage nach einem vorsätzlichen oder grob fahrlässigen Handeln gewissermaßen nach vorne. Die leicht fahrlässige Annahme einer Erforderlichkeit der Kosten dürfte sich im Regelfall noch im Rahmen des Beurteilungsspielraums des Betriebsrats halten.

Bedenklich wäre diese Verlagerung, wenn der Vorsitzende einen Beschluss ausführt, dem er selbst nicht zugestimmt hat.[907] Einmal geht es nämlich um den Beurteilungsspielraum des Gremiums, einmal um das Handeln des Vorsitzenden. Das Gremium könnte in einem Beschluss, dem der Vorsitzende nicht zugestimmt hat, grob fahrlässig die Erforderlichkeit der Kosten annehmen. Dann würde der Vorsitzende als Handelnder gemäß § 179 BGB analog haften, obwohl ihm selbst kein Vorwurf zu machen ist. Er wäre auf einen Ausgleich im Innenverhältnis zu den anderen dafür stimmenden Einigungsstellenmitgliedern beschränkt. Relevant wird das nur bei einem Beschluss über die Hinzuziehung von Sachverständigen.

---

903 BGH vom 25.10.2012 – III ZR 266/11 – NZA 2012, 1382 Rn. 44 ff.

904 *Fitting*, BetrVG, § 1 Rn. 211; *Dommermuth-Alhäuser/Heup*, BB 2013, 1461, 1467; *Thüsing*, in: Richardi, BetrVG, Vor § 26 Rn. 14.

905 Dazu auch § 5 C. II. 1. e.

906 BGH vom 25.10.2012 – III ZR 266/11 – NZA 2012, 1382 Rn. 44 f.

907 *Preis/Ulber*, Anm. zum Urteil des BGH vom 25.10.2012 – III ZR 266/11 – JZ 2013, 579, 582.

Andere Verträge schließt der Vorsitzende ohne vorherigen Beschluss in eigener Verantwortung.[908]

Das zweistufige Abstimmungsverfahren des § 76 Abs. 3 S. 3 BetrVG darf nicht den Eindruck erwecken, der Vorsitzende müsse einen Beschluss ausführen, an dem er nicht einmal selbst mitgewirkt hat. Für verfahrensleitende Beschlüsse ist § 76 Abs. 3 S. 3 BetrVG nicht anzuwenden. Die Vorschrift gilt nur für sachlich-inhaltliche Sprüche. Zwar lässt der Wortlaut nicht erkennen, welche Art von Beschlüssen gemeint ist. Da die „Beschlüsse" in § 76 Abs. 5 S. 3 BetrVG im Zusammenhang mit der Berücksichtigung der beiderseitigen Interessen genannt sind und sich die arbeitsgerichtliche Ermessensüberprüfung in S. 4 unmittelbar daran anschließt, spricht die Systematik der Vorschrift dafür, dass mit „Beschlüsse" nur sachlich-inhaltliche Sprüche, also der das Einigungsstellenverfahren abschließende Spruch gemeint ist.[909] Auch der Sinn und Zweck des zweistufigen Abstimmungsverfahrens spricht für ein solches Verständnis. Die Parteien bzw. deren Interessenvertreter sollen zunächst selbst ohne die Stimme des Vorsitzenden versuchen, sich zu einigen. Gemeint ist dabei eine Einigung in der Sache, nicht hinsichtlich des Verfahrens.[910] Verfahrensfragen, wie die Hinzuziehung eines Sachverständigen, können in einem einzigen Abstimmungsvorgang unter sofortiger Beteiligung des Vorsitzenden mit einfacher Stimmmehrheit gefasst werden.[911]

Doch auch wenn der Vorsitzende von den Beisitzern überstimmt wird und entsprechend dem Beschluss einen Sachverständigen hinzuzieht, ist seine persönliche Haftung gerechtfertigt. Hält er den Beschluss der Einigungsstelle für falsch, weil ein Sachverständiger nach seiner Auffassung nicht erforderlich ist, muss er erneut auf die Verfahrensbeteiligten unter Darlegung seiner Bedenken einwirken.[912] Verlangt die Mehrheit der Einigungsstelle dennoch weiterhin die Hinzuziehung eines Sachverständigen, kann sich der Vorsitzende durch eine Absprache mit dem Arbeitgeber hinsichtlich der Kostenübernahme absichern. Verweigert der Arbeitgeber die Kostenübernahme, kann sich der Vorsitzende einer Haftung durch Amtsniederlegung entziehen.

Dieser Fall dürfte in der Praxis aber nicht vorkommen. Der Vorsitzende kann (die Teilnahme aller Beisitzer vorausgesetzt) nur überstimmt werden, wenn auch mindestens ein Beisitzer auf Arbeitgeberseite für die Hinzuziehung eines Sachverständigen stimmt. In diesen Fällen wird regelmäßig auch der Arbeitgeber ein Interesse an der Hinzuziehung des Sachverständigen haben und einer Kostenübernahme zustimmen. Der weite Beurteilungsspielraum aus ex-ante Sicht reicht daher für eine angemessene Einschränkung des Haftungsrisikos aus.

---

908 § 4 B. III. 4.

909 *Hennige*, S. 168; *Schönfeld*, NZA Beil. 4/1988, 3, 9.

910 *Kreutz/Jacobs*, in: GK-BetrVG, § 76 Rn. 113; *Berg*, in: D/K/K/W, BetrVG, § 76 Rn. 130; *Fitting*, BetrVG, § 76 Rn. 87.

911 *Berg*, in: D/K/K/W, BetrVG, § 76 Rn. 130; *Fitting*, BetrVG, § 76 Rn. 87; *Schönfeld*, NZA Beil. 4/1988, 3, 10.

912 *Wenning-Morgenthaler*, Rn. 273.

Immer möglich ist es jedenfalls, die Haftung gemäß § 179 BGB analog bei Vertragsschluss zu beschränken oder auch auszuschließen.[913]

G. Ergebnis

Die Einigungsstellenmitglieder haften für Vorsatz und Fahrlässigkeit. Das Risiko bei Prognoseentscheidungen kann dem Arbeitgeber im Wege eines Einigungsstellenhaftungsprivilegs gemäß § 254 BGB analog zugerechnet werden. Im Übrigen kann eine Haftungsbeschränkung nur durch vertragliche Vereinbarung erreicht werden.

Im Konzern wirkt die vertragliche Haftungsbeschränkung nur gegenüber dem Konzernunternehmen, das gegenüber den Einigungsstellenmitgliedern gehandelt hat. Bei der Unternehmensspaltung kann die Schutzwirkung des betriebsverfassungsrechtlichen Schuldverhältnisses zwischen Betriebsgesellschaft und Einigungsstellenmitgliedern zu Gunsten der Anlagegesellschaft durch eine Haftungsvereinbarung eingeschränkt bzw. beseitigt werden.

Eine Anspruchskürzung gemäß § 254 BGB analog wegen der Verlagerung des Prognoserisikos ist bei der Konzernbetriebsvereinbarung auch gegenüber der Konzerntochter möglich, da ihr die Risikoverlagerung durch die Konzernmutter gemäß §§ 254 Abs. 2. S. 2, 278 BGB zugerechnet wird. Die Betriebsgesellschaft muss sich das Mitverschulden der Anlagegesellschaft nach dem Rechtsgedanken des § 334 BGB entgegenhalten lassen.

Die Haftung gegenüber Arbeitnehmern kann durch eine Haftungsvereinbarung zwischen Arbeitgeber und Einigungsstellenmitgliedern nicht eingeschränkt werden.

Für die Haftung gemäß § 179 Abs. 1 BGB analog beim Vertragsschluss außerhalb der Rechtsfähigkeit der Einigungsstelle gelten die Haftungsbeschränkungen des § 179 Abs. 2 und 3 BGB analog. Darüber hinaus kann die Haftung nur vertraglich beschränkt werden.

913 BGH vom 25.10.2012 – III ZR 266/11 – NZA 2012, 1382 Rn. 45.

§ 6. Haftung in der Insolvenz

A. Sozialplan vor Eröffnung des Insolvenzverfahrens

Gemäß § 112 Abs. 5 S. 2 Nr. 3 BetrVG hat die Einigungsstelle bei der Aufstellung eines Sozialplans darauf zu achten, dass der Fortbestand des Unternehmens nicht gefährdet wird. Ein zu hoch dotierter Sozialplan, der für sich alleine genommen oder im Zusammenspiel mit anderen Investitionen das Unternehmen zahlungsunfähig macht, ist ermessensfehlerhaft. Forderungen aus einem Sozialplan, der vor Eröffnung des Insolvenzverfahrens aufgestellt wurde, sind Insolvenzforderungen.[914] Die Arbeitnehmer werden nur in Höhe der Quote befriedigt. Dieser Anspruch ist aber unter Umständen höher als der volle Anspruch, der den Arbeitnehmern bei einem niedrigeren Sozialplan zustünde.

Ein Sozialplan, der vor der Eröffnung des Insolvenzverfahrens, jedoch nicht früher als drei Monate vor dem Eröffnungsantrag aufgestellt worden ist, kann gemäß § 124 InsO vom Betriebsrat oder vom Insolvenzverwalter widerrufen werden. Wird daraufhin im Insolvenzverfahren ein neuer Sozialplan aufgestellt, sind die darin begründeten Ansprüche Masseverbindlichkeiten (§ 123 Abs. 2 InsO). Diese Ansprüche sind zwar in der Regel niedriger, werden dafür aber als Masseverbindlichkeiten in voller Höhe aus der Vermögensmasse erfüllt. Den Arbeitnehmern wird daher infolge eines Sozialplans vor Eröffnung des Insolvenzverfahrens kein Schaden entstehen.

Ein Schaden kann aber den übrigen Insolvenzgläubigern des Unternehmens entstehen. Löst der Sozialplan die Insolvenz des Unternehmens aus, erhalten die Gläubiger, die bis zu diesem Zeitpunkt Forderungen erworben haben, nur noch eine Befriedigung in Höhe der Insolvenzquote. Wäre der Sozialplan ermessensfehlerfrei niedriger dotiert worden, wäre Zahlungsunfähigkeit nicht eingetreten oder zumindest die Insolvenzquote höher ausgefallen.

Für einen Schadensersatzanspruch der Insolvenzgläubiger gegen die Einigungsstellenmitglieder gibt es aber keine Anspruchsgrundlage. Es bestehen keine vertraglichen Beziehungen zwischen Einigungsstellenmitgliedern und Gläubigern des Unternehmens. Das betriebsverfassungsrechtliche Schuldverhältnis mit dem Arbeitgeber entfaltet keine Schutzwirkungen zu Gunsten der Gläubiger des Arbeitgebers.

Auch aus der Rechtsprechung des BGH zur Insolvenzantragspflicht des GmbH-Geschäftsführers lässt sich eine Anspruchsgrundlage nicht ableiten.[915] Dort geht es darum, dass sich die Insolvenzquote der Altgläubiger verschlechtert, weil der GmbH-Geschäftsführer den Insolvenzantrag zu spät gestellt hat und das Unternehmen dadurch unnötig weiter heruntergewirtschaftet wurde. Die Altgläubiger

914 *Regh*, in: Steindorf/Regh, Arbeitsrecht in der Insolvenz, § 3 Rn. 619; *Berscheid/Ries*, in: Uhlenbruck, InsO, § 124 Rn. 33.

915 BGH vom 3.2.1987 – VI ZR 268/85 – NJW 1987, 2433, 2434.

haben gemäß § 823 Abs. 2 BGB i.V.m. § 15a InsO einen Anspruch auf Schadensersatz gegen den Geschäftsführer in Höhe der Differenz zu dem Betrag, den sie bei rechtzeitigem Insolvenzantrag erhalten hätten (Quotenschaden). § 15a InsO passt für die Aufstellung eines Sozialplans nicht. Auch § 76 Abs. 5 S. 3 und § 112 Abs. 5 BetrVG kommen als Schutzgesetze zu Gunsten der Gläubiger des Betriebs nicht in Betracht. Die Vorschriften dienen allein dem Schutz der Betriebsparteien und der Belegschaft. Der Wortlaut stellt auf die „betroffenen Arbeitnehmer" und die „Belange des Betriebs" bzw. die Vertretbarkeit der Entscheidung „für das Unternehmen" ab und adressiert damit nur Belegschaft und Betrieb/Unternehmen. Allenfalls aus § 112 Abs. 5 S. 2 Nr. 3 BetrVG könnte ein Drittschutz abgeleitet werden, denn der „Fortbestand des Unternehmens" betrifft nicht nur Inhaber und Arbeitnehmer des Unternehmens, sondern auch Geschäftspartner des Unternehmens. Letztlich soll mit der Vorschrift aber nur die unternehmerische Betätigungsfreiheit (Art. 12 Abs. 1 GG) und die Verfassungsgarantie des Eigentums (Art. 14 GG) geschützt werden.[916] Ihr Schutz richtet sich daher ebenfalls nur an den Unternehmer.

Die Insolvenzgläubiger haben allenfalls einen Schadensersatzanspruch gegen den Insolvenzverwalter. Der Sozialplan kann auch nach Ablauf der Frist des § 76 Abs. 5 S. 4 BetrVG gemäß § 124 InsO widerrufen werden und ein neuer Sozialplan mit niedrigerem Volumen kann aufgestellt werden. Der Insolvenzverwalter ist zur Verwaltung der Masse im Sinne einer optimalen Schadensregulierung verpflichtet. Er muss daher den Sozialplan widerrufen, wenn dadurch die Masse entlastet wird. Unterlässt der Insolvenzverwalter den Widerruf, ist er den Insolvenzgläubigern gemäß § 60 InsO zum Schadensersatz verpflichtet.[917] Ein Anspruch gegen die Einigungsstellenmitglieder besteht dagegen nicht.

B. Sozialplan nach Eröffnung des Insolvenzverfahrens

Für einen Sozialplan, der nach Eröffnung des Insolvenzverfahrens aufgestellt wird, gilt § 123 InsO. Absatz 1 bestimmt eine absolute Obergrenze für das Sozialplanvolumen in Höhe von zweieinhalb Monatsverdiensten der von einer Entlassung betroffenen Arbeitnehmer. Absatz 2 regelt eine relative Obergrenze von nicht mehr als einem Drittel der Masse. Fehler der Einigungsstelle bei der Aufstellung des Sozialplans verursachen beim Arbeitgeber nur einen Schaden, wenn die absolute Obergrenze des Absatzes 1 überschritten wird. Bei der Überschreitung der relativen Obergrenze ordnet § 123 Abs. 2 S. 3 InsO eine anteilige Kürzung der Ansprüche gesetzlich an. Diesbezügliche Fehler der Einigungsstelle bleiben folgenlos und müssen nachfolgend nicht erörtert werden.

---

916 *Annuß*, in: Richardi, BetrVG, § 112 Rn. 166.

917 *Regh*, in: Steindorf/Regh, Arbeitsrecht in der Insolvenz, § 3 Rn. 611.

I. Fehlerhafte Bestimmung der absoluten Obergrenze

Die Obergrenze des § 123 Abs. 1 InsO kann überschritten werden, weil die Einigungsstelle nicht erfasste Arbeitnehmer einbezogen hat, die Monatsgehälter falsch bestimmt hat oder schlicht aufgrund von Rechenfehlern. Es handelt sich dabei um Rechtsfehler, die ohne Einhaltung der Frist des § 76 Abs. 5 S. 4 BetrVG gerichtlich geltend gemacht werden können.[918] I.d.R. wird bei einer Überschreitung der Obergrenze der gesamte Sozialplans nichtig sein. Der Sozialplan kann aber aufrechterhalten werden, wenn eine salvatorischen Klausel eine anteilige Kürzung der Ansprüche regelt oder wenn Verteilungsmaßstäbe erkennbar sind, die entsprechend anteilig gekürzt werden können.[919]

Beispiel 17 zeigt die Folgen eines solchen Fehlers auf. Sowohl im Fall der Gesamtnichtigkeit, als auch bei einer anteiligen Kürzung kann eine Auszahlung erfolgt sein, bevor festgestellt wurde, dass die Obergrenze überschritten wurde. Eine (anteilige oder gesamte) Rückforderung gemäß § 812 Abs. 1 S. 1 Var. 1 BGB ist zwar möglich. Es besteht jedoch die Gefahr der Entreicherung gemäß § 818 Abs. 3 BGB.[920] Die gescheiterte Rückforderung geht zu Lasten der Insolvenzgläubiger, da sich die Insolvenzmasse, aus der die Insolvenzforderungen beglichen werden, verringert. Diese können aber den Insolvenzverwalter gemäß § 60 InsO auf Schadensersatz in Anspruch nehmen.[921] Der Insolvenzverwalter hat folglich ein Interesse, bei der Einigungsstelle Regress zu nehmen.

Anspruchsgrundlage hierfür ist § 280 Abs. 1 BGB. Die Einigungsstellenmitglieder stehen mit dem Insolvenzverwalter ebenso wie mit dem Arbeitgeber in einem betriebsverfassungsrechtlichen Schuldverhältnis. Mit Eröffnung des Insolvenzverfahrens erlangt der Insolvenzverwalter die Arbeitgebereigenschaft.[922] Wird die Einigungsstelle zur Aufstellung des Sozialplans erst nach Eröffnung des Insolvenzverfahrens angerufen, bestellt der Insolvenzverwalter anstelle des Arbeitgebers die Einigungsstelle. Vor Eröffnung des Insolvenzverfahrens bestellt der Arbeitgeber die Einigungsstelle noch selbst. Nach Eröffnung des Insolvenzverfahrens tritt der Insolvenzverwalter in die Rechtsstellung des Arbeitgebers und daher auch in das

918 *Däubler*, in: D/K/K/W, BetrVG, Anh. §§ 111-113, § 123 InsO Rn. 14 f.

919 *Regh*, in: Steindorf/Regh, Arbeitsrecht in der Insolvenz, § 3 Rn. 589; *Frhr. von Diepenbroick-Grüter*, S. 77 ff.

920 *Däubler*, in: D/K/K/W, BetrVG, Anh. §§ 111-113, § 123 InsO Rn. 18; *Hamacher*, in: Nerlich/Römermann, InsO, § 123 Rn. 26; *Regh*, in: Steindorf/Regh, Arbeitsrecht in der Insolvenz, § 3 Rn. 605; dazu auch § 3D.I.1.e.

921 *Däubler*, in: D/K/K/W, BetrVG, Anh. §§ 111-113, § 123 InsO Rn. 18; *Hamacher*, in: Nerlich/Römermann, InsO, § 123 Rn. 26; BGH vom 5.10.1989 – IX ZR 233/87 – NJW-RR 1990, 45, 47, *Regh*, in: Steindorf/Regh, Arbeitsrecht in der Insolvenz, § 3 Rn. 605.

922 *Steindorf*, in: Steindorf/Regh, Arbeitsrecht in der Insolvenz, § 2 Rn. 77; *Ott/Vuia*, in: MünchKommInsO (2013), § 80 Rn. 121; *Regh*, in: Steindorf/Regh, Arbeitsrecht in der Insolvenz, § 3 Rn. 552.

bereits begründete betriebsverfassungsrechtliche Rechtsverhältnis ein. Sollte daneben ein rechtsgeschäftliches Schuldverhältnis geschlossen worden sein, tritt der Insolvenzverwalter auch in dieses ein.

Ein Verstoß gegen die absolute Obergrenze des § 123 Abs. 1 InsO ist eine Pflichtverletzung der Einigungsstellenmitglieder, für die sie haften, wenn sie sie zu vertreten haben.

Allerdings muss der Anspruch gemäß § 254 Abs. 1 BGB um das eigene Mitverschulden des Insolvenzverwalters gekürzt werden. Er hätte die Überschreitung der absoluten Obergrenze gerichtlich geltend machen können und die Unwirksamkeit des Sozialplans feststellen lassen können. Auszahlungen oder Überzahlungen wären dann nicht erfolgt. Wie hoch das Mitverschulden im Einzelfall zu bewerten ist, ist eine Frage des Einzelfalls.

II. Überschreitung der absoluten Obergrenze durch Individualklagen

Im Beispiel 18 wird die absolute Obergrenze erst dadurch überschritten, dass einzelne Arbeitnehmer in Individualklagen geltend machen, gleichheitswidrig aus dem Sozialplan ausgeschlossen worden zu sein. Wird ihren Leistungsklagen stattgegeben, erhöht sich das Gesamtsozialplanvolumen und überschreitet ggf. die zunächst eingehaltene absolute Obergrenze des § 123 Abs. 1 InsO.

Außerhalb der Insolvenz ist die Erhöhung des Gesamtsozialplanvolumens zulässig, wenn es im Verhältnis zum Gesamtvolumen des Sozialplans nicht ins Gewicht fällt.[923] Diese Rechtsprechung wird teilweise für den Fall der Insolvenz übernommen, mit dem Argument eine Neuverteilung wäre nicht praktikabel.[924] Die Insolvenzordnung müsse hinter Art. 3 GG zurücktreten, sodass ausnahmsweise eine Erhöhung des Gesamtsozialplanvolumens entgegen der starren Grenze des § 123 Abs. 1 InsO zulässig sei. Nach dieser Ansicht geht die Erhöhung des Gesamtsozialplanvolumens zu Lasten der Insolvenzgläubiger, da sich die Masse zur Befriedigung der Insolvenzforderungen entsprechend verkürzt. Dem Insolvenzverwalter kann nicht vorgeworfen werden, er hätte durch die zusätzlichen Auszahlungen pflichtwidrig gehandelt.[925]

Ein Schadensersatzanspruch der Insolvenzgläubiger gegen die Einigungsstellenmitglieder kann allenfalls gemäß § 823 Abs. 2 i.V.m. § 123 Abs. 1 InsO bestehen, wenn § 123 Abs. 1 Schutzgesetz ist. Dies ist, soweit ersichtlich, bisher nicht diskutiert. Ein Schutzgesetz i.S.d. § 823 Abs. 2 BGB ist eine Norm, die nach Zweck und Inhalt wenigstens auch dem Schutz von Individualinteressen dient.[926] § 123

---

923 BAG vom 26.6.1990 – 1 AZR 263/88 – NZA 1991, 111, 113; vom 12.11.2002 – 1 AZR 58/02 – NZA 2003, 1287, 1290; vom 21.10.2003 – 1 AZR 407/02 – NZA 2004, 559, 561; dazu auch § 3 D. I. 5.

924 *Däubler*, in: D/K/K/W, BetrVG, Anh. §§ 111-113, § 123 InsO Rn. 26.

925 Für eine Haftung: *Däubler*, in: D/K/K/W, BetrVG, Anh. §§ 111-113, § 123 InsO Rn. 26.

926 BGH vom 3.2.1987 – VI ZR 32/86 – NJW 1987, 1818 (mwN).

InsO dient dem Interessensausgleich zwischen Arbeitnehmern und Insolvenzgläubigern[927] und bezweckt daher auch den Individualschutz der Insolvenzgläubiger vor einer Verringerung der Insolvenzmasse durch Sozialplanforderungen.

Letztlich kann hier aber dahinstehen, ob ein Schadensersatzanspruch der Insolvenzgläubiger gegen die Einigungsstellenmitglieder besteht, denn überzeugender ist es, mit der Gegenansicht eine Erhöhung des Gesamtsozialplanvolumens abzulehnen. § 123 Abs. 1 InsO ist zwingendes Recht. Darüberhinausgehende Zahlungen sind daher rechtlich unmöglich.[928]

Solange wie im Beispiel 18a) eine Auszahlung an die von vorneherein aus dem Sozialplan berechtigten Arbeitnehmer noch nicht vollständig erfolgt ist, kann verhindert werden, dass die rechtswidrig ausgeschlossenen Arbeitnehmer leer ausgehen. Der Insolvenzverwalter kann entsprechende Mittel zurückbehalten, um sie dann an unzureichend berücksichtigte Arbeitnehmer auszuzahlen. Er kann auch mit den berechtigten Arbeitnehmern vor Auszahlung eine vertragliche Rückzahlungspflicht vereinbaren für den Fall, dass auf eine Individualklage hin einzelnen Arbeitnehmern ein Abfindungsanspruch zugesprochen wird.[929]

Fraglich ist aber, ob der Insolvenzverwalter zu solchen Maßnahmen verpflichtet ist und ihm andernfalls eine haftungsbegründende Pflichtverletzung vorgeworfen werden kann. Die Literatur zu dieser Ansicht spricht nur von einem „Können" des Insolvenzverwalters, nicht von einer Pflicht. Der Insolvenzverwalter muss aber zumindest dann verpflichtet sein, solche Maßnahmen zu treffen, wenn Arbeitnehmer entsprechende Ansprüche angemeldet haben oder bereits Klage vor dem Arbeitsgericht erhoben haben. Der Insolvenzverwalter ist nämlich verpflichtet, für die Befriedigung der ihm bekannten Massegläubiger zu sorgen.[930] Gleichheitswidrig vom Sozialplan ausgeschlossene Arbeitnehmer haben ebenso einen Anspruch auf Sozialplanleistungen, wie Arbeitnehmer, die von vorneherein berücksichtigt wurden. Der Insolvenzverwalter muss gleichrangige Massegläubiger auch gleichrangig befriedigen.[931] Tut er das nicht, haftet er den leer ausgehenden Arbeitnehmern auf Schadensersatz.

Trotzdem ist der fehlerhafte Sozialplan, der von der Einigungsstelle beschlossen wurde, zumindest mitursächlich für die fehlerhafte Verteilung der Sozialplanleistungen. Der Insolvenzverwalter wird daher auch hier Regress bei den Einigungsstellenmitgliedern nehmen wollen. Dies kann er gemäß § 280 Abs. 1 BGB unter

---

927 *Caspers*, in: MünchKommInsO (2013), § 123 Rn. 5; *Wolf*, in: Braun, InsO, § 123 Rn. 1.

928 *Hamacher*, in: Nerlich/Römermann, InsO, § 123 Rn. 36; *Bertram*, in: Gottwald, Insolvenzrechts-Handbuch, § 107 Rn. 77; *Frhr. von Diepenbroick-Grüter*, S. 109. *Moll*, in: Kübler/Prütting/Bork, §§ 123, 124 InsO Rn.121; *Regh*, in: Steindorf/Regh, Arbeitsrecht in der Insolvenz, § 3 Rn. 590.

929 *Frhr. von Diepenbroick-Grüter*, S. 110 f. *Moll*, in: Kübler/Prütting/Bork, InsO, §§ 123, 124 Rn.122 f.

930 *Brandes/Schoppmeyer*, in: MünchKommInsO (2013), § 60 Rn. 42.

931 BGH vom 6.5.2004 – IX ZR 48/03 – NZI 2004, 435, 437; *Baumert*, in: Braun, InsO, § 60 Rn. 9.

Anrechnung seines eigenen Mitverschuldens.[932] Dieses dürfte insbesondere dann überwiegen, wenn einzelne Arbeitnehmer bereits Klage erhoben haben und dem Insolvenzverwalter klar sein musste, dass es zu Zusatzforderungen kommen wird. Er hätte dann entsprechende Mittel zurückhalten müssen. Ferner ist ihm unter Mitverschuldensgesichtspunkten zuzurechnen, dass er den Einigungsstellenspruch nicht vor dem Arbeitsgericht angegriffen hat.

Nach Abschluss der gesamten Abwicklung wie im Beispiel 18b) ist eine weitere Zahlung rechtlich unmöglich. Eine Rückforderung gemäß § 812 Abs. 1 S. 1 Var. 1 BGB ist nicht möglich, da die Auszahlung aufgrund eines (teil)wirksamen Sozialplans erfolgt. Die Arbeitsgerichte können nicht den anderen Sozialplangläubigern die Insolvenzwirksamkeit ihrer Forderungen nachträglich entziehen.[933] In diesem Fall hat der Insolvenzverwalter es nicht zu vertreten, dass die vom Sozialplan ausgeschlossenen Arbeitnehmer leer ausgehen.[934] Sie hätten sich einfach früher um ihre Rechte kümmern müssen. Die Arbeitnehmer tragen daher den Schaden, der durch den fehlerhaften Spruch der Einigungsstelle entstanden ist. Ein Schadensersatzanspruch gegen die Einigungsstellenmitglieder kann sich mangels Schuldverhältnisses nur aus Delikt ergeben. Da es sich um einen reinen Vermögensschaden handelt, greift § 823 Abs. 1 BGB als Anspruchsgrundlage nicht. Auch ein Anspruch aus § 823 Abs. 2 i.V.m. § 75 BetrVG ist nicht erfolgversprechend, da nach der hier vertretenen Ansicht § 75 BetrVG kein Schutzgesetz ist.[935] Nur wenn die Herausnahmeklausel das allgemeine Persönlichkeitsrecht der ausgeschlossenen Arbeitnehmer verletzt, indem beispielsweise Ausländer von Sozialplanleistungen ausgeschlossen werden, kann ein Schadensersatzanspruch gemäß § 823 Abs. 1 BGB i.V.m. dem allgemeinen Persönlichkeitsrecht in Betracht kommen. Im Rahmen des Mitverschuldens ist zu berücksichtigen, dass der Arbeitnehmer seinen Auszahlungsanspruch gegenüber dem Insolvenzverwalter erst verspätet geltend gemacht hat.

C. Ergebnis

Die Insolvenzgläubiger haben keinen Anspruch gegen die Einigungsstellenmitglieder, wenn diese durch ihren Spruch die Insolvenz des Unternehmens verursachen. Sie können sich bei Auszahlungen aufgrund eines fehlerhaften Spruchs nur an den Insolvenzverwalter halten. Der Insolvenzverwalter kann bei den Einigungsstellenmitgliedern Regress gemäß § 280 Abs. 1 BGB nehmen, wobei der Anspruch um sein eigenes Mitverschulden wegen unterlassener Spruchanfechtung oder voreiliger Auszahlung der Leistungen zu kürzen ist.

932 Dazu auch oben § 6 B. I.
933 *Bertram*, in: Gottwald, Insolvenzrechts-Handbuch, § 107 Rn. 77; *Regh*, in: Steindorf/Regh, Arbeitsrecht in der Insolvenz, § 3 Rn. 590.
934 *Moll*, in: Kübler/Prütting/Bork, InsO, §§ 123, 124 Rn.123.
935 § 2 E. III. 1 und § 4 A. III. 2.

§ 7. Folgen der Haftung

A. Gesamtschuldnerische Haftung der Einigungsstellenmitglieder

Besteht ein Anspruch gegenüber mehreren Einigungsstellenmitgliedern, haften diese gesamtschuldnerisch gemäß § 421 BGB bzw. § 840 BGB.[936] Hauptanwendungsfall für die Gesamtschuld ist die Haftung für einen fehlerhaften Einigungsstellenspruch, da an diesem aufgrund der Mehrheitsentscheidung mehrere Einigungsstellenmitglieder zusammenwirken. Die einzelnen für den Spruch stimmenden Einigungsstellenmitglieder sind im Verhältnis zueinander zu gleichen Anteilen verpflichtet, § 426 Abs. 1 S. 1 BGB.

Haben die einzelnen Einigungsstellenmitglieder mit dem Arbeitgeber verschiedene Haftungsvereinbarungen getroffen, handelt es sich um eine gestörte Gesamtschuld. Der Arbeitgeber könnte im Beispiel 10 gegen das Betriebsratsmitglied voll vorgehen, gegen den Vorsitzenden und den Rechtsanwalt hingegen gar nicht, da der vertragliche Haftungsausschluss für leichte Fahrlässigkeit greift.

Lässt man im Innenverhältnis der Einigungsstellenmitglieder einen Regress zu, würden der Vorsitzende und der Rechtsanwalt im Ergebnis doch haften. Ihre Haftungsprivilegierung im Verhältnis zum Arbeitgeber würde unterlaufen.

Lehnt man den Regress im Innenverhältnis ab, müsste das Betriebsratsmitglied den vollen Schaden alleine tragen. Bei dieser Lösung geht das Haftungsprivileg der anderen Einigungsstellenmitglieder zu Lasten des Betriebsratsmitglieds. Nach der Rechtsprechung des BGH ist bei vertraglichen Haftungsprivilegierungen eine solche Lösung abzulehnen, da die Haftungsprivilegierung sich sonst als Folge eines Vertrags „zu Lasten Dritter" darstellen würde, den das geltende bürgerliche Recht nicht kennt.[937]

Die sachgerechteste Lösung ist eine entsprechende Kürzung des Anspruchs des Arbeitgebers gegenüber dem Betriebsratsmitglied auf das, was dieses ohne die Haftungsvereinbarung der anderen Einigungsstellenmitglieder zu tragen hätte.[938] Nur so können die Einigungsstellenmitglieder, die das Risiko ihrer Tätigkeit erkannt haben und durch Haftungsvereinbarungen vorgesorgt haben, umfassend geschützt werden, ohne dass deren Schutz zu Lasten der anderen Einigungsstellenmitglieder geht. Der Arbeitgeber ist indes nicht schutzwürdig. Er hat sich auf die

---

936 *Kreutz/Jacobs*, in: GK-BetrVG, § 1 Rn. 85; *Fitting*, BetrVG, § 1 Rn. 217.

937 BGH vom 9.3.1972 – VII ZR 178/70 – NJW 1972, 942, 943; vom 27.6.1961 – VI ZR 205/60 – NJW 1961, 1966, 1967.

938 So die Ansicht der Literatur zu vertraglichen Haftungsprivilegierungen: *Wagner*, in: MünchKommBGB (2013), § 840 Rn. 31; *Westermann*, in: Erman, BGB § 426 Rn. 32; *Larenz*, SchR AT, § 37 III S. 647; *Hager*, NJW 1989, 1640, 1644 f.; **a.A.** BGH vom 9.3.1972 – VII ZR 178/70 – NJW 1972, 942, 943 (voller Regress im Innenverhältnis).

Haftungsvereinbarung eingelassen und musste daher auch mit einem entsprechenden Forderungsausfall rechnen.

B. Verhältnis von Haftung der Betriebsratsmitglieder und Haftung der Einigungsstellenmitglieder

In der Literatur ist die Haftung der Betriebsratsmitglieder für fehlerhafte Beschlüsse weitgehend anerkannt.[939] Verweigert der Betriebsrat seine Zustimmung zu einer mitbestimmungspflichtigen Maßnahme des Arbeitgebers, wird diskutiert, welche Wirkung eine gleichlautende Entscheidung der Einigungsstelle für die Haftung der Betriebsratsmitglieder hat. Der Spruch der Einigungsstelle, der den ablehnenden Beschluss des Betriebsrats bestätigt, könnte den Kausalzusammenhang zwischen der Handlung des Betriebsrats und dem Eintritt des Schadens unterbrechen.[940]

Die Entscheidung des Betriebsrats bleibt aber äquivalent kausal, denn ohne die Weigerung des Betriebsrats wäre die Einigungsstelle nicht angerufen worden. Es handelt sich um eine mittelbare Kausalität. Demnach unterbricht eine eigene, auf einem freiwilligen Entschluss beruhende Handlung eines Dritten den Kausalzusammenhang nicht, wenn die zweite Handlung durch das erste Ereignis veranlasst wurde und keine ungewöhnliche Reaktion auf dieses darstellt. Der Beschluss des Betriebsrats ist adäquat kausal für den Schaden, da es nach allgemeiner Lebenserfahrung nicht unwahrscheinlich ist, dass die Einigungsstelle die Entscheidung des Betriebsrats bestätigt.[941] Die Entscheidung der Einigungsstelle lässt daher die Haftung des Betriebsrats nicht entfallen.

Dadurch entsteht die Folgefrage, wie sich die Haftung der Betriebsratsmitglieder auf die Haftung der Einigungsstellenmitglieder auswirkt. Die Einigungsstellenmitglieder können sich zu ihrer Entlastung nicht darauf berufen, dass der Betriebsrat bereits der gleichen Auffassung gewesen sei und dafür hafte. Die Einigungsstellenmitglieder treffen eine eigene Entscheidung unabhängig von etwaigen Weisungen der Betriebsparteien.

Da letztlich sowohl die Betriebsratsmitglieder als auch die Einigungsstellenmitglieder für den Schaden verantwortlich sind, der aufgrund ihrer Entscheidung entstanden ist, haften beide als Gesamtschuldner gemäß § 421 BGB. Das gilt auch für den Ausnahmefall, dass sowohl Einigungsstellenmitglieder als auch Betriebsratsmitglieder gegenüber Arbeitnehmern auf Schadensersatz haften.[942] Die Haftungsanteile im Innenverhältnis bestimmen sich nach den konkreten Umständen des Einzelfalls. Da beide Gremien eine eigenverantwortliche Entscheidung treffen, ist von einer Verpflichtung zu gleichen Anteilen auszugehen, § 426 Abs. 1 S. 1 BGB.

---

939 *Neumann-Duesberg*, NJW 1954, 617; *Ocker*, Haftung für Handlungen des Betriebsrats; *Belling*, Die Haftung des Betriebsrats; *Triebel*, Die Haftung des Betriebsrats.

940 So *Brill/Derleder*, AuR 1980, 353, 358.

941 *Triebel*, S. 66 f.; *Ocker*, S. 160 f.

942 Solche Ausnahmefälle nennt *Triebel*, Beispielsfälle (3)(a), (4)(b), S. 25.

Wurden vertragliche Haftungsbeschränkungen mit Einigungsstellenmitgliedern vereinbart, besteht im Verhältnis zu den Betriebsratsmitgliedern, mit denen solche Vereinbarungen üblicherweise nicht getroffen werden, eine gestörte Gesamtschuld. Der Anspruch des Arbeitgebers ist entsprechend auf das zu kürzen, was dieser ohne die Haftungsbeschränkung vom jeweiligen Schädiger hätte verlangen können.[943] Das gleiche gilt, wenn man die Haftung der Betriebsratsmitglieder auf Vorsatz und grobe Fahrlässigkeit beschränkt.[944] Der Anspruch des Arbeitgebers gegen die Einigungsstellenmitglieder ist dann ebenso um den Anteil zu kürzen, den die Einigungsstellenmitglieder im Innenregress gegenüber den Betriebsratsmitgliedern aufgrund deren Haftungsbeschränkung nicht ausgleichen können.

C. Verhältnis von Arbeitgeberhaftung und Einigungsstellenhaftung

In den Beispielen 12 und 13 haften sowohl der Arbeitgeber als auch die Einigungsstellenmitglieder gegenüber dem Arbeitnehmer auf Schadenersatz gemäß § 823 Abs. 1 BGB i.V.m. dem allgemeinen Persönlichkeitsrecht bzw. wegen Gesundheitsverletzung. Sie haften als Gesamtschuldner gemäß § 421 BGB.

Hat der Arbeitgeber den Anspruch des Arbeitnehmers befriedigt, geht die Forderung des Arbeitnehmers gegen die Einigungsstellenmitglieder gemäß § 426 Abs. 2 S. 1 BGB auf den Arbeitgeber über. Dieser Ausgleichsanspruch des Arbeitgebers gegen die Einigungsstellenmitglieder besteht neben seinem originären Schadensersatzanspruch gemäß § 280 Abs. 1 BGB wegen des mittelbaren Schadens, der dem Arbeitgeber aufgrund der Inanspruchnahme durch den Arbeitnehmer entstanden ist.[945] Wurde zwischen Einigungsstellenmitgliedern und Arbeitgeber eine Haftungsbeschränkung vereinbart oder findet das Einigungsstellenhaftungsprivileg Anwendung, hat der Arbeitgeber nur einen gekürzten oder ggf. keinen Regressanspruch gegenüber den Einigungsstellenmitgliedern. Der Anspruch der Arbeitnehmer geht gemäß § 426 Abs. 2 S. 1 BGB nur „soweit" über, wie im Innenverhältnis zwischen Arbeitgeber und Einigungsstellenmitglied ein Ausgleich verlangt werden kann.

Befriedigen umgekehrt die Einigungsstellenmitglieder den Arbeitnehmer, können sie gemäß § 426 Abs. 2 S. 1 BGB beim Arbeitgeber Regress nehmen. Für den Umfang des Anspruchs ist auch hier eine vertragliche Haftungsprivilegierung im Innenverhältnis zum Arbeitgeber oder eine Haftungsbeschränkung nach dem Einigungsstellenhaftungsprivileg zu berücksichtigen. Beschränkt haftenden Arbeitnehmern billigt das BAG auf Grundlage der Fürsorgepflicht des Arbeitgebers einen Freistellungsanspruch gegenüber diesem zu.[946] Eine Fürsorgepflicht des Ar-

---

943 § 7A.

944 So *Belling*, Die Haftung des Betriebsrats, S. 244 ff.; *Thüsing*, in: Richardi, BetrVG, Vor § 26 Rn. 14; *Fitting*, BetrVG, § 1 Rn. 216.

945 § 3 D. I. 1. a.

946 BAG vom 23.6.1988 – 8 AZR 300/85 – NJW 1989, 854.

beitgebers gegenüber Einigungsstellenmitgliedern wird man zwar nicht annehmen können. Ein Freistellungsanspruch der Einigungsstellenmitglieder gegenüber dem Arbeitgeber lässt sich aber aus §§ 670, 257 BGB herleiten.[947]

D. Versicherung

Da die Arbeit zu dem Ergebnis gekommen ist, dass es eine zivilrechtliche Haftung von Einigungsstellenmitgliedern geben kann, stellt sich die Frage, ob dieses Risiko versichert werden kann und wer die Beiträge dafür zahlt.

Die Haftungsrisiken von Organen einer Gesellschaft werden durch sogenannte D&O Versicherungen (Directors' and Officers' liability) abgedeckt. Dabei handelt es sich um eine Vermögensschadenshaftpflichtversicherung, die die Gesellschaft üblicherweise zu Gunsten ihrer Organe abschließt. Die Gesellschaft ist Vertragspartner des Versicherers und zahlt die Versicherungsprämie, das Organ ist Versicherter.[948] Versichert wird das Risiko der versicherten Person, durch das Unternehmen selbst (Innenhaftung) oder durch Dritte (Außenhaftung) in Anspruch genommen zu werden.[949]

Eine solche Versicherung könnte auch für Einigungsstellenmitglieder etabliert werden.[950] Sie könnte einer Lähmung der Einigungsstellentätigkeit aus Angst vor persönlicher Haftung entgegenwirken.[951] Die Versicherung würde nicht nur dem Schutz der Einigungsstellenmitglieder vor einer Inanspruchnahme dienen, sondern auch dem Schutz des Arbeitgebers.[952] Durch die Versicherung erhält der Arbeitgeber einen zusätzlichen solventen Schuldner, an den er sich bei Schäden halten kann (Innenhaftung[953]). Bei der Außenhaftung[954] der Einigungsstellenmitglieder dient der Versicherungsschutz in erster Linie den Einigungsstellenmitgliedern selbst. Doch auch hier kann der Arbeitgeber vom Versicherungsschutz profitieren, wenn er selbst dem Dritten zu Schadensersatz verpflichtet ist und aufgrund des Versicherungsschutzes mit seiner Regressforderung im Innenverhältnis gegenüber den Einigungsstellenmitgliedern nicht ausfällt.[955] Da die Innenhaftung gegenüber dem Arbeitgeber aufgrund vertraglicher Anspruchsgrundlagen umfassender und stärker als die Außenhaftung ausfällt und auch die größeren Haftungsrisiken birgt,

---

947 Die Literatur leitet den Freistellungsanspruch der Arbeitnehmer teilweise ebenfalls aus § 670 ab: *Henssler*, in: MünchKommBGB (2012), § 619a Rn. 25; *Preis*, § 52 II. 1.

948 *Weiß*, GmbHR 2014, 574; *Melot de Beauregard/Gleich*, NJW 2013, 824.

949 *Weiß*, GmbHR 2014, 574.

950 Für den Vorschlag einer D&O Versicherung von Betriebsratsmitgliedern: *Bergmann*, NZA 2013, 57, 60 f.; *Jaeger/Steinbrück*, NZA 2013, 401, 407; *Weiss*, RdA 1974, 269, 279.

951 *Melot de Beauregard/Gleich*, NJW 2013, 824.

952 *Lange*, DStR 2002, 1626, 1630.

953 § 3.

954 § 4.

955 Oben § 4 A. I. und § 7 C.

kommt der Versicherungsschutz überwiegend dem Arbeitgeber zu Gute. Selbst wenn der Arbeitgeber nicht zur Zahlung der Versicherungsprämie verpflichtet ist, ist zumindest eine freiwillige Übernahme der Prämien durch den Arbeitgeber nicht ausgeschlossen.

Eine Pflicht des Arbeitgebers zur Übernahme der Beiträge könnte allenfalls aus § 76a Abs. 1 BetrVG abgeleitet werden. So sind beim Insolvenzverwalter gemäß § 4 Abs. 3 S. 2 InsVV bei einem besonderen Haftungsrisiko die Kosten einer angemessenen zusätzlichen Versicherung als Auslagen zu erstatten. Voraussetzung ist, dass es sich bei den Beiträgen um erforderliche Kosten der Einigungsstelle handelt. Soll der Geschädigte einen Schadensausgleich erhalten und geht man zugleich davon aus, dass die Einigungsstellenmitglieder ohne Versicherung mit einer übermäßigen Haftung belastet sind, die es ihnen unmöglich macht, ihr Amt sachgerecht auszuüben, sind die Versicherungsprämien notwendige Kosten der Einigungsstellentätigkeit i.S.d. § 76a Abs. 1 BetrVG.[956] Dagegen spricht, dass § 76a Abs. 1 BetrVG nur die Kosten einer rechtmäßigen Einigungsstellentätigkeit umfasst. Die Versicherungsprämie dient aber dem Schadensausgleich bei Pflichtverletzungen, also bei einer rechtswidrigen Tätigkeit.[957] Gegen eine Versicherungspflicht spricht zudem, dass auch Organmitglieder keinen Anspruch gegen das Unternehmen auf Abschluss einer D&O Versicherung haben. Nur in Ausnahmefällen können besondere Risikofaktoren das unternehmerische Ermessen auf eine Abschlusspflicht reduzieren.[958]

Gegen eine freiwillige Übernahme der Beiträge durch den Arbeitgeber bestehen aber keine Bedenken. Im Hinblick auf eine D&O Versicherung für Betriebsratsmitglieder äußert *Weiss* die Befürchtung, die Betriebsratsmitglieder könnten sich durch einen Verzicht auf den Versicherungsschutz das Wohlwollen des Arbeitgebers erkaufen.[959] Bietet der Arbeitgeber indes Einigungsstellenmitgliedern einen Versicherungsschutz an, wird dadurch nicht deren Unabhängigkeit gefährdet. Vielmehr könnte zukünftig der Abschluss eines Versicherungsvertrages durch den Arbeitgeber zu Gunsten der Einigungsstellenmitglieder eine Voraussetzung dafür werden, dass sich im Hinblick auf die Haftungsrisiken überhaupt Personen zur Übernahme des Amtes bereit erklären.[960] Die Einigungsstellenmitglieder könnten die Übernahme des Amtes davon abhängig machen, dass der Arbeitgeber für sie eine Vermögensschadenhaftpflichtversicherung abschließt.

Jaeger und *Steinbrück* äußern Bedenken bezüglich einer Versicherbarkeit von Betriebsratsmitgliedern im Hinblick auf die persönliche Haftung für Beraterhonorare.[961] Hintergrund der D&O Versicherung sei ein krasses Missverhältnis zwischen Schadenshöhe und Leistungsfähigkeit des Organmitglieds. Das Unternehmen

---

956 Für Betriebsratsmitglieder: *Weiss*, RdA 1974, 269, 279; *Bergmann*, NZA 2013, 57, 60 f.

957 Für Betriebsratsmitglieder: *Dommermuth-Alhäuser/Heup*, BB 2013, 1461, 1468.

958 *Lange*, DStR 2002, 1626, 1630.

959 *Weiss*, RdA 1974, 269, 279.

960 So schon derzeit für Organmitglieder *Lange*, DStR 2002, 1626, 1629.

961 *Jaeger/Steinbrück*, NZA 2013, 401, 407.

schließe die Versicherung zu seinem eigenen Schutz ab, da es der Inanspruchnahme durch geschädigte Dritte ebenso ausgesetzt sei wie das Organmitglied selbst. Betriebsratsmitglieder hätten aber weder ein besonders hohes Haftungsrisiko, noch bestehe bei der Haftung der Betriebsratsmitglieder gemäß § 179 BGB ein Risiko des Arbeitgebers, Ansprüchen Dritter ausgesetzt zu sein.

Diese Argumente greifen aber sowohl bei Betriebsratsmitgliedern als auch bei Einigungsstellenmitgliedern nur für den Fall einer Vertragshaftung gemäß § 179 BGB analog.[962] Hier hat die Versicherung für den Arbeitgeber keinen Nutzen. Bei der Innenhaftung dient indes die Versicherung dem Schutz des Arbeitgebers davor, mit seiner Schadensersatzforderung gegen die Einigungsstellenmitglieder auszufallen. Die Einigungsstellenmitglieder sind bei der Innenhaftung auch einem durchaus beträchtlichen Haftungsrisiko ausgeliefert. Um den Bedenken von *Jaeger* und *Steinbrück* gerecht zu werden, kann der Versicherungsschutz für die Haftung gemäß § 179 Abs. 1 BGB analog wegen Vertragsabschlüssen außerhalb der Rechtsfähigkeit der Einigungsstelle ausgeschlossen werden und auf die reine Schadensersatzhaftung wegen Pflichtverletzungen beschränkt werden.

Die Tätigkeit eines Rechtsanwalts als Einigungsstellenmitglied könnte bereits von der Berufshaftpflichtversicherung erfasst sein. § 4 Nr. 4 der Allgemeinen Bedingungen der Berufshaftpflichtversicherung der Rechtsanwälte schließt den Versicherungsschutz nur für Ansprüche aus der Tätigkeit als Leiter, Geschäftsführer, Vorstands-, Aufsichtsrats-, Beiratsmitglied von Firmen, Unternehmungen, Vereinen, Verbänden aus. Hintergrund des Ausschlusses ist, dass diese Tätigkeiten durch D&O Versicherungen abgesichert werden können.[963] Die Tätigkeit als Einigungsstellenmitglied wird nicht genannt. Mit dem Argument, für diese Tätigkeit könne eine D&O Versicherung abgeschlossen werden, könnte auch die Tätigkeit als Beisitzer einer Einigungsstelle aus der Berufshaftpflichtversicherung ausgeschlossen werden. Denkbar ist grundsätzlich, die Tätigkeit als Beisitzer in die Berufshaftpflichtversicherung einzubeziehen als auch ihr Ausschluss. Im ersten Fall trägt der Rechtsanwalt bzw. die Kanzlei die entsprechenden Versicherungsbeiträge, im zweiten Fall könnte der Arbeitgeber, der die Einigungsstelle bestellt, die Beiträge übernehmen. Je nach Gestaltung kann die Be- oder Entlastung des Arbeitgebers hinsichtlich der Beitragszahlung in der Vergütungsvereinbarung des Beisitzers berücksichtigt werden.

E. Prozessuales

I. Keine Beteiligungsfähigkeit im arbeitsgerichtlichen Feststellungsverfahren

Dem Schadensersatzprozess gegen Einigungsstellenmitglieder wird nicht selten die Klage auf Feststellung der Unwirksamkeit des Spruchs vorgelagert sein.

---

962 Oben § 4B.

963 *Diller*, AVB-RSW, § 4 Rn. 23.

Das BAG lehnt die Beteiligungsbefugnis der Einigungsstelle im gerichtlichen Überprüfungsverfahren ab.[964] Beteiligter am arbeitsgerichtlichen Beschlussverfahren ist, wer durch die Entscheidung in seiner betriebsverfassungsrechtlichen Rechtsposition unmittelbar betroffen wird oder betroffen werden kann.[965] Eine betriebsverfassungsrechtliche Rechtsposition der Einigungsstelle sei nicht betroffen, wenn ihr Spruch auf Ermessensfehler überprüft wird. Die Feststellung von Ermessensfehlern beinhalte keinen irgendwie gearteten Vorwurf der Pflichtwidrigkeit, der die Einigungsstelle oder ihre Mitglieder in ihren Rechten berühren und ihnen Anlass geben könnte, sich gegen diesen Vorwurf zu verteidigen. Die Einigungsstelle habe kein eigenes rechtliches Interesse am Bestand der von ihr getroffenen Regelung. Es handle sich um einen Kompetenzstreit allein zwischen den Betriebspartnern.

Der Beschluss über die Unwirksamkeit des Einigungsstellenspruchs entfaltet nur Wirkung gegenüber Arbeitgeber, Betriebsrat und Arbeitnehmer.[966] Mangels Beteiligungsfähigkeit der Einigungsstelle im Überprüfungsverfahren entfaltet die Entscheidung ihren Mitgliedern gegenüber keine Bindungswirkung. Die Feststellung der Unwirksamkeit beeinflusst die Haftung der Einigungsstellenmitglieder allenfalls in tatsächlicher Hinsicht. So entstehen manche Schäden erst, nachdem[967] oder weil[968] die Unwirksamkeit des Spruchs gerichtlich festgestellt wurde. Auch kann sich die Entscheidung auf dem Anspruchsumfang auswirken, wenn durch die Feststellung der Unwirksamkeit des Spruchs der Schaden gemindert wird.[969]

II. Partei- und Prozessfähigkeit

Das beklagte Einigungsstellenmitglied ist als natürliche Person gemäß § 50 Abs. 1 ZPO parteifähig und gemäß § 51 Abs. 1 ZPO prozessfähig. Auf eine Partei- und Prozessfähigkeit der Einigungsstelle kommt es nicht an.[970]

964 BAG vom 28.4.1981 – 1 ABR 53/79 – AP BetrVG 1972 § 87 Vorschlagswesen Nr. 1; so auch *Kreutz/Jacobs*, in: GK-BetrVG, § 76 Rn. 149; *Fiebig*, Einigungsstelle, S. 34 f.

965 BAG vom 15.8.1978 – 6 ABR 10/76 – AP BetrVG 1972 § 23 Nr. 1; vom 11.11.1998 – 4 ABR 40/97 – NZA 1999, 1056, 1057.

966 *Kreutz/Jacobs*, in: GK-BetrVG, § 76 Rn. 172.

967 § 3 D. I. 1.

968 § 3 D. I. 4.

969 § 3 F. I. 2. c.

970 Diese könnte nicht auf § 10 ArbGG gestützt werden, da die Vorschrift die Beteiligtenfähigkeit der Einigungsstelle nur für die Fälle des § 2a Abs. 1 Nr. 1 bis 3 f ArbGG regelt. Ist die Einigungsstelle als solche Vertragspartner geworden, weil sie die durch den Vertragsschluss entstehenden Kosten für erforderlich halten durfte und wird deshalb Klage gegen die Einigungsstelle erhoben, ergibt sich ihre Parteifähigkeit aus § 50 Abs. 1 ZPO. Soweit die Einigungsstelle rechtsfähig ist, ist sie auch parteifähig: *Schwarze*, JA 2013, 467, 470.

III. Rechtsweg bei Schadensersatzhaftung

Abzugrenzen ist der Zivilrechtsweg vom Rechtsweg zu den Gerichten für Arbeitssachen. Beim Verfahren vor dem Arbeitsgericht ist nochmals zwischen dem Urteils- und dem Beschlussverfahren zu unterscheiden.

Die Arbeitsgerichte sind gemäß § 2a Abs. 1 Nr. 1 ArbGG im Beschlussverfahren zuständig, wenn es sich um eine Angelegenheit aus dem BetrVG handelt. § 2a Abs. 1 Nr. 1 ArbGG soll eine umfassende Zuständigkeit schaffen. Trotz des Wortlauts „Betriebsverfassungs*gesetz*" statt Betriebsverfassungs*recht* ist der Anwendungsbereich nicht auf Streitigkeiten beschränkt, die unmittelbar auf Vorschriften aus dem BetrVG gestützt werden.[971] Umgekehrt ist nicht jede Streitigkeit, die einen betriebsverfassungsrechtlichen Bezug aufweist, im Beschlussverfahren zu entscheiden. So sind individualrechtliche Rechtsstreitigkeiten zwischen Arbeitnehmern und Arbeitgeber aus dem Arbeitsverhältnis vom Anwendungsbereich des § 2a Abs. 1 Nr. 1 ArbGG ausgenommen und dem Urteilsverfahren zugewiesen, wenn die betriebsverfassungsrechtlichen Fragen nur Vorfrage oder betriebsverfassungsrechtliche Sachverhalte ein Tatbestandsmerkmal sind. In diesen Fällen ist die Streitigkeit weiterhin im Arbeitsverhältnis verankert und wird durch das BetrVG nur näher ausgestaltet.[972]

Für Schadensersatzansprüche des Arbeitgebers gegen Betriebsratsmitglieder wegen Verletzung der Geheimhaltungspflicht aus § 79 BetrVG wird das Beschlussverfahren abgelehnt.[973] Das Bestehen und die Verletzung einer (betriebsverfassungsrechtlichen) Pflicht seien nur Vorfragen, über die im Urteilsverfahren gemäß § 2 Abs. 1 Nr. 3a) oder d) ArbGG zu entscheiden sei. Auch bei der Haftung aus unerlaubter Handlung bestehe zumindest ein mittelbarer Zusammenhang mit dem Arbeitsverhältnis.[974]

Entscheidend für den Rechtsweg ist aber nicht, ob die verletzte Pflicht im BetrVG geregelt ist, sondern welches Rechtsverhältnis der Pflichtverletzung zu Grunde liegt.[975] Da zwischen Betriebsratsmitgliedern und dem Arbeitgeber ein Arbeitsverhältnis besteht, hat die Pflichtverletzung zumindest mittelbaren Zusammenhang mit dem Arbeitsverhältnis. Rechtsgrundlage für die Haftung der Einigungsstellenmitglieder gegenüber dem Arbeitgeber ist für betriebsfremde wie betriebsangehörige Einigungsstellenmitglieder indes das betriebsverfassungsrechtliche Rechtsverhältnis. Dieses organschaftliche Rechtsverhältnis ist dem Betriebsverfassungsrecht zuzuordnen. Nicht nur das Bestehen und die Verletzung der Pflicht ist eine betriebsverfassungsrechtliche Angelegenheit, sondern auch das Rechtsverhältnis auf

---

971 *Matthes/Schlewing*, in: Germelmann/Matthes/Prütting, ArbGG, § 2a Rn. 8 ff.

972 *Matthes/Schlewing*, in: Germelmann/Matthes/Prütting, ArbGG, § 2a Rn. 14 f.

973 *Richardi*, in: Richardi, BetrVG, § 77 Rn. 15; *Thüsing*, in: Richardi, BetrVG, § 79 Rn. 43; *Oetker*, in: GK-BetrVG, § 79 Rn. 92; *Fitting*, BetrVG, § 79 Rn. 45.

974 *Thüsing*, in: Richardi, BetrVG, § 79 Rn. 43.

975 *V. Hoyningen-Huene*, Anm. zu BAG vom 20.8.1986 – 4 AZR 272/85 – AP TVG § 1 Tarifverträge: Seniorität Nr. 6.

Grund dessen Schadensersatz begehrt wird. Die Arbeitsgerichte sind daher gemäß § 2a Abs. 1 Nr. 1 ArbGG im Beschlussverfahren zuständig.[976]

Die Zivilgerichte wären zuständig, wenn man entgegen der hier vertretenen Ansicht das Rechtsverhältnis zwischen Einigungsstellenmitgliedern und Arbeitgeber als Auftrag, Dienstvertrag oder Geschäftsbesorgungsvertrag qualifiziert.[977] Dann hat das Rechtsverhältnis, auf dem der Schadensersatzanspruch begründet ist, keinen betriebsverfassungsrechtlichen Bezug. Ob eine betriebsverfassungsrechtliche Pflicht verletzt wurde, wäre nur eine von den Zivilgerichten zu klärende Vorfrage.

Für die Haftung gegenüber den Arbeitnehmern ist dagegen der ordentliche Rechtsweg eröffnet. Im Verhältnis zu den Arbeitnehmern besteht kein betriebsverfassungsrechtliches Rechtsverhältnis. Schadensersatzansprüche sind nur aus Delikt möglich. Die Pflichtverletzung ist hier nur Vorfrage, die im Verfahren vor den Zivilgerichten zu klären ist. Das Arbeitsgericht ist auch nicht im Urteilsverfahren gemäß § 2 Abs. 1 Nr. 9 ArbGG zuständig, wenn ein Arbeitnehmer einen betriebsangehörigen Beisitzer in Anspruch nimmt. Ein betriebsangehöriger Beisitzer wird bei seiner Tätigkeit in der Einigungsstelle nicht als Arbeitnehmer tätig. Er tritt gegenüber der Belegschaft nicht als Arbeitnehmer sondern als Einigungsstellenmitglied auf.

Steht die Klage im rechtlichen oder unmittelbar wirtschaftlichen Zusammenhang mit Rechtsstreitigkeiten, die unter § 2 Abs. 1 und 2 ArbGG fallen, ist gemäß § 2 Abs. 3 ArbGG das Arbeitsgericht im Urteilsverfahren zuständig.

IV. Rechtsweg bei Vertragshaftung

Bei der Haftung der Einigungsstellenmitglieder für Verbindlichkeiten sind Streitgegenstand Ansprüche aus einem Vertrag der Einigungsstellenmitglieder mit einem Dritten. Welcher Rechtsweg eröffnet ist, richtet sich nach dem Gegenstand des Vertrags. Streitigkeiten aufgrund der Anmietung eines Tagungsraumes sind bürgerlichrechtlicher Art. Mangels arbeitsrechtlichen Bezugs ist weder § 2 ArbGG noch § 2a ArbGG einschlägig, sodass die ordentlichen Gerichte gemäß § 13 GVG zuständig sind. Ist Vertragsgegenstand dagegen der Arbeitsvertrag mit einer Schreibkraft, ist gemäß § 2 Abs. 1 Nr. 3 ArbGG der Rechtsweg zu den Arbeitsgerichten eröffnet.

V. Beweislast

Für die Haftung der Einigungsstellenmitglieder gelten die allgemeinen Beweislastregeln: Jede Partei trägt die Beweislast für die Voraussetzungen der ihr günstigen Norm.[978]

---

976 Ebenso für die Haftung von Betriebsratsmitgliedern *H. Weber*, DB 1992, 2135, 2139, 2141.

977 So *Sprenger*, BB 2010, 2110, 2113; oben § 2 C. II. 2.

978 BGH vom 14.1.1991 – II ZR 190/89 – NJW 1991, 1052, 1053; vom 18.5.2005 – VIII ZR 368/03 – NJW 2005, 2395, 2396; *Rosenberg/Schwab/Gottwald*, ZPO, § 115 Rn. 7.

Nimmt der Arbeitgeber die Einigungsstellenmitglieder aus § 280 Abs. 1 BGB in Anspruch, hat er als Gläubiger die Beweislast dafür, dass das betriebsverfassungsrechtliche Schuldverhältnis entstanden ist. Er muss dazu darlegen und beweisen, dass die Einigungsstelle wirksam bestellt wurde. Ebenso muss er die Pflichtverletzung der Einigungsstellenmitglieder und den darauf kausal beruhenden Schaden darlegen und beweisen. Hinsichtlich des Vertretenmüssens enthält § 280 Abs. 1 S. 2 BGB eine Beweislastumkehr. Den Einigungsstellenmitgliedern obliegt es, sich durch den Beweis zu entlasten, dass sie die Pflichtverletzung nicht zu vertreten zu haben.

§ 619a BGB, der diese Beweislastumkehr im Arbeitsverhältnis revidiert, ist auch dann nicht anzuwenden, wenn das Einigungsstellenmitglied Arbeitnehmer ist. Der ausdrückliche Wortlaut der Vorschrift regelt die Beweislast nur abweichend von § 280 Abs. 1 BGB für die „Verletzung einer Pflicht aus dem Arbeitsverhältnis". Die Tätigkeit in der Einigungsstelle ersetzt die Arbeitsleistung. Fehler in diesem Zusammenhang sind gerade keine Pflichtverletzung aus dem Arbeitsverhältnis.

§ 8. Strafrechtliche Verantwortung

Die strafrechtliche Verantwortung der Einigungsstellenmitglieder soll nachfolgend im Überblick dargestellt werden. Zu unterscheiden ist die Strafbarkeit aufgrund der individuellen und unmittelbaren Handlung eines einzelnen Einigungsstellenmitglieds und die Strafbarkeit aufgrund eines Einigungsstellenspruchs, der mit Stimmmehrheit gefasst wurde.

A. Für Einzelhandlungen der Einigungsstellenmitglieder

Die Einigungsstellenmitglieder können sich aufgrund einer konkreten individuellen Handlung strafbar machen. Die strafbare Handlung kann sich sowohl gegen andere Einigungsstellenmitglieder richten als auch gegen Dritte.

I. Verletzung von Geheimnissen

Betriebs- und Geschäftsgeheimnisse sowie Arbeitnehmergeheimnisse werden von § 120 BetrVG besonders geschützt. Ein Verstoß gegen die Geheimhaltungspflicht aus § 79 BetrVG löst nicht nur die zivilrechtliche Haftung aus. Das Einigungsstellenmitglied macht sich bei vorsätzlichem Handeln auch strafbar. Andere Strafvorschriften mit dem Ziel des Geheimnisschutzes können zu § 120 BetrVG in Idealkonkurrenz stehen.

1. Schutz des Arbeitgebers

a. § 120 BetrVG

§ 120 Abs. 1 Nr. 1 BetrVG stellt die Offenbarung von Betriebs- oder Geschäftsgeheimnissen i.S.d. § 79 BetrVG unter Strafe.[979] § 120 Abs. 3 S. 2 BetrVG erweitert den Schutz auf Geheimnisverwertungen. Er schließt als eigenständiges Grunddelikt die Strafbarkeitslücke, die Abs. 1 und 2 hinterlassen.[980] Auch wenn der Wortlaut jedes Geheimnis schützt, sind nach Sinn und Zweck der Vorschrift nur solche Geheimnisse gemeint, für die auch Offenbarungsschutz nach § 120 Abs. 1, 2 BetrVG besteht. Sonst würde der Schutz des Verwertungstatbestands über den des Offenbarungstatbestands hinausgehen.

§ 120 Abs. 3 S. 1 BetrVG ist ein Qualifikationstatbestand, der die Strafdrohung für Handlungen gegen Entgelt oder mit Bereicherungs- oder Schädigungsabsicht erhöht.[981]

979 Auch § 3 C. II. 1.
980 *Oetker*, in: GK-BetrVG, § 120 Rn. 49 ff.; *Annuß*, in: Richardi, BetrVG, § 120 Rn. 12.
981 *Oetker*, in: GK-BetrVG, § 120 Rn. 58; *Rieble/Klebeck*, NZA 2006, 758, 765.

Aufgrund der Zeugnispflicht im Strafverfahren (§ 70 StPO) ist eine Offenbarung von Geheimnissen in diesem Zusammenhang gerechtfertigt.[982] Die Abwägung zwischen den Belangen der Strafrechtspflege und den Geheimhaltungsinteressen des Einzelnen[983] fällt zu Gunsten der Funktionstüchtigkeit der Rechtspflege aus.[984] Für Anwälte besteht ein Zeugnisverweigerungsrecht gemäß § 53 Abs. 1 Nr. 3 StPO. Im Zivilprozess oder arbeitsgerichtlichen Verfahren, beispielsweise im Rahmen der Feststellungsklage zur Wirksamkeit des Einigungsstellenspruchs, besteht für alle Einigungsstellenmitglieder ein Zeugnisverweigerungsrecht gemäß § 383 Nr. 6 ZPO.[985] Da die unbefugte Offenbarung und Verwertung gemäß § 120 Abs. 1 Nr. 1, Abs. 3 BetrVG strafbar ist, sind die Einigungsstellenmitglieder nicht nur zur Zeugnisverweigerung berechtigt, sondern müssen von diesem Recht auch Gebrauch machen.

b. § 17 UWG

Gemäß § 17 UWG macht sich strafbar, wer als eine bei einem Unternehmen beschäftigte Person ein Geschäfts- oder Betriebsgeheimnis, das ihr im Rahmen des Dienstverhältnisses anvertraut worden oder zugänglich geworden ist, während der Geltungsdauer des Dienstverhältnisses unbefugt mitteilt. § 17 UWG steht in Idealkonkurrenz mit § 120 BetrVG. § 17 UWG ist nicht nur auf betriebsangehörige Beisitzer anwendbar. Der Begriff des Beschäftigten ist weit auszulegen. Erfasst werden alle Beschäftigten eines Unternehmens, unabhängig von Art, Umfang, Dauer und Bezahlung ihrer Tätigkeit. Auf eine Weisungsabhängigkeit kommt es nicht an. Auch der Abschluss eines Dienstvertrages ist nicht erforderlich.[986] Daher ist das betriebsverfassungsrechtliche Schuldverhältnis der Einigungsstellenmitglieder für die Anwendbarkeit des § 17 UWG ausreichend. Für eine Strafbarkeit nach § 17 UWG ist keine ausdrückliche Geheimhaltungserklärung erforderlich. Es reicht, dass sich der Geheimhaltungswille aus den Umständen ergibt.[987] § 19 Abs. 1 und 2 UWG stellt bereits bloße Vorbereitungshandlungen unter Strafe.

c. § 38 Abs. 1 Nr. 2c) WpHG

Geht es bei dem Geheimnis um Insiderinformationen i.S.d. § 13 WpHG, kommt daneben eine Strafbarkeit gemäß § 38 Abs. 1 Nr. 2c) i.V.m. § 39 Abs. 2 Nr. 3 WpHG wegen eines Verstoßes gegen § 14 Abs. 1 Nr. 2 WpHG in Betracht. Da das WpHG und das BetrVG verschiedene Rechtsgüter schützen, stehen die Vorschriften aus Klarstellungsgründen in Idealkonkurrenz.[988] Eine Insiderinformation ist eine konkrete

---

982 *Achenbach*, S. 217 f.; *Oetker*, in: GK-BetrVG, § 120 Rn. 21.
983 BVerfG vom 19.7.1972 – 2 BvL 7/71 – NJW 1972, 2214.
984 *Lenckner/Eisele*, in: Schönke/Schröder, StGB, § 203 Rn. 29.
985 *Oetker*, in: GK-BetrVG, § 120 Rn. 23.
986 *Köhler*, in: Köhler/Bornkamm, UWG, § 17 Rn. 14.
987 *S. Müller*, BB 2013, 2293, 2297; Janssen/Maluga, in: MünchKommStGB (2010), § 17 UWG Rn. 30 ff.
988 *Oetker*, in: GK-BetrVG, § 120 Rn. 76.

Information über nicht öffentlich bekannte Umstände, die sich auf einen oder mehrere Emittenten von Insiderpapieren oder auf die Insiderpapiere selbst beziehen und die geeignet sind, im Falle ihres öffentlichen Bekanntwerdens den Börsen- oder Marktpreis der Insiderpapiere erheblich zu beeinflussen. So kann die öffentliche Mitteilung von Re- und Umstrukturierungsmaßnahmen im Beispiel 9, die den Einigungsstellenmitgliedern bei Verhandlungen über einen Sozialplan bekannt werden, zu Kursverlusten führen.[989]

Für Rechtsanwälte, denen Informationen als Mitglied der Einigungsstelle bekannt werden, besteht eine Idealkonkurrenz mit § 203 Abs. 1 Nr. 3 StGB.[990]

2. *Schutz des Arbeitnehmers*

§ 120 Abs. 2 BetrVG schützt den Arbeitnehmer vor der Offenbarung seiner Geheimnisse. Die Einigungsstellenmitglieder können bei Sozialplanverhandlungen Auskünfte über persönliche Verhältnisse oder den Verdienst der Arbeitnehmer erhalten. Einer ausdrücklichen Bezeichnung als geheimhaltungsbedürftig bedarf es nicht. Der mutmaßliche Geheimhaltungswille des Arbeitnehmers genügt. Die Geheimhaltungspflicht muss sich aber aus einer ausdrücklichen Anordnung im BetrVG ergeben. Für Sozialplanverhandlungen gibt es eine solche nicht. Auch im übrigen BetrVG gibt es keine spezielle Anordnung für Einigungsstellenmitglieder. Zum Schutz der Arbeitnehmer bleibt daher nur das BDSG.

§ 44 i.V.m. § 43 Abs. 2 BDSG stellt die unbefugte Verwendung von persönlichen Daten unter Strafe. Umstritten ist, ob das BDSG neben dem BetrVG anwendbar ist. Das BDSG ist gemäß § 1 Abs. 2 subsidiär, soweit andere Rechtsvorschriften des Bundes auf personenbezogene Daten einschließlich deren Veröffentlichung anzuwenden sind. Die Subsidiarität greift aber nur, wenn die Vorschrift genau den Sachverhalt erfasst, der auch vom BDSG geregelt ist („soweit"). § 1 Abs. 3 BDSG gilt nur für deckungsgleiche Regelungen.[991] § 120 Abs. 2 BetrVG trifft nur eine Teilregelung hinsichtlich der Geheimniswahrung von Arbeitnehmern. Im Übrigen gilt das BDSG.[992] Das BAG betont, § 5 BDSG werde „nicht etwa durch die besonderen Verschwiegenheitspflichten des Betriebsverfassungsgesetzes verdrängt".[993]

II. Behinderung oder Störung von Amtsträgern

Gemäß § 119 Abs. 1 Nr. 2 BetrVG macht sich strafbar, wer die Tätigkeit von Einigungsstellenmitgliedern behindert oder stört. Die Mitglieder der Einigungsstelle können sich bei ihrer Tätigkeit auch gegenseitig behindern oder stören, beispielsweise durch

---

989 *Rieble/Klebeck*, NZA 2006, 758, 765; *Achenbach*, S. 221 f.

990 *Oetker*, in: GK-BetrVG, § 120 Rn. 75; *Annuß*, in: Richardi, BetrVG, § 120 Rn. 32.

991 *Gola/Schomerus*, BDSG, § 1 Rn. 24.

992 **A.A.** *Oetker*, in: GK-BetrVG, § 120 Rn. 74; *Annuß*, in: Richardi, BetrVG, § 120 Rn. 31.

993 BAG vom 3.6.2003 – 1 ABR 19/02 – AP BetrVG 1972 § 89 Nr. 1 unter B. II. 2. A) bb) (3) (b); ebenso *Rieble/Klebeck*, NZA 2006, 758, 766.

Mobbing oder Belästigungen. Es ist zwar umstritten, ob sich die Strafdrohung auch gegen Mitglieder der Betriebsverfassungsorgane selbst richtet, die in ihren eigenen Gremien behindern oder stören. Dagegen wird argumentiert, dass für diese Fälle der Ausschluss des Mitglieds nach § 23 Abs. 1 BetrVG zur Verfügung steht.[994] Auf die Einigungsstelle findet § 23 BetrVG zwar keine Anwendung. Die Behinderung oder Störung der anderen Mitglieder ist aber ein sachlicher Grund, um das entsprechend handelnde Einigungsstellenmitglied abzuberufen.[995] Indes verlangen weder Wortlaut noch Schutzzweck der Norm ein von außen auf das Organ wirkendes Handeln.[996] Nach Auffassung des BGH zur Strafbarkeit von Betriebsratsmitgliedern gebiete es der Wortlaut der Vorschrift nicht, die Betriebsratsmitglieder als Täter oder Teilnehmer auszuschließen.[997] Schutzzweck des § 119 Abs. 1 Nr. 2 BetrVG ist die Sicherung der Funktionsfähigkeit der Betriebsverfassung.[998] Er ist nicht auf eine von außen ungestörte Amtstätigkeit beschränkt.[999] Die Funktionsfähigkeit der Organe kann auch von innen durch die jeweiligen Mitglieder gestört werden.[1000] Eine Strafbarkeit ist daher auch bei Störungen und Behinderungen innerhalb der Einigungsstelle anzunehmen.

III. Beihilfe zur Begünstigung von Einigungsstellenmitgliedern

Die Einigungsstellenmitglieder werden in § 119 Abs. 1 Nr. 3 BetrVG als geschützte Person genannt. Im Beispiel 20 fordert der Einigungsstellenvorsitzende eine doppelt so hohe Vergütung wie die betriebsfremden Beisitzer. Lässt sich diese nicht aufgrund der Kriterien des § 76a Abs. 4 S. 3-5 BetrVG sachlich rechtfertigen, handelt es sich um eine strafbare Begünstigung durch den Arbeitgeber. Eine Vergütung der Beisitzer in Höhe von 70% des Honorars des Vorsitzenden ist in der Regel angemessen.[1001] § 119 Abs. 1 Nr. 3 BetrVG regelt nur die Strafbarkeit des Begünstigenden, nicht des Annehmenden. Mit der Annahme des Honorars macht sich der Vorsitzende daher nicht nach § 119 BetrVG strafbar.[1002]

Wirkt der Vorsitzende wie im Beispiel 20 aktiv auf den Arbeitgeber ein und fordert eine solche Vergütung, macht er sich wegen Anstiftung oder Beihilfe zur Begünstigung strafbar. Die bloße Annahme einer vom Schuldner freiwillig

---

994 *Fitting*, BetrVG, § 119 Rn. 8; *Annuß*, in: Richardi, BetrVG, § 119 Rn. 20.

995 Zum Abberufungsrecht: *Kreutz/Jacobs*, in: GK-BetrVG, § 76 Rn. 50; *Schönfeld*, Einigungsstelle, S. 89; *Künzl*, in: Germelmann/Matthes/Prütting, ArbGG, Einigungsstellenverfahren Rn. 95; *Fitting*, BetrVG, § 76 Rn. 17.

996 *Oetker*, in: GK-BetrVG, § 119 Rn. 63.

997 BGH vom 17.9.2009 – 5 StR 521/08 – NJW 2010, 92 Rn. 79.

998 *Fitting*, BetrVG, § 119 Rn. 7.

999 So aber *Annuß*, in: Richardi, BetrVG, § 119 Rn. 20.

1000 *Oetker*, in: GK-BetrVG, § 119 Rn. 14.

1001 LAG München vom 11.1.1991 – 2 TaBV 57/90 – LAGE § 76a BetrVG 1972 Nr. 1; *Annuß*, in: Richardi, BetrVG, § 119 Rn. 28; *Fitting*, BetrVG, § 119 Rn. 9.

1002 *Fitting*, BetrVG, § 119 Rn. 9.

angebotenen Leistung ist nicht strafbar.[1003] Seine Handlung muss über das bloße Nehmen der Begünstigung hinausgehen.

Die Schwäche des § 119 Abs. 1 Nr. 3 BetrVG ist seine Eigenschaft als Antragsdelikt, § 119 Abs. 2 BetrVG. Antragsberechtigt ist der Betriebsrat, der Unternehmer oder eine im Betrieb vertretene Gewerkschaft. Da die antragsberechtigten Personen oftmals selbst in das Delikt verstrickt sind, wird eine Strafverfolgung meist am erforderlichen Strafantrag scheitern.[1004]

Eine Strafverfolgung ohne Strafantrag ist aber denkbar, wenn § 119 Abs. 1 Nr. 3 BetrVG tateinheitlich mit §§ 240, 253 oder 266 StGB[1005] begangen wurde. Wegen der unterschiedlichen Schutzzwecke bzw. verletzten Rechtsgüter gibt es aus Klarstellungsgründen keine Gesetzeskonkurrenz.[1006]

IV. Nötigung

Die Einigungsstellenmitglieder können gemäß § 240 StGB sowohl den Arbeitgeber als auch die anderen Einigungsstellenmitglieder nötigen. Als Nötigungsmittel kann die Drohung mit einem empfindlichen Übel eingesetzt werden. Drohung ist das Inaussichtstellen eines künftigen Übels, auf dessen Eintritt der Drohende Einfluss hat oder zu haben vorgibt und dessen Verwirklichung er nach dem Inhalt seiner Äußerung für den Fall des Bedingungseintritts will.[1007] Neben dem Spiel auf Zeit ermöglicht die Nötigung Kopplungsgeschäfte.[1008] Die einzelnen Beisitzer können den Beisitzern der Gegenseite damit drohen, ihre Zustimmung zu verweigern, wenn nicht eine bestimmte von ihnen gewollte Regelung in den Beschluss aufgenommen wird. Ebenso kann der Vorsitzende den Beisitzern damit drohen seine Zustimmung zu verweigern.

Die Zweck-Mittel-Relation muss gemäß § 240 Abs. 2 StGB verwerflich sein. Dabei ist zu berücksichtigen, dass die Beisitzer, auch wenn sie weisungsunabhängig sind, die Interessen der jeweiligen Betriebspartei berücksichtigen müssen.[1009] Ein gewisser Druck auf die Gegenseite muss ausgeübt werden dürfen, um den jeweiligen Interessen gerecht werden zu können. Verwerflichkeit setzt erst ein, wenn rechtswidrige Forderungen gestellt werden. Hierbei sind die arbeitsrechtlichen Wertungen zu

---

1003 BGH vom 19.1.1993 – 1 StR 518/92 – NJW 1993, 1278, 1279; vom 17.9.2009 – 5 StR 521/08 – NJW 2010, 92 Rn. 79; *Zimmermann*, ArbRAktuell 2014, 278, 279; *Rieble/Klebeck*, NZA 2006, 758, 767; *Fitting*, BetrVG, § 119 Rn. 9.

1004 *Rieble*, CCZ 2008, 121, 125 f.

1005 Dazu § 8A.IV, V, VII.

1006 *Oetker*, in: GK-BetrVG, § 119 Rn. 95.

1007 BGH vom 2.12.2008 – 3 StR 203/08 – NStZ 2009, 692; *Lackner*, in: Lackner/Kühl, StGB, § 240 Rn. 12.

1008 *Rieble/Klebeck*, NZA 2006, 758, 761.

1009 *Spengler/Herbert* in: Spengler/Hahn/Pfeiffer, Einigungsstelle, § 2 Rn. 77 ff., § 8 Rn. 4; *Leipold*, in: FS Schnorr von Carolsfeld, S. 273, 277 f.; *Berg*, in: D/K/K/W, BetrVG, § 76 Rn. 18, 38 f.; *Kreutz/Jacobs*, in: GK-BetrVG, § 76 Rn. 92.

berücksichtigen.[1010] Eine rechtswidrige Forderung ist auch dann verwerflich, wenn sie zu einem legitimen Zweck eingesetzt wird.

V. Erpressung

Verursacht die Nötigung einen Vermögensnachteil des Opfers, handelt es sich um eine Erpressung gemäß § 253 StGB. Die Einigungsstellenmitglieder können den Arbeitgeber wie im Beispiel 20 vor Beginn des Verfahrens hinsichtlich ihrer Vergütung erpressen. Während der Verhandlung können sich die Einigungsstellenmitglieder gegenseitig mit Koppelungsgeschäften erpressen. Opfer der Erpressung können sowohl der Arbeitgeber als auch die Arbeitnehmer sein, wenn die Einigungsstellenmitglieder ihre Zustimmung von Zugeständnissen abhängig machen, die sich im jeweiligen Vermögen auswirken. Anschaulichstes Beispiel ist der Sozialplan, der je nach Inhalt erhebliche Auswirkungen auf das Vermögen von Arbeitgeber oder Arbeitnehmer haben kann.

Dass die Drohung gegenüber Einigungsstellemitgliedern ausgesprochen wird, der Vermögensnachteil aber beim Arbeitgeber oder Arbeitnehmer eintritt, ist unschädlich. Ausreichend ist ein spezifisches Näheverhältnis zwischen dem Genötigten und dem Geschädigten. Der Genötigte muss die Vermögensinteressen des Geschädigten wahrnehmen wollen.[1011] Wegen der Pflicht zur Berücksichtigung der jeweiligen Interessen besteht ein Näheverhältnis sowohl zwischen dem Arbeitgeber und den von ihm bestellten Beisitzern als auch zwischen den Arbeitnehmern und den Beisitzern auf Betriebsratsseite.

Der Vermögensnachteil wird durch einen Vergleich der Vermögenswerte vor und nach der Verfügung des Genötigten festgestellt.[1012] Machen die Einigungsstellenmitglieder ihre Zustimmung zum Vorschlag der Gegenseite von der Erfüllung einer Koppelungsforderung abhängig, ist zu prüfen, ob die Zustimmung eine kompensierende Gegenleistung zum abgenötigten Verhalten ist.[1013] Bestand eine Pflicht zur Zustimmung, kann die Zustimmung den Vermögensnachteil nicht ausgleichen. Es ist nicht gerechtfertigt, dass derjenige, der einen Anspruch auf eine Leistung ohne Entgelt hat, dafür bezahlen muss.[1014]

Zur Verwerflichkeit gemäß § 253 Abs. 2 StGB kann auf die Ausführungen unter § 8 A. IV. verwiesen werden.

1010 *Rieble*, CCZ 2008, 121, 129.

1011 BGH vom 20.4.1995 – 4 StR 27/95 – NJW 1995, 2799, 2800; *Eser/Bosch*, in: Schönke/Schröder, StGB, § 253 Rn. 6.

1012 BGH vom 29.7.1987 – 2 Ss 175/87 – 122/87 II – NJW 1987, 3145, 3146; *Eser/Bosch*, in: Schönke/Schröder, StGB, § 253 Rn. 9.

1013 *Rieble/Klebeck*, NZA 2006, 758, 762; *Achenbach*, S. 203 ff.

1014 Vgl. zum Rückkauf gestohlener Sachen BGH vom 18.5.1976 – 1 StR 146/76 – NJW 1976, 1414.

VI. Betrug

Gemäß § 76a Abs. 1 BetrVG hat der Arbeitgeber nur die erforderlichen Kosten zu tragen.[1015] Eine Betrugsstrafbarkeit gemäß § 263 StGB kommt in Betracht, wenn die Einigungsstellenmitglieder gegenüber dem Arbeitgeber Kosten geltend machen, die tatsächlich nicht entstanden oder nicht erforderlich sind.[1016] Dies können Reisekosten sein, die tatsächlich nicht angefallen sind oder privater Natur sind, oder es werden wie im Beispiel 21 Stunden abgerechnet, die nicht erbracht wurden. Die nur unzutreffende Rechtsbehauptung, die Kosten seien erforderlich gewesen und es bestünde daher ein Anspruch auf Kostenübernahme durch den Arbeitgeber, ist keine Täuschung über Tatsachen. Rechtsansichten sind keine Tatsachenbehauptungen, sondern Meinungsäußerungen oder Werturteile.[1017] Eine Täuschung ist aber dann zu bejahen, wenn wahrheitswidrige Angaben über die dem Anspruch zugrunde liegenden Tatsachen gemacht werden.[1018]

VII. Untreue

Sowohl bei der Abrechnung der Kosten der Einigungsstelle, als auch im Beispiel 20 bei Gehaltsforderungen, kann der Tatbestand der Untreue gegenüber dem Arbeitgeber erfüllt sein.

1. Verfügung über Dispositionsfonds

Betriebsratsmitgliedern kann für ihre Tätigkeit ein finanzieller Vorschuss gewährt werden.[1019] Aus § 40 Abs. 1 BetrVG folgt die Pflicht, den Arbeitgeber nur mit erforderlichen Kosten zu belasten.[1020] Die Vermögensbetreuung ist bei der Verwaltung des Dispositionsfonds eine Hauptpflicht. So wurde auch die Vermögensbetreuungspflicht eines Abgeordneten, dem Haushaltsmittel zur Verwendung für einen bestimmten Zweck zur Verfügung gestellt wurden, bejaht.[1021] Da die Frage nach der Vermögensbetreuungspflicht für die jeweilige Einzelmaßnahme gesondert zu betrachten ist,[1022] spielt hier noch keine Rolle, ob eine solche auch bei Mitbestimmungsangelegenheiten besteht.[1023]

1015 BAG vom 13.11.1991 – 7 ABR 70/90 – NZA 1992, 459, 461; *Berg*, in: D/K/K/W, BetrVG, § 76a Rn. 9; *Kreutz/Jacobs*, in: GK-BetrVG, § 76a Rn. 9.

1016 Für Betriebsratsmitglieder *Rieble/Klebeck*, NZA 2006, 758, 762 f.; *Zimmermann*, ArbRAktuell 2014, 278, 281; *Achenbach*, S. 93 ff.

1017 OLG Stuttgart vom 19.6.1979 – 3 Ss (8) 237/79 – NJW 1979, 2573; *Perron*, in: Schönke/Schröder, StGB, § 263 Rn. 9.

1018 BGH vom 6.9.2001 – 5 StR 318/01 – NStZ 2002, 144, 145.

1019 *Fitting*, BetrVG, § 40 Rn. 91; *Thüsing*, in: Richardi, BetrVG § 40 Rn. 43.

1020 *Rieble/Klebeck*, NZA 2006, 758, 764; *Zimmermann*, ArbRAktuell 2014, 278, 281.

1021 OLG Koblenz vom 14.6.1999 – 1 Ss 75/99 – NStZ 1999, 564.

1022 Für Betriebsrat *Lobinger*, in: Arbeitsstrafrecht im Umbruch, S. 99, 109 f.

1023 Dazu unten § 8 B. II

Es scheint nicht ausgeschlossen, auch der Einigungsstelle trotz ihrer nur vorübergehenden Tätigkeit einen Dispositionsfonds zur Verfügung zu stellen. Die Vermögensbetreuungspflicht lässt sich hier auf § 76a Abs. 1 BetrVG stützen, wonach die Einigungsstellenmitglieder, wie der Betriebsrat, den Arbeitgeber nur mit erforderlichen Kosten belasten dürfen.[1024] Bei der Verwaltung und Verfügung über die zur Verfügung gestellten Mittel nehmen die Einigungsstellenmitglieder eigenverantwortlich fremde Vermögensinteressen (diejenigen des Arbeitgebers) wahr.[1025]

Der Missbrauchstatbestand gemäß § 266 Abs. 1 Var. 1 StGB ist bei einer zweckwidrigen Verwendung der finanziellen Mittel nur erfüllt, wenn die Verfügung im Außenverhältnis wirksam ist. Der Täter der Untreue muss im Außenverhältnis mehr können, als er im Innenverhältnis darf.[1026] Der Dispositionsfonds erweitert nicht die Rechtsfähigkeit der Einigungsstelle im Außenverhältnis. Sie ist weiterhin nur im Rahmen der ihr gesetzlich zugewiesenen Aufgaben berechtigt, Verträge zu schließen. Überschreitet das handelnde Einigungsstellenmitglied die Grenzen der Erforderlichkeit i.S.d. § 76a Abs. 1 BetrVG, wird die Einigungsstelle nicht verpflichtet, sondern der Handelnde haftet gemäß § 179 Abs. 1 BGB analog.[1027] Eine Verfügung über den Dispositionsfonds der Einigungsstelle ist nicht wirksam, sodass der Missbrauchstatbestand nicht erfüllt ist.[1028] In Betracht kommt daher nur der Treubruchtatbestand.

2. Sonderzahlungen

Der Fall Mannesmann/Vodafone hat gezeigt, dass eine nicht vereinbarte Sonderzahlung mit ausschließlich belohnendem Charakter ohne zukunftsbezogenen Nutzen den Tatbestand der Untreue gegenüber dem Unternehmen erfüllt.[1029] Das muss ebenso gelten, wenn ein Geschäftsführer oder Vorstand dem Einigungsstellenvorsitzenden nachträglich ein Honorar zahlt, das über die ursprüngliche Vereinbarung hinausgeht und eine Art Erfolgshonorar[1030] für den gewünschten Ausgang des Einigungsstellenverfahrens darstellt. Fordert der Einigungsstellenvorsitzende wie im Beispiel 20 ein solches nicht geschuldetes Erfolgshonorar, macht er sich wegen Anstiftung oder Beihilfe zur Untreue gegenüber dem Unternehmen strafbar. So war auch im Fall Gebauer/Volkert die Annahme von Sonderzahlungen durch den Konzernbetriebsratsvorsitzenden eine Beihilfe zur Untreue des Arbeitsdirektors

1024 § 2 G. I. 2.
1025 BAG vom 13.12.2005 – 9 AZR 436/04 – NZA 2006, 729, 732; *Perron*, in: Schönke/Schröder, StGB, § 266 Rn. 23; *Dierlamm*, in: MünchKommStGB (2014), § 266 Rn. 41 ff.
1026 *Perron*, in: Schönke/Schröder, StGB, § 266 Rn. 17.
1027 § 4 B. III.
1028 Für Betriebsratsmitglieder *Achenbach*, S. 108 ff.
1029 BGH vom 21.12.2005 – 3 StR 470/04 – NJW 2006, 522.
1030 *Bauer*, NZA 1992, 433, 435.

gegenüber der VW AG.[1031] Bereits die Mitteilung der Bankverbindung an den Haupttäter, um Zahlungen entgegennehmen zu können, kann eine strafbare Beihilfehandlung sein.[1032]

VIII. Bestechlichkeit

1. Vorteilsannahme und Bestechlichkeit im Amt

Eine Strafbarkeit wegen Vorteilsannahme gemäß § 331 StGB oder Bestechlichkeit gemäß § 332 StGB kommt nicht in Betracht. Einigungsstellenmitgliedern können nicht Täter dieser Vorschiften sein. Sie sind keine Amtsträger i.S.d. § 11 Abs. 1 Nr. 2 StGB. Die Einigungsstelle ist eine privatrechtliche Einrichtung.[1033] Daher stehen ihre Mitglieder weder in einem öffentlich-rechtlichen Amtsverhältnis noch nehmen sie Aufgaben der öffentlichen Verwaltung wahr. Sie sind daher auch keine für den öffentlichen Dienst besonders verpflichtete Person i.S.d. § 11 Abs. 1 Nr. 4 StGB. Die Einigungsstelle ist auch nicht einem Richter oder Schiedsrichter gleichzustellen, sodass eine Strafbarkeit gemäß §§ 331 Abs. 2, 332 Abs. 2 StGB ebenfalls ausscheidet.[1034]

Auch im Beispiel 20 kommt eine Strafbarkeit als Amtsträger nicht in Betracht. Der Richter fordert die überhöhte Vergütung nicht als Vorteil für die Dienstausübung als Richter, sondern für seine Tätigkeit in der Einigungsstelle. Die Tätigkeit in der Einigungsstelle ist nicht Teil seiner Amtstätigkeit als Richter.

2. Bestechlichkeit im geschäftlichen Verkehr

Für eine Bestechlichkeit im geschäftlichen Verkehr gemäß § 299 Abs. 1 StGB sind zwei Zeitabschnitte zu unterscheiden: die Zeit vor der Bestellung der Einigungsstelle, in der die zukünftigen Einigungsstellenmitglieder noch als Bewerber für das Amt auftreten (a.) und die Zeit nach der Bestellung der Einigungsstelle, in der sie das Amt als Einigungsstellenmitglied bereits übernommen haben (b.).

a. Als Bewerber für die Einigungsstelle

Bauer hält ein großzügiges Honorar für den Einigungsstellenvorsitzenden für eine Art Bestechung durch den Arbeitgeber.[1035] Umgekehrt könnte sich der Einigungsstellenvorsitzende im Beispiel 20 also wegen Bestechlichkeit strafbar machen, wenn er ein überhöhtes Honorar als Gegenleistung dafür fordert, sich versprechen lässt oder annimmt, dass er die Einigungsstelle im Sinne des Arbeitgebers leiten wird.

1031 BGH vom 17.9.2009 – 5 StR 521/08 – NJW 2010, 92 Rn. 45 ff.
1032 LG Braunschweig vom 22.2.2008 – 6 KLs 20/07 – juris.
1033 § 2 A. II.
1034 *Deeg*, RdA 2011, 221, 227; oben § 2 A. II. 1 und § 2 A. III. 2.
1035 *Bauer*, NZA 1992, 433, 435.

§ 299 Abs. 1 StGB fordert ein Handeln im geschäftlichen Verkehr. Ein Auftreten am Markt ist bei rein betriebsinternen Fragen abzulehnen.[1036] Handlungen in der innerbetrieblichen Sphäre scheitern ferner an der Bevorzugung eines „anderen“.[1037] Vor der Bestellung zum Einigungsstellenmitglied treten die Bewerber um das Amt aber noch am Markt auf. Wer die Bestellung als Einigungsstellenvorsitzender annimmt, tritt im geschäftlichen Verkehr auf. Die Bestellung betrifft nicht die innerbetriebliche Sphäre. Das gilt grundsätzlich auch für andere betriebsfremde Einigungsstellenmitglieder. Lediglich betriebsangehörige Einigungsstellenmitglieder, die eine Gegenleistung vom Arbeitgeber fordern, sich versprechen lassen oder annehmen, treten nicht am Markt auf. Sie werden nur betriebsintern tätig.

Täter kann aber nur ein Angestellter oder Beauftragter eines geschäftlichen Betriebes sein. Ist der Einigungsstellenvorsitzende Richter, ist er als Täter nicht geeignet. Ist der Vorsitzende aber angestellter Rechtsanwalt, kann er Täter sein. Führt er die Kanzlei als eigene, scheidet wegen seiner Selbständigkeit die Strafbarkeit aus.[1038] Wird ein Rechtsanwalt indes als Beisitzer bestellt, ist er als Interessenvertreter zu einer Tätigkeit im Sinne der ihn bestellenden Partei und nicht zur Neutralität verpflichtet. Eine Bestechlichkeit kommt dann nicht in Betracht.

b. Als Einigungsstellungmitglied

Die Einigungsstelle selbst kann nach ihrer Bestellung im geschäftlichen Verkehr auftreten, wenn sie nach außen hin handelt, etwa einen Sachverständigen beauftragt oder ein Hotel anmietet und dabei einen Anbieter einseitig bevorzugt, ohne dass diese Bevorzugung auf sachlichen Erwägungen beruht.[1039]

Die Einigungsstellenmitglieder sind aber keine geeigneten Täter. Zwar ist der Angestelltenbegriff des § 299 StGB weit auszulegen, sodass ein faktisches Dienstverhältnis bereits ausreichend ist.[1040] Es fehlt aber an der erforderlichen Weisungsgebundenheit der Einigungsstellenmitglieder.[1041] Sie sind auch nicht Beauftragter eines geschäftlichen Betriebs. Voraussetzung dafür wäre, dass sie für einen Betrieb geschäftlich handeln und unmittelbar oder mittelbar Einfluss auf die den Rahmen des Geschäftsbetriebes betreffenden Entscheidungen ausüben.[1042] Sie handeln nicht für den geschäftlichen Betrieb des Arbeitgebers, sondern werden für die

---

1036 *Rieble/Klebeck*, NZA 2006, 758, 768.

1037 *U. Fischer*, BB 2007, 997, 1000.

1038 Keine Strafbarkeit des Geschäftsinhabers: *Krick*, in: MünchKommStGB (2014), § 299 Rn. 3.

1039 *Rieble/Klebeck*, NZA 2006, 758, 768.

1040 *Krick*, in: MünchKommStGB (2014), § 299 Rn. 4; *Heine/Eisele*, in Schönke/Schröder, StGB, § 299 Rn. 7; für den Betriebsrat bejaht: *Rieble/Klebeck*, NZA 2006, 758, 763, 768.

1041 *Krick*, in: MünchKommStGB (2014), § 299 Rn. 4; *Heine/Eisele*, in Schönke/Schröder, StGB, § 299 Rn. 7.

1042 BGH vom 27.3.1968 – I ZR 163/65 – NJW 1968, 1572, 1573; vom 9.8.2006 – 1 StR 50/06 – NJW 2006, 3290, 3298; *Krick*, in: MünchKommStGB (2014), § 299 Rn. 5.

Einigungsstelle tätig. Aufgrund ihrer Teilrechtsfähigkeit kann die Einigungsstelle Verträge im eigenen Namen abschließen.[1043] Die Einigungsstelle ist aber selbst kein geschäftlicher Betrieb. Geschäftlicher Betrieb ist jedes auf Dauer angelegte Unternehmen, das außerhalb des rein privaten Bereichs durch Austausch von Leistung und Gegenleistung am Wirtschaftsverkehr teilnimmt.[1044] Zweck der Einigungsstelle ist es nicht, am Wirtschaftsverkehr teilzunehmen. Sie tritt allenfalls vereinzelt oder zu bestimmten Anlässen, wie der Beauftragung eines Sachverständigen oder der Anmietung eines Tagungsraums, am Markt auf. Diese gelegentliche Tätigkeit reicht nicht aus.[1045] Auch ist ihre Tätigkeit nicht mit der Erzielung von Einnahmen verbunden.

IX. Steuerrechtliche Strafbarkeit

Die Annahme von rechtswidrigen Begünstigungen durch Einigungsstellenmitglieder ist steuerrechtlich relevant. Auch Einkünfte aus gesetzeswidrigem Verhalten sind als steuerpflichtige Einkünfte anzugeben, § 40 AO. Gibt ein Einigungsstellenmitglied nicht an, eine Begünstigung erhalten zu haben, macht es sich gemäß § 370 Abs. 1 Nr. 1 AO wegen Steuerhinterziehung strafbar.[1046]

Auf Seiten des Arbeitgebers ist das Abzugsverbot des § 4 Abs. 5 Nr. 10 EStG zu beachten. Ist die Zuwendung von Vorteilen eine rechtswidrige Handlung, die den Tatbestand eines Strafgesetzes verwirklicht, dürfen die damit zusammenhängenden Aufwendungen nicht als Betriebsausgaben geltend gemacht werden. Die Begünstigung von Einigungsstellenmitgliedern ist gemäß § 119 Abs. 1 Nr. 3 BetrVG strafbar. Macht der Arbeitgeber diese Leistungen als Betriebsausgaben geltend, macht er sich gemäß § 370 Abs. 1 Nr. 1 AO wegen Steuerhinterziehung strafbar. Die begünstigten Einigungsstellenmitglieder machen sich wegen Beihilfe gemäß §§ 370 Abs. 1 Nr. 1, 369 AO i.V.m. § 27 Abs. 1 StGB strafbar, wenn sie dem Arbeitgeber Belege über die Zuwendung ausstellen.[1047]

B. Für den Spruch

Relevante Straftatbestände hinsichtlich eines strafbaren Spruchs sind die Begünstigung von Betriebsratsmitgliedern (I.) und die Untreue (II.).

Der Einigungsstellenspruch kommt nur bei Stimmmehrheit zustande, § 76 Abs. 3 S. 2 BetrVG. Aus strafrechtlicher Sicht stellt sich die Frage, wer in diesem Fall Täter ist. Strafbar kann sich im deutschen Strafrecht nur eine natürliche Person

1043 § 2 G. I. 2.
1044 *Krick*, in: MünchKommStGB (2014), § 299 Rn. 16.
1045 *Krick*, in: MünchKommStGB (2014), § 299 Rn. 16.
1046 Für Betriebsratsmitglieder *Rieble/Klebeck*, NZA 2006, 758, 768.
1047 BGH vom 13.9.2010 – 1 StR 220/09 – NJW 2011, 88 Rn. 49 ff.; *Rieble/Klebeck*, NZA 2006, 758, 768; *Oetker*, in: GK-BetrVG, § 119 Rn. 96.

machen.[1048] Die Einigungsstelle als Gremium kann daher nicht Täter sein. Für die Strafbarkeit der am Beschluss beteiligten Einigungsstellenmitglieder ergeben sich Kausalitäts- und Zurechnungsprobleme auf zwei Ebenen: Die horizontale Ebene betrifft die Zurechnung der Stimmen der anderen Einigungsstellenmitglieder bei der Mehrheitsentscheidung (III.); die vertikale Ebene betrifft die Zurechnung der arbeitgeberseitigen Durchführung des Spruchs an die beschlussfassenden Einigun gsstellenmitglieder(IV.).[1049]

I. Begünstigung von Betriebsratsmitgliedern

Gemäß § 119 Abs. 1 Nr. 3 BetrVG macht sich strafbar, wer ein Mitglied des Betriebsrats um seiner Tätigkeit willen begünstigt. Im Beispiel 19 begünstigt der Einigungsstellenspruch die Betriebsratsmitglieder im Sozialplan. Ebenfalls denkbar ist eine Begünstigung bei der Zuweisung von Werkswohnungen.[1050] Täter des § 119 Abs. 1 Nr. 3 BetrVG kann jedermann sein. Die Täterschaft ist nicht auf betriebsinterne Personen beschränkt, sodass Täter auch betriebsfremde Beisitzer oder der Vorsitzende sein können.[1051] Sofern vereinzelt die Ansicht vertreten wird, die Strafandrohung richte sich nicht gegen Organmitglieder,[1052] betrifft dies nur die Handlungen innerhalb des eigenen Organs. § 119 BetrVG ist aber unproblematisch anwendbar auf Handlungen gegenüber anderen Organen.[1053]

Führt der Arbeitgeber den Spruch durch, tritt der Erfolg in Form der Begünstigung ein und die für den Beschluss stimmenden Einigungsstellenmitglieder machen sich gemäß § 119 Abs. 1 Nr. 3 BetrVG strafbar.

Die Schwäche des § 119 Abs. 1 Nr. 3 BetrVG ist auch hier seine Eigenschaft als Antragsdelikt, § 119 Abs. 2 BetrVG.

II. Untreue

Mit einem Einigungsstellenspruch, der deutlich zu Lasten des Arbeitgebers oder zu Lasten des Arbeitnehmers ausfällt, könnten sich die Einigungsstellenmitglieder wegen Untreue zu Lasten des jeweils Benachteiligten strafbar machen.

Die Untreue gemäß § 266 StGB umfasst zwei Tatbestände, den Missbrauchstatbestand (Var. 1) und den Treuebruchtatbestand (Var. 2). Beide setzen eine Vermögensbetreuungspflicht des Täters für das Vermögen des Geschädigten voraus.[1054]

1048 *Joecks*, in: MünchKommStGB (2011), Vor §§ 25 ff. Rn. 16; *Heine/Weißer*, in: Schönke/Schröder, StGB, Vor §§ 25 ff. Rn. 121.

1049 *Knauer*, S. 39 ff.

1050 *Rieble*, NZA 2008, 276, 278.

1051 *Oetker*, in: GK-BetrVG, § 119 Rn. 60.

1052 *Fitting*, BetrVG, § 119 Rn. 8; *Annuß*, in: Richardi, BetrVG, § 119 Rn. 20.

1053 *Oetker*, in: GK-BetrVG, § 119 Rn. 63.

1054 Hierzu nur BGH vom 13.6.1985 – 4 StR 213/85 – NJW 1985, 2280, 2282; *Dierlamm*, in: MünchKommStGB (2014), § 266 Rn. 40.

1. *Missbrauchs- und Treuebruchtatbestand*

Der Missbrauchstatbestand verlangt die Verletzung einer Verfügungs- oder Verpflichtungsbefugnis. *Lobinger* spricht dem Betriebsrat eine verfügungsgleiche Macht zu, die sich insbesondere bei Sozialplänen zeige.[1055] Aufgrund der normativen Wirkung des Sozialplans (§ 112 Abs. 1 S. 3 i.V.m. § 77 Abs. 4 S. 1 BetrVG) entstünden konkrete Forderungsrechte in der Person des Arbeitnehmers. Diese Forderungsrechte entsprächen einer abstrakten Zuwendung. Der verfügende Charakter zeige sich auch deutlich, wenn der Sozialplan hinter dem eigentlich durchsetzbaren Inhalt zurückbleibt. Die Vereinbarung gleiche dann einem Teilerlass. Diese Ausführungen lassen sich auf die Einigungsstelle übertragen. Die normative Wirkung des Einigungsstellenspruchs lässt auch den Einigungsstellenmitgliedern eine verfügungsgleiche Macht zukommen. Der Missbrauchstatbestand ist aber nur erfüllt, wenn der Spruch wirksam ist oder zumindest als wirksam fingiert wird, denn aus einem unwirksamen Spruch können Arbeitnehmer keine Ansprüche geltend machen.

Letztlich entscheidend ist, ob die Einigungsstellenmitglieder eine Vermögensbetreuungspflicht gegenüber dem Arbeitgeber und den Arbeitnehmern haben. Existiert sie und wird sie verletzt, ist jedenfalls der Treuebruchtatbestand erfüllt. Auf eine Verpflichtungs- und Verfügungsbefugnis kommt es dann nicht an.[1056]

2. *Vermögensbetreuungspflicht*

Die Vermögensbetreuungspflicht erfordert eine besonders qualifizierte Pflichtenstellung, die über allgemeine Sorgfalts- und Rücksichtnahmepflichten hinausgeht.[1057] Die Vermögensbetreuung muss eine Hauptpflicht sein, die selbständig und eigenverantwortlich wahrgenommen wird.[1058] Die betreuten fremden Vermögensinteressen müssen von einiger Bedeutung sein.[1059]

Für eine Vermögensbetreuungspflicht gegenüber dem Arbeitgeber könnten die gesetzlichen Anordnungen der §§ 76 Abs. 5 S. 3, 112 Abs. 5 S. 1, 3 Nr. 3 BetrVG sprechen, die die Einigungsstelle verpflichten, ihre Beschlüsse unter Berücksichtigung der Belange des Betriebs und der wirtschaftlichen Vertretbarkeit der Entscheidung für das Unternehmen zu fassen und darauf zu achten, den Fortbestand des Unternehmens nicht zu gefährden. Umgekehrt könnte aus diesen Vorschriften auch die Vermögensbetreuungspflicht gegenüber den Arbeitnehmern gefolgert werden, da auch deren Belange zu berücksichtigen sind. Dass die Einigungsstelle nicht nur

1055 *Lobinger*, in: Arbeitsstrafrecht im Umbruch, S. 99, 106.

1056 Ebenso offen gelassen ob der Treuebruchtatbestand oder der Missbrauchstatbestand erfüllt ist BGH vom 17.9.2009 – 5 StR 521/08 – NJW 2010, 92 Rn. 67.

1057 BAG vom 13.12.2005 – 9 AZR 436/04 – NZA 2006, 729, 732; *Perron*, in: Schönke/Schröder, StGB, § 266 Rn. 23; *Dierlamm*, in: MünchKommStGB (2014), § 266 Rn. 41.

1058 BGH vom 25.5.2010 – VI ZR 205/09 – NJW 2010, 2948, 2949 (mwN); *Fischer*, StGB, § 266 Rn. 36.

1059 *Dierlamm*, in: MünchKommStGB (2014), § 266 Rn. 45.

Entscheidungen in vermögensrechtlichen Angelegenheiten trifft, sondern auch in sozialen Angelegenheiten ohne Vermögensbezug, steht der Annahme einer Vermögensbetreuungspflicht nicht entgegen. Für die Frage nach einer Vermögensbetreuungspflicht darf nicht auf die Gesamtheit der Aufgaben der Einigungsstellen abgestellt werden, denn sie wird in vielen verschiedenen Bereichen tätig. Es muss vielmehr die jeweilige Einzelmaßnahme betrachtet und auf ihren Vermögensbezug kontrolliert werden.[1060]

a. Keine einseitige Vermögensbetreuungspflicht gegenüber einer Partei

Eine Vermögensbetreuungspflicht setzt eine Obhutsposition des Täters voraus, die ihm die Schädigung des Vermögens „von innen" ermöglicht.[1061] *Lobinger* unterteilt für die Frage nach einer Vermögensbetreuungspflicht des Betriebsrats gegenüber den Arbeitnehmern nach den verschiedenen Beteiligungstypen des Betriebsrats.[1062] Eine Schädigung „von innen" setze ein Tätigwerden des Betriebsrats „von innen" heraus voraus und sei nur anzunehmen, wenn der Betriebsrat als Medium des Individualschutzes tätig werde. Der Betriebsrat sei in diesem Fall eine Art Geschäftsbesorger für den Arbeitnehmer. Dagegen agiere der Betriebsrat nur „von außen", wenn es um die Wahrnehmung funktional eigener Rechte des Betriebsrats oder der Belegschaft gehe sowie um die Wahrnehmung (betriebs-)öffentlicher Interessen. *Lobinger* hält insbesondere beim Interessenausgleich und Sozialplan eine Vermögensbetreuungspflicht für denkbar.[1063] Andererseits beschränken sich auch bei wirtschaftlichen Angelegenheiten gemäß §§ 111 ff. BetrVG die Einwirkungsmittel des Betriebsrats auf die Beratung und Mitbestimmung. Er kann keine eigenen Geschäftsführungsmaßnahmen vornehmen, sodass eine Schädigung nur von außen wirken kann.[1064] Eine Vermögensbetreuungspflicht des Betriebsrats ist daher abzulehnen.

Entsprechend ist auch die Vermögensbetreuungspflicht der Einigungsstellenmitglieder gegenüber der Belegschaft abzulehnen. Die Entscheidung der Einigungsstelle ersetzt die Einigung zwischen Arbeitgeber und Betriebsrat und hat die Wirkung einer Betriebsvereinbarung. Die Einigungsstelle hat keine weitergehenden Befugnisse als der Betriebsrat und daher auch keine weitergehenden Pflichten. Der Betriebsrat ist durch die Wahl der Belegschaft legitimiert und steht ihr näher als die Einigungsstellenmitglieder. Diese sind unter Umständen betriebsfremd und nur die Hälfte wird von Betriebsratsseite bestellt. Zwar treffen die Pflichten aus §§ 76 Abs. 5 S. 3, 112 Abs. 5 BetrVG alle Einigungsstellenmitglieder. Es wäre aber widersprüchlich, einem neutralen Vorsitzenden, Beisitzern des Arbeitgebers und auch Beisitzern des Betriebsrats eine Vermögensbetreuungspflicht gegenüber der Belegschaft aufzuerlegen, wenn eine solche für den näher stehenden Betriebsrat abgelehnt wird.

1060 Für Betriebsrat *Lobinger*, in: Arbeitsstrafrecht im Umbruch, S. 99, 109 f.
1061 *Schünemann*, in: LK-StGB, § 266 Rn. 20, 56.
1062 *Lobinger*, in: Arbeitsstrafrecht im Umbruch, S. 99, 111 ff.
1063 *Lobinger*, in: Arbeitsstrafrecht im Umbruch, S. 99, 114 ff.
1064 *Rieble/Klebeck*, NZA 2006, 758, 764

Umgekehrt kann auch keine Vermögensbetreuungspflicht gegenüber dem Arbeitgeber bestehen. Die Einigungsstellenmitglieder werden weder für den Arbeitgeber noch für die Belegschaft treuhänderisch tätig.[1065] Sie sind zur Berücksichtigung der beiderseitigen Interessen verpflichtet. Eine Vermögensbetreuungspflicht nur gegenüber einer der beiden Parteien ließe sich nicht rechtfertigen.

Die Pflicht der Einigungsstellenmitglieder, die divergierenden Interessen des Arbeitgebers und der Arbeitnehmer gleichermaßen zu berücksichtigen, spricht zusätzlich gegen Vermögensbetreuungspflichten gegenüber diesen Parteien. Die Einigungsstelle dient der Beilegung von Meinungsverschiedenheiten. Kompromissbereitschaft und gegenseitiges Nachgeben sind hierfür essentiell. Die Vermögensinteressen der einzelnen Betroffenen müssen dabei unter Umständen zurückstehen. Hätten die Einigungsstellenmitglieder Vermögensbetreuungspflichten gegenüber beiden Parteien, würde das Risiko, bei einem Nachgeben zu Gunsten einer Partei die Vermögensinteressen der anderen Partei zu verletzen, die Kompromissbereitschaft erheblich beeinträchtigen. Eine sinnvolle Einigungsstellentätigkeit wäre nicht mehr möglich. Würde die Vermögensbetreuungspflicht gegenüber zwei Parteien mit gegenläufigen Interessen bejaht, bestünden innerhalb eines Rechtsverhältnisses zwei Vermögensbetreuungspflichten. Jede einzelne Vermögensbetreuungspflicht kann dann nicht mehr Hauptpflicht sein.[1066]

b. Einheitliche Vermögensbetreuungspflicht im Form des Existenzschutzes

Indes gibt es keinen Grund eine Vermögensbetreuungspflicht, die einheitlich gegenüber Arbeitgeber und Belegschaft ausgeübt werden kann, abzulehnen. Eine solche kann nur in Form eines Existenzschutzes des Unternehmens bestehen. Der Existenzschutz ist kein einseitiges Interesse einer Partei, dem der Vorrang gegenüber Interessen der anderen Partei eingeräumt werden müsste. Vielmehr haben Arbeitgeber und Arbeitnehmer gleichermaßen ein Interesse an der Existenz des Unternehmens: der Arbeitgeber, weil er sein Unternehmen nicht verlieren will, der Arbeitnehmer, weil er seinen Arbeitsplatz im Unternehmen nicht verlieren will. Bedroht der Spruch der Einigungsstelle die Existenz des Unternehmens kommt daher durchaus eine Strafbarkeit der Einigungsstellenmitglieder wegen Untreue in Betracht. Dass die Existenz über § 266 StGB besonders geschützt wird, zeigt die Rechtsprechung des BGH. So schließt das Einverständnis der Gesellschafter hinsichtlich der Verfügung über das Gesellschaftsvermögen eine Untreuestrafbarkeit aus. Das gilt aber nicht, wenn dadurch die wirtschaftliche Existenz der Gesellschaft gefährdet wird.[1067]

1065 § 2 B.

1066 Das fordert aber die h.M.: BGH vom 25.5.2010 – VI ZR 205/09 – NJW 2010, 2948, 2949 (mwN); *Fischer*, StGB, § 266 Rn. 36.

1067 BGH vom 20.7.1999 – 1 StR 668/98 – NZG 2000, 307, 308; vom 30.8.2011 – 3 StR 228/11 –NZG 2011, 1238; vom 13.5.2004 – 5 StR 73/03 – NJW 2004, 2248, 2252 f.

III. Horizontale Zurechnung von Mehrheitsbeschlüssen

Wie bereits unter § 3 E. I erörtert, ist die Kausalität unproblematisch, wenn die Mehrheit gerade mit einer Stimme erreicht wird. Nach der *conditio-sine-qua-non-Formel* ist jede Stimme kausal, weil sie nicht weggedacht werden kann, ohne dass der Erfolg i.S.d. rechtswidrigen Einigungsstellenspruchs entfiele.[1068]

Bei einem „überbestimmten Erfolg" (Mehrheit von mehr als einer Stimme) könnte sich aber jeder darauf berufen, die Entscheidung wäre auch ohne die eigene Stimmabgabe zustande gekommen. Weder mit der kumulativen noch mit der alternativen Kausalität alleine lässt sich das Problem lösen.[1069] § 830 Abs. 1 S. 2 BGB kann anders als für die zivilrechtliche Haftung im Strafrecht nicht analog angewendet werden.

Der BGH ist der Frage nach der Kausalität in der Lederspray-Entscheidung ausgewichen und hat auf eine mittäterschaftliche Zurechnung der jeweiligen Stimmen gemäß § 25 Abs. 2 StGB abgestellt.[1070] Er qualifizierte all diejenigen, die gegen den Rückruf eines gesundheitsschädlichen Produkts gestimmt hatten, als Mittäter i.S.d. § 25 Abs. 2 StGB. Dass die Mittäterschaft kausalitätsersetzende Wirkung haben kann, stellt *Knauer* ausführlich dar.[1071] Die Mittäterschaft scheitert nicht daran, dass der erforderliche gemeinsame Tatplan nicht vor der Abstimmung gefasst wurde. Es reicht aus, wenn ein solcher im Gemeinschaftsbeschluss zum Ausdruck kommt.[1072] Den Beteiligten ist bei der Abstimmung bewusst, dass sie eine rechtswidrige Entscheidung fällen, wenn die Mehrheit erreicht wird.[1073] Dass diese Begründung bei Fahrlässigkeitsdelikten mangels fahrlässiger Mittäterschaft problematisch ist,[1074] kann dahinstehen. Für die Strafbarkeit von Einigungsstellenmitgliedern aufgrund des Spruchs sind allenfalls Vorsatztaten einschlägig.[1075]

Die wechselseitige Zurechnung der Stimmen gemäß § 25 Abs. 2 StGB ist auch in Fällen, in denen die Mehrheit gerade mit einer Stimme erreicht wird, notwendig. Denn die Stimme eines einzelnen Mitglieds kann keinen Mehrheitsbeschluss herbeiführen.

Keine strafrechtliche Verantwortlichkeit trifft denjenigen, der gegen den Beschluss gestimmt hat.

Enthaltungen sind als zivilrechtlicher Sicht kausal, wenn bei rechts- und ermessensfehlerfreier Stimmabgabe die Entscheidung anders hätte ausfallen können.[1076]

1068 RG vom 12.4.1880 – 570/80 – RGZ 1, 373, 374; BGH vom 28.9.1951 – 2 StR 391/51 – BGHSt 1, 332; *Eisele*, in: Schönke/Schröder, StGB, Vor §§ 13 ff. Rn. 83a.

1069 § 3 E. I. 1.

1070 BGH vom 6.7.1990 – 2 StR 549/89 – NJW 1990, 2560, 2566.

1071 *Knauer*, S. 133 ff.

1072 *Heine/Weißer*, in: Schönke/Schröder, StGB, § 25 Rn. 79; *Joecks*, in: MünchKommStGB (2011), § 25 Rn. 250.

1073 *Knauer*, S. 161.

1074 *Beulke/Bachmann*, JuS 1992, 737, 743; *Hilgendorf*, NStZ 1994, 561, 564 f.

1075 Untersucht wird hier § 119 Abs. 1 Nr. 3 BetrVG und § 266 Abs. 1 StGB.

1076 Oben § 3 E. I. 4.

Im Fall Mannesmann/Vodafone hat der BGH eine Strafbarkeit auch bei der Enthaltung bejaht, obwohl bei rechtmäßiger Stimmabgabe das Ergebnis nicht anders ausgefallen wäre.[1077] Die Enthaltung als solche war für den Taterfolg nicht kausal. Die rechtswidrigen Stimmabgaben der übrigen Gremienmitglieder waren indes kausal für den Taterfolg und wurden dem sich Enthaltenden mittäterschaftlich gemäß § 25 Abs. 2 StGB zugerechnet. Eine Mittäterschaft kommt aber nur in Betracht, wenn der sich Enthaltende wie im Fall des BGH wusste, dass ein entsprechender Beschluss auch ohne seine Teilnahme wirksam würde und er genau das erreichen wollte.[1078] Die Enthaltung entspricht dann objektiv und subjektiv einer Abstimmung im Sinne der Mehrheit, soll aber als solche nicht nach außen erkennbar sein.

Andernfalls kann die Enthaltung maximal Gehilfenbeitrag sein.[1079] Die Entscheidung des Gremiums ist dann keine eigene Tat des sich Enthaltenden. Er hat weder Tatherrschaft noch handelt er mit Täterwillen (animus auctoris).[1080] Ohne die mittäterschaftliche Zurechnung der rechtswidrigen Stimmabgaben der anderen Mitglieder kann die Enthaltung keine Strafbarkeit als Täter auslösen, wenn die Enthaltung als solche nicht kausal für das Abstimmungsergebnis ist.

Ein rechtmäßiges Abstimmungsverhalten schließt die Strafbarkeit aus. Nicht erforderlich ist, dass das Einigungsstellenmitglied das Amt niederlegt, wenn es erkennt, dass sich eine Mehrheit zu Gunsten eines rechtswidrigen Beschlusses bildet. Eine Abstimmung gegen den rechtswidrigen Vorschlag ist für das Ergebnis nicht kausal, sodass eine Strafbarkeit nicht in Betracht kommt.[1081]

IV. Vertikale Zurechnung der Durchführungshandlung

Der Einigungsstellenbeschluss alleine kann den Tatbestandserfolg nicht herbeiführen. Trotz der normativen Wirkung des Einigungsstellenspruchs muss der Arbeitgeber den Spruch gemäß § 77 Abs. 1 BetrVG ausführen.

1. *Alleintäterschaft der Einigungsstellenmitglieder*

Die Handlung des Arbeitgebers beseitigt nicht die Kausalität der Stimmabgaben, die den rechtswidrigen Spruch herbeigeführt haben. Der Spruch ist i.S.d. *conditio-sine-qua-non-Formel* ursächlich für den Erfolgseintritt, denn er kann nicht hinweggedacht werden, ohne dass der Erfolg in seiner konkreten Gestalt entfiele.[1082]

1077 BGH vom 21.12.2005 – 3 StR 470/04 – NJW 2006, 522 Rn. 46.

1078 BGH vom 21.12.2005 – 3 StR 470/04 – NJW 2006, 522 Rn. 46.

1079 *Heine/Weißer*, in: Schönke/Schröder, StGB, § 25 Rn. 82.

1080 Täterschaft nach der normativen Kombinationstheorie: BGH vom 15.9.1988 – 4 StR 352/88 – NJW 1989, 912, 914; vom 13.9.1994 – 1 StR 357/94 – NJW 1995, 204, 206; *Heine/Weißer*, in: Schönke/Schröder, StGB, Vorbem. §§ 25 ff. Rn. 63 f.

1081 Dazu auch oben § 3 E. I. 3.

1082 RG vom 12.4.1880 – 570/80 – RGZ 1, 373, 374; BGH vom 28.9.1951 – 2 StR 391/51 – BGHSt 1, 332.

Der Arbeitgeber kann in mitbestimmungspflichtigen Angelegenheiten ohne Zustimmung des Betriebsrats oder den Spruch der Einigungsstelle nicht handeln. Der Beschluss und die Ausführung des Beschlusses durch den Arbeitgeber sind kumulativ kausal.[1083] Beide Bedingungen müssen für den Erfolgseintritt zusammenwirken.

Die Strafbarkeit der Einigungsstellenmitglieder scheitert nicht an der objektiven Zurechnung. Der Erfolg ist der Einigungsstelle objektiv zurechenbar, wenn sie durch den Spruch eine rechtlich relevante Gefahr geschaffen hat und sich genau diese Gefahr im tatbestandsmäßigen Erfolg realisiert hat.[1084] Die Durchführung des Arbeitgebers unterbricht den Zurechnungszusammenhang nicht unter dem Gesichtspunkt des eigenverantwortlichen Dazwischentretens eines Dritten. Entscheidend ist, in wessen Verantwortungsbereich der Taterfolg fällt.[1085] Der Arbeitgeber muss einen rechtswidrigen Spruch nicht durchführen. Ein Spruch mit strafbarem Inhalt ist gemäß § 134 BGB nichtig[1086] und entfaltet keine normative Wirkung.[1087] Die Entscheidung, den Spruch dennoch durchführen zu wollen, trifft der Arbeitgeber eigenverantwortlich. Trotzdem kann dem Arbeitgeber der Taterfolg nicht ausschließlich zugerechnet werden. Ohne den Einigungsstellenspruch wäre er zur Handlung gar nicht befugt. Die Einigungsstelle als Ersttäter schafft erst die Voraussetzung für das Eingreifen des Arbeitgebers. Zudem ist das Verhalten des Arbeitgebers so spezifisch mit der Ausgangsgefahr, die durch den Einigungsstellespruchgeschaffen wurde, verbunden, dass trotz der eigenverantwortlichen Entscheidung des Arbeitgebers, den Spruch durchzuführen, der Zurechnungszusammenhang nicht durchbrochen wird.[1088] Die Einigungsstelle trifft eine eigenverantwortliche Entscheidung, für die sie die volle Verantwortung übernehmen muss. Ihr Ziel ist es, Meinungsverschiedenheiten beizulegen. Dieses Ziel würde nicht erreicht, wenn sie von vorneherein davon ausginge, dass der Arbeitgeber den Spruch nicht durchführt. Auf die tatsächliche Ausführung des Arbeitgebers ist sie zwar angewiesen, diese unterbricht aber nicht den Zurechnungszusammenhang.

2. *Mittäterschaft der Einigungsstellenmitglieder*

Geht man entgegen der hier vertretenen Ansicht davon aus, dass die Handlung des Arbeitgebers den Zurechnungszusammenhang unterbricht, können sich die Einigungsstellenmitglieder dennoch strafbar machen, wenn ihnen die Ausführungshandlung des Arbeitgebers gemäß § 25 Abs. 2 StGB zugerechnet wird.

Eine Zurechnung gemäß § 25 Abs. 1 Var. 2 StGB ist abzulehnen. Die mittelbare Täterschaft erfordert überlegenes Wissen oder überlegenen Willen der

1083 *Eisele*, in: Schönke/Schröder, StGB, Vor §§ 13 ff. Rn. 83.
1084 Dazu nur *Eisele*, in: Schönke/Schröder, StGB, Vor § 13 ff. Rn. 92.
1085 *Eisele*, in: Schönke/Schröder, StGB, Vor § 13 ff. Rn. 100 (mwN).
1086 *Thüsing*, in: Richardi, BetrVG, § 78 Rn. 35.
1087 *Richardi*, in: Richardi, BetrVG, § 77 Rn. 5.
1088 *Wessels/Beulke/Satzger*, StR AT, Rn. 192.

Einigungsstellenmitglieder.[1089] Der Arbeitgeber handelt bei der Durchführung des Einigungsstellenspruchs aber vollverantwortlich. Er kann sich zur Rechtfertigung nicht darauf berufen, er sei aufgrund des Spruchs zur Durchführung verpflichtet gewesen. Eine Pflicht zur Durchführung eines nichtigen Spruchs gibt es nicht.

Die mittelbare Täterschaft kraft organisatorischer Machtapparate ist ebenfalls nicht einschlägig.[1090] Der BGH überträgt die dazu entwickelten Grundsätze zwar auch auf wirtschaftliche Unternehmen.[1091] Als Täter kraft Tatherrschaft kommt in Betracht, wer durch Organisationsstrukturen bestimmte Rahmenbedingungen ausnutzt, die regelhafte Abläufe auslösen, die ihrerseits zu der vom Hintermann erstrebten Tatbestandsverwirklichung führen. Der Spruch der Einigungsstelle löst aber nicht zwingend einen „regelhaften Ablauf" dahingehend aus, dass dieser in jedem Fall vom Arbeitgeber durchgeführt wird. Der Arbeitgeber muss sich bewusst und eigenverantwortlich für die Durchführung entscheiden und von einer gerichtlichen Überprüfung absehen. Die Einigungsstellenmitglieder sind daher nicht mittelbare Täter.

Der unmittelbar handelnde Arbeitgeber und die beschlussfassenden Einigungsstellenmitglieder können aber Mittäter gemäß § 25 Abs. 2 StGB sein, wenn sie einen gemeinsamen Tatplan ausführen.[1092] Ist die Person, die als Vertreter des Arbeitgebers den Beschluss der Einigungsstelle durchführt, gleichzeitig Mitglied der Einigungsstelle, liegt der gemeinsame Tatplan von Arbeitgeber und Einigungsstelle im Beschluss.[1093] Nicht selten werden aber die arbeitgeberseitig bestellten Beisitzer gerade nicht Personen sein, die nachfolgend zur Durchführung des Spruchs ermächtigt sind, sei es, weil sie betriebsfremde Beisitzer sind, sei es, weil sie schlicht nicht die entsprechende Macht im Betrieb besitzen. Für den gemeinsamen Tatplan ist erforderlich, aber auch ausreichend, dass jeder Beteiligte im Sinne eines zumindest konkludent gefassten gemeinschaftlichen Willensentschlusses seine eigene Tätigkeit durch die Handlung des anderen ergänzen und sich zurechnen lassen will. Die Mittäter müssen alle im bewussten und gewollten Zusammenwirken handeln.[1094] Eine vorherige Verabredung ist nicht erforderlich. Ausreichend ist es, wenn das Einverständnis während der Tat entsteht.[1095] Ein gemeinsamer Tatplan ist daher auch dann anzunehmen, wenn sich der Arbeitgeber nach dem Einigungsstellenspruch zu dessen Durchführung entschließt und dadurch die Handlung der Einigungsstellenmitglieder ergänzen will. Wille der Einigungsstellenmitglieder ist es ebenfalls, dass ihr Spruch durch die Ausführungshandlung des Arbeitgebers ergänzt und vollzogen wird.

1089 *Joecks*, in: MünchKommStGB (2011), § 25 Rn. 53 ff.

1090 BGH vom 26.7.1994 – 5 StR 98/94 – NJW 1994, 2703, 2706 ff.

1091 BGH vom 26.7.1994 – 5 StR 98/94 – NJW 1994, 2703, 2706; vom 11.12.1997 – 4 StR 323/97 – NStZ 1998, 568,

1092 *Joecks*, in: MünchKommStGB (2011), § 25 Rn. 229; *Heine/Weißer*, in: Schönke/Schröder, StGB, § 25 Rn. 71.

1093 *Knauer*, S. 60 ff.

1094 BGH vom 19.2.1997 – 3 StR21/97 – NStZ 1997, 336.

1095 RG vom 11.1.1883 – 2978/82 – RGSt 8, 42, 43; *Joecks*, in: MünchKommStGB (2011), § 25 Rn. 230.

3. *Einigungsstellenmitglieder als Teilnehmer*

Sollte man sowohl die objektive Zurechenbarkeit des Taterfolgs an die Einigungsstelle als auch den gemeinsamen Tatplan zwischen Arbeitgeber und Einigungsstellenmitgliedern und damit eine mittäterschaftliche Zurechnung der Handlungen ablehnen, bleibt eine Strafbarkeit der Einigungsstellenmitglieder als Teilnehmer.

Für die Anstiftung müsste die Einigungsstelle gemäß § 26 StGB den Arbeitgeber zur Tat bestimmt haben, d.h. seinen Tatentschluss hervorgerufen haben.[1096] Dies kann der Fall sein, wenn im Einigungsstellenverfahren die „Idee" zur Straftat von den Beisitzern der Arbeitnehmerseite ausging.

Haben hingegen Beisitzer der Arbeitgeberseite auf dessen Veranlassung eine Straftat vorgeschlagen, ist davon auszugehen, dass der Tatentschluss des Arbeitgebers bereits gefasst ist (omnimodo facturus)[1097]. Die Einigungsstelle leistet dann nur noch Beihilfe gemäß § 27 StGB. Durch den entsprechenden Einigungsstellenspruch ermöglicht sie dem Arbeitgeber die Haupttat. Der Vorsatz muss sich jeweils auf die Haupttat und die Beteiligungshandlung beziehen.

1096 *Heine/Weißer*, in: Schönke/Schröder, StGB, § 26 Rn. 2; *Lackner*, in: Lackner/Kühl, StGB, § 26 Rn. 2.

1097 BGH vom 8.8.1995 – 1 StR 377/95 – NStZ-RR 1996, 1; *Heine/Weißer*, in: Schönke/Schröder, StGB, § 26 Rn. 6.

§ 9. Zusammenfassung

I. Die Einigungsstelle ist ein innerbetriebliches privatrechtliches Organ zur Streitbeilegung zwischen den Betriebsparteien. Die privatrechtliche Natur ermöglicht eine persönliche Haftung der Einigungsstellenmitglieder.[1098]
Sämtliche Einigungsstellenmitglieder stehen in einem betriebsverfassungsrechtlichen Rechtsverhältnis zum Arbeitgeber und Betriebsrat, das mit der Anrufung der Einigungsstelle begründet wird. Es entspricht dem organschaftlichen Rechtsverhältnis zwischen Gesellschaft und Geschäftsführer oder Vorstand. Die Rechte und Pflichten der Einigungsstellenmitglieder ergeben sich hinreichend aus dem BetrVG. Im Verhältnis zum Arbeitgeber können sie durch ein zusätzliches vertragliches Anstellungsverhältnis ausgestaltet werden. Mit dem Betriebsrat kann ein solcher Vertrag nicht geschlossen werden, da er insoweit nicht rechtsfähig ist.[1099]
Eine besondere Rechtsbeziehung der Einigungsstellenmitglieder zu den Arbeitnehmern besteht nicht. Weder § 75 BetrVG noch §§ 76 Abs. 5 S. 3, 112 Abs. 5 S. 1 begründen ein gesetzliches Schuldverhältnis.[1100]
Bestellen die Konzernobergesellschaft und der Konzernbetriebsrat eine Einigungsstelle, entsteht ein betriebsverfassungsrechtliches Schuldverhältnis auch zu den beherrschten Unternehmen.[1101]
Ein Schuldverhältnis mit der Konzernmutter wird nicht begründet, wenn die Einigungsstelle auf Ebene der Konzerntochter bestellt wird. Das betriebsverfassungsrechtliche Schuldverhältnis zur Konzerntochter entfaltet keine Schutzwirkung zu Gunsten der Konzernmutter. Sie ist trotz gesetzlicher oder rechtsgeschäftlicher Verlustausgleichpflichten nicht schutzbedürftig, da ein Schadensersatzanspruch der Konzerntochter gegen die Einigungsstellenmitglieder auch der Konzernmutter zu Gute kommt.[1102]
Bei einer Unternehmensspaltung in Betriebs- und Anlagegesellschaft ist letztere in die Schutzwirkung des betriebsverfassungsrechtlichen Schuldverhältnisses zwischen Einigungsstellenmitgliedern und Betriebsgesellschaft wegen der gesamtschuldnerischen Haftung für Sozialplanverbindlichkeiten gemäß § 134 Abs. 1 S. 1 UmwG einbezogen.[1103]
Die Einigungsstelle hat gemäß § 76a Abs. 1 BetrVG gegen den Arbeitgeber einen Anspruch auf Freistellung von den Kosten, die zur sachgerechten und vernünftigen Erledigung des Einigungsstellenverfahrens erforderlich

---

1098 § 2 A.
1099 § 2 C. und D.
1100 § 2 E.
1101 § 2 F. I.
1102 § 2 F. II.
1103 § 2 F. III.

sind. Sie ist in diesem Umfang vermögens- und rechtsfähig und kann selbst Vertragspartner werden. Das beim Vertragsschluss handelnde Einigungsstellenmitglied verpflichtet sich nicht persönlich, sondern handelt für die Einigungsstelle.[1104]

II. Sowohl Arbeitgeber als auch Betriebsrat haben gegen die Einigungsstellenmitglieder einen Leistungsanspruch auf einen wirksamen ermessensfehlerfreien Spruch.[1105]

Für Schäden aufgrund eines unwirksamen und/oder ermessensfehlerhaften Spruch sowie für Nebenschäden wegen der Verletzung von Schutz- und Rücksichtnahmepflichten haften die Einigungsstellenmitglieder aus dem betriebsverfassungsrechtlichen Schuldverhältnis gemäß § 280 Abs. 1 BGB nur gegenüber dem Arbeitgeber.[1106] Da der Betriebsrat nicht vermögensfähig ist, kann ihm kein Schaden entstehen. Er kann daher auch keine Schadensersatzansprüche gegen die Einigungsstellenmitglieder geltend machen.[1107]

Bei Nichtleistung oder verzögerter Leistung kann der Arbeitgeber Schadensersatz statt der Leistung oder wegen Verzögerung verlangen. Kann der Zweck des Einigungsstellenverfahrens wegen Zeitablauf nicht mehr erreicht werden, ist die Nacherfüllung unmöglich, sodass Schadensersatz statt der Leistung gemäß §§ 280 Abs. 1, 3 283 BGB verlangt werden kann.

Ein Schaden entsteht, wenn ein bereits durchgeführter unwirksamer Spruch nicht rückabgewickelt werden kann oder der Arbeitgeber wegen unwirksamer Antragsablehnung oder Leistungsverzögerung zur Untätigkeit gezwungen ist. Kosten und Folgen der gerichtlichen Feststellung der Unwirksamkeit sind ebenso ersatzfähiger Schaden. Nebenpflichtverletzungen können Schäden unabhängig von der Wirksamkeit des Spruchs verursachen.[1108]

Bei einer Einigungsstelle auf Konzernebene kann den beherrschten Unternehmen ein Schaden entstehen, den diese, wie der Arbeitgeber, aufgrund des betriebsverfassungsrechtlichen Schuldverhältnisses geltend machen können. Die Konzernmutter wird von Einigungsstellensprüchen auf Ebene der Konzerntochter nicht geschädigt. Bei der Betriebsspaltung trifft die Belastung durch Sozialplanverbindlichkeiten überwiegend die Anlagegesellschaft, auch wenn die Einigungsstelle von der Betriebsgesellschaft bestellt wird.[1109]

Bei einer Mehrheitsentscheidung sind alle den Spruch tragenden Stimmen kausal. Die Durchführung des Spruchs durch den Arbeitgeber unterbricht den Zurechnungszusammenhang nicht.[1110]

1104 § 2 G.
1105 § 3 B. I. 1. und § 3 B. III. 3.
1106 § 3 B. I. 2.
1107 § 3 B. III.
1108 § 3 D. I.
1109 § 3 D. II.
1110 § 3 E.

Führt der Arbeitgeber den Spruch durch, ohne die Feststellung der Unwirksamkeit zu beantragen, ist das beim Mitverschulden zu berücksichtigen. Das gilt auch für die nachträgliche Unterwerfung unter den Spruch beim freiwilligen Einigungsstellenverfahren.[1111]

Die Konzerntochter trifft bei einer unterlassenen Anfechtung des Spruchs einer Einigungsstelle auf Konzernebene ein Mitverschulden. Zusätzlich kann ihr das Mitverschulden der Konzernmutter gemäß §§ 254 Abs. 2 S. 2, 278 BGB zugerechnet werden. Die Anlagegesellschaft kann den Spruch nicht selbst anfechten. Aufgrund der überwiegenden Gesellschafteridentität mit der Betriebsgesellschaft ist ihr die schuldhaft unterlassene Anfechtung durch die Betriebsgesellschaft gemäß § 278 BGB zuzurechnen.[1112]

III. Der Arbeitnehmer kann einen Schaden liquidieren, indem er Ansprüche gegen den Arbeitgeber geltend macht. Dieser Anspruch reicht zum Ausgleich nicht aus, wenn mangels wirksamen Einigungsstellenspruchs eine Anspruchsgrundlage fehlt. Den Arbeitnehmern stehen allenfalls deliktische Schadensersatzansprüche gegen die Einigungsstellenmitglieder zu. Das AGG bietet keine Rechtsgrundlage für eine Haftung der Einigungsstellenmitglieder. Da der Betriebsrat nicht gesetzlicher Vertreter der Arbeitnehmer ist, kann den Arbeitnehmern eine unterlassene Anfechtung nicht anspruchsmindernd zugerechnet werden.[1113]

Für Verbindlichkeiten gegenüber Vertragspartnern der Einigungsstelle, die die Grenze der Erforderlichkeit des § 76a Abs. 1 BetrVG überschreiten, haftet das handelnde Einigungsstellenmitglied gemäß § 179 Abs. 1 BGB analog.[1114]

IV. Eine Haftungsbeschränkung der Einigungsstellenmitglieder auf Vorsatz und grobe Fahrlässigkeit lässt sich weder durch analoge Anwendung gesetzlicher Haftungsprivilegierungen herleiten, noch aus der Rechtsnatur der Einigungsstelle. Die Haftung für Verfahrensfehler ist auf elementare Verfahrensverstöße begrenzt. Für Ermessensfehler erfolgt eine gewisse Entlastung der Einigungsstellenmitglieder durch die ex-ante Beurteilung der Pflichtverletzung. Mit einem Einigungsstellenhaftungsprivileg kann dem Arbeitgeber das Prognoserisiko bei Ermessensentscheidungen gemäß § 254 BGB analog zugerechnet werden. Dadurch werden Einigungsstellenmitglieder bei leicht fahrlässigen Fehlentscheidungen ganz und bei mittlerer Fahrlässigkeit durch Schadensteilung teilweise entlastet. Für Rechtsfehler und Verletzung von Geheimnispflichten gibt es kein Bedürfnis nach einer Haftungsprivilegierung. Um einen weitergehenden Schutz müssen sich die Einigungsstellenmitglieder durch vertragliche Haftungsvereinbarungen selbst bemühen.[1115]

1111 § 3 F. I.
1112 § 3 F. II.
1113 § 4 A.
1114 § 4 B.
1115 § 5 C.

Im Konzern wirkt die vertragliche Haftungsbeschränkung nur gegenüber dem Konzernunternehmen, das gegenüber den Einigungsstellenmitgliedern gehandelt hat.[1116] Bei der Unternehmensspaltung kann die Schutzwirkung des betriebsverfassungsrechtlichen Schuldverhältnisses zwischen Betriebsgesellschaft und Einigungsstellenmitgliedern zu Gunsten der Anlagegesellschaft durch eine Haftungsvereinbarung eingeschränkt bzw. beseitigt werden.[1117]
Eine Anspruchskürzung gemäß § 254 BGB analog wegen der Verlagerung des Prognoserisikos ist bei der Konzernbetriebsvereinbarung auch gegenüber der Konzerntochter möglich, da ihr die Risikoverlagerung durch die Konzernmutter gemäß §§ 254 Abs. 2. S. 2, 278 BGB zugerechnet wird.[1118] Die Betriebsgesellschaft muss sich das Mitverschulden der Anlagegesellschaft nach dem Rechtsgedanken des § 334 BGB entgegenhalten lassen.[1119]
Die Haftung gegenüber Arbeitnehmern kann durch eine Haftungsvereinbarung zwischen Arbeitgeber und Einigungsstellenmitgliedern nicht eingeschränkt werden.[1120]
Die Haftung gemäß § 179 Abs. 1 BGB analog für vertragliche Verbindlichkeiten kann über § 179 Abs. 2, 3 BGB hinaus ebenfalls nur vertraglich beschränkt werden.[1121]

V. Insolvenzgläubiger haben keinen Schadensersatzanspruch gegen die Einigungsstellenmitglieder, wenn sich die Vermögensmasse aufgrund eines Einigungsstellenspruchs verringert. Wird der Insolvenzverwalter von den Insolvenzgläubigern auf Schadensersatz in Anspruch genommen, kann er bei den Einigungsstellenmitgliedern gemäß § 280 Abs. 1 BGB Regress nehmen. Die Auszahlung von Sozialplanleistungen, ohne den Einigungsstellenspruch anzufechten, muss als Mitverschulden des Insolvenzverwalters anspruchskürzend berücksichtigt werden.[1122]

VI. Die einzelnen Einigungsstellenmitglieder haften als Gesamtschuldner. Hat der Arbeitgeber unterschiedliche Haftungsvereinbarungen getroffen, ist sein Anspruch nach den Grundsätzen der gestörten Gesamtschuld zu kürzen. Haften neben den Einigungsstellenmitgliedern Betriebsratsmitglieder oder der Arbeitgeber, handelt es sich um eine Gesamtschuld.[1123]
Dem Arbeitgeber ist in seinem eigenen Interesse zu raten, für die Einigungsstellenmitglieder eine Art D&O Versicherung abzuschließen.[1124]

1116 § 5 D. I. und II.
1117 § 5 D. III.
1118 § 5 D. I.
1119 § 5 D. III.
1120 § 5 E.
1121 § 5 F.
1122 § 6.
1123 § 7 A. bis C.
1124 § 7 D.

Für Schadensersatzansprüche aus dem betriebsverfassungsrechtlichen Schuldverhältnis ist das Arbeitsgericht im Beschlussverfahren zuständig. Für die deliktische Ansprüche der Arbeitnehmer oder Ansprüche gemäß § 179 Abs. 1 BGB analog sind die ordentlichen Gerichte zuständig.[1125]

Es gelten die allgemeinen Regeln zur Beweislast. § 619a BGB findet gegenüber Einigungsstellenmitgliedern, die Arbeitnehmer sind, keine Anwendung.[1126]

VII. Die Einigungsstellenmitglieder können sich aufgrund individueller Handlungen strafbar machen wegen Geheimnisverrats, des im BetrVG geregelten Verbots der Begünstigung und Benachteiligung von Amtsträgern, Nötigung, Erpressung, Betrug und Bestechlichkeit. Die für die Untreuestrafbarkeit erforderliche Vermögensbetreuungspflicht der Einigungsstellenmitglieder besteht nur, wenn der Einigungsstelle für ihre Tätigkeit ein Vorschuss gewährt wurde, den diese zweckwidrig verwendet. Die Annahme rechtswidriger Begünstigungen durch die Einigungsstellenmitglieder kann eine Strafbarkeit wegen Steuerhinterziehung begründen.[1127]

Eine strafrechtliche Verantwortung der Einigungsstellenmitglieder für den Inhalt des Spruchs kann aufgrund der Begünstigung von Betriebsratsmitgliedern und der Untreue ausgelöst werden. Eine Vermögensbetreuungspflicht kann hierbei nur einheitlich gegenüber Arbeitnehmern und dem Arbeitgeber in Form des Existenzschutzes des Betriebs bestehen. Die den Spruch tragenden Stimmen der einzelnen Mitglieder werden jeweils wechselseitig mittäterschaftlich gemäß § 25 Abs. 2 StGB zugerechnet. Die Durchführungshandlung des Arbeitgebers unterbricht den Zurechnungszusammenhang nicht.[1128]

1125 § 7 E.
1126 § 7 E. V.
1127 § 8 A.
1128 § 8 B.

Literaturverzeichnis

Achenbach, Anna-Luise, Zur Strafbarkeit von Betriebsratsmitgliedern – Eine Analyse strafbarer Handlungen zum Nachteil des Arbeitgebers anhand praxisrelevanter Fallkonstellationen, 2014

Adomeit, Klaus/Mohr, Jochen, Allgemeines Gleichbehandlungsgesetz, 2. Auflage 2011

Annuß Georg, Die Haftung des Arbeitnehmers, 1997

Bachner, Michael, Die Rechtsetzungsmacht der Betriebsparteien durch Konzernbetriebsvereinbarung, NZA 1995, 256 ff.

Bauer, Jobst-Hubertus, Einigungsstellen – Ein ständiges Ärgernis, NZA 1992, 433 ff.

Bauer, Jobst-Hubertus/von Medem, Andreas, Anm. zu BAG vom 15.10.2013 – 1 ABR 31/12 – AP GG Art. 9 Arbeitskampf Nr. 181

Bauer, Jobst-Hubertus/Röder, Gerhard, Problemlose Einigungsstellenkosten? – Gedanken zum neuen § 76a BetrVG, DB 1989, 224 ff.

Bauer, Jobst-Hubertus/Willemsen, Eva Maria, Der (partei)politische Betriebsrat, NZA 2010, 1089 ff.

Baumbach, Adolf/Hueck, Alfred, GmbHG – Gesetz betreffend die Gesellschaften mit beschränkter Haftung, 20. Auflage 2013

Belling, Detlev W., Anm. zu BGH vom 25.10.2012 – III ZR 266/11 – AP BetrVG 1972 § 40 Nr. 110

Belling, Detlev W., Die Haftung des Betriebsrats und seiner Mitglieder für Pflichtverletzungen, 1990. [zitiert als *Belling,* Die Haftung des Betriebsrats]

Bergmann, Magnus, Finanzielle Haftung von Betriebsratsmitgliedern, NZA 2013, 57 ff.

Beulke, Werner/Bachmann, Gregor, Die „Lederspray-Entscheidung" – BGHSt 37, 106, JuS 1992, 737 ff.

Binder, Jens-Hinrich, Geschäftsleiterhaftung und fachkundiger Rat, AG 2008, 274 ff.

Bischoff, Hans-Jürgen, Die Einigungsstelle im Betriebsverfassungsrecht, Zuständigkeit –Verfahren – Kosten – Haftung, 1975

Blankenagel, Alexander, Die „Amtspflicht gegenüber einem Dritten" – Kasuistik ohne Systematik?, DVBl. 1981, 15 ff.

Bork, Reinhard, Allgemeiner Teil des Bürgerlichen Gesetzbuches, 3. Auflage 2010 [zitiert als: *Bork,* AT]

Brandner, Hans Erich, Das allgemeine Persönlichkeitsrecht in der Entwicklung durch die Rechtsprechung, JZ 1983, 689 ff.

Braun, Eberhard, Insolvenzordnung, 6. Auflage 2014

Brill, Werner/Derleder, Peter, Zur zivilrechtlichen Haftung des Betriebsrats und seiner Mitglieder, AuR 1980, 353 ff.

Bröckner, Sebastian, Nebenpflichten und Haftung von Arbeitnehmern in Führungspositionen, 2012

Brox, Hans/Walter, Wolf-Dietrich, Allgemeines Schuldrecht, 38. Auflage 2014

Bunte, Hermann-Josef, Mandatsbedingungen der Rechtsanwälte und das AGB-Gesetz, NJW 1981, 2657 ff.

Bürkle, Jürgen/Fecker, Jörg, Business Judgment Rule: Unternehmerischer Haftungsfreiraum für leitende Angestellte, NZA 2007, 589 ff.

Busche, Jan, Privatautonomie und Kontrahierungszwang, 1999

Canaris, Claus-Wilhelm, Bankgeheimnis und Schutzwirkung für Dritte im Konzern, ZIP 2004, 1781 ff.

Canaris, Claus-Wilhelm, Risikohaftung bei schadensgeneigter Tätigkeit im fremden Interesse, RdA 1966, 41 ff.

Canaris, Claus-Wilhelm, Die Problematik der Minderung beim Dienstvertrag, in: Bitter, Georg/Lutter, Marcus/Priester, Hans-Joachim/Schön, Wolfgang/Ulmer, Peter (Hrsg.), Festschrift für Karsten Schmidt zum 70. Geburtstag, 2009, S. 177 ff. [zitiert als *Canaris,* in: FS K. Schmidt]

Cisch, Theodor B./Hock, Rainer, Konzernbetriebsvereinbarungen zur betrieblichen Altersversorgung im Lichte eines Share Deal, BB 2012, 2113 ff.

Däubler, Wolfgang/Bertzbach, Martin, Allgemeines Gleichbehandlungsgesetz, 3. Auflage 2013 [zitiert als *Bearbeiter,* in: Däubler/Bertzbach, AGG]

Däubler, Wolfgang/Kittner, Michael/Klebe,Thomas/Wedde, Peter, Betriebsverfassungsgesetz, Kommentar für die Praxis mit Wahlordnung und EBR-Gesetz, 14. Auflage2014 [zitiert als *Bearbeiter,* in: D/K/K/W, BetrVG]

Deeg, Oliver, Die Besorgnis der Befangenheit des Einigungsstellenvorsitzenden: Bestellungsverfahren, Einigungsstelle und gerichtliche Kontrolle, RdA 2011, 221 ff.

Frhr. von Diepenbroick-Grüter, Hagen, Der Sozialplan in der Insolvenz, 2003

Diller, Martin, Die Berufshaftpflichtversicherung für Rechtsanwälte, AVB-RSW – Kommentar, 2009 [zitiert als *Diller,* AVB-RSW]

Dommermuth-Alhäuser, Daniel/Heup, Eva, Haftung des Betriebsrats und seiner Mitglieder, BB 2013, 1461 ff.

Dornbusch, Gregor/Fischermeier, Ernst/Löwisch, Manfred, Fachanwaltskommentar Arbeitsrecht, 6. Auflage 2014 [zitiert als *Bearbeiter,* in: DFL]

Dörr, Claus, Der unionsrechtliche Staatshaftungsanspruch in Deutschland zwanzig Jahre nach Francovich, EuZW 2012, 86 ff.

Dröge, Henner, Haftung für Gremienentscheidungen, 2008

Dütz, Wilhelm, Verfahrensrecht der Betriebsverfassung, AuR 1973, 353 ff.

Dütz, Wilhelm, Anm. zu BAG vom 13.3.1973 – 1 ABR 15/72 – AP BetrVG 1972 § 20 Nr. 1.

Dütz, Wilhelm, Die gerichtliche Nachprüfung der Sprüche von betriebsverfassungsrechtlichen Einigungs- und Vermittlungsstellen, 1966 [zitiert als *Dütz*, Die gerichtliche Nachprüfung]

Dütz, Wilhelm, Gefahrgeneigte Arbeit, NJW 1986, 1779 ff.

Düwell, Franz, Betriebsverfassungsgesetz, 4. Auflage 2014 [zitiert als *Bearbeiter*, in: Düwell, BetrVG]

Ehrich, Christian/Fröhlich, Oliver, Die Einigungsstelle – Eine systematische Darstellung zur Lösung betriebsverfassungsrechtlicher Konflikte, 2. Auflage 2010 [zitiert als *Ehrich/Fröhlich*, Einigungsstelle]

Emmerich, Volker/Habersack, Mathias, Aktien- und GmbH-Konzernrecht, 7. Auflage 2013

Enneccerus, Ludwig/Nipperdey, Hans Carl, Allgemeiner Teil des Bürgerlichen Rechts, 2. Halbband, 14. Auflage 1955 [zitiert als *Enneccerus/Nipperdey*, AT II]

Erfurter Kommentar zum Arbeitsrecht, 15. Auflage 2015 [zitiert als *Bearbeiter*, in: ErfK]

Erman, Walter (Begr.)/*Westermann, Harm Peter/Grunewald, Barbara/Maier-Reimer, Georg* (Hrsg.), Bürgerliches Gesetzbuch, 14. Auflage 2014 [zitiert als *Bearbeiter*, in: Erman, BGB]

Faulenbach, Daniel, Ausgewählte Fragen des Einigungsstellenverfahrens, NZA 2012, 953 ff.

Fiebig, Andreas, Der Ermessensspielraum der Einigungsstelle, 1991 [zitiert als *Fiebig*, Einigungsstelle]

Fiebig, Andreas, Grundprobleme der Arbeit betrieblicher Einigungsstellen, DB 1995, 1278 ff.

Fikentscher, Wolfgang/Heinemann, Andreas, Schuldrecht, 10. Auflage 2006

Fischer, Thomas, Strafgesetzbuch mit Nebengesetzen, 61. Auflage 2014 [zitiert als *Fischer*, StGB]

Fischer, Ulrich, Der Spruch der Einigungsstelle – Folgen einer Teilunwirksamkeit, NZA 1997, 1017 ff.

Fischer, Ulrich, Die Besitzer der Einigungsstelle – Schiedsrichter, Schlichter, Parteivertreter oder Wesen vierter Art?, AuR 2005, 391 ff.

Fischer, Ulrich, Korruptionsbekämpfung in der Betriebsverfassung, BB 2007, 997 ff.

Fitting, Karl/Engels, Gerd/Schmidt, Ingrid/Trebinger, Yvonne/Linsenmaier, Wolfgang, Betriebsverfassungsgesetz, Handkommentar, 27. Auflage 2014 [zitiert als *Fitting*, BetrVG]

Fleischer, Holger, Zur Verantwortlichkeit einzelner Vorstandsmitglieder bei Kollegialentscheidungen im Aktienrecht, BB 2004, 2645 ff.

Francken, Johannes Peter, Erweiterte richterliche Dienstaufgaben im arbeitsgerichtlichen Multi-Door Courthouse, in: Rieble, Volker (Hrsg.),

Festschrift für Manfred Löwisch zum 70. Geburtstag, 2007, S. 129 ff. [zitiert als *Francken,* in: FS Löwisch]

Friedemann, Hartmut, Das Verfahren der Einigungsstelle für Interessenausgleich und Sozialplan, 1996

Fritsch, Stephan, Gleichbehandlung als Aufgabe von Arbeitgeber und Betriebsrat nach § 75 Abs. 1 BetrVG, BB 1992, 701 ff.

Fuchs, Maximilian, Gewillkürte Haftungsersetzung durch Versicherungsschutz, BB 1992, 1217 ff.

Gamillscheg, Franz/Hanau, Peter, Die Haftung des Arbeitnehmers, 2. Auflage 1974

Gaul, Dieter, Die betriebliche Einigungsstelle, 2. Auflage, 1980

Gaul, Dieter/Bartenbach, Kurt, Die Beanstandung der Ermessensüberschreitung durch die betriebliche Einigungsstelle, NZA 1985, 341 ff.

Geiser, Martina, Leistungspflichten des Vorstands in der AG – Grenzziehung zwischen der Business Judgment Rule und den notwendigen Anforderungen an eine Compliance-Organisation, 2010

Germelmann, Claas-Hinrich/Matthes, Hans-Christoph/Prütting, Hanns, Arbeitsgerichtsgesetz, 8. Auflage 2013 [zitiert als *Bearbeiter,* in: Germelmann/Matthes/Prütting, ArbGG]

Gernhuber, Joachim, Das Schuldverhältnis, 1989

Glajcar, Jakob, Altersdiskriminierung durch tarifliche Vergütung, 2011

Gola, Peter/Schomerus, Rudolf, BDSG Bundesdatenschutzgesetz Kommentar, 11. Auflage 2012 [zitiert als *Gola/Schomerus,* BDSG]

Gottwald, Peter, Insolvenzrechts-Handbuch, 5. Auflage 2015

Grube, Christian/Wahrendorf, Volker, SGB XII, Sozialhilfe mit Asylbewerberleistungsgesetz, 5. Auflage 2014 [zitiert als *Bearbeiter,* in: Grube/Wahrendorf, SGB XII]

Grunewald, Barbara, Zur Haftung von Fachleuten im Zivilrechtsverkehr, JZ 1982, 627 ff.

Grunewald, Barbara, Haftungsvereinbarungen zwischen Aktiengesellschaft und Vorstandsmitgliedern, AG 2013, 813 ff.

Grunsky, Wolfgang/Waas, Bernd/Benecke, Martina/Greiner, Stefan, Arbeitsgerichtsgesetz, Kommentar, 8. Auflage 2014 [zitiert als *Bearbeiter,* in: GWBG, ArbGG]

Habich, Anke, Sicherheit- und Gesundheitsschutz durch die Gestaltung von Nacht- und Schichtarbeit und die Rolle des Betriebsrats, 2006

Hager, Johannes, Das Mitverschulden von Hilfspersonen und gesetzlichen Vertretern des Geschädigten, NJW 1989, 1640 ff.

Hasenpusch, Wolfang, Arbeitssicherheit und Gesundheitsschutz, 2. Auflage 2009

Heckelmann, Dieter, Die einstweilige Verfügung im Arbeitskampf, AuR 1970, 166 ff.

Heinze, Meinhard, Inhalt und Grenzen betriebsverfassungsrechtlicher Rechte, ZfA 1988, 53 ff.

Heinze, Meinhard, Verfahren und Entscheidung der Einigungsstelle, RdA 1990, 262 ff.

Hellkamp, Alexandra Vanessa, Arbeitsgericht und Einigungsstelle – Zuständigkeitsprüfung und Befangenheitsproblematik, 2007

Hennige, Susanne, Das Verfahrensrecht der Einigungsstelle, 1995

Henssler, Martin/Strohn, Lutz, Gesellschaftsrecht, 2. Auflage 2014 [zitiert als *Bearbeiter,* in: Henssler/Strohn, Gesellschaftsrecht]

Herschel, Anm. zu BAG vom 14.7.1965 – 1 AZR 343/64 – SAE 1965, 249 ff.

Hess, Harald/Worzalla, Michael/Glock, Dirk/Nicolai, Andrea/Rose, Franz-Josef/Huke, Kristina, BetrVG Kommentar, 9 Auflage 2014 [zitiert als *Bearbeiter,* in: HWGNRH, BetrVG]

Hilgendorf, Eric, Fragen der Kausalität bei Gremienentscheidungen am Beispiel des Lederspray-Urteils, NStZ 1994, 561 ff.

Hölters, Wolfang, Aktiengesetz, 2. Auflage 2014 [zitiert als *Bearbeiter,* in: Hölters, AktG]

Hopt Klaus J./Steffek, Felix, Mediation – Rechtstatsachen, Rechtsvergleich, Regelungen, 2008

Hueck, Alfred/Nipperdey, Hans Carl, Lehrbuch des Arbeitsrechts, Zweiter Band, Kollektives Arbeitsrecht, 6. Auflage 1957 und 7. Auflage 1967 [zitiert als *Hueck/Nipperdey,* Lehrbuch des Arbeitsrechts II (Auflage)]

Hüffer, Uwe, Aktiengesetz, 11. Auflage 2014 [zitiert als *Bearbeiter,* in: Hüffer, AktG]

Hunold, Wolf, Die Sorgfaltspflichten des Einigungsstellenvorsitzenden, insbesondere im Verfahren über einen Sozialplan, NZA 1999, 785 ff.

Isele, Hellmut Georg, Empfiehlt es sich, die Haftung des Arbeitnehmers gegenüber dem Arbeitgeber abweichend vom Schuldrecht zu regeln?, NJW 1964, 1441 ff.

Jaeger, Georg/Steinbrück, Katharina, Persönliche Haftung von Betriebsratsmitgliedern für Beraterhonorare? – Konsequenzen für die Praxis aus dem Urteil des BGH vom 25.10.2012, NZA 2013, 401 ff.

Joussen, Jacob, Schlichtung als Leistungsbestimmung und Vertragsgestaltung durch einen Dritten, 2005

Jula, Rocco, Geschäftsführerhaftung gemäß § 43 GmbHG: Minimierung der Risiken durch Regelungen im Anstellungsvertrag?, GmbHR 2001, 806 ff.

Knauer, Christoph, Die Kollegialentscheidung im Strafrecht – Zugleich Beitrag zum Verhältnis von Kausalität und Mittäterschaft, 2000

Köhler, Helmut/Bornkamm, Joachim, Gesetz gegen den unlauteren Wettbewerb, 33. Auflage 2015 [zitiert als *Bearbeiter,* in: Köhler/Bornkamm, UWG]

Kolbe, Sebastian, Mitbestimmung und Demokratieprinzip, 2013

Konzen, Horst, Arbeitnehmerschutz im Konzern, RdA 1985, 65 ff.

Kopp, Ferdinand/Ramsauer, Ulrich, Verwaltungsverfahrensgesetz, 15. Auflage 2014 [zitiert als *Kopp/Ramsauer*, VwVfG]

Kort, Michael, Bildung und Stellung des Konzernbetriebsrats bei nationalen und internationalen Unternehmensverbindungen, NZA 2009, 464 ff.

Kort, Michael, Datenschutzrechtliche und betriebsverfassungsrechtliche Fragen bei IT-Sicherheitsmaßnahmen, NZA 2011, 1319 ff.

Krause, Hermann, Haftungsfragen beim Mitbestimmungsrecht, BB 1951, 677 ff.

Krause, Rüdiger, Geklärte und ungeklärte Probleme der Arbeitnehmerhaftung, NZA 2003, 577 ff.

Krauskopf, Dieter, Soziale Krankenversicherung, Pflegeversicherung, Loseblatt-Kommentar, Stand: Oktober 2014 [zitiert als *Bearbeiter*, in: Krauskopf, SozKV]

Kübler, Bruno/Prütting, Hanns/Bork, Reinhard, InsO – Kommentar zur Insolvenzordnung, Band 2, Stand September 2014 [zitiert als *Bearbeiter*, in: Kübler/Prütting/Bork, InsO]

Küchenhoff, Günther, Betriebsverfassungsgesetz, 3. Auflage 1978 [zitiert als *Küchenhoff*, BetrVG]

Lackner, Karl/Kühl, Kristian, Strafgesetzbuch Kommentar, 28. Auflage 2014 [zitiert als *Bearbeiter*, in: Lackner/Kühl, StGB]

Lange, Oliver, Praxisfragen der D&O-Versicherung (Teil I), DStR 2002, 1626 ff.

Larenz, Karl, Lehrbuch des Schuldrechts, Band I, Allgemeiner Teil, 14. Auflage 1987 [zitiert als *Larenz*, SchR AT]

Larenz, Karl, Methodenlehre der Rechtswissenschaft, 6. Auflage 1991

Latzel, Clemens, Social Judgement Rule – sozial Rechtfertigung der Duldung von Rechtsverstößen, ZAAR Schriftenreihe Band 35, S. 121 ff.

Laufhütte, Heinrich Wilhelm/Rissing-van Saan, Ruth/Tiedemann, Klaus (Hrsg.), Leipziger Kommentar, Strafgesetzbuch, Neunter Band, §§ 263 bis 283d, 1. Teilband, §§ 263 bis 266b, 12. Auflage 2012 [zitiert als *Bearbeiter*, in: LK-StGB]

Leipold, Dieter, Die Einigungsstellen nach den neuen Betriebsverfassungsgesetz, in: Hubmann, Heinrich/Hübner, Heinz (Hrsg.), Festschrift für Ludwig Schnorr von Carolsfeld zum 70. Geburtstag, 1973, S. 273 ff. [zitiert als *Leipold*, in: FS Schnorr von Carolsfeld]

Lembcke, Moritz, Haftung des Schiedsgutachters und des Adjudikators, DS 2011, 96 ff.

Lepke, Achim, Zur Rechtsstellung der betrieblichen Einigungsstelle, insbesondere im arbeitsgerichtlichen Beschlußverfahren, BB 1977, 49 ff.

Lobinger, Thomas, Vermögensbetreuungspflicht von Betriebsräten gegenüber Arbeitnehmern?, in: Rieble, Volker/Junker, Abbo/Giesen, Richard (Hrsg.), Arbeitsstrafrecht im Umbruch, 2009, S. 99 ff. [zitiert als *Lobinger*, in: Arbeitsstrafrecht im Umbruch]

Lohr, Martin, Die Beschränkung der Innenhaftung des GmbH-GF, NZG 2000, 1204 ff.

Looschelders, Dirk, Schuldrecht – Allgemeiner Teil, 12. Auflage 2014 [zitiert als *Looschelders*, SR AT]

Looschelders, Dirk, Schuldrecht – Besonderer Teil, 9. Auflage 2014 [zitiert als *Looschelders*, SR BT]

Löwisch, Manfred, Schutz und Förderung der freien Entfaltung der Persönlichkeit der im Betrieb beschäftigten Arbeitnehmer (§ 75 Abs. 2 BetrVG 1972), AuR 1972, 359 ff.

Löwisch, Manfred, Stimmenthaltungen sind keine Nein-Stimmen – Zur Auslegung von § 33 Abs. 1 S. 1 BetrVG, BB 1996, 1006 ff.

Löwisch, Manfred/Rieble, Volker, Tarifvertragsgesetz, 3. Auflage 2012

Martens, Klaus-Peter, Der Konzernbetriebsrat – Zuständigkeit und Funktionsweise, ZfA 1073, 297 ff.

Maurer, Hartmut, Allgemeines Verwaltungsrecht, 18. Auflage 2011

Medicus, Dieter/Lorenz, Stephan, Schuldrecht II – Besonderer Teil, 15. Auflage 2010 [zitiert als *Medicus/Lorenz*, SR II]

Meinel, Gernod/Heyn, Judith/Herms, Sascha, Allgemeines Gelichbehandlungsgesetz, 2. Auflage 2010

Melot de Beauregard, Paul/Gleich, Christian, Aktuelle Problemfelder bei der D&O-Versicherung, NJW 2013, 824 ff.

Michalski, Lutz, Kommentar zum Gesetz betreffend die Gesellschaften mit beschränkter Haftung (GmbH-Gesetz), Band II, 2. Auflage 2010 [zitiert als *Bearbeiter*, in: Michalski, GmbHG]

Müller, Gerhard, Rechtliche Konzeption und soziologische Problematik der Einigungsstelle nach dem BetrVG 72, DB 1973, 76 ff.

Müller, Stefan, Die Geheimhaltungspflicht des Betriebsrats und seiner (Ersatz-) Mitglieder nach § 79 Abs. 1 BetrVG, BB 2013, 2293 ff.

Musielak, Hans-Joachim/Voit, Wolfgang, Zivilprozessordnung mit Gerichtsverfassungsgesetz, 12. Auflage 2015 [zitiert als *Bearbeiter*, in: Musielak/Voit, ZPO]

Nick, Thomas, Konzernbetriebsrat und Sozialplan im Konzern – Zugleich eine Beitrag zur Entwicklung einer interessendualistischen Konzernverfassung, 1992

Richardi, Reinhard/Wlotzke, Otfried/Wißmann, Hellmut/Oetker, Hartmut (Hrsg.), Münchener Handbuch Arbeitsrecht, Band 2, 3. Auflage 2009 [zitiert als *Bearbeiter*, in: MüHbArbR]

Münchener Kommentar zum Aktiengesetz, 3. und 4. Auflage [zitiert als *Bearbeiter*, in: MünchKommAktG (Erscheinungsjahr)]

Münchener Kommentar zum Bürgerlichen Gesetzbuch, 6. Auflage [zitiert als *Bearbeiter*, in: MünchKommBGB (Erscheinungsjahr)]

Münchener Kommentar zum GmbHG, 1. Auflage [zitiert als *Bearbeiter*, in: MünchKommGmbHG (Erscheinungsjahr)]

Münchener Kommentar zur Insolvenzordnung, 3. Auflage [zitiert als *Bearbeiter,* in: MünchKommInsO (Erscheinungsjahr)]

Münchener Kommentar zum Strafgesetzbuch, 2. Auflage [zitiert als *Bearbeiter,* in: MünchKommStGB (Erscheinungsjahr)]

Münchener Kommentar zur Zivilprozessordnung, 4. Auflage [zitiert als *Bearbeiter,* in: MünchKommZPO (Erscheinungsjahr)]

Nebeling, Martin/Miller, Anemone, Die materielle Richtigkeitsgewähr des Tarifvertrages im Lichte der Haftungsfalle des § 15 Abs. 3 AGG, RdA 2007, 289 ff.

Nerlich, Jörg/Römermann, Volker, Insolvenzordnung, Loseblatt-Kommentar, Stand August 2014 [zitiert als *Bearbeiter,* in: Nerlich/Römermann, InsO]

Neumann-Duesberg, Horst, Auswirkungen des Betriebsratsamts auf die gegen Betriebsratsmitglieder möglichen Individualrechtsmaßnahmen des Arbeitgebers, RdA 1962, 289 ff.

Neumann-Duesberg, Horst, Betriebsverfassungsrecht, 1960

Neumann-Duesberg, Horst, Das Rechtsverhältnis zwischen Betriebsrat und Arbeitgeber und die Betriebshaftung, NJW 1954, 617 ff.

Nolting, Axel-Jörg, Die Haftung des Betriebsrats gegenüber Arbeitnehmern unter besonderer Berücksichtigung von personellen Einzelmaßnahmen, 1980

Obermayer, Klaus, Verfassungsrechtliche Bedenken gegen den Regierungsentwurf eines Betriebsverfassungsgesetzes, DB 1971, 1715 ff.

Ocker, Günther, Haftung für Handlungen des Betriebsrats, 1962

Olderog, Hans-Hermann, Probleme des einstweiligen Rechtsschutzes im Bereich der sozialen Mitbestimmung, NZA 1985, 753 ff.

Oppenländer, Frank/Trölitzsch, Thomas, GmbH-Geschäftsführung, 2. Auflage 2011

Otto, Hansjörg/Schwarze, Roland, Die Haftung des Arbeitnehmers, 3. Auflage 1998

Patzina, Reinhard/Bank, Stefan/Schimmer, Dieter/Simon-Widmann, Michaela, Haftung von Unternehmensorganen – Vorstände – Aufsichtsräte – Geschäftsführer, 2010

Preis, Ulrich, Arbeitsrecht, Individualarbeitsrecht, 4. Auflage 2012

Preis, Ulrich/Ulber, Daniel, Anm. zu BGH vom 25.10.2012 – III ZR 266/11 – JZ 2013, 579 ff.

Pünnel, Leo, Praktische Probleme des Einigungsstellenverfahrens nach dem BetrVG 1972, AuR 1973, 257 ff.

Pünnel, Leo/Isenhardt, Udo, Die Einigungsstelle des BetrVG 1972, 4. Auflage 1997

Reichold, Hermann, Betriebsverfassung als Sozialprivatrecht, 1995

Reiß, Winfried, Die Rechtsbeziehungen des Betriebsrates zum Arbeitgeber und zur Belegschaft unter besonderer Berücksichtigung der Haftungsfragen, 1971

Richardi, Reinhard, Arbeitsrecht und Zivilrecht, ZfA 1974, 3 ff.

Richardi, Reinhard, Betriebsverfassungsgesetz mit Wahlordnung, 14. Auflage 2014 [zitiert als *Bearbeiter,* in: Richardi, BetrVG]

Rieble, Volker, Anm. zu BVerwG vom 28.2.2002 – 5 C 25/01 – JZ 2003, 470 ff.

Rieble, Volker, Die Betriebsratsvergütung, NZA 2008, 276 ff.

Rieble, Volker, Die Kontrolle des Ermessens der betriebsverfassungsrechtlichen Einigungsstelle, 1989 [zitiert als *Rieble,* Einigungsstelle]

Rieble, Volker, Die Kontrolle der Einigungsstelle in Rechtsstreitigkeiten, BB 1991, 471 ff.

Rieble, Volker, Gewerkschaftsbestechung?, CCZ 2008, 121 ff.

Rieble, Volker/Klebeck, Ulf, Strafrechtliche Risiken der Betriebsratsarbeit, NZA 2006, 758 ff.

Rieble, Volker/Wiebauer, Bernd, Meinungskampf im Betrieb, ZfA 2010, 63 ff.

Rieble, Volker/Zedler, Marc Alexander, Altersdiskriminierung in Tarifverträgen, ZfA 2006, 273 ff.

Röckrath, Luidiger, Kollegialentscheidung und Kausalitätsdogmatik - Zurechnung überbestimmter Erfolge in Straf- und Haftungsrecht, NStZ 2003, 641 ff.

Rosenberg, Leo/Schwab, Karl Heinz/Gottwald, Peter, Zivilprozessrecht, 19. Auflage 2010

Rosset, Christoph, Rechtssubjektivität des Betriebsrats und Haftung seiner Mitglieder, 1985

Roth, Günter/Altmeppen, Holger, Gesetz betreffend die Gesellschaften mit beschränkter Haftung (GmbHG), 7. Auflage 2012 [zitiert als *Bearbeiter,* in: Roth/Altmeppen, GmbHG]

Rüthers, Bernd, Rechtsprobleme des Zeitlohnes an taktgebundenen Produktionsanlagen, ZfA 1973, 399 ff.

Schack, Joachim Die zivilrechtliche Stellung des Einigungsstellenvorsitzenden und die Probleme seiner Unparteilichkeit iSd § 76 Abs. 2 S. 1 BetrVG, 2001

Schaub, Günter, Arbeitsrechts-Handbuch, Systematische Darstellung und Nachschlagewerk für die Praxis, 15. Auflage 2013 [zitiert als *Bearbeiter,* in: Schaub, Arbeitsrechts-Handbuch]

Scheuerle, Wilhelm A., Der arbeitsrechtliche Fahrlässigkeitsbegriff und das Problem des innerbetrieblichen Schadensausgleichs, RdA 1958, 247 ff.

Schiemann, Gottfried, Der freie Dienstvertrag, BB 1983, 649 ff.

Schipp, Johannes, Die Haftung der Einigungsstelle aus fehlerhaften Einigungsstellensprüchen, NZA 2011, 271 ff.

Schipp, Johannes, Abbau von Überversorgungen, RdA 2007, 340 ff.

Schlachter, Monika, Das Recht der Arbeitnehmerhaftung bei Verzicht auf die „Gefahrgeneigtheit" des Beschäftigung, in: *Bauer, Joachim/Werner, Olaf* (Hrsg.),

Festschrift zur Wiederrichtung des Oberlandesgerichts in Jena, 1994, S. 252 ff. [zitiert als *Schlachter*, in: FS OLG Jena]

Schleusener, Axel Aino, Rechtsschutzmöglichkeiten bei einer Druckkündigung gegenüber dem Druckausübenden – Zugleich zum Recht am Arbeitsplatz als sonstigem Recht i.S. des § 823 I BGB, NZA 1999, 1078 ff.

Schmidt am Busch, Birgit, Verfassungsrechtliche Grundlagen des Arbeitsschutzes, GewArch 2011, 1 ff.

Schmitt, Martin, Befangenheitsprobleme im Betriebsverfassungsgesetz, NZA 1987, 78 ff.

Schmitt-Rolfes, Die Stellung der Verbände im Betriebsverfassungsrecht unter besonderer Berücksichtigung des betriebsverfassungsrechtlichen Einigungsverfahrens, 1977

Schnapp, Friedrich E., Das sozialrechtliche Schiedsverfahren im Aufwind, Einführung unter besonderer Berücksichtigung der Schiedsämter gem. § 89 SGB V, GesundheitsR 2014, 193 ff.

Schneider, Sven H., „Unternehmerische Entscheidung" als Anwendungsvoraussetzung für die Business Judgment Rule, DB 2005, 707 ff.

Scholz, Christian, Dotierung eines Sozialplans durch die Einigungsstelle, BB 2006, 1498 ff.

Schönfeld, Thorleif, Das Verfahren vor der Einigungsstelle – Eine Analyse der Verfahrenshandhabung aus juristischer Sicht, 1988 [zitiert als *Schönfeld*, Einigungsstelle]

Schönfeld, Thorleif, Die Person des Einigungsstellenvorsitzenden –Juristische Betrachtungen zum Vorsitzenden der Einigungsstelle auf der Basis empirischer Befunde, DB 1988, 1996 ff.

Schönfeld, Thorleif, Grundsätze der Verfahrenshandhabung der Einigungsstelle, NZA Beil. 4/1988, 3 ff.

Schönke, Adolf/Schröder, Horst, Strafgesetzbuch, Kommentar, 29. Auflage 2014 [zitiert als *Bearbeiter*, in: Schönke/Schröder, StGB]

Schulze-Osterloh, Joachim, Gläubiger- und Minderheitenschutz bei der steuerlichen Betriebsaufspaltung, ZGR 1983, 123 ff.

Schumacher, Carsten, Die privilegierte Haftung des Arbeitnehmers, Ausgestaltung – dogmatische Grundlage – Abdingbarkeit, 2012

Schwab, Brent, Der Konzernbetriebsrat – Seine Rechtsstellung und Zuständigkeit, NZA-RR 2007, 337 ff.

Schwarze, Roland, Teilrechtsfähigkeit des Betriebsrates, JA 2013, 467 ff.

Sieg, Rainer, Interne Schlichtung zur Vermeidung von Arbeitsgericht und Einigungsstelle, in: Oetker, Hartmut/Preis, Ulrich/Rieble, Volker (Hrsg.), Festschrift 50 Jahre Bundesarbeitsgericht, 2004, S. 1329 ff. [zitiert als *Sieg*, in: FS 50 Jahre BAG]

Soergel, Hans Theodor, Kommentar zum Bürgerlichen Gesetzbuch, 12. und 13. Auflage [zitiert als *Bearbeiter*, in: Soergel, BGB (Erscheinungsjahr)]

Söllner, Alfred, Schlichten ist kein Richten, ZfA 1982, 1 ff.

Sowka, Hans-Harald, Die Tätigkeit von Rechtsanwälten als Parteivertreter vor der Einigungsstelle, NZA 1990, 91 ff.

Spengler, Bernd/Hahn, Frank/Pfeiffer, Gerhard (Hrsg.), Betriebliche Einigungsstelle, Anträge/Verfahren/Musterbetriebsvereinbarungen, 2010 [zitiert als *Bearbeiter,* in: Spengler/Hahn/Pfeiffer, Einigungsstelle]

Spindler, Gerald/Stilz, Eberhard, Aktiengesetz, 2. Auflage 2010 [zitiert als *Bearbeiter,* in: Spindler/Stilz, AktG]

Sprenger, Markus, Wofür haftet der Einigungsstellenvorsitzende? – Verantwortung und Verantwortlichkeit für Verfahren und Spruch der Einigungsstelle, BB 2010, 2110 ff.

Staudinger, Julius von, Kommentar zum Bürgerlichen Gesetzbuch [zitiert als *Bearbeiter,* in: Staudinger, BGB (Erscheinungsjahr)]

Staudinger, Julius von, Kommentar zum Bürgerlichen Gesetzbuch/Eckpfeiler des Zivilrechts [zitiert als *Bearbeiter,* in: Staudinger, Eckpfeiler (Erscheinungsjahr)]

Steindorf, Arne/Regh, Thomas, Beck'sches Mandats Handbuch, Arbeitsrecht in der Insolvenz, 2002 [zitiert als *Bearbeiter,* in: Steindorf/Regh, Arbeitsrecht in der Insolvenz]

Steindorff, Ernst, Fahrlässigkeit der Arbeitnehmer, JZ 1959, 1 ff.

Tebben, Joachim, Das schwebend unwirksame Insichgeschäft und seine Genehmigung, DNotZ 2005, 173 ff.

Teichmann, Johannes, Die Abgrenzung der Schadensarten und ihre Bedeutung, 2011

Tholuck, Nina, Sozialplandotierung durch die Einigungsstelle bei verbundenen Unternehmen, 2014

Todenhöfer, Uta, Haftung für Tarifunrecht, 2006

Tonner, Klaus/Willingmann, Armin/Tamm, Marina, Vertragsrecht, Kommentar, 2010

Triebel, Götz, Die Haftung des Betriebsrats und der Durchgriff auf seine Mitglieder, 2003

Tschöpe, Ulrich, Die Bestellung der Einigungsstelle - Rechtliche und taktische Fragen, NZA 2004, 945 ff.

Uhlenbruck, Wilhelm, Insolvenzordnung, Kommentar, 13. Auflage 2010 [zitiert als *Bearbeiter,* in: Uhlenbruck, InsO]

Volmer, Dirk, Das Schiedsgutachtenrecht – Bestandsaufnahme und Fragen der Praxis, BB 1984, 1010 ff.

von Falkhausen, Joachim, Die Haftung außerhalb der Business Judgment Rule – Ist die Business Judgment Rule ein Haftungsprivileg für Vorstände?, NZG 2012, 644 ff.

Loritz, Karl-Georg/Wagner, Klaus-R., Haftung von Vorständen und Aufsichtsräten: D&O-Versicherungen und steuerliche Fragen, DStR 2012, 2205 ff.

von Hoyningen-Huene, Gerrick, Anm. zu BAG vom 20.8.1986 – 4 AZR 272/85 – AP TVG § 1 Tarifverträge: Seniorität Nr. 6

von Hoyningen-Huene, Gerrick, Das Betriebsverhältnis – Eine Skizze zum betriebsverfassungsrechtlichen Kooperationsverhältnis, NZA 1989, 121 ff.

von Hoyningen-Huene, Gerrick, Die Billigkeit im Arbeitsrecht, 1978 [zitiert als *v. Hoyningen-Huene,* Billigkeit]

Walker, Wolf-Dietrich, Die Haftung des Betriebsrats und seines Vorsitzenden gegenüber externen Beratern, in: Boemke, Burkhard/Lembke, Mark/Linck, Rüdiger (Hrsg.), Festschrift für Gerrick Frhr. v. Hoyningen-Huene zum 70. Geburtstag, 2014, S. 353 ff. [zitiert als *Walker,* in: FS v. Hoyningen-Huene]

Wandt, Manfred, Gesetzliche Schuldverhältnisse – Deliktsrecht – Schadensrecht – Bereicherungsrecht – GoA, 6. Auflage 2014

Weber, Hansjörg, Die Rechtsfolgen von Amtspflichtverletzungen des Betriebsrats und seiner Mitglieder, DB 1992, 2135 ff.

Weber, Martin, Die Haftung des Abschlußprüfers gegenüber Dritten, NZG 1999, 1 ff.

Weiss, Manfred, Zur Haftung des Betriebsrats, RdA 1974, 269 ff.

Weiß, Matthias, D&O-Versicherung: Grundzüge und aktuelle Fragen, GmbHR 2014, 574 ff.

Wenning-Morgenthaler, Martin, Die Einigungsstelle, 6. Auflage 2013

Wessels, Johannes/Beulke, Werner/Satzger, Helmut, Strafrecht Allgemeiner Teil – Die Straftat und ihr Aufbau, 44. Auflage 2014 [zitiert als *Wessels/Beulke/Satzger,* StR AT]

Wetzling, Frank, Der Konzernbetriebsrat, 1978

Wiese, Günther, Individuum und Kollektiv im Betriebsverfassungsrecht, NZA 2006, 1 ff.

Wiese, Günther/Kreutz, Peter/Oetker, Hartmut/ Raab, Thomas/Weber, Christoph/Franzen, Martin/Gutzeit, Martin/Jacobs, Matthias, Gemeinschaftskommentar zum Betriebsverfassungsgesetz, 10. Auflage 2014

Band I §§ 1-73b
Band II §§ 74-132
[zitiert als *Bearbeiter,* in: GK-BetrVG]

Windbichler, Christine, Arbeitsrecht im Konzern, 1989

Windbichler, Christine, Arbeitsrecht und Konzernrecht, RdA 1999, 146 ff.

Wolf, Manfred/Neuner, Jörg, Allgemeiner Teil des Bürgerlichen Rechts, 10. Auflage 2012 [zitiert als *Wolf/Neuner,* AT]

Zimmermann, Gernot, Strafrechtliche Risiken der Betriebsratstätigkeit, ArbRAktuell 2014, 278 ff.

www.ingramcontent.com/pod-product-compliance
Ingram Content Group UK Ltd.
Pitfield, Milton Keynes, MK11 3LW, UK
UKHW041830290926
8980IPUK00013B/942

9 783631 671122